Gitta Sereny
Dann schon lieber auf den Strich
Die unsichtbaren Kinder:

Die erschütternde Tragödie
der Ausreißer auf unseren Straßen

Deutsche Erstveröffentlichung

Wilhelm Heyne Verlag
München

HEYNE REPORT
Nr. 10/14

Titel der englischen Originalausgabe
THE INVISIBLE CHILDREN
Deutsche Übersetzung von Monika Petzenhauser

Copyright © 1984 by Gitta Sereny
Copyright © der deutschen Übersetzung 1986
by Wilhelm Heyne Verlag GmbH & Co. KG, München
Printed in Germany 1986
Umschlagfoto: STERN/Meyer-Andersen
Umschlaggestaltung: Atelier Ingrid Schütz, München
Satz: VerlagsSatz Kort GmbH, München
Druck und Bindung: Ebner, Ulm

ISBN: 3-453-43079-4

INHALT

Vorwort

Dieses Buch sollte eigentlich gar nicht geschrieben werden müssen. Es handelt von etwas, das nicht existieren sollte und von dem in der Tat manche behaupten, daß es nicht existiert. Außerdem handelt es von etwas, wofür man weder — wie einfach! — Gott noch — wie beruhigend! — eine politische Partei, noch wirtschaftliche oder nationale Ungerechtigkeit verantwortlich machen kann.

Die Schuld trifft schlicht mich und Sie: mich, die ich schreibe, und Sie, ob alt oder jung, die Sie lesen. Wir sind es, die im letzten Viertel unseres fortschrittlichen zwanzigsten Jahrhunderts mit all unserem Wohlstand in unserer aufgeklärten westlichen Welt gedankenlos, rücksichtslos und unersättlich ein soziales Klima geschaffen und gefördert haben, das, so hat es den Anschein, für viele unserer Kinder unerträglich geworden ist.

Wenn das Leben für Kinder unerträglich wird, siechen sie allmählich dahin. Nicht, daß sie unbedingt krank werden, aber sie sterben auf andere Weise: sie stiften Unruhe, bekommen Wutanfälle, provozieren Auseinandersetzungen, stören den Familienfrieden, werden Einzelgänger, versagen in der Schule, oder schwänzen sie, stehlen, lügen, flüchten sich in Alkohol und Drogen und laufen schließlich davon.

Ein Kind, das ausreißt, gibt laut und deutlich Alarmzeichen. Die meisten Ausreißer, wenn sie sich im Grunde der Liebe ihrer Eltern und deren Fähigkeit, die Warnung zu verstehen, sicher sind, kehren nach einer kurzen Kostprobe von Freiheit und Gefahr aus freiem Willen nach Hause zurück; viele aber tun dies nicht. Ein Kind, das *wegbleibt,* glaubt, daß sein oder ihr Ruf nach Liebe nicht gehört worden ist — und vielleicht nie gehört werden wird. Es handelt sich um ein krankes Kind, und um sich zu trösten — ja, um zu leben — wird es seinesgleichen suchen, andere kranke Kinder oder noch kränkere Erwachsene: jene, die Kindern auflauern, zu finanzieller oder sexueller Befriedigung. Auf diese Weise entsteht der Teufelskreis von Kinderprostitution.

Wenn Leute sagen, Kinderprostitution sei so alt wie die Menschheit, meinen sie etwas anderes als die riesige Industrie, zu der sie mittlerweile geworden ist. Sie denken an die Fälle — heute in westlichen Ländern selten, in weiten Teilen Asiens und Südamerikas aber noch sehr verbreitet —, wo hoffnungslos arme und oft geistig beschränkte Eltern einige ihrer Kinder als Dienstboten verkaufen, um dem Rest der Familie das Überleben zu ermöglichen.

Ich glaube, ich werde nie das teilnahmslose Gesicht eines neunjährigen Indianermädchens vergessen, dem ich vor einigen Jahren in einem winzigen Dorf in den peruanischen Anden begegnete. Sie war für vierzig Mark an den Inhaber des Gasthauses verkauft worden. Ihre Arbeit, von fünf Uhr morgens bis spät in die Nacht, bestand darin, schwere Tabletts zu schleppen, Böden zu schrubben und nachts mindestens zweimal den Herd nachzuschüren; sie schlief zusammengerollt auf dem Steinboden. Außerdem war sie dem Wirt, zweiundfünfzig Jahre alt, seinem Sohn, zweiunddreißig, seinem Enkel, fünfzehn, regelmäßig zu Willen; außerdem jedem Kunden, der es wünschte. Die Bezahlung dafür, die an den Wirt ging (natürlich nicht an das Kind, für das es ein Vermögen bedeutet hätte), entsprach dem Gegenwert von fünf Cents.

Dies fand in einem eiskalten, dreckigen Stall hinter dem Haus statt. Ich wurde zufällig Zeuge einer solchen Szene, weil ich im Vorbeigehen ein Kind weinen hörte, und ich geriet in helle Wut. Der Wirt stand auf und wandte sich diskret von mir ab, um seine Hose zuzuknöpfen. Das kleine Mädchen wischte seine Tränen ab und zog sein Baumwollkleidchen herunter — darunter trug sie nichts. Und alle beide schienen verblüfft über meine Wut.

»Sie verstehen das nicht, Señora«, sagte der Mann geduldig und höflich, wie alle Bewohner der Anden. »Sie gehört mir. Ich habe sie gekauft.« Mein Dolmetscher, erfahrener, was die Realitäten des Lebens in jenen Gegenden betrifft, übersetzte gewissenhaft meine Vorwürfe, aber als das Kind aus der Tür gehuscht war, erklärte er mir: »Sie bekommt jedenfalls etwas zu essen. Wenn sie bei ihren Eltern geblieben wäre, wäre sie höchstwahrscheinlich schon längst tot.«

Dieselben Erklärungen werden auch in dem neuesten Fall vorgebracht, der auf Konferenzen von und in den sensationslüsternen Massenmedien aufgegriffen wird: ›Sex-Ausflüge‹ in asiatische

Länder, wo anscheinend westliche Touristen mit Kindern beiderlei Geschlechts und jeden Alters versorgt werden, die zu allem bereit sind. Ich habe keinerlei direkte Kenntnis von diesem Geschäft, seinen Organisatoren, seinen Kunden oder seinen stummen Opfern. Aber ich habe ein Buch gesehen — einen Welt-Baedeker für Paedophilie —, das Namen, Adressen, Telefonnummern und die intimsten persönlichen Beschreibungen verfügbarer ›Subjekte‹ oder verfügbaren ›Materials‹ (beide Begriffe werden verwendet) in allen Ländern auf der ganzen Welt bietet. Es enthielt ganze Kapitel, in denen Jungen und Mädchen, vom dritten Lebensjahr aufwärts, als ›Modelle für Fotografen oder Filmer‹, für ›Schmusen‹, ›freundliche Begegnungen mit Erwachsenen‹ und so weiter, angepriesen werden. Die Adressen reichen von London und Amsterdam, nach Süden durch Deutschland und Österreich, nach Norden bis Skandinavien und über die verschiedenen Meere in die Vereinigten Staaten und nach Asien.

Kleine Kinder, für die in einem solchen Buch geworben wird — einschließlich derer in Westeuropa — werden offensichtlich von ihren Eltern oder Verwandten zur Verfügung gestellt: Leute wie die siebenundfünfzigjährige Großmutter in Nord-London, die ihre Enkelinnen, dreizehn und elf Jahre alt, für Sexsitzungen in ihrer Wohnung vermietete. Drei kleine Schulfreundinnen wurden ebenfalls angeworben, und das ging viele Monate lang so. Zwei Männer, einer neunundsechzig, der andere einundsiebzig, wurden schließlich in einer Gerichtsverhandlung im Old Baily in London überführt, ebenso die Großmutter, die die Kunden mit Kondomen ausgestattet und die Zeit im Nebenzimmer vor dem Fernseher verbracht hatte. »Wir haben Geld zum Essen gebraucht«, verteidigte sie sich vor Gericht. Nun, der Richter muß ihr wohl geglaubt und mit den beiden Männern sympathisiert haben, die sich beide in wohlgesetzten Worten entschuldigten, denn sie kamen alle drei mit minimalen Strafen davon. Ebenso — um genau die gleiche Zeit — eine Mutter aus Chicago, die vom Fahrersitz eines Autos aus, neben sich eines ihrer kleinen Mädchen, acht Jahre alt, der anderen, elf Jahre, Anweisungen gegeben hatte, ›was zu tun sei‹ mit dem Kunden auf dem Rücksitz. Es war reiner Zufall, daß ein Streifenwagen die Familie überraschte. Die Verteidigung des Mannes: »Die Mutter hat mir das Mädchen doch angeboten.«

Es ist weder die Armut in der Dritten Welt noch die Perversion mancher Eltern in unserem Teil der Welt, die die Probleme verursacht haben, mit denen wir in diesem Buch konfrontiert werden: Ganztags-Kinderprostitution in begrenztem, aber doch erstaunlich hohem und ständig wachsendem Umfang; Teilzeit-Kinderprostitution in gewaltigem Umfang in Westeuropa und den Vereinigten Staaten; und Kinderpornographie, gegen die die Gesetze, die inzwischen in fast allen westlichen Ländern in Kraft sind, machtlos zu sein scheinen. Dieser Handel ist nicht einfach aus dem Nichts entstanden, er ist nicht einer Gesellschaft aufgezwungen worden, die derlei im Grunde ablehnt. Er entsteht aufgrund von Nachfrage und wird durch Leute gefördert, die damit ungeheure Summen verdienen; und er kann nur existieren, weil Hunderte, Tausende von Kindern beiderlei Geschlechts zwischen elf und fünfzehn freiwillig, ja, oft geradezu begeistert mitmachen.

Ich habe mehr als zweieinhalb Jahre auf Untersuchungen zu dem Problem Kinderprostitution in England, Amerika und Deutschland verwandt. Sicherlich müßte viel mehr Zeit und Geld, als mir zur Verfügung standen, für dieses Thema aufgewendet werden. Dieselbe Art von Untersuchung müßte von Experten in jedem Land der westlichen Welt gemacht werden, so daß für jedes einzelne Land ein detailliertes Bild zustande kommt. Denn mit Sicherheit finden sich die Voraussetzungen, die ich in diesem Buch beschreibe — dieselbe Art Kinder, dieselben Gründe, dieselben Reaktionen und dieselben Kunden (die obskursten Gestalten bei diesem ganzen Phänomen) — mit kleinen Unterschieden in allen westlichen Ländern.

Mit der Hilfe von Sozialarbeitern, Lehrern und Polizeibeamten, die sich für das Projekt interessierten und engagierten, habe ich 161 Jungen und Mädchen kennengelernt, die berufsmäßig oder gelegentlich der Prostitution nachgehen, nachgegangen waren oder damals gerade nachgingen; mit 69 von ihnen habe ich mich ausführlich unterhalten. Unter den 161 und unter der ersten Auswahl von 60 Kindern befanden sich einige Schulkinder, die, mehr oder weniger regelmäßig, durch Wochenend-Prostitution ihr Taschengeld aufbesserten. Diese Kinder lebten weiterhin bei ihren Familien, in Kinder- oder Erziehungsheimen.

Das vorliegende Buch enthält eingehende Untersuchungen über zwölf Kinder, die berufsmäßig Prostitution betrieben, einige kurze Berichte über Kinder in Teilzeit-Prostitution oder anderen sexuellen Geschäften, und ein Porträt eines amerikanischen Zuhälters. Denn ohne ein gewisses Verständnis des Zuhälters — dem wichtigsten Freund und Feind der Kinder — braucht man gar nicht erst den Versuch zu unternehmen, sich ein Bild von ihrem Leben zu machen.

Diese zwölf Kinder habe ich aus verschiedenen Gründen ausgesucht; der ausschlaggebende war der, daß es sich um Menschen handelte, mit denen ich glaubte die richtige Beziehung herstellen zu können; das Projekt wäre nicht machbar gewesen, wenn wir nicht ausführlich und ehrlich miteinander hätten sprechen können. Außerdem — und das war ebenfalls ein entscheidender Punkt — waren sie damit einverstanden, daß ich ihre Eltern kennenlernte, und die Eltern waren ihrerseits bereit, mit mir zu reden. Eine Reihe anderer Kinder hatten einem Besuch von mir bei ihren Eltern ebenfalls zugestimmt, aber die Eltern hatten abgelehnt. In anderen Fällen waren die Sozialarbeiter zwar überzeugt, daß die Eltern schließlich dazu bereit, ja sogar begierig darauf sein würden, mir zu helfen; wenn sie mich besser kennen würden, würde ich die Kinder dazu überreden können, eine Begegnung zu arrangieren. Aber ich hielt das nicht für die richtige Reihenfolge.

Selbst unter diesen Kindern waren einige, die im Laufe unserer Gespräche ihre Meinung änderten, als ihnen klarwurde, was sie mir da erzählt hatten und worüber mit ihren Eltern gesprochen werden müßte, wie behutsam auch immer man das angehen würde. Ein oder zwei von ihnen baten darum, daß ich mit ihren Eltern »nur am Telefon« sprechen sollte. Ich tat, um was mich die Kinder gebeten hatten: Ihr Zutrauen zu mir und ihr Vertrauen in mich waren die Grundvoraussetzungen für dieses Unternehmen.

Bei den Kindern, über die ich schreibe, die Prostitution als Teilzeitjob ausübten, habe ich die Eltern nicht aufgesucht; Sozialarbeiter waren allerdings immer beteiligt.

Es ist ein Fehler anzunehmen, daß, wenn Kinder von zu Hause weglaufen, immer dramatische Gründe vorliegen müssen: daß sie ausnahmslos mißbraucht, geprügelt oder vernachlässigt würden, oder — und das ist der verbreitetste Irrtum — daß sie nur das elterliche Beispiel nachahmen oder ihrem Vorbild folgen. Die Wahrheit ist, daß — obwohl der Entschluß, wegzurennen und wegzubleiben, ausnahmslos aus einem lang andauernden Konflikt mit den Eltern oder deren Vertretern reift — diese Konflikte nicht unbedingt aus Grausamkeit oder Vernachlässigung entstehen. In der Tat scheint nur ein verschwindender Teil der Eltern asozial zu sein.

Dagegen könnte man viele Eltern eher als *zu* anständig, zu fürsorglich ansehen. Und die Kinder, weit davon entfernt, hinsichtlich ihrer Intelligenz oder Sensibilität unterentwickelt zu sein, sind eher überdurchschnittlich intelligent, hypersensibel, scheu und unsicher. Jedes Kind, das wegrennt und wegbleibt, schreit nach Liebe.

Ich weiß nicht, wie viele solche Kinder es gibt, die Ganzzeit- oder Teilzeitarbeit in der Sex-Industrie, am Rande der Kriminalität, leisten. Niemand weiß das. Die einzige Grundlage für eine vorsichtige Vermutung — und auch nur für diejenigen, die berufsmäßig Prostitution ausüben — ist eine Analyse der Polizei über Kinder, die ausgerissen und nicht nach Hause oder in Heime zurückgekommen sind. Das ist sicher der naheliegendste Zugang, denn ironischerweise haben es die Gesetze unserer fortschrittlichen Gesellschaft hinsichtlich Kinderarbeit den Kindern buchstäblich unmöglich gemacht, getrennt vom Elternhaus auf legale Weise zu überleben, und daher gibt es darüber keine Statistiken.

In Amerika geht man allgemein von jährlich zwischen 175 000 und einer Million Ausreißern aus (die Medien bauschen das häufig noch auf). Die Deutschen geben etwa 20 000 Ausreißer unter sechzehn an (die gesetzliche Volljährigkeit ist von Land zu Land verschieden; in Amerika von Bundesstaat zu Bundesstaat). In England und Wales (in Schottland ist das wieder anders) variiert die Anzahl der als vermißt gemeldeten Jugendlichen von Jahr zu Jahr zwischen 13 000 und 15 000. Diese Zahlen, die gewöhnlich doppelt so viele Mädchen wie Jungen erfassen, schließen nicht die Tausende von weiblichen und männlichen Jugendlichen, die Teilzeitprostitution betreiben, mit ein, die es — so haben mich Lehrer und Sozialarbeiter zuverlässig informiert — in jedem Land gibt. Ebensowenig schließen sie — und das sollte uns ernsthaft über unsere Einstellung zu Fürsorgekindern zu denken geben — Kinder mit ein, die aus Kinderheimen, Fürsorgeheimen und sonstigen Erziehungsanstalten weglaufen. In allen drei Ländern werden solche Kinder nicht unter der Rubrik ›vermißt‹, sondern als ›flüchtig‹ geführt. In England und Wales kamen nach neuesten Ziffern 6517 ›flüchtige‹ Jugendliche — also beinahe noch einmal die Hälfte — zu der Zahl der vermißten Kinder hinzu, und wir können ohne weiteres davon ausgehen, daß in anderen Ländern und Jahren das Zahlenverhältnis ähnlich ist.

Die Behörden aller drei Länder sind sich darüber einig, daß die überwiegende Mehrzahl der Kinder, die von zu Hause weglaufen, nach einigen Tagen zurückkommt. In Deutschland und den Vereinigten Staaten nimmt man an, daß etwa 10 Prozent nicht zurückkehren — das bedeutet etwa 2000 in Deutschland und 10 000 in den USA, Kinder aus Heimen nicht mit eingeschlossen. »Aber auch diese Angabe ist nicht zuverlässig«, erklärte ein Inspektor vom New Yorker Dezernat für jugendliche Ausreißer, einer kleinen Polizeiabteilung, deren Aufgabe es ist, Ausreißer wiederzufinden. »Viele dieser Kinder sind ›Wiederholungstäter‹. Sie laufen zehn-, zwölf-, ja hundertmal weg, und schließlich geben die Eltern auf und melden sie gar nicht mehr als vermißt. Das sind die wahrhaft Verlorenen. Und viele ›Flüchtige‹ kehren nie zurück.«

In England sind die Zahlen sogar noch unsicherer: Ungefähr ein halbes Prozent der Gesamtanzahl — also nicht mehr als zweiundsiebzig bis fünfundachtzig Kinder — sind im Innenministerium für England und Wales unter ›längere Zeit vermißt‹ aufgeführt. Aber diese Zahl ist ohne Bedeutung: Nicht nur, daß ›Flüchtige‹ gar nicht mit eingerechnet sind, sie schließt auch die schottischen Kinder nicht mit ein; und Leute, die sich auf diesem Gebiet auskennen, stimmen überein, daß die Mehrzahl der Ausreißer, die in London auftauchen, schottisch sind, die meisten von ihnen Mädchen.

In jedem Fall, den ich untersucht habe, war die Kommunikation mit den Eltern abgebrochen oder hatte nie stattgefunden. Von den 69 Kindern, mit denen ich ausführlich gesprochen habe, kamen zwei Drittel aus ordentlichen, oft puritanischen Familien, einem Milieu, wo jedes Gespräch über Sex tabu war. Ebenso wurden zwei Drittel von ihnen von frühster Kindheit an — das heißt, bereit mit drei oder vier Jahren — physisch bestraft, oft durch brutale Prügel mit Riemen, Peitsche oder Rohrstöcken. Zwölf der Kinder waren als Kinder von Eltern oder Verwandten sexuell mißbraucht worden, allerdings manche von ihnen nur oberflächlich (das heißt: kein wirklicher Geschlechtsverkehr). Neun stammten aus ärmlichen Verhältnissen, mehr als die Hälfte aus der Mittelklasse, und drei gehörten zur sogenannten gehobenen Klasse.

Von den 161 Kindern, mit denen ich mich unterhielt, bekamen 113 nur ein minimales Taschengeld pro Woche: zwischen 50 Pence und 1 Pfund in England, 50 Cent und 3 Dollar in den Vereinigten Staaten und 50 Pfennig und 5 Mark in Deutschland.

Viele Eltern, auch einige von den übertrieben strengen, erwiesen sich, wenn ich mit ihnen sprach, als humorvolle, liebevolle Menschen, verzweifelt über ihre Kinder und vollkommen im unklaren über das Warum und Weshalb. »Sie bringen uns in der Schule soviel Zeug bei, das wir später im Leben nicht brauchen können«, sagte ein Vater (etwas, was später ein Kind wiederholen würde). »Warum lernen wir nicht auch, Eltern zu sein?«

Letztlich liegt hier die Wurzel des Problems. Denn obwohl es richtig ist, daß Geld — zuwenig oder zuviel davon — eine Rolle spielt, besonders bei den ›Teilzeitlern‹, so wäre es doch absurd, das, was sich in so großem und entsetzlichem Maße bei so vielen unserer Kinder abspielt, auf diesen einen Aspekt zu reduzieren. Es wäre absurd, das Problem zu bagatellisieren.

Fast jedes Kind, mit dem ich gesprochen habe, war irgendwann gebeten worden, für pornographische Fotos oder Filme Modell zu stehen. Bis vor zwei Jahren in England und Deutschland, in Amerika bis vor drei, war pornographisches Material mit Kindern — etwa zweihundert Zeitschriften und achtzig Filme — in speziellen Buch- und Sexläden jeder größeren Stadt frei erhältlich: vieles davon konnte man in den Buchläden an Bahnhöfen kaufen.

Der größte Teil des Materials wurde und wird noch immer in Dänemark und Holland hergestellt, aber nicht alles. »Wir stellten bei unserer Untersuchung fest, daß mindestens drei der Zeitschriften und mehrere Filme in Wirklichkeit in Amerika produziert worden waren«, sagte Dr. Judianne Densen-Gerber, eine Fachärztin für Psychiatrie aus New York, die vor sieben Jahren fast im Alleingang die Schlacht gegen die Industrie Kinderpornographie aufgenommen hat. »Der Markt für diesen Schund und Schmutz ist enorm«, erkärte sie mir. »Das sind alles kranke Leute; aber was schlimmer ist: die Kinder, die da mitmachen — wir sehen sie ja in unseren Sprechzimmern —, sind aufgrund dieser Erfahrungen ausnahmslos ernsthaft geschädigt. Dem mußte einfach ein Riegel vorgeschoben werden.«

Dr. Densen-Gerbers Zweijahreskampagne in den gesamten Vereinigten Staaten und in England, ein Gesetzentwurf von privater Seite, der 1978 von Cyril Townsend, einem Mitglied des Parlaments, vorgelegt wurde, führte in beiden Ländern zu einer Änderung der entsprechenden Gesetze. Das Kinderschutzgesetz wurde verschärft, und man setzte die Höchststrafen bei Vergehen gegen Kinder (einschließlich der Verbreitung von pornographischem Material aus dem Ausland) von sieben auf fünfzehn Jahre Gefängnis herauf. Aber die Polizei beider Länder hält das für unzureichend.

»Das hat nur dazu geführt«, erläuterte mir ein Inspektor vom Dezernat für die ›Veröffentlichung unzüchtiger Schriften‹ in Scotland Yard, »daß das Geschäft in den Untergrund gedrängt wurde, und die Preise in astronomische Höhen gestiegen sind. Es [das Material] kommt jetzt in versiegelten Lastwagen. Hunderte davon, jede Woche, die meisten aus Holland, Skandinavien und Deutschland, und es ist schlichtweg unmöglich, sie alle zu durchsuchen.«

In Amerika wird solches Material in versiegeltem Frachtgut und über die alte Drogenstraße von Mexiko aus ins Land geschmuggelt. Zeitschriften, die ursprünglich für 2 Pfund oder, in den Staaten, für 3 Dollar zu haben waren, kosten jetzt zwischen 20 Pfund und 28 Dollar, der Preis für Filme ist von 25 auf 100 Pfund in England, in Amerika von 300 auf 500 Dollar pro Spule gestiegen. Und illegale Videogesellschaften, sowohl in England als auch in Amerika, arbeiten angeblich intensiv daran, neues Material herzustellen. Mit Sicherheit waren Kinder, mit denen ich während des letzten Jahres gesprochen habe, daran beteiligt.

In Deutschland gibt es Gesetze, die den öffentlichen Verkauf solchen Materials verbieten. Trotzdem fand ich in einem Sex-Shop in Hamburg nicht weniger als einundzwanzig Kinderporno-Zeitschriften offen ausgelegt — 8 Mark das Stück — und eine große Auswahl der achtzig Filme, die ich schon aus New York kannte, 25 Mark das Stück. »Bei diesen Preisen«, sagte mein Scotland-Yard-Informant angewidert, »lohnt es sich für die Verkäufer, eine Rundreise mit dem Flugzeug zu machen und den ganzen Dreck aufzukaufen.«

Kinderporno ist jedoch nur ein kleiner Teilbereich der Kindersex-Industrie: ein Handel mit einem Umsatz von einer Billion Dollar, den die Polizei der organisierten Kriminalität zurechnet.

Ich kann nicht sagen, daß mich diese Interpretation der Polizei überzeugt, soweit sie Kinderprostitution betrifft. Pornographie *ist* zweifellos organisierte Kriminalität. Die Produktion und Verteilung von Zeitschriften und Filmen erfordert eine Art von Kapital und Organisation, die ein einzelner gar nicht aufbringen kann. Aber Kinderprostitution, mit oder ohne Zuhälter, erscheint mir noch immer weitgehend das Ergebnis individueller Initiative zu sein — eine Situation, die sich allerdings bald ändern wird, wenn man sie nicht schnell in den Griff bekommt.

In Deutschland sind viele, allerdings bei weitem nicht alle der übelsten Zuhälter — und übrigens auch die Drogenpusher, wobei diese beiden Kategorien nicht unbedingt miteinander zusammenhängen — Ausländer, ehemalige Gastarbeiter. Seit dem Beginn des Wirtschaftswunders (also seit mehr als dreißig Jahren) und trotz großer Anstrengungen seitens der Kirchen, bürgerlicher Organisationen und sehr engagierter, aufgeklärter Einzelpersonen sind die Immigranten von einem Großteil der Bevölkerung, besonders der älteren Generation, mit Verachtung und Herablassung behandelt worden. Eine traurige Fortsetzung dieser Einstellung ist, daß Mädchen, die notgedrungen mit diesen Männern schlafen, sie zwar benutzen, ihnen dienen und oft auch behaupten, sie seien »freundlicher als deutsche Zuhälter«, doch zugeben, daß sie sich physisch von ihnen abgestoßen fühlen.

Es gibt in dieser Hinsicht auffällige Paralellen zu Amerika. Dort sind es — und zwar in weit stärkerem Maße — die Schwarzen, die sich als Bürger zweiter Klasse fühlen. Es sind fast ausschließlich Schwarze, die als Zuhälter von minderjährigen weißen Mädchen auftreten. »Während früher das höchste Ziel unserer jungen Schwarzen war, ein ›Schwarzer Panther‹ zu werden, ist es heute das Ziel, Zuhälter zu sein«, sagte ein Lehrer an einer Schule in Detroit, heute ein fast völlig schwarzes Ghetto. »Wenn sie es schaffen, werden sie bewundert und beneidet.«

»Niemand hat jemals so mit mir geredet wie er«, gab eine Dreizehnjährige zu, die mir ihre Gefühle für ihren ersten Zuhälter zu beschreiben versuchte. »Er war so lieb, er hatte so einen großen Wortschatz, und er hat soviel gewußt, auch über mich und was ich fühlte. Durch ihn hat sich für mich eine Welt aufgetan.«

»Sie sind der Abschaum«, sagte ein Polizeiinspektor.

Es ist schwierig für diejenigen, die sich mit den Folgen dieser ›Beziehungen‹ auseinandersetzen müssen, sich zu beherrschen und eine heftige Reaktion Zuhältern gegenüber zu unterdrücken. Während ich in New York Recherchen für dieses Buch machte, fand man die Leiche eines jungen Mädchens, Helen Sykes, verstümmelt in einem Graben nicht weit vom Flughafen ›La Guardia‹. »Mein Gott, ich kannte sie, seit sie vierzehn war«, sagte eine Jugendpsychologin, Trudie Peterson, die zwei Jahre lang für die ›Under 21‹ gearbeitet hatte, eine Art Auffangstelle für Ausreißer in der Gegend von Time Square, die von einem katholischen Priester, Pater Bruce Ritter, geleitet wird (heute unter dem Namen ›Covent House‹ bekannt). »So wie die Zeitungen sie jetzt darstellen«, sagte Trudie, »ist es, als wäre sie nur ein Stück Dreck gewesen.« Sie weinte. »Sie war überhaupt nicht so. Sie war ein hübsches, zierliches Mädchen mit rotem Haar und zarter Haut, die von ihrem zweiten Lebensjahr an durch eine Hölle von vielen Pflegeheimen in Kalifornien gegangen ist und schließlich mit vierzehn zur Ausreißerin wurde. Sie war − sie war zu zerbrechlich − das geborene Opfer.«

Man hat nie herausgefunden, ob Helens Mörder ein Zuhälter oder ein Freier war. Aber zweifellos war sie, wie die meisten, in die Szene geraten (›the life‹ in Amerika, ›the game‹ in England), weil ein Zuhälter ihr eingeredet hatte, daß er ihr geben könnte, wonach sie sich alle sehnen − Liebe, eine Beziehung, und irgendeine Art von Stabilität und Strukturiertheit in ihrem Leben. Wie trügerisch diese Liebe und Stabilität sind und wie schrecklich die

Gefahren, das zeigt sich erst später, wenn die Schmeicheleien aufhören und die Prügel anfangen.

Die gesetzlichen Hürden, die man überwinden muß, um Zuhälter in Amerika oder Deutschland überhaupt anzeigen zu können, sind unglaublich. In England ist es eher ein finanzielles Problem als eines der Gesetzgebung. Man braucht nur den Beweis zu führen, daß er von unmoralischen Einkünften lebt, und die Gerichte akzeptieren dafür Zeugenaussagen der Polizei. Aber um jemanden festzunehmen, müssen die Beamten des britischen Sittendezernats den Verdächtigen wochenlang beobachten, und sie können den Mann nur festnehmen, wenn sie genug Beweise haben. »Und wie könnten wir uns, von seltenen Fällen abgesehen, die Anzahl von Beamten leisten, die man bräuchte, um diese Arbeit erfolgreich auszuführen?« fragte mich ein Sprecher von Scotland Yard.

In Amerika und Deutschland verlangen die Gerichte belastendes Beweismaterial: Zuhälterei muß vom Opfer bezeugt und der Mann belastet werden, z.B. von dem Mädchen, für das es natürlich äußerst gefährlich ist, auszusagen. Das Zuhälterdezernat in New York, das 1976 probeweise seine Arbeit aufgenommen hat (ausführlicher beschrieben in dem Abschnitt ›Amerika‹ dieses Buches), ist bisher relativ erfolgreich gewesen. Im Laufe der ersten drei Jahre sind 29 Zuhälter auf Grund der Aussagen von Mädchen unter sechzehn hinter Gitter gekommen, acht auf die Beschuldigungen von Sechzehn- und Siebzehnjährigen hin, um nur die zu erwähnen, die unmittelbar etwas mit diesem Thema zu tun haben.

Trotzdem scheint es, daß ein solcher Erfolg zu teuer kommt; nach neuesten Informationen soll das Zuhälterdezernat wieder aufgelöst werden, zweifelsohne sehr zur Erleichterung der ›Gunstgewerbler‹, wie die Zuhälter sich gerne bezeichnen.

»Hier ist es fast ausgeschlossen, einen Zuhälter zu überführen«, erklärte ein Sprecher der Polizei in Berlin, »weil es fast unmöglich ist, irgendein Mädchen dazu zu bringen auszusagen. Deshalb verwenden wir unsere spärlichen finanziellen Mittel, um die Drogenpusher zu erwischen. Da haben wir massenhaft Beweismaterial.«

In England sind diese Probleme — und ihre Lösung — noch weit mehr auf einer individuellen Ebene angesiedelt. Der farbige

Zuhälter ist nach wie vor die Ausnahme, nicht die Regel. In der Tat werden, anders als bei erwachsenen Prostituierten, nur wenige der jungen Mädchen zugeben, überhaupt einen Zuhälter zu haben; sie bezeichnen sie als Freunde und machen sich selbst vor, daß das Leben, das sie führen, normal sei. Aber auch in England hat Kinderprostitution mit der wirtschaftlichen Depression und den zunehmenden Bedürfnissen auf seiten der Kinder und mit der Nachfrage während der letzten Jahre dramatisch zugenommen. Die größte ›Nachfrage‹ besteht, zumindest in London, bei den Ausländern, vor allem bei Arabern. Nicht weil sie besonders pervers wären, sondern weil, wie einer von ihnen mir sagte, »wir erstens nicht wissen, wie alt englische Mädchen sind, und zweitens, sehen Sie, weil es zu Hause kein Unrecht wäre, mit sehr jungen Mädchen zusammenzusein.«

Mädchen in London äußerten kaum Klagen über ihre ausländischen ›Freier‹ (›punters‹ in England, ›tricks‹ in Amerika). Sie scheinen sie sogar den Einheimischen vorzuziehen. »Also, das sind doch Fieslinge, oder?« sagte eine Fünfzehnjährige, die seit knapp zwei Jahren auf den Strich geht. »Wenn sie's mit Kindern machen wollen, sind es Fieslinge.«

Die Tatsache, daß Kinderprostitution in Deutschland — ganz zu Unrecht — fast immer mit Drogenabhängigkeit in Zusammenhang gebracht wird, ist das Ergebnis eines Teufelskreises. Die Polizei konzentriert ihre knappen finanziellen Mittel auf Pusher. Das sind die Fälle, die in der Zeitung erscheinen. Für die Presse ist — verständlicherweise — das Drama von drogenabhängigen Jugendlichen leichter darzustellen als das von sehr jungen Mädchen und Jungen, die freiwillig auf den Strich gehen.

Das Erstaunlichste an dem ganzen Phänomen Kinderprostitution ist vielleicht, daß, von einigen bemerkenswerten Ausnahmen wie dem Zuhälterdezernat in New York einmal abgesehen, die Polizei und viele offiziellen Sozialämter in allen drei Ländern dazu neigen, so zu tun, als gäbe es Kinderprostitution nicht.

Es ist schon schwierig, die Behörden dazu zu bringen zuzugeben, daß es Kinderprostitution bei Mädchen gibt; es ist, wieder mit ein paar Ausnahmen, wie New York und Berlin, schlechthin unmöglich, irgendeine offizielle Information über Jungen zu bekommen. Das liegt nicht daran, daß irgend jemand abstreiten würde, daß es Jungen gibt, die ihre sexuellen Dienste anbieten, aber — eine merkwürdige Version von Sexismus — man spricht von ihnen nicht als von Prostituierten. Selbst in Deutschland, wo die Begriffe Strichmädchen und Strichjunge nebeneinander existieren, fügt man gewöhnlich hinzu, daß die Jungen es »nicht ernsthaft tun«. Es sind »Schlingel«, die »nur Unsinn« machen.

Es stimmt zwar, daß eine erhebliche Zahl von Jungen ›Unsinn‹ zu machen scheint — falls sich dieser Begriff von Teilzeit-Prostitution im Fall von Jungen eher anwenden läßt als bei Mädchen —, aber es gibt viele andere, für die es die einzige Verdienstquelle ist, die davon leben. Und merkwürdigerweise stellte ich fest, daß gerade Jungen mehr und schneller verdorben werden als Mädchen. An Wochenendabenden finden sie sich zu Dutzenden vor den Bahnhöfen und in den Bars und Diskos in Hamburg und Berlin ein; in New York auf der Third Avenue von der 52. bis zur 59. Straße; und trotz der sehr effektiven Säuberungsaktionen der West-End-Polizei in London auf dem ›Fleischgrill‹ am Picadilly Circus, in der Picadilly-U-Bahn-Station und in einer Reihe von bekannten Lokalen in den Wohngegenden von Kensington, Mayfair, Chelsea, Bayswater und Queensway.

Das Hauptanliegen der Behörden — zumindest in Europa — scheint es zu sein, die Jungen wegzuscheuchen, sie außer Sichtweite zu halten, vom öffentlichen Werben um Kundschaft abzuschrecken. Man fragt nicht, warum sie es tun, wer sie sind, warum es so viele gibt und wie man ihnen helfen könnte. Vielleicht sind noch mehr solche Schocks nötig wie die Leichen von Jungen, die in Houston, in Berlin, in Chicago und in London gefunden wurden; obwohl man sich fragt, wie viele Kinder erst sterben müssen, bevor man beginnt, die Begriffe ›finanzielle Mittel‹ und ›Prioritäten‹ anders zu verwenden.

Im Augenblick jedenfalls blüht das Geschäft in allen westlichen Ländern weiter. Neben den bekannten Treffpunkten in allen Städten bietet in Amerika ein gebührenfreier ›Outcall‹-Telefondienst, für den ganz offen in einer Reihe von Schriften geworben wird und der auf Computerbasis landesweit arbeitet, Männer jeden Alters und Typs an, auf Verlangen mit allen Spezialitäten, und zwar innerhalb von 25 Minuten. Die Bezahlung dieser Dienste kann man mit Kreditkarten regeln. Und die meisten der angebotenen Männer sind Jugendliche. Irgendwie scheinen die Behörden und die Öffentlichkeit die Gabe zu besitzen, die Augen zu schließen vor der unterschwelligen Gewalt in manchen homosexuellen Beziehungen und vor der Gefahr, in der diese Kinder schweben − viele von ihnen im Grunde keineswegs homosexuell, sondern einfach nur arm, töricht, einsam oder gierig.

Und wir alle scheinen ebenso geschickt darin, die Zeitungsannoncen in all unseren Ländern nicht zu sehen, mit denen Mädchen ihre sexuellen Dienste anbieten oder diese angeboten werden, − unter der Bezeichnung Masseuse, Modell oder Hosteß. In England gibt es noch immer etliche Illustrierte und Zeitungen, die solche Annoncen veröffentlichen. In Amerika, wo dies mehr öffentliches Aufsehen erregt hat, weigern sich inzwischen einige Blätter, solche Inserate zu drucken, aber andere tun es noch immer. In Deutschland und in Österreich veröffentlichen einige Zeitungen − und zwar gerade die mit den höchsten Auflagen − ganze Seiten mit freizügigen Anzeigen, die ›junge Modelle‹, ›zart oder dom. in Lederkluft‹, ›Teeny i. Stiefeln u. Straps‹, ›in Maschen‹, ›niedliche Kindfrau‹, ›direkt aus Frankreich‹, ›junges Thai-Mädchen‹, ›knabenhaft und jung‹ und so weiter anbieten. (Österreichs meistgelesene Zeitung, ›Die Kronenzeitung‹, verursachte eine Sensation, als sie im Sommer 1983 beschloß, keine ›Sex-Annoncen‹ mehr zu drucken.) Alle jungen Mädchen, mit denen ich in Deutschland geredet habe, − Kinder, jedes einzelne von ihnen −, benutzten diese Seiten »mit sehr großem Erfolg«, wie sie sagten, um ihre Dienste anzupreisen.

Die Kinder, die in diesem Buch zu Wort kommen, haben dies freiwillig getan und in vollem Wissen, daß sie es für ein Buch über Kinderprostitution taten. Ich bin an keines von ihnen direkt herangetreten. Jedes einzelne war einem Lehrer, einem Sozialarbeiter oder Polizeibeamten bekannt, die sich bereit erklärt hatten, für mich als Vermittler aufzutreten. Ich wollte nicht, daß ein Kind sich in meiner Gegenwart ohne Vorwarnung mit meinem Vorschlag auseinandersetzen müßte und sich dadurch entweder gedrängt fühlte anzunehmen oder, wenn es ablehnte, in Verlegenheit gebracht würde.

Das erste Gespräch mit jedem der Kinder, die ich kennenlernte, fand in Gegenwart der Person statt, die mir das jeweilige Kind vorgestellt hatte, oder sie war jedenfalls in Reichweite. Die Kinder wußten von vornherein, daß sie keinerlei Bezahlung bekommen würden, wenn sie sich bereit erklärten, mit mir zusammenzuarbeiten. Von den 161 Kindern, die ich traf, beeinträchtigte das die Bereitschaft, weiter mitzumachen, bei nur zweien, einem Jungen und einem Mädchen, beide fünfzehn Jahre alt.

In der ersten engeren Auswahl von 69 Kindern betrug das Durchschnittsalter vierzehn Jahre, allerdings waren mehrere beträchtlich jünger; eine Reihe war schon fünfzehn, einige gerade sechzehn. Eine — ein ganz besonderer Mensch — war bereits eine junge Erwachsene, als ich sie kennenlernte. Sie meldete sich freiwillig und hatte eine so besondere Geschichte zu erzählen, daß ich fand, auch sie müßte zu Wort kommen. Neun von ihnen waren gerade dabei, aus der Szene auszusteigen oder hatten es bereits getan. Unter den Kindern, die ich schließlich auswählte, um ausführlich über sie zu schreiben, hatten zwei gerade erst aufgehört. Aber beide standen unter dem Druck, wieder einzusteigen.

Die Gespräche mit den Eltern oder deren Vertretern drehten sich hauptsächlich um die frühe Kindheit ihrer Töchter und Söhne: Wir sprachen über das Ausreißen; dagegen konnten sie es in einigen Fällen nicht über sich bringen, Prostitution zu erwähnen, und ich habe das Gespräch nie darauf gebracht, wenn sie nicht von selber darauf zu sprechen kamen.

In den Fällen, wo die Mädchen für Zuhälter arbeiteten, bot ich ihnen an, ihnen ihr tägliches Fixum zu zahlen: das Minimum zwischen 150 und 300 Dollar, das sie ihrem Zuhälter jeden Abend abliefern mußten. Drei der Kinder in diesem Buch, die selbstverständlich nicht dem Risiko ausgesetzt werden durften, bestraft zu werden, weil sie das nicht ablieferten, bekamen dieses Fixum von mir — zwei mehrere Tage, eine mehrere Wochen lang. Die drei, die bei mehreren Gelegenheiten Geld nahmen, gaben etwas davon zurück, sagten es wäre »zuviel«, oder »ich schaff's schon so«, oder »ich will nicht, daß Sie mir mehr geben. Der kann mich am Arsch lecken.«

Jedes dieser ›Interviews‹ — aus Mangel an einem besseren Wort — fand unter den ruhigsten und angenehmsten Bedingungen statt, die ich bewerkstelligen konnte; die meisten in meinem

Hotelzimmer in den verschiedenen Städten. All diese Kinder genießen den Luxus und entspannen sich dabei, deshalb wohnte ich ganz bewußt immer in sehr guten Hotels. In London, wo ich lebe, fanden die Gespräche mit den beiden Kindern, über die ich ausführlich berichte, bei mir zu Hause statt. Sie lernten meinen Mann und unsere junge Tochter kennen und verhielten sich ihnen gegenüber zurückhaltend und taktvoll. Mit anderen wiederum traf ich mich in Hotelzimmern, den Wohnungen von Sozialarbeitern oder sprach mit ihnen während langer Mahlzeiten in ruhigen Restaurants.

Ich habe dabei im wesentlichen die Erfahrungen genutzt, die ich in zwei Berufen gesammelt hatte: Sozialarbeit mit Kindern, etwas was ich während und nach dem 2. Weltkrieg gemacht habe, und Journalismus (Reportagen), meine Arbeit während der letzten zwanzig Jahre. Ich glaube nicht, daß diese Art von Untersuchung über das Leben von Kindern in Not von jemandem durchgeführt werden sollte oder kann, der keine Erfahrung in der Arbeit mit Fürsorgekindern hat.

Aber selbst unter diesen Voraussetzungen war die Arbeit schwierig und stellte mich vor ethische Konflikte, die ich nie ganz gelöst habe. Ich kannte meine eigene Motivation für dieses Buch. Ich war entsetzt von dem Problem, seinem Ausmaß und dem Grad, in dem es nicht nur einfach von den Behörden nicht zur Kenntnis genommen, sondern bewußt verdrängt wird. Ich war und bin noch davon überzeugt, daß man nur eines tun kann, nämlich es an die Öffentlichkeit bringen; daß dies die einzige Möglichkeit ist, die Behörden zum Handeln zu zwingen, Eltern zu helfen, sich selber besser in den Griff zu bekommen und ihre Kinder auf Anzeichen von Gefahren hin zu beobachten, und Heranwachsende — die dies hoffentlich in einem Alter lesen, wo es für sie von Bedeutung ist — zu warnen, vor dem, was sie erwartet, sollten sie je in Versuchung geraten, diesen tragischen Weg einzuschlagen.

Dennoch habe ich nie aufgehört, daran zu zweifeln, ob ich wirklich das Recht habe, so tief in diese zerbrechlichen und verletzlichen Persönlichkeiten einzudringen, besonders weil sie so offen sind für Sympathie und Hilfe von seiten der Erwachsenen — und folglich in gleichem Maße für Täuschung und Mißbrauch. Und dennoch, ohne Fragen gibt es keine Antworten, kein Verständnis; und ungelenkt würden Dialoge wie diese nur das Chaos ihrer Gedanken und Gefühle widerspiegeln und eher noch verstärken.

In jedem Fall war es meine Absicht und die des Vermittlers, der die Kinder zu mir gebracht hatte, diese Gespräche dafür zu nutzen, einen Prozeß auszulösen — oder in einigen Fällen fortzusetzen —, der das Kind umschwenken lassen würde, zurück in ein normales Leben. Es gab eine Abmachung zwischen mir und den jeweiligen Vermittlern, nämlich die, daß, wenn ich meine Arbeit mit dem Kind beendet hätte, er oder sie oder jemand, den wir gemeinsam aussuchten, weiter mit dem Kind arbeiten würde. Ich wollte vermeiden, daß eines dieser Kinder allein in der Luft hinge, wenn ich — wie alle Kinder wußten — gehen mußte.

Und jetzt, da ich die letzten Seiten niederschreibe, haben sechs der zwölf Kinder, alle inzwischen mehrere Jahre älter, ganz mit der Prostitution aufgehört und führen wieder ein mehr oder weniger normales Leben. Zu vieren von ihnen haben sowohl ich als auch die Sozialarbeiter, die sich um sie kümmerten, den Kontakt verloren. Wir suchen weiter nach ihnen und hoffen, daß, wenn wir sie nicht vorher finden, vielleicht dieses Buch sie zurückbringen wird. Ein Mädchen — Sie werden sie kennenlernen — ist im Gefängnis. Ein Kind ist noch in einem Heim.

Ich bin stolz auf meinen Beruf und die Zeitungen, mit denen ich über Jahre zusammenarbeitete. Aber ich bin entsetzt darüber, wie viele Leute in den Medien in ihrer unersättlichen Sucht nach Sensationen es auf sich nehmen, durch überflüssige Identifizierungen und Fotos in den Zeitungen und sogar deutlich erkennbare Bilder im Fernsehen und in Filmen den Ruf und sogar das Leben von Kindern in Not zu riskieren.

Das Ergebnis zweier deutscher Dokumentarfilme über das Thema Kinderprostitution, beide ausgezeichnet in ihrer Art, war, daß Mädchen in Scharen aus den Spezialkliniken wegblieben, wo sie wegen Geschlechtskrankheiten behandelt wurden, weil einige Sozialarbeiter dort, — mit den besten Absichten und der Versicherung ihnen gegenüber vertrauend, daß die Anonymität der Kinder gewährleistet sei, — mit den Filmemachern zusammengearbeitet hatten. Die Mädchen waren damals, trotz allem identifiziert worden. Eine Fünfzehnjährige, für die durchaus Hoffnung bestanden hatte, spritzte sich eine Überdosis, nachdem sie noch in einem weiteren Film über Drogenabhängigkeit und Kinderprostitution gezeigt worden war. »Es lohnt sich nicht mehr«, sagte sie zu dem Arzt, den man geholt hatte, als sie auf dem Boden einer Berliner U-Bahnstation lag. »Jeder hat mich jetzt gesehen, jeder kennt mich. Was soll ich tun? Wohin soll ich gehen?« Sie starb.

In England wurden als Teil eines hervorragenden Dokumentarfilms über Kinderpornographie in einem populären BBC-Programm Fotos eines Jungen ausgestrahlt. Die Mutter des Jungen erlitt fast einen Herzinfarkt. Und der Junge, ebenso wie einige andere aus derselben Stadt, die zu einem Porno-Ring gehörten, der in diesem Dokumentarfilm beschrieben wird, wurden von den Nachbarn geächtet. Schließlich mußten die Familien wegziehen. Der Schaden, den das den Kindern, ihren Eltern und Geschwistern zugefügt hat, ist unermeßlich.

Und schließlich — ich beschreibe das im einzelnen in diesem Buch — benutzte eine amerikanische Fernsehdokumentation eine Dreizehnjährige, zeigte sie direkt von vorn und bezahlte sie dafür, daß sie zu einem vereinbarten Treffen mit ihrem Zuhälter kam, vor dem sie geflohen war. Ein Mikrofon, das unter ihrer Bluse versteckt war, machte es möglich, daß die ganze Nation ihrer Unterhaltung zuhören konnte. Anschließend wurde der Zuhälter festgenommen. »Wir mußten sie aus der Stadt bringen«, sagte ein aufgebrachter Polizeibeamter. »Wir halten sie versteckt. Wenn sie sich in New York nur blicken läßt, ist sie 'ne Leiche.«

Alles, was die Kinder in diesem Buch zu mir gesagt haben, wurde, wie sie im voraus wußten, auf Tonband aufgenommen. Wo es aber nötig war, wurden die Örtlichkeiten geändert, ebenso die Namen und Personenbeschreibungen. Die Vermittler und ihre Familien, sie selber und ich (die ich auch die Einverständniserklärungen habe, die sie unterschrieben haben) sind und werden die einzigen bleiben, die wissen, wer sie sind.

Was man lesen und zur Kenntnis nehmen und verstehen muß, ist das, was sie sagen: was ihnen zugestoßen ist und warum. Wer sie und ihre Eltern sind, ist nebensächlich. Es könnte jeder von uns und jedes unserer Kinder sein.

ERSTER TEIL

AMERIKA

»The Life«
(Das »Leben«)

1

»Das ist reines Geschäft«

Ein Uhr morgens, Madison Avenue, irgendwo auf der Höhe von Nummer fünfzig. Der zivile Streifenwagen des Zuhälterdezernats kommt mit quietschenden Bremsen hinter einem lila Cadillac mit kalifornischem Kennzeichen zum Stehen, der vor einem Delikatessenladen parkt, welcher nachts durchgehend geöffnet ist. Noch ehe ihr eigener Wagen ganz steht, sind schon zwei der drei Beamten draußen, einer an jeder Tür des Cadillac. Der Mann am Steuer, ein hochgewachsener Schwarzer, etwa fünfunddreißig Jahre alt, trägt Kaschmir: weißer Rollkragenpullover, beige Jacke und Handschuhe. Seine Mitfahrerinnen — sie sind gerade drinnen im Laden — sind zwei blonde Mädchen in Hosen und Pelzjacken: eine grauer Mink, die andere Rotfuchs.

»Die holen Ihnen wohl das Abendessen, was?« fragt der Beamte in Zivil. Der Fahrer reicht ihm gelassen den Führerschein und lächelt: »Die sind immer hungrig«, scherzt er in selbstsicherem, humorvollem, ja freundlichem Ton. »Sie waren schon auf der ganzen Fahrt hierher hungrig!«

Über den Bürgersteig, durch das Spiegelglasfenster des Ladens, hatten die Mädchen sehr jung ausgesehen. »Vielleicht vierzehn, fünfzehn«, sagte der Polizist, der im Wagen geblieben war: Das Zuhälterdezernat gilt als so gefährdet in bezug auf moralischen Druck und Vorwürfe seitens der Öffentlichkeit, daß sie, nicht wie gewöhnlich, zu zweit, sondern immer zu dritt auf Patrouille gehen; und immer ist ein Sergeant dabei. Der Sergeant schüttelt den Kopf. »Schau ihn dir doch an«, sagt er, »ein Professioneller, ein echter Profi: Die können noch so jung sein, ihre Ausweise sind mit Sicherheit perfekt…«

Aber als die Mädchen aus dem Laden kommen, und man ihre Gesichter deutlicher sehen kann, ändert er seine Meinung. Sie sind jung, aber sie sehen verbraucht aus. »Mindestens sechzehn«, sagt er, »und keine Anfänger. Jedenfalls sind sie, Gott sei's geklagt, in Kalifornien mit sechzehn mündig; wir können also überhaupt nichts machen. Das einzige, was wir hoffen können, ist, daß sie sich uns genau anschauen und daß sie zu uns kommen, wenn er in ein paar Wochen die feinen Handschuhe auszieht und ihnen zeigt, was gespielt wird – was er mit Sicherheit tun wird.«

Die Mädchen ziehen ihre Ausweise hervor, noch bevor sie darum gebeten werden. »Sie haben wohl auch nichts Besseres zu tun, als friedliche Bürger zu schikanieren, was?«, fragt der Rotfuchs mit verächtlichem Blick: Barbara, achtzehn Jahre, laut ihrem perfekten Ausweis. Aber der graue Mink, Jane, neunzehn, aus San Francisco laut Ausweis, lächelt. »Ist das die feine Art, einen im ›Big Apple‹ [›Der große Apfel‹, d.h. New York] zu begrüßen?« fragt sie gedehnt.

»Alles koscher«, sagt der Polizist, als er zurückkommt, »ich kann den Kerl nicht einlochen, bloß weil er mit zwei hübschen Mädchen spazierenfährt, obwohl ihre Ausweise wahrscheinlich gefälscht sind und man ihm den Zuhälter meilenweit ansieht.«

Das Zuhälterdezernat wurde 1976 auf Anregung von Sergeant George Trapp gegründet. Sinn und Zweck dieser Einrichtung kann es nicht allein sein, Zuhälter zu schnappen: nicht weil man das nicht gerne tun würde, sondern weil es nahezu immer unmöglich ist. Zuhälter haben, wie jeder andere auch, ihre Rechte vor dem Gesetz; und ihnen zu beweisen, daß sie dagegen verstoßen, kann eine kleine Ewigkeit dauern. In Amerika kann ein Zuhälter nur dann verurteilt werden, wenn eine seiner ›Damen‹ unter Eid vor Gericht gegen ihn aussagt, und für Prostituierte ist es äußerst gefährlich, das zu tun. »Die Rachedrohungen eines Zuhälters«, wurde mir von einem Polizeibeamten gesagt, »kommen einem Vertrag mit der Mafia gleich, und zwar auf unbegrenzte Zeit.«

Er beschrieb, was passierte, als eine amerikanische Fernsehgesellschaft und ein bekanntes Mädchenhaus in New York in einem schockierenden Fall von Verantwortungslosigkeit Hand in Hand gearbeitet hatten, der die dreizehnjährige Bianca betraf, als sie sich in der Obhut dieses Zentrums befand. Man überredete sie, sich filmen zu lassen, während sie mit ihrem ehemaligen Zuhälter sprach. Das Kind, das zuvor sorgfältig instruiert worden war, trug ein Minimikrofon unter ihrer Bluse und lenkte die Unterhaltung in die gewünschte Richtung, so daß der Zuhälter sich selbst beschuldigte.

»Ich habe dir doch gesagt, daß ich dich nicht zu etwas zwingen werde, was du nicht willst, oder?« sagte der Zuhälter, während mehrere Millionen Zuschauer die Sendung mitansehen und -hören konnten. »Ich verprügle dich auch nicht, weil — weil du hast so'n Scheiß gar nicht nötig. Ich glaube, alles was ich mit dir tun muß, ist ganz cool mit dir reden, ist das klar…« Keineswegs überraschend wurde er kurz vor Ende der Sendung festgenommen. Aber es blieb ihm noch genügend Zeit, dem Kind eine Nachricht zukommen zu lassen; das Ergebnis war, daß die Polizei, die man vorher nicht über den Inhalt der Sendung informiert hatte, das Mädchen in Sicherheit bringen mußte. »Sie hatte Glück, daß wir so schnell da waren«, sagte der Polizeiinspektor, »die Nachricht lautete nämlich: ›Du bist eine Leiche.‹«

Zwei Jahre lang hielt man Bianca nun versteckt, in katholischen Einrichtungen, und »jedesmal wenn sie wegrannte, was sie natürlich tat, war der ganze Bundesstaat in Alarmbereitschaft, und wir mußten jeden Polizeibeamten dieser Stadt für ihren Schutz aufbieten… Wenn dem Mädchen was passiert«, fuhr er fort, »sind die Fernsehleute, die diese Wahnsinnsidee hatten, und die Verantwortlichen in dem Heim, die es zuließen, daß sie für derlei mißbraucht wurde, während sie in ihrer Obhut war, ebenso zu verurteilen, wie der, der die eigentliche Tat verübt.«

Sicherlich ist es das erklärte Ziel des Zuhälterdezernats, üblen Zuhältern das Handwerk zu legen, (wobei die Frage, ob sie alle böse und unterschiedslos schlecht für die Mädchen sind, hier nicht erörtert werden soll). Aber — und hierin liegt die Zwiespältigkeit der Aufgabe — die einzige Möglichkeit, das wirkungsvoll zu tun, ist die, eine vertrauensvolle Atmosphäre zwischen ihnen selbst und den Prostituierten zu schaffen.

Schließlich haben ja andere Polizeiabteilungen die Aufgabe, Prostituierte zu beobachten und sie wegen ›Anschaffens‹, Erregung öffentlichen Ärgernisses oder unter einem anderen Vorwand vor Gericht zu bringen. (Natürlich sind solche Aktionen ziemlich sinnlos, weil eindeutig bewiesen ist, daß keine Gefängnisstrafe jemals eine Prostituierte davon abgehalten hat, wieder auf den Strich zu gehen.)

Die nützlichste und realistischste Seite bei der Aufgabe dieses Dezernats ist aber genau das Gegenteil davon: Durch seine bloße Existenz kann es eine Art Kontrolle auf die Beziehung Zuhälter – Dirne ausüben und Gewalt, die in solchen Beziehungen immer latent vorhanden ist, verhindern. Gleichzeitig ist es natürlich der eigentliche Zweck des Dezernats, auf die Dauer wenigstens die Schlimmsten unter den Zuhältern zu beseitigen.

Um diesen doppelten Zweck zu erfüllen, müssen die Beamten eine dreifache Rolle spielen: Sie müssen erstens ihre Rolle als Autoritätsperson beibehalten – als bedrohliche Autorität, wenn nötig (wie alle amerikanischen Polizeibeamten sind sie sogar bewaffnet, wenn sie nicht im Dienst sind). Daneben müssen sie aber auch in gewissem Maße als mögliche Freunde und Verbündete der Prostituierten gesehen werden – und das muß echt sein: Sie müssen sich wirklich so fühlen und dieses Gefühl den Mädchen auch vermitteln können. Und schließlich müssen sie eine außerordentlich scharfe Beobachtungsgabe für den individuellen Zuhälter haben. Sie mögen sie – wie manche das tun – als Gruppe hassen und sie als Männer für das, was sie sind, verachten. Aber um ihre Aufgabe erfüllen zu können, müssen sie fähig sein, Unterschiede zu machen zwischen den besseren und den übelsten – oder wenigstens zwischen den üblen und den nicht ganz so üblen. All das verlangt von George Trapps berühmter Truppe einen hohen Grad an Intelligenz, Einfühlungsvermögen und Integrität. Es verlangt auch eine liberale, unkonventionelle Einstellung der jeweiligen Vorgesetzten: Nur wenige amerikanische Städte waren imstande, New Yorks Pilotprojekt als Beispiel zu nehmen, und in der Tat, zu dem Zeitpunkt, da ich dies schreibe, scheinen sogar die Stunden des New Yorker Dezernats gezählt.

Während meiner Recherchen in New York arbeitete Sergeant Greenlay für das New Yorker Dezernat für jugendliche Ausreißer, das die Aufgabe hat, herumstreunende Minderjährige zu identifizieren und zu ihren Eltern zurückzubringen. »Was allen Zuhältern gemeinsam ist«, erklärte er mir, »ist eine grundsätzliche Verachtung für die Frauen, die sie ausnutzen. Sie sind für ihn nur Fleisch, das man über den Ladentisch verkauft.«

Und dieser »Verkauf über den Ladentisch« findet tatsächlich statt. Vor nicht allzu langer Zeit flogen zwei fünfzehnjährige

Mädchen in Begleitung eines Polizeibeamten von New York in den Mittelwesten zurück. Drei Monate vorher hatte sie ein Zuhälter namens Earl nebst zwei anderen Mädchen, vierzehn Jahre alt, in seinem Cadillac nach New York gebracht. Am Tage seiner Ankunft verkaufte er die Vierzehnjährigen — zwei Amerikanerinnen indianischer Abstammung — für je 200 Dollar an einen Zuhälter in Boston, während die Fünfzehnjährigen auf der 32. Straße und der Madison Avenue für ihn auf den Strich gingen.

Alvin, ein Zuhälter, mit dem ich diesen Vorfall diskutierte, drückte amüsierte Überraschung über mein Erstaunen aus. »Das ist Geschäft«, sagte er, »reines Geschäft.« Wir saßen in der ›Pork Pie‹-Bar, einer bekannten Zuhälterkneipe in der 50. Straße zwischen Broadway und der Eighth Avenue. Die Dunkelheit in dem Lokal — es gab dort buchstäblich kein Licht, nur zwei Spotlights über der Theke und die flackernden Farben eines Flipperautomaten und der Musikbox — wurde noch durch die Tatsache unterstrichen, daß alle Kunden — außer der Bardame und zwei Mädchen, eine davon sehr jung und blond — schwarz waren. Es war einen Augenblick still geworden, als ich hereinkam, aber die Unterhaltung — allem Anschein nach hauptsächlich deftige Witze und theatralische Gesten — wurde schnell wieder aufgenommen, als ich mich an die Bar setzte und ein Glas Wein bestellte.

»Was machen Sie denn hier«, zischelte die Bardame aus dem Mundwinkel, während sie eifrig die makellos sauberen Gläser vor mir polierte. Ich antwortete, daß ich mich auf das Glas Wein freute, das ich bestellt hatte. Sie sah mich verblüfft an. »Sehen Sie nicht, daß dies hier kein Platz für Sie ist?« flüsterte sie. Keiner der Kunden schien herzusehen oder zuzuhören. (»Sie können wetten, daß die jede Silbe gehört und jede Ihrer Bewegungen beobachtet haben«, sagte George Trapp entsetzt, als er die Geschichte später hörte.)

Es waren elf Männer, die in Gruppen herumstanden oder -saßen, und zwei Mädchen: die kleine Blonde, wahrscheinlich eine Minderjährige, und eine etwas ältere, Rothaarige. Drei der Männer waren ziemlich alt — weiße Haare, ungepflegte Kleidung — die am Stock gingen. Das waren ehemalige Zuhälter mit Vergangenheit, aber ohne Zukunft, die stumm darauf warteten, daß ihnen jemand einen Drink anbot, und ebenso stumm blieben, wenn derlei Angebote nicht kamen. Die beiden weißen Mädchen — sie gehörten offensichtlich zu einem großen jungen Mann mit glatter brauner Haut, einer leichten braunen Jacke, einem offenen Spitzenhemd und einem Silbermedaillon an einer Silberkette — sagten ebenfalls nichts. Sie standen im Hintergrund und hörten zu: Sie mischten sich nicht ein und sprachen auch nicht miteinander, nicht einmal, als der Mann einen Rundgang um die Tische unternahm, wobei sein Straßenjargon fast eine Fremdsprache für mich war. Die einzige andere Person, die an der Bar saß — ich hatte mich ganz bewußt in seine Nähe gesetzt — war ein ziemlich kleiner Mann mit intelligentem Gesicht, der den Eindruck erweckte, als ob er irgendeine Position in dieser Welt innehätte. Er strahlte Sicherheit, Ruhe und einen kalten Humor aus, der einen aus der Fassung brachte. Er stellte sich als ›Alvin‹ vor. (»Das sagt gar nichts«, erklärte mir mein Polizeifreund. »Kaum einer von ihnen verwendet seinen wirklichen Namen — sie suchen sich einen aus Filmen und Zeitschriften.«)

Es machte ihm nicht das geringste aus, sich mit mir zu unterhalten, als ich ihm erklärt hatte, was ich tat. Er stellte jedoch klar, daß alles, was über bloßes Gerede hinausgehe, »nur gegen Bezahlung« stattfinden würde. Wenn ich wissen wollte, was in der Szene los sei, dann wüßte er mehr als sonst irgend jemand. (Slim gebrauchte fast identische Worte, als ich ihn ein paar Tage später kennenlernte. Und Rachel sagte: »Sie sind alle unglaubliche Angeber — alle wissen *alles*. Sie wissen nicht nur alles über ihren Job, sie wissen auch alles über alles andere in der Welt...«)

Ich erklärte, daß ich schon eine ganze Menge wisse. »Warum sind Sie dann hier?« fragte er. »Und was wissen Sie schon außer dem üblichen Zeitungsunsinn über die Brutalität von Zuhältern und so weiter?«

»Ich weiß zum Beispiel, daß viele der Mädchen, mit denen ich gesprochen habe, behaupten, ihre Zuhälter zu lieben.« Er schwieg. »Aber es scheint schwierig«, fuhr ich fort, »diese Vorstellung mit den Auktionen in Einklang zu bringen, die, wie ich höre, hier und anderswo abgehalten werden.«

Wenn ich über Liebe reden wollte, erwiderte er nach einem Augenblick des Überlegens, dann auf der Basis, die er vorschlüge

— oder überhaupt nicht. Was das, was ich mit ›Auktionen‹ bezeichnet hätte, betrifft — »das ist Geschäft, reines Geschäft«. Da sei nichts Brutales daran, niemand tue den Mädchen weh, und sie seien alle aus eigenem, freiem Willen hier. Er deutete auf die beiden ›freiwilligen‹, stummen Wesen an der Tür. »Sehen Sie etwa Fesseln an *denen*?« Er fragte das laut und lachte den Zuhälter der Mädchen an, der gerade vorbeiging. Der stimmte in Alvins Fröhlichkeit mit einem sonoren Lachen ein. »Fesseln«, wiederholte er und tänzelte herum. »Seid ihr gefesselt, Mädchen?« brüllte er durch den Raum, und sie lachten ebenfalls schrill.

»Ein Player gibt ein Mädchen weiter«, sagte Alvin in belehrendem Ton, »weil er anderweitig zu beschäftigt ist; er kann ihr nicht die Aufmerksamkeit schenken, die sie braucht.«

Daß das ›Weitergeben‹ an einem jedermann zugänglichen und auffälligen Ort stattfindet, wie dem ›Pork Pie‹, ist allerdings unwahrscheinlich, erklärte mir später ein Polizeibeamter in Zivil. »Es ist wirklich wie bei einer Auktion. Sie machen es üblicherweise in kleinen, versteckten Bars. Das Mädchen wird auf den Tresen gestellt…« Bekleidet? »O ja, außer wenn es sehr langsam geht, dann ziehen sie ihnen vielleicht den Rock hoch und fordern sie auf, ihre Brüste zu zeigen. Aber in den meisten Fällen geht es sehr schnell«, sagte er, »und in einer fröhlichen Atmosphäre.«

»Fröhlich?« fragte ich.

»Fröhlich«, antwortete er trocken.

Ich weiß nicht, was mit den Vierzehnjährigen in Boston passiert ist. Aber das Fixum für Fünfzehnjährige, die neun Stunden auf dem Strich sind, wurde auf 250 Dollar für jede festgesetzt. Diese holte sich Earl jede Nacht ab, bis auf die üblichen fünf Dollar für Kaffee, Sandwiches und das Taxi nach Hause. Während der Herbstwochen, so sagten sie später aus, war ihr Durchschnitt »zehn Freier am Tag, jeder für 30 Dollar«. Ende November, als das Wetter schlechter wurde, ging ihr Verdienst zurück. Als eines der Mädchen — sie war 1,60 groß und wog weniger als 100 Pfund — zum dritten Mal mit weniger als 250 Dollar nach Hause kam, wurde sie ausgezogen, an ein Bett gebunden und vor dem versammelten Stall von vier Mädchen mit einem Drahtkleiderbügel verprügelt, bis sie ohnmächtig wurde.

»Das ist eine ihrer Methoden, sie ›in den Arsch zu treten‹«, sagte Sergeant Greenlay. »Normalerweise«, fügte er hinzu, »werden die Mädchen zusätzlich zu den regelmäßigen Prügeln dadurch diszipliniert, daß sie zu erniedrigenden sexuellen Handlungen gezwungen werden — Perversionen, die sie vor dem ganzen Stall und oft vor anderen Zuhältern ausführen müssen.«

Zu dem Zeitpunkt, als die Fünfzehnjährigen aufgelesen wurden — kurz vor Weihnachten —, hatten sie noch zweimal schlimme Prügel bezogen. Ich habe die Polizeiphotos gesehen — ihre zerschundenen Rücken, tiefe Striemen von der Taille bis zu den Knien. »Die Wunden werden heilen«, sagte Sergeant Greenlay, als wir die Sammlung von Hunderten solcher Photos durchblätterten. »Aber die Narben werden für immer bleiben. Sie sind für ihr ganzes Leben gezeichnet.«

Bei Kinderprostituierten, auch wenn sie das vehement bestreiten, spielt die Angst eine wesentliche Rolle in ihrem Leben mit Zuhältern. Maria, die mir von ihrer Pflegemutter als »das schönste Baby, das sie je gesehen hatte«, beschrieben wurde, war noch immer schön, als das Zuhälterdezernat mich auf sie aufmerksam machte. Zwölf Jahre alt, stand sie an der Ecke Madison/33. Straße, um ein Uhr morgens. Sie war klein, mager, mit kurzen, glatten Haaren und exquisit angezogen, ganz in Beige: Hosen, Stiefel, Pullover und eine teure kurze Pelzjacke, ihre Haut so golden wie ihre Kleider.

Sie sah wütend aus und überhaupt nicht ängstlich, als Karen, die Polizeibeamtin, die dabei war, aus dem Auto sprang und sie hineinzerrte. »Sie haben mich schon vor drei Tagen einmal festgenommen, und letzte Woche auch. Soll das 'ne Verschwörung sein?«

(»In ihrem Fall — und bei anderen sehr jungen Mädchen auch«, sagte George Trapp, »nehmen wir sie absichtlich häufig fest, damit ihre Zuhälter wissen, daß wir sie beobachten: Es ist der einzige Schutz, den sie haben.«)

Man erklärte Maria, daß man diesmal von ihr lediglich erwarte, sich eine Zeitlang gut zu benehmen und zu versuchen, höflich auf meine Fragen zu antworten, wonach sie wieder abgesetzt würde, wo man sie aufgelesen hatte.

Sie war sehr vorsichtig, sehr auf der Hut bei der Beantwortung meiner Fragen. Aufgelesen zu werden als Ausreißerin und dahin zurückgeschickt zu werden, wo sie abgehauen war — Pflegeheim oder eine Anstalt —, das war für sie Routine. Damit konnte sie umgehen. »Sie ist schon viermal zurückgeschickt worden«, sagte man mir, »aber keine Mauern, keine Schlösser können sie halten; in vierundzwanzig Stunden, manchmal noch schneller, ist sie wieder hier.«

Auch die Fragen über ihren Zuhälter konnte sie lässig beantworten. »Er ist toll«, sagte sie und drückte sich in eine Ecke des Rücksitzes, ihr Gesicht ausdruckslos, ihre Stimme tonlos. »Ich bin glücklicher als je zuvor.«

Womit sie nicht so ohne weiteres zurechtkam, waren Fragen über ihre Mutter. Besuchte sie ihre Mutter? Sie zuckte mit den Schultern. Rief sie sie gelegentlich an? Achselzucken. Wußte ihre Mutter, was sie tat? Das löste ein konvulsisches Zucken ihres Körpers und ein Fauchen aus wie bei einer gereizten Katze; ich bekam eine Gänsehaut. Karen hob die Hand — war es, um mich oder Maria zu warnen? Ich wußte es nicht und sie auch nicht, wie sie mir später sagte. Ich wechselte schnell das Thema.

Wie fand sie ihre Pflegemutter? »Sie liebe ich am meisten auf der Welt. Weihnachten werde ich bei ihr sein« — das war die erste freiwillige Information. Und zum ersten Mal sah sie mir offen ins Gesicht. »Ich hab' ihr ein Geschenk gekauft«, sagte sie, »eine Uhr.«

(Nach Weihnachten sprach ich mit Cherry, ihrer Pflegemutter, um sie nach Marias Besuch zu fragen. »Sie hat angerufen«, berichtete sie, »es war am Weihnachtstag. Sie hat gesagt, daß sie kommen wollte, aber er hat sie nicht gehen lassen. Sie hat so geweint...« Sie weinte auch. »Es klang geradeso wie damals, als sie fünf war.«)

Sicherlich, ihr Zuhälter gab ihr Geld, sagte Maria, ihre Augen wieder abwesend. Sicher, er kaufte ihr Kleider: »Schauen Sie mich doch an, alles was ich nur will. Ich brauch' bloß zu fragen.« Sicher, er war gut zu ihr, führte sie aus, gab ihr genügend zu essen. Sie zuckte mit den Schultern. »Ich liebe ihn, klar.« Ja, er hatte auch noch andere Mädchen. Sie wohnten alle zusammen in einer großen Wohnung auf der West Side. Sie als die Jüngste wurde von allen verwöhnt. Es klang richtig gemütlich.

Könnte ich die Wohnung ansehen, ihren Zuhälter kennenlernen? Sie schaute mich mit weit aufgerissenen Augen an. »Sind

Sie verrückt?« fragte sie. Sie drehte sich zu Karen um (obwohl drei Polizeibeamte im Auto waren, wandte sie sich niemals an die beiden Männer und sah sie auch nicht an) und wiederholte: »Ist sie verrückt?« Und ging dann über diesen Vorschlag einfach hinweg.

Hatte sie ein Fixum? Nein, natürlich hatte sie kein Fixum, warum auch? Er vertraute ihr. Arbeitete sie jede Nacht? Ja, natürlich arbeitete sie jede Nacht. »Nur von zehn bis vier«, sagte sie. Wie viele Männer? Sie zuckte mit den Schultern — was für blöde Fragen. Es kam nicht auf die Stunden oder die Männer an, sondern darauf, was sie bezahlten; das hätte ich wissen sollen. Das sagte sie nicht — es war nicht notwendig, ihr Schulterzucken sagte alles. Sie verdiente etwa 400 Dollar in einer schlechten Nacht, 700 bis 800 Dollar in guten Nächten. Alan, ihr Zuhälter fuhr sie in seinem Caddy zur Arbeit und holte sie wieder ab, wenn sie fertig war. Zum ersten Mal zeigte sie Gefühle, als sie über ihr Leben sprach: Er kümmere sich um sie, erklärte sie stolz.

Zwei Jahre später, inzwischen, zu ihrem eigenen Schutz, in einem Heim, sagte sie mir: »Alan war ein Arsch, ein Superarsch, und ich hatte eine Todesangst vor ihm…«

2

»Das Leben war die Hölle«

Eleventh Avenue/42. Straße in New York an einem feuchten
Winterabend: geschlossene Kaufhäuser und Garagen, verbarri-
kadiert zum Schutz vor Einbrechern. Einige primitive ›diners‹ –
Snackbars – in nachgebauten Eisenbahnwagen – und leere
Gehsteige, so weit das Auge reicht; das einzige Zeichen von
Leben sind die Verkehrsampeln. Es ist der trostloseste Ort, den
man sich vorstellen kann.

»Sie nennen es den Pfuhl«, sagte Cassie. Sie war fünfzehn,
schlank und mittelgroß mit einem rundlichen Gesicht, auf ihren
Augenlidern dicker, glänzender hellblauer Lidschatten, ansonsten kein Make-up. Sie hatte lange blonde, sehr gepflegte Haare,
und obwohl es November war, trug sie nur eine eng anliegende
weiße Jeans, ein dünnes weißes Polohemd, eine ungefütterte
weiße Lederjacke und glänzende weiße Stiefel. Ein auffallend
aussehendes Mädchen.

Ray hatte sie in der Eleventh Avenue auf den Strich geschickt.
Ray, ihr sechster Zuhälter.

»Big Daddy war mein erster Zuhälter«, erzählte Cassie. »Ich
habe ihn am Busbahnhof getroffen, oben bei uns zu Hause.«

Der Busbahnhof im Zentrum von B... ist völlig verdreckt.
Als ich hinkam, kehrte ein zahnloser, alter Mann lustlos den
Boden, während vier Halbstarke, aus deren Transistorradios
harte Rockmusik ertönte, Kaugummipapier auf den frischge-
kehrten Boden warfen. Er bemerkte es, drehte sich aber nicht
einmal um. »Könnt ihr euch nicht anständig benehmen«, sagte
eine dicke schwarze Frau ein paar Bänke weiter. »Er hat euch
doch nichts getan!« – »Leck mich am Arsch«, antwortete ein
Junge beiläufig, und alle vier lachten – ein schrilles, provozie-
rendes, unfrohes Lachen. Dann, nach einer kurzen Beratung,
legten sie ihre Bierdosen sorgfältig auf den Boden neben ihre
Bänke und beobachteten, wie der Rest herauslief. »He, du da«,

rief einer von ihnen dem Alten zu, »wisch die Scheiße da weg!«

»Sie meinen das nicht böse«, meinte Cassie, als sie die Geschichte hörte, »sie langweilen sich bloß.« Was Langeweile betrifft, so war sie dafür eine Autorität: Ihre Fähigkeit, sich zu langweilen, war grenzenlos, ihre Konzentrationsspanne für etwas anderes als ihre eigene Person gleich Null, außer wenn sie über ›die Szene‹ sprach, mit der sie schon drei Jahre vertraut war, als ich sie traf. »Als Sie unten beim Busbahnhof waren«, fragte sie plötzlich in lebhaftem Ton, »haben Sie da irgendwelche Macker (ein Ausdruck, der für Zuhälter gebraucht wird) gesehen? Weil sie gerade da immer herumhängen, an den Busbahnhöfen.«

Tatsächlich glaubte ich, welche gesehen zu haben: Fünf schwarze Männer lungerten dort herum, alle eher vierzig als dreißig Jahre alt, keiner von ihnen hatte Gepäck oder machte den Eindruck, als warte er auf jemanden bestimmten. Und obwohl sie nicht zusammensaßen, war es offensichtlich, daß sie sich kannten: ein Augenzwinkern, ein Kopfnicken und gelegentlich ein kurzer Wortwechsel. Der Auffälligste von ihnen sah wirklich scharf aus, elegant aufgemacht in weißen Hosen, einem weißen Rollkragenpullover, einer rehbraunen Jacke (mit Sicherheit beides Kaschmir) und beigen Stiefeletten, die handgemacht aussahen. (»Oh, das war ein ›Player‹«, erklärte mir ein Zuhälter in New York, dem ich ihn beschrieb. ›Player‹ sind Zuhälter der höchsten Kategorie.) Er sah wirklich eindrucksvoll aus, gepflegt, wohlhabend, selbstsicher. Und mehr noch, er hatte ein interessantes Gesicht, ein Gesicht, dem man trauen würde.

Cassie war zwölf Jahre alt, als sie an einem Oktobermorgen Big Daddy traf, an einem der vielen Vormittage, an denen sie die Schule geschwänzt hatte. »Das Leben war die Hölle«, sagte sie.

Sie hatte auf eine Freundin gewartet, die sie besuchen kam. »Ihr Vater war Arzt. Sie haben einige Jahre in unserer Nachbarschaft gewohnt und sind dann nach Westen gezogen«, erzählte sie. »Ich glaube, daß meine Mutter sie nur deshalb akzeptiert hat, weil ihr Vater Arzt war; sie war nämlich eines der wenigen Mädchen, die ich jemals ins Haus bringen durfte. Sie war wirklich eine Ausnahme.«

Big Daddy hatte sich in einiger Entfernung von ihr hingesetzt. »Er saß mir schräg gegenüber«, sagte sie und lachte, während sie sich — mit offensichtlichem Vergnügen — an jenen Augenblick vor zwei Jahren erinnerte. »Er sieht wahnsinnig gut aus. Er ist groß, hat lange Haare, aber es ist schön frisiert, wissen Sie.«

Krauses Haar? »Er läßt es glätten — echt schön. Und er hat einen Bart. Und er ist sehr schlank. Er sitzt also da, und — kennen Sie das, wenn man merkt, daß einen jemand beobachtet, da wird man irgendwie befangen. Also, die Art, wie er mich ansieht, macht mich irgendwie nervös, und ich mach' so alles mögliche. Da steht er auf und geht herum, und dann kommt er zurück und setzt sich neben mich und fängt einfach so an zu reden. Ich weiß gar nicht mehr, was er eigentlich sagte; weil, wissen Sie, wenn Leute diesen Akzent haben, so diesen Akzent aus der Stadt, und so leise reden, weil sie nicht wollen, daß jemand sie hört, dann kann man nicht richtig verstehen, was sie sagen...« Was Cassie, Tochter streng rassistischer Eltern, sagen möchte, ist, daß der große, schlanke, bärtige Mann ein Schwarzer war und deren Sprache sprach.

Wie sah sie an jenem Tag aus?

»Ich war toll braun von der Sonne den ganzen Sommer. Und meine Haare — die waren nicht künstlich gebleicht wie jetzt, sie waren echt dunkelblond, so wie sie von Natur aus sind.«

Merkwürdigerweise war es — trotz ihres übertriebenen Make-ups und ihrer übertrieben eleganten Kleidung — gerade dieses »von Natur aus«, das mir in den Sinn kam, als ich sie zum ersten Mal sah.

Ein Inspektor von der New Yorker Hafenpolizei, den ich Dan nennen werde, hatte sie zu mir gebracht. Man hatte mir gesagt, daß ich einen Polizeibeamten kennenlernen würde, der, wie eine Reihe anderer, die ich getroffen habe, nicht nur seinen Job tat, sondern der sich verantwortlich fühlte. Verantwortlich besonders für die Hunderte von Jugendlichen, die mit den Bussen kommen und versuchen, in der Schalterhalle der Endstation die erste Nacht zu verbringen, wie auch für die, die in den angrenzenden Straßen herumlungern. Auffällig jung, wie sie sind, sind sie eine willkommene Beute für die Räuber auf der Lauer, und es gehörte zu Dans Job, derlei zu verhindern. Er ist schwarz, hat einen Universitätsabschluß in Soziologie, Psychologie und Literatur. Auf seinem Schreibtisch in dem kleinen Zimmer im zweiten Stock der Hafenbehörde in der 40. Straße auf der West Side, das er mit einigen Beamten der Abteilung für Jugendkriminalität teilt, standen Bücher von Freud, Tolstoi, Schumacher und Faulkner. Er hatte Cassie wieder in den Bus gesetzt, mit dem sie angekommen war, ihr die Fahrkarte bezahlt und gewartet, bis der Bus abgefahren war. »Aber wie ich es schon geahnt hatte«, erzählte Dan, »stieg sie natürlich an der ersten Haltestelle wieder aus, fuhr per Anhalter zur nächsten U-Bahn-Station und nahm einen Schnellzug zur 42. Straße. Es ist hoffnungslos! Wenn sie das tun *wollen,* dann werden sie es tun. Wir können sie nicht *zwingen,* es nicht zu tun. Die einzige Möglichkeit ist, sie dazu zu bringen, es gar nicht erst tun zu wollen oder dazu, daß sie aufhören, es tun zu wollen.«

Ich war damals noch ganz am Anfang meiner Untersuchung, und ich hatte noch gar nicht so richtig begriffen, daß diese Kinder ein Problem darstellen, für das praktisch keine Polizeimacht in der westlichen Welt bisher eine Lösung gefunden hat. Es sind Kinder, die einfach nicht mit ihren Eltern zusammenleben können, es aber auch in Heimen nicht aushalten. Für sie *gibt* es keinen Ort, wo sie hingehen könnten.

Eine halbe Stunde, nachdem mich Dan in seinem Büro zurückgelassen hatte, ging die Tür auf. »Das ist Cleo«, sagte er und gab ihr einen kleinen Schubs auf mich zu. »Das ist Gitta!« Cleo war der Name, unter dem sie in der Szene bekannt war.

Ihre anfängliche Abwehrhaltung — »Ja, und warum schreiben Sie so'n Buch?... Ja, und wieviel Geld werden Sie damit machen?... Und wer soll so was lesen?...« — behielt sie nicht lange bei. Sie *wollte* ja reden. Sie hatte sogar ein ungeheures Bedürfnis, mit einem neutralen, aber interessierten, teilnahmsvollen Erwachsenen zu sprechen; später stellte sich heraus, daß das auf fast alle Kinder zutraf.

An diesem ersten Tag war sie nicht bereit, über ihre Familienverhältnisse zu sprechen, über ihre Eltern und die Auseinandersetzungen mit ihnen; und vieles, was sie mir über ihre ersten Erlebnisse in der Szene erzählte, war erfunden. Ihre Fantasie bezog sich nicht auf Menschen und Ereignisse, nur auf Örtlichkeiten. Ihr Heimatort, sagte sie, war irgendwo im Westen, und ihr erstes Treffen mit Big Daddy hätte in Los Angeles stattgefunden: Alles, was sie an jenem Tag erzählte, war mit dem Glanz Kaliforniens vergoldet, das ihr Traum war, ein Traum von Glanz, Freiheit und menschlicher Wärme. Als wir − vom folgenden Tag an − Freunde wurden, berichtigte sie ihre Geschichte, und später führte sie mich, wann immer sie konnte, an die Stellen, von denen sie erzählte, und gab mir genaue schriftliche Beschreibungen von anderen Orten, die ich mir nicht selber ansehen konnte. Und sie sagte mir, daß sie eigentlich Cassandra hieße, obgleich ihre Familie sie Cassie nannte. Doch für alle anderen auf der Straße war sie Cleo.

»Ich sah so richtig vergammelt aus an dem Tag, an dem ich Big Daddy traf«, erzählte sie dann weiter. »Alte, ausgebleichte Jeans voller Risse und Flecken. Ich hatte klobige Stiefel an, glaube ich, eine Kette als Gürtel und, wissen Sie, einen von diesen Hüten, wie Billy Jack sie immer aufhat. Ich hatte immer einen Zopf an der Seite mit 'nem Haufen Perlen drin. Nee«, fuhr sie fort, »ich war nicht geschminkt.« Und sie wußte nichts über Zuhälter? »Eigentlich nichts, außer daß mal mein Onkel irgendwas gesagt hat. Meine Mutter ist Italienerin − er ist in der Mafia.«

(Ihre Mutter, die verzweifelt um Ehrbarkeit bemüht ist, hat das später etwas halbherzig abgestritten. »Also, er ist Amerikaner«, sagte sie. »Mafia, ich weiß nicht…« fügte sie hinzu − und es klang nicht sehr überzeugend. »Er ist… er ist…« der Satz blieb unvollendet.)

»Wir dürfen seinen Namen zu Hause nicht in den Mund nehmen«, fuhr Cassie fort. »Aber ich hab' ihn mal besucht, und er hat da was aus der Zeitung vorgelesen über einen Mann in Florida, der von 'nem Zuhälter umgelegt worden ist, und da hab' ich dann eben gefragt, was ein Zuhälter und was Prostitution ist.« Der Onkel hatte es vermieden, auf ihre Frage einzugehen. »Ich wußte es nicht so richtig«, sagte sie. »Ich hab' gewußt, daß Mädchen ihren Körper verkaufen und so, aber ich hab' nicht genau gewußt, wie die das machen, und ich war mir nicht sicher, ob es erlaubt ist oder nicht.«

Jedenfalls fragte sie den »schönen, großen, bärtigen Mann« am Busbahnhof, wie er heiße. »Er hat gesagt: ›Du kannst Big

Daddy zu mir sagen.«« Sie lachte. »Er war echt süß. Man kann manchmal einen ersten Eindruck von jemand haben, und wenn man ihn dann besser kennenlernt, ändert sich dieser Eindruck. Aber der erste Eindruck, den ich von ihm hatte, der hat sich nie geändert.« (Später stellte sich heraus, daß das nicht stimmte.)

»Er fing an, über Ehe zu sprechen und darüber, wieviel es zu lernen gibt, und er hat über das Leben so im allgemeinen gesprochen. Da hab' ich dann zum ersten Mal richtig zugehört, und wir hatten 'ne echte Unterhaltung. Er war echt lieb zu mir, und ich mochte ihn wirklich gerne.

Er gab mir seine Telefonnummer, und als meine Freundin bald danach ankam, war ich noch ganz überwältigt von diesem Erlebnis: Dieser Mann hatte mir so viel gebracht, daß ich ganz aufgeregt war und mich echt toll gefühlt hab'. Sie war 'ne gute Freundin, wir kannten uns, seit ich neun Jahre alt war, deshalb war ich auch so wahnsinnig froh, daß sie gerade jetzt ankam, und ich hab' ihr als erstes von diesem tollen Mann erzählt. Er war…« sie zögerte einen Augenblick, »er war der erste schwarze Mann, den ich kennengelernt habe. Sie grinste. ›Ja, ja…‹, und ich hab' gesagt, daß er zwar ein Schwarzer sei, aber echt nett. Ich hab' ihr erzählt, daß er gesagt hatte, daß ich ihn Big Daddy nennen solle, und da hat sie gesagt: ›Das klingt wie'n Zuhälter‹, und ich hatte das Gefühl, daß sie ihn irgendwie lächerlich machen wollte.

Einige Tage später beschloß ich, ihn anzurufen. Ich wollte, daß meine Freundin ihn kennenlernt. Er hat mir erklärt, wo wir ihn treffen sollten, und schon als sie ihn gesehen hat — bloß die Art, wie er angezogen war, wissen Sie — sagte sie: ›Wenn das kein Zuhälter ist.‹ Ich hab' keine Ahnung, woher sie das wußte. Ich hatte Angst, aber wir tranken Kaffee mit ihm und unterhielten uns. Und dann, als meine Freundin wieder weg war, habe ich mich ungefähr einmal die Woche mit ihm getroffen. Er hat mich dazu gebracht nachzudenken. So zum Beispiel, wenn er gesagt hat: ›Ich möchte, daß du dir mal vorstellst — zum Beispiel verheiratet zu sein oder dieser oder jener Mensch zu sein. Du mußt lernen‹, sagte er immer, ›dir vorzustellen, wie die Leute leben und was sie sind.‹«

Er hatte ihr ziemlich bald gesagt, daß er ein Zuhälter war. »Ich konnte es noch immer nicht glauben. Ich hab' ihm gesagt, daß ich mit Prostitution Bescheid wüßte, aber das war natürlich nicht wahr, und ich schätze, daß er das gemerkt hat, weil dann hat er mir erzählt, wie es wirklich ist, von ihm aus gesehen, und worum es dabei eigentlich geht.

Und dann hat er eines Tages gefragt: ›Willst du mich?‹ Ich hab' nicht gewußt, worauf er hinaus wollte, deshalb hab' ich gesagt: ›Einerseits ja, andererseits aber auch nicht. Ich war hin- und hergerissen. Ich war verrückt nach ihm, und er sagte: ›Du könntest meine Braut sein, und ich werde dich einweisen, und alles wird glatt laufen. Wegen der Polizei brauchst du dir keine Sorgen zu machen.‹ Er hat mir alles genau erklärt, wie ›steig nie in ein Auto ein, in dem mehr als einer drinsitzt, und schau dir immer das Nummernschild an, bevor du einsteigst‹. Und er hat auch gesagt, ›wenn du nur fünf Dollar pro Nacht schaffst, solange du nur rausgehst und es versuchst. Denn in manchen Nächten wird die Polizei draußen sein, und an manchen Abenden wirst du keine Lust haben zu arbeiten. Mir geht es nicht ums Geld, mir geht es nur um dich. Wenn du mich magst, wenn dir was an mir liegt, kommt das Geld ganz von selber.‹

Ich hab' gesagt, daß ich ihm das nicht abnehmen würde, und da haben wir alle beide gelacht. Und danach hab' ich dann gesagt: ›Okay, ich will's mal 'ne Woche ausprobieren.‹ Und ich bin nach Hause gegangen und hab' 'nen Riesenkrach mit meinen Eltern angefangen, damit ich 'nen Grund hatte abzu- hauen...«

Mit »abhauen« meinte sie ausreißen. Cassie hatte schon damals eine bestimmte Methode entwickelt auszureißen, die sie noch zwei Jahre lang praktizierte und die zahllose Polizeisuch- aktionen zur Folge hatte und ihr schließlich einen einjährigen Aufenthalt in einem katholischen Heim mit maximalen Sicher- heitsvorkehrungen einbrachte. »Maximale Sicherheitsvorkeh- rungen!« spottete sie. »Ich bin auch von dort abgehauen, acht- oder neunmal.«

Die gestörte Beziehung zu ihren Eltern erreichte ihrer Meinung nach ihren Höhepunkt, als sie fast zwölf war und her- ausfand, daß sie adoptiert war, ebenso wie ihr sieben Jahre älterer Bruder Bob und ihre sechs Jahre jüngere Schwester Sally. Ihre Mutter hatte als Kind einen Autounfall gehabt und konnte keine Kinder bekommen.

»Ich weiß nicht, wie alt Bob war, als sie ihn adoptierten«, sagte Cassie, »aber ich war vier Monate, und Sally war sechs Wochen alt.«

Cassies Mutter bestand später darauf, daß alle drei Kinder immer gewußt hätten, daß sie adoptiert waren: »Wir haben immer offen darüber gesprochen.« Cassie aber behauptete, daß das nicht stimmte. »Ich habe es herausgefunden, als ich gerade zwölf war. Und als sie es mir gesagt hat, ist irgendwas mit mir passiert. Ich konnte es einfach nicht akzeptieren.«

Hatte ihre Mutter ihr von ihren wirklichen Eltern erzählt? »Sie hat gesagt, daß ich in einem Krankenhaus für ledige Mütter geboren wurde. Da waren solche, die entweder vergewaltigt worden waren, oder so Fünfzehn-, Sechzehnjährige, die das Kind aus finanziellen oder anderen Gründen nicht behalten konnten. Jedenfalls — ich war nicht gewollt. Das war ein echt tolles Gefühl! Ich erinnere mich, daß ich von da an, jedesmal wenn ich eine Wut auf meine Eltern hatte, so was gesagt habe wie: ›Wenn ihr mich nicht liebt, warum habt ihr mich dann überhaupt adoptiert?‹ So was Ähnliches eben, jedenfalls etwas, was mit adoptieren zu tun hatte. Daraufhin haben sie dann immer aufgehört, mich anzubrüllen. Verstehen Sie, nur um sie zu verletzen, damit ich sie loswürde.«

Haben sie ihr denn je darauf geantwortet?

»Nee, aber sie hielten wenigstens den Mund. Es gab 'ne Menge Krach mit meinen Eltern — mein Vater hat uns immer mit seinem Gürtel geschlagen, er war echt prügelsüchtig.«

»Wenn mein Vater nicht da war«, erzählte Cassie, »hat meine Mutter mich geschlagen; sie hat mir die Hose runtergezogen und mich mit einem Holzlöffel verhauen. Aber meistens, wenn wir was angestellt hatten, hat sie gesagt: ›Wartet nur, bis euer Vater nach Hause kommt!‹ und dann haben wir schon gewußt, das bedeutet Schläge, mindestens einmal die Woche, wenn nicht mehr.«

(»Ja, aber sie müssen es sich doch merken, oder?« sagte ihre Mutter voller Verzweiflung, »sie müssen es doch lernen.«)

»Ich kann mich erinnern, daß ich schon Prügel bekam, als ich vier oder fünf Jahre alt war«, erzählte Cassie und machte dann eine rührende Unterscheidung. »Bevor ich vier war, haben sie mir höchstens mal einen Klaps gegeben, verstehen Sie.« Klapse, erklärte sie, das waren Schläge auf den Hintern mit der Hand, Prügel waren Schläge mit einem Gegenstand. »Mir hat es nichts ausgemacht, soviel geschlagen zu werden, aber später hat es mir so weh getan zu sehen, wie meine kleine Schwester geschlagen wurde, sie schreien zu hören.«

Mehr als die Hälfte der Kinder, mit denen ich gesprochen habe, in Amerika und anderswo, sind von frühester Kindheit an regelmäßig geschlagen oder geprügelt worden, fast immer von ihren Vätern auf Veranlassung der Mütter, und zwar erst Stunden, nachdem sie etwas angestellt hatten.

Cassie wußte nicht, wo Babies herkommen, bis sie es in der Schule erfuhr, als sie zwölf Jahre alt war. Sie war sechs, als ihre Schwester adoptiert wurde. »Damals haben meine Eltern mich die ganze Woche lang, wenn ich aus der Schule kam, gefragt: ›Willst du eine kleine Schwester, eine kleine Babyschwester?‹ Und ich hab' gesagt, ja. ja. Verstehen Sie? Ich dachte, es wäre lustiger als meine Puppen. Und dann haben sie gesagt: ›Du wirst eine bekommen.‹ Ich hab' das nicht ganz kapiert und war ziemlich durcheinander und hab' mir überlegt, wie sie das wohl machen würden.« Sie war zu Verwandten geschickt worden, als sie das neue Baby abholen fuhren. »Und dann ging eines Tages die Tür auf, und da standen sie, Sally im Arm…«

(»Wir haben uns solche Mühe gegeben«, erklärte ihre Mutter. »Wir haben es ihr schon lange vorher gesagt, und wir haben versucht, sie daran teilhaben zu lassen, genauso wie man es machen soll…«)

»Ich hätte sie sehr gerne, aber dann bin ich richtig eifersüchtig geworden. Es gab nur noch *sie* − immer nur Sally −, und das ist immer noch so, wissen Sie. Es gibt weder meinen Bruder noch mich, es gibt nur Sally. Sie sind auch anders geworden, sie sind ganz bestimmt anders geworden. Zum Beispiel, als ich noch klein war, haben sie mir immer morgens und abends einen Kuß gegeben, aber das hat dann aufgehört, als Sally da war.«

Ob sie glaube, daß ihre Eltern sie liebten?

»Ich hoffe. Ich weiß es nicht. Ich glaube schon. Das müssen sie doch. Ich meine, sie müssen das nicht, aber nachdem ich seit fünfzehn Jahren ihre Tochter bin, glaube ich, daß sie etwas für mich übrig haben. Ich liebe sie sehr und achte sie auch, aber ich verstehe mich einfach nicht mit ihnen. Wir können einfach nicht im selben Haus zusammen leben. Sie wollen nicht, daß ich erwachsen werde, sie wollen mich einfach nicht loslassen... Und das mit dieser Adoptionsgeschichte — ich glaube, das war wirklich der Tropfen, der das Faß zum Überlaufen brachte. Ich weiß auch noch, daß sie immer gesagt haben, wenn sie mich geschlagen hatten: ›Wir haben es aus Liebe getan.‹ Ich wußte einfach nicht mehr, was Liebe eigentlich war, verstehen Sie?«

Cassies Eltern leben in einer angenehmen Wohngegend am Rande der Stadt. Die Häuser im Landhausstil sind geräumig, mit klaren, modernen Linien, jedes mit einem Garten und einem Spiel- oder Hobbyraum im Keller. (»Dad nimmt nach dem Abendessen seine sechs Dosen Bier und geht runter in den Keller«, erzählte Cassie. »Ich glaube, er trinkt sich einen an. Was bleibt ihm auch anderes übrig?«)

Das Haus, in das sie sechs Monate, bevor ich sie besuchte, eingezogen waren, ist peinlich sauber. Cassies Mutter erklärte den Umzug so: »Die Steuern sind hier niedriger als in unserem vorigen Haus. Das war viel größer — Kolonialstil.« Cassies Erklärung lautete anders: »Sie sind in vier Jahren viermal umgezogen«, sagte sie. »Jedesmal wenn Mama die Leute nicht mochte, mit denen ich zusammen war, sind wir umgezogen.« Der Grund für diese Umzüge waren nie Geldschwierigkeiten — Cassies Vater ist sehr tüchtig und hat als Kranführer immer gut verdient —, es war Angst. Angst um Cassie, Angst um ihren eigenen guten Ruf, der durch Cassies Verhalten gefährdet war, und schließlich auch Angst *vor* Cassie, die sich ihrer Kontrolle entzogen hatte. Sie war für sie zum Geheimnis geworden, eine Fremde — die Fremde, die sie ja tatsächlich von Geburt her war —, und sie hatten Angst vor ihr.

(Diese Angst vor Kindern ist ebenfalls nicht ungewöhnlich. Zehn von zwölf Elternpaaren, mit denen ich gesprochen habe, gaben das zu. »Wenn man alles versucht hat«, sagte eine Mutter, »was kann man dann noch tun? Man sagt es ihnen im Guten, man schimpft sie, man *bittet* sie, brav zu sein, man *befiehlt* ihnen, vorsichtig zu sein, aufzupassen. Man versucht herauszufinden, was los ist — man spricht mit ihnen, ihren Lehrern, dem Sozialarbeiter, dem Pfarrer, dem Arzt. Schließlich gibt man sich geschlagen.« Es ist eine ganz besondere Art von Niederlage, die ein Gefühl von Ohnmacht ohnegleichen erzeugt — und sehr offenkundig, nicht zu verheimlichen. Kinder verachten sie, genauso wie sie die Angst verachten, die ihre Verachtung bei den Eltern hervorruft.)

Das Wohnzimmer im Haus von Cassies Eltern ist wie aus einem Versandhauskatalog, mit einem künstlichen Kaminfeuer, niedrigen Tischchen, zwei bequemen kleinen Sofas, hübschen Sesseln. Auf einem niedrigen Tischchen stand eine Vase mit künstlichen Rosen. Auf dem Eßtisch lagen vier orangefarbene Sets, in der Mitte stand ebenfalls ein Strauß künstlicher Blumen, farblich abgestimmt auf die Sets. Es gab Pulverkaffee aus geblümten, feuerfesten Tassen, mit Huhn belegte Brötchen, von denen die Rinde sorgfältig abgeschnitten war, und Schokoladenkuchen mit Zuckerguß. »Der ist nur gekauft«, sagte Cassies Mutter.

Sie ist italienischer Abstammung, eine magere, kleine Frau mit wenig Busen, schmaler Taille und einem kleinen Gesicht. Ihr blondes Haar ist sehr hübsch zu einem kurzen Lockenkopf geschnitten. Sie hat braune Augen, einen stechenden und doch müden Blick. Sie trug gut geschnittene Hosen und einen teuer aussehenden weißen Pullover, und sie war sorgfältig geschminkt, wie von einer Kosmetikerin.

Es war sofort klar, daß sie unbedingt mit mir alleine sprechen wollte. »Geh' einkaufen oder was«, sagte sie zu ihrem Mann, »und komm nicht vor zwei Stunden zurück!« Er ist ein Hüne, alles an ihm ist sehr groß — außer seiner Stimme: Er spricht selten, und wenn er etwas sagt, murmelt er nur undeutlich. Als er nach drei Stunden zurückkam, war er ganz verfroren und sah aus, als ob er die ganze Zeit draußen vor der Haustür in der Kälte gestanden und nur darauf gewartet hätte, wieder hereinkommen zu dürfen. »Wir sind noch nicht fertig«, sagte seine Frau mit schneidender Stimme und schickte ihn wieder hinaus.

Ein kleiner schwarz-weiß gefleckter Hund war mit ihm hereingelaufen und sprang an mir hoch: »Raus, schmeiß ihn raus, Harry!« schrie sie mit überschnappender Stimme. Ich beruhigte sie, es wäre schon gut, ich hätte Hunde gern, ich fände ihn süß. »Nein«, sagte sie, »der Hund gehört nach draußen, und Harry weiß das.«

Später, auf dem Weg zum Auto, als sie mich zum Hotel bringen wollten, gingen wir an dem Hund vorbei, der in einem Zwinger in der Garage saß. Ich blieb stehen, um ihn zu bewundern. Er war wirklich hübsch. Wie er so auf seinen Hinterbeinen stand, seinen Kopf hob und mir mit seinen freundlichen Augen direkt ins Gesicht sah, sah er erstaunlich menschlich aus. Als ich das sagte, blieb sie stehen, steckte einen Finger durch den Maschendraht, hoch über ihm, zu hoch, als daß sie ihn hätte berühren oder von ihm hätte berührt werden können. »Die Kinder lieben ihn«, sagte Harry plötzlich von sich aus in einem seltenen Anfall von Gesprächigkeit.

Cassies Mutter wollte unbedingt über sich selber sprechen, aber sie war darin völlig ungeübt. Man hatte ihr niemals echte Fragen gestellt, nur so Allerweltsfragen, die ebensolche Antworten verlangten. Die hatte sie immer parat: Die Kinder hatten es gut — sie liebten sie, sie gaben ihnen alles, was Kinder haben müssen oder brauchen könnten.

Was, fragte ich, brauchen Kinder?

»Daß man sich mit ihnen unterhält, eine vernünftige Ernährung, eine Ausbildung, ein Zuhause und natürlich Liebe: sie brauchen sehr viel Liebe«, erklärte sie. »Man muß sie auch manchmal in den Arm nehmen, das brauchen sie auch.«

Ich fragte, ob sie oder Harry mit den Kindern je über Sex gesprochen hätten. »Sex… ja natürlich, also — ich habe ihnen gesagt… ich habe ihnen Bücher darüber gegeben…«

»Stimmt nicht«, sagte Cassie. Sie hatte ihr Wisen über Sex aus der Biologiestunde in der Schule. »Meine Mutter hat nie darüber gesprochen.« Aber, fragte ich, war sie sich dessen bewußt, als sie älter wurde, daß es solche Dinge gab wie Sex, daß ihre Eltern eine sexuelle Beziehung hatten?

»Es war für mich unvorstellbar, daß sie irgendwie Sex miteinander hatten — es paßte einfach nicht zu ihnen«, meinte sie. Sie hatte nie gesehen, daß sie sich küßten. »Nur ein flüchtiger Kuß auf die Wange, wenn er heimkommt. Aber sie lieben sich bestimmt, weil sie doch schon so lange verheiratet sind — sechsundzwanzig Jahre.« Sie sagte das in genau demselben verteidigenden Ton, in dem sie vorher gesagt hatte: »Sie müssen mich ja lieben…«

»Finden Sie Sex etwas Schönes?«, fragte ich die Mutter.

»Ja, wissen Sie«, antwortete sie, »ich habe da diese Schmerzen, ich weiß nicht, was es eigentlich ist. Sie haben mir all diese Mittel gegeben, und ich habe sie auch genommen, aber es tut noch immer sehr weh, so... nein, ich finde es nicht mehr schön seitdem...«

Seit wann hatte sie diese Beschwerden?

»Oh, seit etwa einem Jahr.«

Aber vorher?

»Hm... ich habe nie... wissen Sie... also natürlich, ich fand es ganz schön, wissen Sie, aber nicht übermäßig.«

Ihr Mann schläft jetzt in Cassies früherem Zimmer. Sie hatte ihn mit vierundzwanzig geheiratet; er war ein Jahr älter. »Liebe? Also nein. Oh, ich mochte ihn *gern,* wissen Sie, aber Liebe, nein, ich glaube, ich habe ihn nicht geliebt.« Sie machte eine Pause. »Ich mag seine Art nicht... um die Wahrheit zu sagen, vom Intellektuellen her«, fügte sie hinzu, und das Wort paßte nicht zu ihr.

Was ist mit seiner Art?

»So wie er ist, verstehen Sie, ich mag einfach nicht, wie er redet... wie er denkt. Ich weiß auch nicht, es... es macht mich irgendwie nervös.«

In Wirklichkeit kommt er einfach nur sehr selten dazu, überhaupt etwas zu sagen. »Meine Mutter *läßt* ihn ja nicht zu Wort kommen«, meinte Cassies Bruder Bob, und Cassie fügte hinzu: »Sie bringt ihn immer dazu, daß er sich blöd vorkommt; es muß sich immer alles um sie drehen, was *sie* denkt, fühlt, sagt, anordnet.«

»Ich habe oft mit dem Gedanken gespielt, ihn zu verlassen«, erzählte Cassies Mutter. »Ich habe gesagt, vielleicht sollten wir uns trennen, aber dann habe ich's mir anders überlegt. Ich habe zu meiner Mutter mehr als einmal gesagt – nicht, daß wir viel miteinander reden, meine Mutter und ich –, also, ich habe gesagt: ›Ich glaube, ich werde mich von ihm trennen‹, und sie sagte: ›Er ist ein wunderbarer Mann...‹«

»Er liebt sie«, sagte ihr Sohn. »Er betet sie an. Ich sag' Ihnen eins, wenn ich einen Wunsch habe, dann den, daß ich ein Mädchen finde, das ich ebenso lieben kann, wie mein Vater meine Mutter liebt. Er trägt sie auf Händen.«

Wie Dinge *wirken,* ist für Cassies Mutter ungeheuer wichtig. Sie hat sich eine Scheinwelt geschaffen und alles, was in dieses künstliche Leben nicht hineinpaßt, an das sie sich so verzweifelt klammert, muß irgendwie hineingebogen oder aber abgelehnt werden. Oder vielmehr, da sie auch nicht wirklich etwas ablehnen kann − denn ›das gehört sich nicht‹, gemäß ihrer Illustriertenvorstellung von dem was sich gehört −, kämpft sie mit aller Gewalt darum, das Bild, in dem sie so unbedingt der Mittelpunkt sein will, zum Leben zu erwecken.

Dabei will sie die Tatsache nicht wahrhaben, daß all diese Figuren, die ihr Leben ausmachen, lebendige Menschen sind, Individuen, die letztlich nicht von ihr abhängig sind. Sie wehrt sich gegen diese Unabhängigkeit, verlangt wütend, daß sie ihr *gehören.* Wenn sie zwanzig oder dreißig Jahre früher jemanden gehabt hätte, der ihr Teilnahme und Verständnis entgegengebracht hätte, vielleicht hätte sie lernen können zuzuhören, zu hören und zu geben: sie ist nicht unfähig zu lieben oder fröhlich zu sein. Sie ist nicht wirklich frigide oder kühl. Aber was auch immer einmal in ihr angelegt war, es ist verwelkt, vielleicht sogar vertrocknet.

Harry scheint zu wortkarg und massig, um ein sensibler Liebhaber zu sein. »Mein Vater war stark; er ist ein großer Mann. Und er setzte immer all seine Kraft ein«, erklärte Cassie. »Ich hab' immer mitgezählt, wenn er mich geschlagen hat − siebzehn waren der Rekord.« Siebzehn Schläge mit seinem Gürtel (»in Wasser aufgeweicht«, fügte sie noch hinzu). Seit sie fünf Jahre alt war, sah es ihre Mutter als die Pflicht des Vaters, nicht mehr als die ihre an, das kleine Mädchen zu bestrafen. »Ich hatte zwar einen Stock, aus pädagogischen Gründen«, erzählte sie mir, »aber ich habe ihn kaum… Ich kann mich jedenfalls nicht *erinnern,* ihn benutzt zu haben, und ganz bestimmt nicht oft. Auf alle Fälle fand ich es besser, wenn ihr Vater sie bestrafte, falls es nötig war. Oft? O nein, nur sehr selten. Cassie? Oh, ich weiß nicht − einmal, vielleicht zweimal hat er sie verhauen.«

»Ja«, Harry unterbrach sich. Ein paar Augenblicke lang unterhielten wir uns alle drei. »Vielleicht… ich habe schon manchmal gedacht, daß ich sie vielleicht zu fest geschlagen habe.« Er hatte seine eigene Art von Ehrlichkeit; und auch er hätte, wenn er als junger Mann die Gelegenheit dazu gehabt hätte, vielleicht ein männliches Selbstbewußtsein entwickeln können, und wenn er dann fähig gewesen wäre zu reden, hätte er die Wahrheit gesagt.

»Aber ich habe sie nicht oft geschlagen — ich weiß nicht genau, vielleicht sechsmal.«

»Sechsmal?« sagte seine Frau. »Ich glaube nicht, daß das so oft war.«

»Nein, wahrscheinlich nicht«, beeilte er sich zuzugeben. »Weniger... viermal.«

»Zweimal, dachte ich«, widersprach sie.

»Ja, vielleicht zweimal«, berichtigte er sich sofort.

»Ha!« sagte Cassie. »Na ja«, lenkte sie dann ein, »vielleicht war es nicht jede Woche, vielleicht war es alle zwei Wochen.« Ich wies sie darauf hin, daß das bedeutete, daß sie in mehr als acht Jahren etwa zweihundertmal Schläge bekommen habe. Sie lachte verlegen bei dieser monströsen Zahl. »Nein, so oft kann es wohl nicht gewesen sein. Aber zwei- oder sechsmal, das ist lächerlich. Es kam dauernd vor.«

Wie oft auch immer es tatsächlich geschehen ist, die Angst davor oder die Aussicht darauf steckte ihr die ganze Kindheit hindurch in den Knochen. Die Erinnerung daran — weniger an die Schmerzen als an die verwirrenden Gefühle, die dadurch in ihr ausgelöst wurden — ist ein Teil des Alptraums, zu dem ihr Leben wurde.

Ich besuchte Cassies Eltern dreimal. Das erste Mal schickte ihre Mutter den Vater weg, das zweite Mal war er in der Arbeit, und das dritte Mal bat ich ihn, mich in mein Hotel zurückzufahren. »Wir beide werden Sie fahren«, sagte seine Frau und gab erst nach, als ich unumwunden sagte, daß ich mit ihm alleine sprechen wollte, so wie ich auch mit ihr gesprochen hatte.

Als wir unter uns waren, versuchte er wenigstens zu sprechen, aber nie wirklich fließend, und er sagte kein einziges Wort gegen seine Frau. Sie ist die treibende Kraft, aber weil er sie liebt und braucht, sind sie unabänderlich, mit all ihren Fehlern aneinandergekettet. »Sie ist so hübsch«, sagte er über Cassie. »Sie war so niedlich. Wir haben sie uns so sehr gewünscht. Ich weiß nicht, ich weiß wirklich nicht, was da falsch gelaufen ist.«

Im Laufe meiner Gespräche mit mehr und mehr Mädchen und deren Familien bekam ich diesen Satz immer wieder zu hören. Wenn es ›schiefgeht‹, wissen die Eltern fast nie, warum es passierte. Im Mittleren Westen sprach ich mit zwei Mädchen —

Julie und Anna — und ihren Familien. Julies Mutter versicherte immer wieder: »Wir haben nie aufgehört, sie zu lieben.« Und Annas Mutter betonte: »Ich habe sie geliebt.« Als würde Liebe alles rechtfertigen und entschuldigen.

Anna war ebenfalls fünfzehn, als ich sie kennenlernte. Nach mehr als einem Jahr auf der Straße, zunächst in ihrem Heimatort im Mittelwesten, dann in Chicago und New York, hatte sie die Szene verlassen und war aus eigenem Willen nach Hause zurückgekommen. »Damals«, das war, als sie gerade dreizehn Jahre war, bereits ein großes, voll entwickeltes Mädchen mit langen dunkelblonden Haaren, großen, weichen braunen Augen und einem herzförmigen, sinnlichen Mund. Mit diesem prägnanten Gesicht, dem kräftigen Körper und ihrer hohen, intelligenten Stirn — sie hat einen IQ von 170 — kann sie niemals ausgesehen haben wie ein Teenager, der sich leicht ›aufreißen‹ läßt. Dennoch, der vierundzwanzigjährige Sonny sah sie die Straße entlang gehen und »wußte Bescheid«.

»Ich stand in der Nähe der Bushaltestelle«, berichtete Anna, »und er führte gerade seinen Hund spazieren. Er kam auf mich zu und sagte: ›He, wie heißt du?‹ und ich sagte: ›Wer — ich? Anna.‹ Und da sagte er: ›Hier, kannst du mal eben meinen Hund halten, solange ich in die Reinigung gehe?‹ Natürlich habe ich das getan, und als er zurückkam, nahm ich an, daß das alles gewesen sei, aber es war nur der Anfang.«

Er lud sie zu MacDonald's ein. »Alle laden mich immer in ein MacDonald's ein«, sagte sie bitter. Er kaufte ihr einen Orangensaft und fragte sie, ob sie auf den Strich gehe. Als sie verneinte, sagte er ihr, daß sie damit eine Menge Geld machen könnte, und fragte, ob sie mit ihm nach New York gehen wolle.

»Ich sagte: ›Nein, ich würde so was niemals machen, nie.‹ Ich war ganz schön schockiert.« Es war nicht der Gedanke daran, daß sie ihre Familie oder ihre Heimatstadt verlassen müßte, der sie schockiert hatte. »Aber daß er annehmen konnte, daß ich auf den Strich gehe oder gerne eine Nutte sein würde, das hat mich echt geschockt. Ich hatte eine Menge darüber gelesen«, fuhr sie fort — sie ist eine richtige Leseratte, und, was für eine Dreizehnjährige aus dem Milieu, aus dem sie stammt, sehr ungewöhnlich ist, sie kannte Emile Zolas Romane. »Ich hatte auch viel davon gehört«, sagte sie und fügte trocken hinzu,

»es schien nicht gerade ein sehr erstrebenswerter Beruf zu sein...«

Als Anna noch klein war, hatten sie und ihre Mutter eine sehr innige Beziehung zueinander. »Wir haben immer zusammen gebadet, und sonntags bin ich morgens immer in ihr Bett gekrochen.« Ihre sonst fast zu erwachsene Stimme bekam einen träumerischen Ton. »Ich weiß noch, daß ich einmal ein Band zwischen ihren Beinen sah, und sagte es ihr...« Sie lachte. »Und dann hat sie mit mir über Menstruation gesprochen. Aber später...« ihre Stimme veränderte sich, »...ich konnte nie mit ihr über Sex reden. Sex war tabu.«

Und doch waren es in dieser intelligenten, gebildeten Familie letztlich auch sexuelle Verwirrung und Zweideutigkeit, die zu Annas Unglück führten.

»Die Ehe meiner Eltern ging kaputt«, erzählte sie. »Meine Mutter konnte es nach einiger Zeit einfach nicht mehr mit meinem Vater aushalten. Als sie ihn heiratete, war sie erst zweiundzwanzig gewesen und sehr schüchtern; sie ist ein Zwilling und die kompliziertere von beiden, kein bißchen selbstsicher, und er war vierzehn Jahre älter. Ich glaube, er war sehr unglücklich, unzufrieden mit sich selber, als er aus dem Korea-Krieg zurückkam. Meine Mutter kam beruflich gut vorwärts, aber er brachte es nie so recht zu irgend etwas. Und er war nicht fähig, seine Unzufriedenheit auszudrücken. Wenn er sich über etwas ärgerte, wenn es zum Beispiel nicht regnete und sein Garten vertrocknete, oder weil es zuviel regnete, was auch immer, dann machte er völlig zu und sprach tagelang nicht mit meiner Mutter. Schweigen war später auch die Methode, mit der er uns bestrafte. Er war handwerklich sehr geschickt, er konnte gut basteln und er arbeitete viel im Garten... trotzdem, er liebte mich wirklich...« sagte sie unvermittelt und irgendwie entschuldigend. »Weil ich sein erstes Kind war. Meine Schwester wurde drei Jahre später geboren, irgendwie wohl, um die Ehe zu kitten, glaube ich. Als sie drei Monate alt war, verließ ihn meine Mutter zum letzten von vielen Malen. Ich hatte irgendwie Angst vor ihm, glaube ich. Als ich acht war, heiratete er wieder, eine Krankenschwester, älter als er. Wir sahen ihn alle drei Wochen oder so.«

Die Ursachen für Annas Angst vor ihrem Vater waren jahrelang tief in ihrem Unterbewußtsein vergraben gewesen. Sie lagen in drei besonderen Erlebnissen, von denen sie das erste hatte, als sie vier Jahre alt war, bevor er zum zweiten Mal heiratete. Sie glaubte, daß es das erste Mal gewesen war, daß sie allein mit ihm in den Ferien weg war. »Er badete mich in einem Zuber und seifte mich von oben bis unten ein, und dann wollte er meine Pussi waschen. Ich stand aufrecht im Eimer, und er wusch mich zwischen meinen Beinen. Ich weiß nicht mehr, ob er versucht hat, mich... mich zu berühren. Aber«, fügte sie schnell hinzu, »im Grunde genommen war er ein guter Mensch. Und er hat mich wirklich geliebt«, und sie betonte: »Sogar mehr als meine Schwester.«

Der zweite Vorfall ereignete sich nicht lange nach seiner Wiederverheiratung. Sie war damals acht. »Eine der Schwestern meines Vaters hatte einen Bauernhof und viele Kinder«, erzählte sie, »und wir sind früher oft hingefahren, haben dort übernachtet, und es war immer sehr lustig. Sie wohnten ganz in der Nähe vom Hof meiner Großeltern.

Bei einem diese Besuche schauten wir uns in einem Katalog Mäntel an, für meine Tante. Da war ein Bild von einer jungen Frau, die sehr sexy aussah und einen sehr hübschen Mantel anhatte. Meine Tante − sie sah aus wie eine Bäuerin, irgendwie abgearbeitet und stämmig, und ich habe auf das Foto gezeigt und gesagt: ›Wäre das nicht ein schöner Mantel für dich, wenn du etwas abnehmen würdest?‹ Und da war meine Tante wirklich beleidigt; und an dem Abend fuhren meine Schwester und ich mit meinem Vater und meiner Stiefmutter nach Hause, und mein Vater fuhr an die Seite und fing an, uns sehr vorwurfsvolle Fragen zu stellen.

Meine Schwester war erst fünf, und wir fingen an zu weinen, und wir wußten gar nicht, wovon er redete, weil...« Sie machte eine kurze Pause. »Es schien nicht nur um den Katalog zu gehen. Er sagte, daß unsere Tante und ihre Familie sich schrecklich gekränkt gefühlt hätten − entsetzlich ›schockiert‹ gewesen wären, sagte er − und daß meine Großmutter uns nie wieder sehen wollte. Das war niederschmetternd, und ich fühlte mich völlig erledigt und wie in einer Falle...«

Wie sich herausstellte, war es nicht nur Annas geschmacklose Bemerkung gewesen, die die Familie so erregt hatte. »Am nächsten Tag holte mich mein Vater in sein Zimmer und sagte mir, daß sie außerdem so schrecklich gekränkt waren, weil ich die Genitalien ihres Hundes gestreichelt hätte. Die Vettern hatten ihm erzählt, ich hätte gesagt, daß ich Tierärztin werden wollte und darüber Bescheid wissen müßte. Ich wußte nicht, was ich denken sollte, weil ich mich nicht einmal daran erinnern konnte, derlei getan zu haben.«

Erinnerte sie sich inzwischen daran, den Hund gestreichelt zu haben?

»Nein, überhaupt nicht. Ich war gar nicht der Typ, der so was tun würde.« Nach dieser Beschuldigung, erzählte Anna, hielt man sie von ihren Vettern und Cousinen fern − sozusagen im Exil −, und zwar für geraume Zeit. »Und meine Großeltern sprachen nicht mehr mit mir. Ich durfte zwar mitkommen, um sie zu sehen, aber dann hat niemand mit mir gesprochen. Es ist komisch…« sie kam nochmal auf die Geschichte mit dem Hund zurück »…ich erinnere mich nicht daran, daß ich es getan habe, aber ich erinnere mich auch nicht daran, daß ich es abgestritten habe. Ich weiß nur noch, daß ich mich schrecklich schuldig gefühlt habe bei der ganzen Sache…« Sie klang noch immer verzweifelt.

Nicht lange nach diesem schlimmen Erlebnis auf dem Bauernhof fing der Vater an, lange Gespräche mit ihr über ihre körperliche Entwicklung und ihre Periode zu führen. »Das hat mich echt angekotzt, meinen Vater darüber reden zu hören«, sagte sie, und während der ganzen Zeit, als sie über diese Erinnerungen sprach, sah sie sehr blaß aus, schwitzte, rutschte auf ihrem Stuhl herum und spielte mit einzelnen Haarsträhnen. »Er hat es ja auch nicht nur einmal getan, es kam öfter vor, als ob − jedenfalls sehe ich das heute so −, als ob er das Gespräch mit Gewalt auf das Thema lenken wollte.«

Die schlimmste dieser Erfahrungen − erst nach Dutzenden von Gesprächen brachte sie es fertig, darüber zu reden − machte sie durch, als sie zehn war.

»Ich war in seinem Zimmer, und er fing an, sich auszuziehen oder so was«, sagte sie. »Und er hat gesagt: ›Annie, hast du schon mal einen nackten Mann gesehen?‹, und ich drehte mich zur Wand und sagte: ›Nein.‹ Er hat gesagt: ›Also dann dreh dich um!‹ Und ich habe gesagt: ›Nein, ich mag nicht, ich will mich nicht umdrehen!‹ Er zog seine Unterhosen wieder an, und ich

habe gesagt: ›*Jetzt* drehe ich mich um‹ — ich konnte ihn wahrscheinlich hören oder aus den Augenwinkeln sehen. Und er hat
gesagt: ›Du willst ja nur meinen Penis nicht sehen‹, oder so was
Ähnliches. Das hat bei mir so ein ganz komisches Gefühl hervor-
gerufen, und es hat mich erschreckt, weil ich wußte, daß das
etwas war, das nicht normal war, daß ein normaler Vater so was
nicht tun würde, etwas, was nicht normal war für einen
Vater…«

Am letzten Tag, den ich in Annas Heimatort verbrachte —
nach einer Woche Gespräche waren wir gute Freunde geworden,
und sie war viel lockerer —, fragte ich sie, ob sie es für möglich
halte, daß ihr Vater doch sexuelle Handlungen an ihr begangen
oder es jedenfalls versucht habe.

»Ich halte es für durchaus möglich«, sagte sie nachdenklich.
»Vielleicht hat er etwas getan, mehr als ich vielleicht gesagt
habe, etwas, was ich irgendwo in meinem Unterbewußtsein verdrängt habe.«

Und als ich später mit Annas Wissen und Einverständnis mit
ihrer Mutter sprach, war ich verblüfft, als sie plötzlich fragte,
bevor ich die Geschichte erwähnt hatte: »War Anna froh, als ihr
Vater starb?«

Alles in allem hatte Anna jedoch Glück. Sie ist ein Mädchen, das
Liebe anzieht. Sogar Sonny, glaube ich, liebte sie auf seine unseli-
ge Art. Und, wie wir noch sehen werden, im kritischsten Augenblick ihres jungen Lebens wurde sie schließlich durch eine Liebe
gerettet, die von einer völlig unerwarteten Seite kam. Das
Wesentlichste jedoch war, daß ihre Mutter sie wirklich liebte,
und Anna hat das auch immer gewußt.

Im Gegensatz dazu hat sich Julie, wie Cassie auch, ihr ganzes
Leben lang verzweifelt nach Liebe gesehnt. Ihre Mutter
behauptete: »Wir haben nie aufgehört, sie zu lieben…« Aber
Julie hatte immer Angst vor ihrer Mutter — und um sie.

Sie ist ein kleines Mädchen, nur wenig über 1,60 Meter. Sie ist
schlank und hat ein rundes, kindliches Gesicht, eine sehr schmale
Taille und eine warme Stimme. Alles an Julie ist weich, offen und
auf eine scheue Weise lebendig. Alles, was sie sagt, zeigt Neugier
und Humor, und es fällt einem schwer, sie sich als Prostituierte
vorzustellen. Und doch, als ich sie traf, war sie eben sechzehn,

war drei Jahre ›dabei‹-gewesen und hatte Erfahrungen gemacht, die, so sollte man annehmen, jemanden, der doppelt so alt war, kaputtgemacht hätten.

Als sie mit dreizehn nach einem letzten traumatischen Vorfall von zu Hause ausriß, wurde sie sofort von Irving, einem kleinen Zuhälter, aufgelesen. Er brachte sie in einem Zimmer in einem heruntergekommenen Hotel im Zentrum unter und erkärte ihr ein paar Dinge. »Du weißt schon«, sagte sie, »was ein Freier tun würde, wie er mich anmachen würde.« Hat er ihr gesagt, wieviel Geld sie verlangen sollte? »Er hat gesagt, ich solle nichts unter zwanzig Dollar machen.« Hat er gesagt, daß sie alles tun müsse, was die Männer verlangten? Es entstand eine lange Pause, bevor sie antwortete: »Ja.«

Am ersten Tag machte sie ungefähr 60 Dollar. War das nicht sehr wenig? »Weißt du«, sagte sie, »ich hab' mich nicht getraut, auf die Straße zu gehen, weil ich mir sicher war, daß meine Mutter die Polizei benachrichtigt hatte. Deshalb hatte Irving mit dem Mann am Empfang ausgemacht, daß er mir die Freier aufs Zimmer schicken würde.« Hat der Zuhälter den Mann am Empfang dafür bezahlt? »Ne, ich hab' mit ihm gebumst«, erklärte sie. Und was für Männer hat er ihr raufgeschickt? »Ja, also«, meinte sie, »viele… irgendwie so runtergekommene alte Männer sind dort abgestiegen…« Das muß ziemlich scheußlich für sie gewesen sein, oder? »Ja, das stimmt.«

Obwohl Julies Familie eigentlich kleinbürgerlicher ist als die von Cassie — ihr Vater ist Buchhalter, und ihre Mutter befaßt sich ein wenig mit Kunstgewerbe —, sind die häuslichen Verhältnisse doch in vieler Hinsicht recht ähnlich. Auch ihre Mutter hat die Manie, immer wieder umziehen zu wollen, und sie schafft in jedem Haus die gleiche krampfhafte Ordnung. »Jedes Ding muß an seinem Platz stehen, und alles war immer peinlich sauber.« Ebenso wie Cassie war Julie geschlagen worden »seit ich drei war — oder vier?« sagte sie, und fügte mit leiser Stimme hinzu: »Ich glaube, ich war ganz schön ungezogen. Meine Mutter sagte immer: ›Du bekommst deine Tracht Prügel, wenn Daddy heimkommt.‹ Und dann legte er mich übers Knie und gab mir drei, vier kräftige Schläge auf den Hintern. Das geschah mindestens jeden zweiten Tag, bis ich zehn war.«

Wieso gerade zehn, erkundigte ich mich. Hat ihre Mutter gesagt: »Jetzt bist du zehn, und deshalb wirst du nicht mehr geschlagen?«

»Ne, ich glaube eher, weil ich vielleicht braver wurde.« Sie überlegte einen Augenblick und sagte dann: »Es war komisch, weißt du — zwar hat mich mein Vater geschlagen, aber ich habe immer geglaubt, daß eigentlich sie es war, weil sie ihm befohlen hatte, es zu tun.«

Außer mit Schlägen wurde Julie durch rasende Wutanfälle und anschließendes Schweigen bestraft. »Wenn sie richtig wütend war, dann hat sie mich immer mit Schweigen gestraft. Erst hat sie gebrüllt: ›Du bist mir völlig gleichgültig, mir ist es egal, du kannst tun, was du willst!‹ Und dann hat sie ein paar Stunden lang, manchmal den ganzen Tag, kein Wort mehr mit mir geredet. Jeden Tag habe ich was angestellt, so daß sie nicht mehr mit mir geredet hat — wirklich Kleinigkeiten, einen Fleck auf meinem Kleid, einen Augenblick zu spät gekommen, wenn sie gerufen hat, ein Spielzeug, das nicht auf seinem Platz lag.« Bis Julie elf war, hatten ihr zwei Jahre jüngerer Bruder und sie ein gemeinsames Zimmer.

»Als ich fünf Jahre alt war, zogen wir in ein Doppelhaus. Oben war so eine Art Mansarde, und das war unser Schlafzimmer. Ich hab' immer gedacht, meine Mama wollte, daß wir da oben schliefen, weil sie uns nicht lieb hatte«, erzählte sie. »Ich war immer auf der Hut, bin auf Zehenspitzen gegangen und habe versucht, sie nicht zu verärgern. Es hat nie aufgehört. Die Sache war die, daß sie eben wollte, daß ich das vollkommene kleine Mädchen war — ich weiß auch nicht —, vielleicht das vollkommene kleine Mädchen, das sie hatte sein müssen und nie gewesen war; aber für mich war es wirklich schwer, diese Erwartungen zu erfüllen. Ich mußte mir die ganze Zeit anhören, wie schlimm ich war. Ich weiß noch, wie ich mich eines Tages — ich glaube, ich war so sechs oder sieben — verkleidet habe und angemalt, weißt du, eben so getan, und ich bin runter gekommen, um es ihr vorzuführen, und sie hat mir ins Gesicht geschlagen und ›Hure‹ zu mir gesagt. Später hatte ich Zeiten, wo ich Dinge kaputtgemacht habe — natürlich habe ich es nicht *mit Absicht* gemacht, es passierte einfach so. Jedenfalls habe ich ein Glas zerbrochen und sie ist irrsinnig wütend geworden. Ich habe versucht, mich zu entschuldigen. Ich bin ihr nachgegangen ins Bad, und sie ist dagestanden und hat sich die Haare abgeschnitten. Immer, wenn sie so richtig wütend wurde, hat sie angefangen, sich die Haare abzuschneiden. Ich habe versucht, mich mit ihr auszusöhnen, aber sie hat mich nicht gelassen. Sie brüllte, und ich habe versucht, ihr die Schere wegzunehmen, aber ich habe es nicht geschafft, da bin ich den Laden nebenan gegangen, und die holten meinen Vater.«

Die meisten Mädchen, die Kinderprostituierte werden, leiden unter Kindheitstraumata, die mit früheren sexuellen Erlebnissen im Zusammenhang stehen. Das bedeutet natürlich nicht, daß jedes Kind, das solche Erfahrungen gemacht hat, notwendigerweise zum Ausreißer oder zur Prostituierten wird. Aber es zeigt doch, daß durch eine Verletzung der so empfindlichen kindlichen Sexualität, wenn sie zu anderen Spannungen oder emotionalen Mängeln — sei es bei dem Kind selbst oder in der Familie — hinzukommt, die Wahrscheinlichkeit einer Katastrophe in der Pubertät äußerst hoch wird.

»Als ich klein war, hatten wir diese Babysitterin«, erzählte Julie. »Sie war sechzehn und mußte an den Wochenenden, wenn Papa und Mama ausgingen, auf mich und meinen kleinen Bruder aufpassen. Also, eines Tages hat sie beschlossen, mein Bruder und ich sollten etwas spielen, das sie, so weit ich mich noch erinnere, ›Doktor-Spielen‹ nannte. Sie hat mir befohlen, mich hinzulegen und mich auszuziehen, und mein Bruder mußte versuchen, seinen Penis in mich hineinzustecken. Das war nicht lange, nachdem wir aufgehört hatten, zusammen zu baden, weil meine Mutter gesagt hatte, daß wir uns nicht gegenseitig anfassen dürften.«

Hatten sie sich angefaßt? Hatte es die Mutter deshalb gesagt? Es wäre doch ganz normal gewesen, wenn sie es getan hätten, sagte ich. Sie antwortete nicht. In jedem Kind mit solchen Erlebnissen, so stellte ich fest, blieb das Schuldgefühl, das die Eltern ihm eingeimpft hatten, bestehen.

»Meine Mutter hat in unserem Zimmer gesessen und gesagt, daß es nicht ginge, daß ich seinen Penis und er meine Vagina berühre.«

Hatte ihre Mutter diese Worte gebraucht? »Ja, verstehst du«, fuhr sie fort, und es kam mir so vor, als ob ich mit jemandem redete, der schlafwandelte, »es war richtig verrückt, weil ich solche Angst vor meiner Mama hatte; aber ich hatte auch solche Angst vor der Babysitterin. Als ich gesagt habe, daß ich es nicht machen würde, hat sie uns gedroht, daß sie es unserer Mama sagen würde, daß ich nicht brav gewesen wäre, wenn sie morgens zurückkäme; und dann, wenn wir aufwachten, würden wir Schläge bekommen. Deshalb hat es mein Bruder versucht, aber er konnte es ja nicht, verstehst du, und sie stand da und hat die ganze Zeit gelacht — es war richtig unheimlich.«

Konnte sie sich erinnern, was sie dabei gefühlt hatte? »Was ich noch weiß, ist, daß ich meine Augen zugemacht habe, und ich habe versucht, an was anderes zu denken.«

Aber hatte sie es denn nicht ihrer Mutter gesagt, als sie nach Hause kam? »Nein, weil ich solche Angst hatte vor ihr; ich habe gedacht, daß sie *mir* die Schuld geben würde. Aber dann kam es immer wieder vor — fünfmal im ganzen.«

Fünfmal? »Ja, und ein paarmal hat sie sich ausgezogen und sich auf meinem Bruder gerieben, verstehst du? Und ich habe sie gefragt: ›Darf ich schon ins Bett gehen?‹ Und sie hat gesagt: ›Ja, hau ab.‹ Also... ich hab' einfach meinen Kopf unter die Bettdecke gesteckt.«

Und als das Mädchen draußen war, haben sie und ihr Bruder darüber geredet? »Nein.«

Nie? »Nein, verstehst du, meine Mutter hatte uns verboten, uns anzufassen, und dann war das passiert, und wir haben uns wirklich schuldig gefühlt... ich weiß nicht... aber wir... ich konnte es einfach nicht...« Sie verstummte.

Und was hat dieser Geschichte schließlich ein Ende gemacht? »Also... siehst du, sie sind ja nicht jedes Wochenende ausgegangen. Deshalb war sie auch nicht jedes Wochenende da, vielleicht alle zwei, drei Wochen; deshalb hat es so lange gedauert. Beim letzten Mal ist was passiert... im Wohnzimmer... auf dem Boden...« Sie brachte es nicht über sich, weitere Einzelheiten zu erzählen. »Ich... da habe ich es dann meiner Mutter erzählt. Und ich mußte ihr versprechen, niemals mehr darüber zu reden oder daran zu denken. Also — verstehst du — habe ich es eben nicht getan. Ich glaube, ich habe es einfach verdrängt. Ich wollte immer mit meinem Bruder darüber reden, aber ich wußte einfach nicht, wie ich damit anfangen sollte, darum habe ich es bleiben lassen.«

Glaubte sie, daß ihre Mutter ihr deswegen Vorwürfe machte? »Nein«, antwortete sie gequält. »Ich glaube nicht. Es wurde einfach nicht mehr darüber gesprochen...«

3

»Meine Mutter ist einfach ausgeflippt«

Bald nachdem Cassie entdeckt hatte, daß sie ein illegitimes Kind und adoptiert war, traf sie zufällig auf eine Gruppe von ›Hell's Angels‹ und verliebte sich in einen von ihnen. Es war dieser Bud, der sie als erster ›Cleo‹ nannte; später wurde das ihr Straßenname. »Er hatte lange, sehr lange Haare, echt wie ein Hippie, und er hatte ein schweres Motorrad.« Diese Hippie-Gruppen mit laut knatternden Motorrädern — einige von ihnen Bürgerliche, die aus der Universität ausgestiegen waren — terrorisierten damals die Leute.

»Fünf, sechs, sieben kamen immer die Straße entlanggerast und haben eine riesige Staubwolke hinter sich gelassen. Ich hab' dann aus dem Fenster geschaut und gedacht: ›O mein Gott, ich muß so tun, als ob ich sie nicht kenne!‹ Aber das ging natürlich nicht. Und sie haben meine Mutter so richtig wild angeschaut und mich aufgefordert, mit ihnen auf 'ne Party zu gehen. Und meine Mutter ist ausgeflippt, sie hat einfach nicht gewußt, was sie machen sollte. Verstehen Sie, sie hat gesagt: ›O Gott…‹, und dann bin ich eben abgehauen, und gegen vier oder fünf Uhr morgens zurückgekommen, und wenn später mein Vater nach Hause kam, hat er es natürlich erfahren, und ich hab' dauernd Schläge bekommen, Schläge, Schläge und noch mal Schläge. Aber Bud und ich, wir wurden echt sehr gute Freunde, echt nah… Er war mein erster…«

Bis dahin war Cassie recht gut in der Schule gewesen. »Meine Noten waren so um 2…«, erzählte sie. Sport hatte sie nie gemocht — sie fand, es sei nicht wichtig, und hatte geschwänzt, wann immer sie konnte. »Ich habe viel Ärger deswegen gehabt. Etwas, was ich immer gern gehabt habe, war Mathe und auch Englisch. Ich wollte später Journalismus machen und Wirtschaft.« Die Stunden, die sie schwänzte, und deretwegen sie Schwierigkeiten bekam, waren Kunst — »es interessierte mich nicht« — und Naturwissenschaften. »Ich bin einfach nie hingegangen.« Aber sie liebte Schreibmaschine. »Ich hab' mich immer hineingeschlichen, auch wenn ich gar keinen Unterricht hatte.« Und sie arbeitete sehr aktiv bei der Schülerzeitung mit. »Die Journalismusgruppe hat jede Woche eine rausgebracht — das habe ich sehr gerne gemacht.«

Der Ärger, den sie sich für ihr ›mangelndes Interesse‹ und ihre Schwänzereien einhandelte, äußerte sich in mehrfachem zeitweiligem Ausschluß vom Unterricht, und später flog sie aus zwei verschiedenen Schulen. Hat es ihr was ausgemacht? »Ja, schon...« sagte sie, und es klang sehr kindlich. »Ich bin gern in die Schule gegangen.«

Natürlich war jedes Kind, das ich kennenlernte, anders. Obwohl es eine Anzahl von Dingen gibt, die den meisten von ihnen gemeinsam waren, ist kein Fall ›klassischer‹ als ein anderer. Genausowenig möchte ich behaupten, daß diese Kinder, über die zu schreiben ich mich entschloß, eine Norm innerhalb dieser nicht-normalen Gruppe darstellen.

Und doch ist es eines der Phänomene von Kinderprostitution, daß — im Gegensatz zu dem, was man erwarten würde — die meisten dieser Kinder in jeder Weise überdurchschnittlich sind: sie sind intelligent, fantasievoll, warmherzig, neugierig und liebevoll. Außerdem sind sie in hohem Maße individuell und haben ein besonders ausgeprägtes Bedürfnis nach Freiheit.

So ging auch Julie, bis sie elf Jahre alt war, sehr gerne in die Schule. Sie schrieb Gedichte, liebte Musik und wurde schließlich, nachdem sie die Prostitution aufgegeben hatte, in einem Vor-College-Sommerkurs angenommen, mit dem ein Studienplatz an der Universität verbunden war.

Anna hatte mit ihrem außergewöhnlichen IQ eine Klasse übersprungen, als die Lehrer an ihrer Schule ihre außergewöhnliche Begabung erkannten. Nachdem sie die Szene verlassen hatte, hat auch sie ihren Schulabschluß gemacht und kann nun die Universität besuchen. Und Rachel (die wir noch kennenlernen werden) unterrichtet jetzt, nachdem sie mit dreizehn einer sehr exquisiten Gruppe von ganz jungen Prostituierten angehört hatte, an einer der größten Universitäten Amerikas.

Haben Cassies Eltern ihr eine Schreibmaschine geschenkt? »O nein«, sagte sie, und fügte dann hinzu, wie so oft in ihrem

Bemühen, fair zu sein, »wenn ich etwas nicht habe, möchte ich es gern, aber wenn ich es dann mal habe, ja... vielleicht dachten sie, daß ich sie nicht viel benutzen würde, und vielleicht hatten sie recht.«

Es machte ihr Spaß, mit Leuten zu reden, sie auszufragen über sich. Glaubte sie, daß sie das gut konnte? Und ihre Antwort war charakteristisch für sie: »Ich glaube nicht, daß ich es gut konnte, aber es hat mir Spaß gemacht.« Aber als sie zwölf Jahre alt war, in der siebten oder achten Klasse, »habe ich aufgehört. Ich habe keinerlei Hausaufgaben oder irgendwas mehr gemacht. Ich war nach der Schule zu beschäftigt − Parties.«

Genau das gleiche war es bei Anna und Julie, obwohl aus gegensätzlichen Gründen: bei Anna, weil sie für die Jungen nicht attraktiv genug war, bei Julie, weil man sie zu sehr beachtete.

»Ich war sehr klein«, erzählte Julie, »mit einem großen Busen, weißt du, und die Leute haben mich deswegen immer so angestarrt.« Sie lachte. War das lästig oder peinlich für sie? »Nein, eigentlich nicht − es war irgendwie aufregend.«

Ihren ersten Freund hatte sie mit zwölf, er war achtzehn. »Ich war verrückt nach ihm, er war ein echter Gauner. Er fuhr das Auto seines Onkels. Wir gingen ins Kino, wir tranken...«

Arbeitete dieser Junge, hatte er Geld? »Er stahl«, sagte sie gleichgültig, »und wir haben Gras geraucht... und...« Und? »Wir haben so herumgespielt.« Haben sie miteinander geschlafen? Sie wurde rot − die tiefliegende Schüchternheit bei all diesen Mädchen hat mich immer wieder überrascht. »Nein − wir haben nur so herumgespielt.«

Kannte ihre Mutter den Jungen? »Sie hat ihn von weitem gesehen; er war auf meiner Schule. Ich hab' ihr gesagt, daß er fünfzehn ist.«

Aber sie bestand nicht darauf, daß Julie ihn mit nach Hause brachte? »Er war schwarz«, sagte sie. »Aber, verstehst du...« und in ihrer Stimme klang Verwunderung mit, »...er hat mich niemals gedrängt, irgendwas zu tun. Seine Großmutter, bei der er lebte, sie hat ihn gut erzogen.«

Auch Anna lernte zuerst zwei »nette Typen« kennen. »Ich hatte mich bei den Unitariern engagiert«, erzählte sie. »Ich bin es jetzt noch − oder besser: jetzt wieder. Aber wir sind immer zelten gegangen, und dort bin ich mit diesen Jungen in den Wald gegangen. « Sie lachte. »Ich meine, nicht beide auf einmal, einer nach dem anderen, verstehen Sie, und wir haben uns geküßt und so. Aber das war auch alles.« Und dann sagte sie noch einmal: »Ich war nicht besonders hübsch — sie sind nicht gerade hinter mir hergerannt. Aber ich scheine doch viel Zeit damit verbracht zu haben, mich mit all so was zu beschäftigen, und meine Noten sackten einfach ab.«

Hat sie getrunken, Gras geraucht? »Bei den Unitariern!« rief sie aus. »Sie machen Witze! Nein, all das kam erst später; da waren diese Jungen schon aus meinem Leben verschwunden.«

Durch Bud von den ›Hell's Angels' kam Cassie auf Drogen. »LSD, Koks, Speed… danach hat mich die Schule überhaupt nicht mehr interessiert. In den sechs Monaten, die ich mit Bud zusammen war, kamen wir uns so nah — es war als ob die ganze Angels-Gruppe sich um uns drehte.«

Aber nach den sechs Monaten — einer wunderbaren Zeit voller Spannung und Geborgenheit; sogar heute empfindet sie das noch so — fuhr Bud mit seinem Motorrad gegen einen Steinbrocken und wurde vom Motorrad auf die Straße geschleudert. »Es war direkt hinter einer Kurve, und dieses Auto kam echt schnell, mit 100, 120 Stundenkilometern, erfaßte ihn und schleifte ihn dreißig Meter mit; es hat ihn buchstäblich auseinandergerissen, und er war beinahe sofort tot. Nur einen Augenblick lang öffnete er die Augen und bat mich, cool zu bleiben und sagte: ›Ich liebe dich.‹«

Buds Freunde brachten sie nach Hause und erzählten ihren Eltern, was passiert war, denn sie war vier Stunden zu spät dran. »Sie haben geglaubt, daß ich mir die Geschichte nur ausgedacht hätte dafür, daß ich zu spät kam, und das hat mich viel mehr verletzt…

Ich war in so 'ner Art Schock, drei Wochen lang, nachdem Bud verunglückt war«, sagte Cassie. »Ich konnte nicht sprechen, weinte die ganze Zeit, wollte nichts essen und nicht aus dem Haus gehen.« Der Anführer der ›Hell's Angels‹ kam vorbei — »Er hieß Normie und war fünfunddreißig Jahre alt« — und redete ihr zu, sich zusammenzureißen. »Er hat gesagt, daß ich mich aufraffen und vergessen müsse, was passiert war. Er hat zwei Stunden lang mit mir gesprochen. Er hat mich wirklich nachdenklich gemacht, und ich hab' dann auch eingesehen, daß ich nichts daran ändern konnte. Deshalb ging ich zu 'ner Party, die sie am nächsten Tag hatten, und nach zwei Tagen hab' ich mich langsam daran gewöhnt, daß Bud nicht mehr da war...« Und noch ein paar Tage später verliebte sie sich in einen anderen Jungen, Craig. »Er hatte lange blonde Haare, er sah echt gut aus.«

Mochte sie ihn ebensogern wie Bud? »Anders. Bud war echt wild — er war wie ein freies Tier.« Sie denkt noch immer viel an ihn. »Wenn ich diese Beziehung mit allen anderen vergleiche, die ich seitdem hatte, dann gibt es keine, die sich damit vergleichen läßt.«

Druck und Schmerz, die jenseits von dem liegen, was man vielleicht als die Norm bezeichnen kann, sind es, was Kinder veranlaßt, von zu Hause wegzulaufen. Sehr viele Kinder reißen aus — eine Million jährlich in den Vereinigten Staaten, ungefähr 20 000 in England und Deutschland. Aber die meisten kehren nach einer kurzen Kostprobe von Freiheit und Entbehrungen nach Hause zurück. Die — grob geschätzt — 10 Prozent, die das nicht tun, sind Kinder, die aus dem einen oder anderen Grund mehr leiden mußten, als sie ertragen konnten.

Cassie war letzten Endes tiefer getroffen von dem Mangel an Mitgefühl und Vertrauen ihrer Eltern als durch den Verlust von Bud. Auch Julie war tiefer verletzt durch das Verhalten ihrer Mutter als durch den Mann, der sie mit gezücktem Messer in ein Auto zerrte und sie vergewaltigte, als sie vierzehn war.

»Ich hab' meine Mama angerufen, daß sie kommt und mich abholt«, erzählte sie, »und sie hat mich ins Krankenhaus gebracht, und die haben mich untersucht. Ich hatte einen Bluterguß am Bein, und den haben sie fotographiert, und dann haben sie alle möglichen Untersuchungen gemacht, weil ich vergewaltigt worden war. Die Polizei — die waren sehr nett, weißt du, und die Leute im Krankenhaus auch. Aber ich war völlig verstört. Es war... irgendwie... zu intim; ich konnte nichts sagen, ich konnte einfach nicht.«

Julie war damals schon keine Jungfrau mehr; sie hatte da schon mehrere Monate lang ihren ersten ›richtigen‹ Freund gehabt. »Was mich so aus der Fassung gebracht hat, glaub' ich, war die Tatsache, daß mich ein Mann von der Straße weggezerrt hat und gesagt hat, daß er mit mir machen könne, was er will. Das hat er gesagt. Er hat gesagt, daß er dazu das Recht habe! Und es ist ihm nichts passiert. Und das war noch so ein Schock, später – sie haben alles getan, was sie konnten, aber sie haben ihn nie geschnappt. Und was mich auch so schockiert hat, war, daß er ein Messer hatte und daß er mir damit was hätte tun können.«

Da ich die folgenden Ereignisse in Julies Leben kannte, sagte ich, daß es doch erstaunlich schien, daß sie, nachdem sie ein so entsetzliches sexuelles Erlebnis gehabt hatte, fast unmittelbar danach Prostituierte geworden war.

»Ja, also, das war so«, erzählte sie, »meine Mama hat mir gesagt, daß ich niemandem was sagen dürfte, überhaupt niemandem: wenn ich das tun würde, sagte sie, würde man denken, ich sei eine Hure. Die Polizeibeamten, weißt Du, die waren freundlich, und denen hab' ich leid getan. Aber meine Mama war wütend; sie hat eine Wut auf mich gehabt. Und deshalb hab' ich mich so elend gefühlt, ich fühlte mich irgendwie in den Schmutz gezogen und schuld daran, daß es passiert war, daß ich vielleicht provozierend angezogen war oder so. Aber das war gar nicht so, ich war ganz dick vermummt, weil es draußen kalt war. Sie hat sich meinetwegen geschämt; ich glaube nicht, daß sie je verstanden hat, daß es nichts mit mir zu tun hatte, mit nichts, was ich getan hatte. Noch tagelang danach hat sie immer wieder gesagt, ich sei 'ne Hure, und sie fing an, mich Nutte zu nennen... Kannst du dir das vorstellen – ›Nutte‹ anstatt ›Julie‹.«

Die Stimme ihrer Mutter ist ebenso hell, ebenso wohlklingend und charmant wie Julies. Unvorstellbar, daß sie ihre bezaubernde vierzehnjährige Tochter mit ›Hure‹ bezeichnen oder das Wort ›Nutte‹ auch nur aussprechen könnte. »Aber es stimmt«, erzählte mir eine Sozialarbeiterin. »Es ist gar nicht so sehr Julie, um die sie sich Sorgen macht, sondern um sich selbst und die Nachbarn. Ich habe ihre Wutausbrüche miterlebt.«

»Wir machen uns solche Sorgen um sie«, sagte mir Julies Mutter, und es hätten genausogut ich oder irgendeiner unserer Freunde sein können, die über unsere Kinder sprachen. »Diese Sorge quält uns ständig. Und die Tage, ja die Stunden, wo sie glücklich und zufrieden scheint... es ist, als würde mir ein Stein vom Herzen fallen. Ich möchte dann jubeln.«

»Schließlich habe ich das nicht mehr ausgehalten«, berichtete Julie weinend. »Deshalb bin ich abgehauen.«

Sie ging in die Stadt. »Und da war dieser Mann, er war groß und etwa siebenundzwanzig Jahre alt. Er hieß Irving. Ich fand ihn nett, er sagte, daß er für mich sorgen würde. Und da bin ich eben mit ihm in dieses Hotel gezogen, und er hat mich auf den Strich geschickt. Doch, ich hab' ganz schön Angst gehabt, aber ich hab' mir eben gedacht, daß es besser wäre als zu Hause. Jedenfalls war ich jetzt genau das, was meine Mutter immer von mir gesagt hatte: eine Hure und eine Nutte.«

Bei Anna vollzog sich dieser Prozeß — die Entwicklung eines zunehmenden Leidensdruckes — viel langsamer und umfassender, wobei der Ursprung Schaden war, den man ihr zugefügt hatte, als sie noch sehr jung war. In ihrem Fall war es nicht der Mangel an Liebe und Verständnis seitens ihrer Mutter; und auch ihr Stiefvater — obgleich er eher ein autoritärer Typ war —. war normalerweise verständnisvoll und langmütig. Es ist schwer zu sagen, was sie hätten mehr tun können, um ihr zu helfen, als sie sowieso getan haben. Und Anna erkennt das heute auch: Nicht nur weiß sie, daß ihre Mutter sie immer geliebt hat, sondern auch, daß vielleicht sie, ihrerseits, ihre Mutter zu sehr geliebt hat.

Ihre Mutter heiratete John, einen Politiker, als Anna zwölf war. »Wir waren sehr vorsichtig. Wir waren uns vollkommen klar darüber, daß es vielleicht nicht einfach sein würde für die Kinder, besonders für Anna.« Und in der Tat, ein Kind mit solchen Hemmungen seinem natürlichen Vater gegenüber und so belastet mit Schuldgefühlen mußte auf die Aussicht, einen Stiefvater zu bekommen, problematisch reagieren.

»Ja«, gab Anna zu, »sie waren vorsichtig, aber ich schätze, nicht vorsichtig genug.«

Sie trug damals ein Sonntagsblatt aus; sie stand um drei Uhr früh auf, um die Zeitungen abzuholen, wenn sie beim Laden ankamen, lieferte sie aus und ging noch mal ins Bett. (Es mutet oft erstaunlich an, was bürgerliche Eltern in Amerika, im Vergleich zu anderen Ländern, ihren noch sehr jungen Kindern zu tun erlauben. Auch Julie hatte mit elf einen Babysitterjob, der jeden Morgen um fünf Uhr anfing, danach ging sie noch mal für eine Stunde ins Bett, bevor sie zur Schule mußte.) »Ich weiß noch, wie ich an jenem Tag nach meiner Zeitungsrunde nach Hause kam«, erzählte Anna. »Es war im Herbst 1976. Sie lagen beide auf dem Sofa im Wohnzimmer — man kam durch die Haustür geradewegs dort hinein. Sie haben geschlafen oder so was. Ich erinnere mich nicht daran, ihre Körper oder irgend etwas gesehen zu haben, aber ich muß was zu meiner Mutter gesagt haben, und dann bin ich in mein Zimmer gegangen und habe geweint. Es hat mir einfach so weh getan. Es brachte mich einfach um, meine Mutter ›in Sünde‹ leben zu sehen. Wirklich, es erschien mir unanständig, daß meine Mutter Sex machte...«

Aber als sie die Jungen im Wald geküßt hatte, im Zeltlager, hat sie das nicht unanständig gefunden?

»Ich kann jetzt nicht mehr erklären, warum es mir bei meiner Mutter unanständig vorkam«, sagte sie. »Vielleicht hatte ich an sie nie als an ein sexuelles Wesen gedacht. Es kam noch mal vor. Wir waren von einer späten Veranstaltung aus der Kirche gekommen, ein Las-Vegas-Abend, wo es eine Verlosung gegeben hatte. Ich hatte sehr viel gegessen und Cola getrunken, und als wir nach Hause kamen, sind meine Mutter und John zu mir raufgekommen, und meine Mutter hat gesagt, daß John seine Brille in seiner Wohnung vergessen hätte, deshalb wollten sie dorthin gehen und da schlafen.

Ich schrie! Ich hab' bloß noch geschrien. Ich habe gesagt, ich würde es einfach nicht aushalten. Mir würde schlecht, wenn ich daran dächte, und ich wollte nicht, daß sie rübergingen und miteinander schliefen.«

Hatte sie das wirklich zu ihnen gesagt? »Ja, schließlich habe ich alles rausgelassen und bin aus dem Zimmer gerannt.«

(Annas Mutter erzählte mir: »Zuerst war es meine Mutter, die versucht hat, mein Leben für mich zu leben. Sie war so unnachgiebig katholisch, eine Wiederverheiratung mit einem Nicht-Katholiken kam für sie einer Todsünde gleich. Und nun war es Anna, von der ich wußte, daß meine Mutter sie beeinflußt hatte.«)

»Sie haben eine Weile miteinander geredet«, berichtete Anna, und dann sind sie wieder raufgekommen und haben gesagt, es sei meine Entscheidung: ›Entscheide du‹, sagte meine Mutter, ›ob wir hierbleiben, oder ob wir in seine Wohnung gehen.‹ Und ich hab' gesagt: ›Dann geht, ich will die Entscheidung nicht am Hals haben.‹ Dann sind sie gegangen, und in der Nacht war mir entsetzlich schlecht. Wenn man bedenkt, was ich alles gegessen hatte, war das eigentlich kein Wunder. Aber mir war furchtbar schlecht, und es war sehr unheimlich, weil wir alleine waren, und die Tage danach war ich krank.«

Glaubte sie heute, daß sie vielleicht sehr eifersüchtig gewesen sei, unterschwellig, auf die Beziehung, die ihre Mutter mit John angefangen hatte? »Es kann Eifersucht gewesen sein«, meinte sie. »Natürlich hatte ich niemals vorher Eltern in einer solchen Situation erlebt.«

Womit sie sich auch noch nie auseinandergesetzt hatte, war die Tatsache, daß ihre Mutter ein Mensch für sich war: die Mutter gehörte nicht ihr — sie gehörte sich selbst. Zu der sexuellen Verwirrung, die sie durch ihren Vater erlebt hatte, kam nun zusätzlich die Aussicht, daß da für immer ein fremder Mann sein würde, als Ehemann ihrer Mutter. Annas Reaktion — extrem, aber kaum überraschend — war die, sich dadurch zu rächen, daß sie für sich selber einen fremden Mann suchte.

»Da war dieser Zweiundzwanzigjährige«, erzählte sie. »Ich hatte ihn kennengelernt, weil ich auf vietnamesische Kinder aufpaßte, während die Eltern von ihnen zum Englischunterricht gingen. Ich machte das freiwillig, wissen Sie, dienstags und donnerstags abends. Er half dort, und so habe ich ihn kennengelernt, und er schien sich wirklich für mich zu interessieren.«

Sie pflegte diese Nächte im Haus ihrer Großeltern zu verbringen, das ganz in der Nähe der Schule lag. Es stellte sich heraus, daß der junge Vietnamese passenderweise ein Einzimmerappartement — Zimmer, Küche, Bad — gleich nebenan hatte.

Wußte der junge Mann, daß sie erst dreizehn und noch Jungfrau war?

»Das hat er genau gewußt.«

Hat sie eine echte Beziehung, eine Freundschaft zu ihm entwickelt? »So 'ne Art«, meinte sie. »Wir konnten nicht allzuviel miteinander reden, wegen der Sprachbarriere, aber er hat gesagt, daß er mich lieben würde. Und…«, sie lachte, »er konnte genug Englisch, um mich, als wir das erste Mal miteinander geschlafen hatten, zu fragen, ob ich die Pille nähme. Deshalb bin ich nach dem nächsten Mal hingegangen und hab' ihm ein paar Gummis besorgt.«

Sie hat sie gekauft? »Ja, ich sah sehr viel älter aus, als ich war.«

Wie hat sie danach gefragt, diese dreizehnjährige Sex-Novizin? »›Ich hätte gern irgendein Präservativ‹, habe ich gesagt.« Anna hatte eine sehr deutliche Aussprache, und ihr Wortschatz macht einem ihre Intelligenz und ihre Belesenheit ständig bewußt. »Der Verkäufer fragte: ›Was für welche wollen Sie, feucht oder trocken?‹ Ich hatte keine Ahnung, was das bedeutete, aber ich sagte: ›Feucht bitte‹ — ich dachte, wir könnten die erst mal probieren.«

Aber warum hatte sie nicht einfach den jungen Vietnamesen gebeten, sich die Kondome zu besorgen? Sie hatte ein Buch gelesen von der Bostoner Frauenbewegung, ›Unser Körper, unser Selbst‹, erklärte sie, »und ich habe mich nicht recht getraut, ihn darum zu bitten, also habe ich die Sache eben selbst in die Hand genommen. Aber ich glaube, wir haben sie nur ein- oder zweimal benutzt, und danach haben wir gar nichts mehr genommen. Ich hatte nicht die Nerven, noch mal in den Drugstore zu gehen, und er hat es eben nicht getan.«

Soweit sie sich erinnerte, hatten sie nie darüber gesprochen. »Es war mir einfach noch nicht ganz klar, was es bedeutete, miteinander zu schlafen«, sagte sie. »Ich wußte nicht, was ich erwarten durfte oder was ich geben konnte.«

Aber war er lieb? War er zartfühlend? »Er war verlegen«, sagte sie. »Aber er hat *gesagt,* daß er mich liebt«, wiederholte sie.

Natürlich war er allein in Amerika, wahrscheinlich einsam. Glaubte sie, daß er in ihr etwas gefunden hatte, was er brauchte? »Vielleicht einfach eine Steckdose«, sagte sie ebenso brutal, wie es klingt. »Wie die GIs, die sogar noch jüngere Mädchen in Vietnam benutzten, ich weiß es nicht.«

Die Affaire endete nach ein paar Monaten ebenso plötzlich, wie sie begonnen hatte. »Eines Abends, beim letzten dieser Sprachkurse«, sagte sie, »ging er schon früher als ich, und ich mußte sieben Kilometer im Regen zu Fuß nach Hause gehen und habe ihn nie wiedergesehen.«

Nach der kurzen Trost-Affaire nach Buds Tod hatte Cassie nur noch Beziehungen zu schwarzen Zuhältern. Und hat sie niemals etwas gegen Schwarze gehabt? »Meine Eltern haben große Vorurteile, aber ich hab' das nie eingesehen«, sagte sie mir.

Sind diese Beziehungen — vielmehr: *waren* es echte Beziehungen?

»In gewissem Sinne schon. Ich glaube... Big Daddy... zu ihm hatte ich eine Beziehung. Ich war eineinhalb Jahre mit ihm zusammen.« (Später hat sie noch mal darüber nachgedacht, und da waren es eher sechs Monate.)

Hat er sie jemals geschlagen, wie einige ihrer Zuhälter? »Er hat niemals Hand an mich gelegt, nein. Er hat auf mich aufgepaßt; er machte sich Sorgen um mich, ich bin ja auf den Strich gegangen.«

Aber schließlich war er es doch, der sie dorthin geschickt hatte? »Ja«, sagte sie sachlich, »das ist sein Job.«

Und hat sie nie das Gefühl gehabt, er wisse, daß es vielleicht nicht richtig war, eine Zwölfjährige auf den Strich zu schicken? »Er hat sich um mich gekümmert«, wiederholte sie unerschütterlich in ihrer Loyalität dem Zweiunddreißigjährigen gegenüber, der sie zur Prostituierten gemacht hatte.

Hatte sie selbst das Gefühl gehabt, etwas Unrechtes zu tun? »Zuerst, bevor ich es getan habe, wußte ich natürlich nicht viel darüber; es war etwas, von dem ich glaubte, daß ich es nicht gern tun würde. Aber dann, nachdem ich mal dabei war, kam es mir doch nicht so schlimm vor... es hat irgendwie Spaß gemacht.«

Ein Kind, das, obwohl es sich völlig im klaren ist über das Stigma, das ihm aufgrund seiner Situation anhaftet, zugeben kann, daß »es irgendwie Spaß macht«, ist von entwaffnender Ehrlichkeit. Die meisten Mädchen, mit denen ich gesprochen habe, zeigten ein sehr starkes Bedürfnis nach Ehrlichkeit, und viele hatten Sinn für Humor, wenngleich einen ziemlich bitteren.

Diese beiden Züge waren bei Anna besonders ausgeprägt. Als sie schließlich von zu Hause weglief, wobei sie nichts weiter mitnahm als einen Rucksack, der ihre geflickten Lieblingsjeans, T-Shirts, eine Jacke und eine Mundharmonika enthielt, die ihr ihr Vater geschenkt hatte, ging sie zu Sonny, dem Popcorn-Zuhälter, der sie an der Bushaltestelle angemacht hatte, weil er ihre ›Fähigkeiten‹ auf Anhieb erkannt hatte.

»Wo, zum Teufel, hätte ich sonst hingehen sollen?« fragte sie. Sonny schickte sie noch innerhalb der nächsten vierundzwanzig Stunden auf den Strich.

Hatte er ihr irgendwelche Ratschläge gegeben oder Anweisungen erteilt? »Ich habe zu ihm gesagt: ›Was, zum Teufel, muß ich denn da tun?‹ Er blieb ziemlich vage: ›Stell dich an die Bar‹, sagte er. ›Schau dich nach jemandem um, der so aussieht, als ob. Quatsch ihn an: ›He, willste 'n bißchen Spaß?‹ — ›Na du, willste mit mir ausgehen?‹ — ›He, führ mich aus, laß' uns was unternehmen.‹ Und ich sollte soviel Geld wie möglich rausschlagen und für jede zusätzliche sexuelle Handlung einen Zuschlag verlangen.«

Diese grausam gleichgültige Einweisung — ebenso wie bei Julie — zeigt eindeutig, um welche Sorte Zuhälter es sich handelte. Die Sonnys und Irvings der Zuhälterszene sind rücksichtslose ›Macker‹, die ihre Mädchen ziemlich wahrscheinlich schon nach einigen Wochen, ja Tagen, wieder los sind. Ein Player wie Big Daddy, ein Professioneller, der, in der Sprache der Szene, ›qualifiziert‹ ist, sich einen Stall zu halten, obgleich er von seiner Veranlagung her möglicherweise rücksichtsloser und grausamer ist, wird sich die Zeit nehmen, wie es Big Daddy mit Cassie getan hatte, um sie aufzuklären und das Mädchen, das er anwirbt, einigermaßen selbstsicher zu machen.

Und wo hatte Anna dann ihren ersten Freier aufgetan? »Bei MacDonald's, das hätten Sie sich doch denken können«, erklärte sie. »Ich bin mit ihm im Bus hinausgefahren nach — Gott, ich weiß nicht mal mehr, wo das war. Ich hab' mir wirklich nichts dabei gedacht. Denn das erste, was Sonny mir gesagt hatte, war: ›Fang nie was mit 'nem Schwarzen an.‹ Versteht sich, natürlich, weil sie sich vielleicht auch als schwarze Zuhälter entpuppen — Konkurrenz, verstehen Sie. Aber dieser war ein älterer Schwarzer und er war ein ehemaliger Alkoholiker und wohnte bei seinem Betreuer. Er war süß, und als ich mit ihm ins Bett ging, nahm er mich in den Arm und sagte: ›Bitte bleib bei mir und sei mein Frauchen — bitte!‹ Aber ich sagte, ich könnte nicht...«

Später gab er ihr 15 Dollar. »So fuhr ich mit dem Bus und meinen tollen 15 Dollar zurück — und vergaß meine Uhr...«, die sie sorgfältig abgelegt hatte. »Wie Sie sehen können, war ich zum Versager bestimmt.« Später an jenem Tag — das ist die Art von Verhalten, die Anna, eine fast vollkommene Dame, provoziert — kam der alte Mann sie suchen, um ihr die Uhr zurückzubringen.

Zu dem Zeitpunkt, als Cassie und ich uns in New York kennenlernten, war sie fünfzehneinhalb und bei ihrem sechsten Zuhälter. »Aber der einzige, dem ich je vertraut habe, war Big Daddy.« (Erst viel später würde sie diese Behauptung abschwächen.) »Als ich ihn zum ersten Mal traf, redete er gleich Klartext und hat gesagt: ›Ich will dir gar nicht erst erzählen, wie toll ich bin, und werde dir auch nicht vormachen, daß du nicht ganz gehörig für mich anschaffen mußt. Ich sage dir, daß du mir vertrauen kannst, daß du bloß ein bißchen blindes Vertrauen zu mir haben und mir glauben mußt.‹«

Er sagte ihr auch, daß er von dem Geld, das sie verdiente, soundso viel für sie als Spargroschen beiseite legen würde. »Inzwischen weiß ich natürlich, daß sie das alle sagen. Das gehört zum Spiel, das ist die Methode, die Technik. Manche können es besser als andere: er konnte es sehr gut. Ich hab' ihm geglaubt.«

Cassie hatte sehr früh Autofahren gelernt. »Aber meine Eltern haben mich nie gelassen; nicht einmal jetzt erlauben sie es. Big Daddy hatte einen großen, glänzenden schwarzen Wagen. Er ließ mich die ganze Zeit damit rumfahren. Er hat immer gesagt« — sie lachte — »daß es schicker ist, sich von der Dame fahren zu lassen, auf diese Weise konnte er sich entspannen. Er hat gesagt, wenn er genug Geld beieinander hätte, um sich ein neues Auto zu kaufen, würde er mir dieses schenken. Es war alles ein Spiel, das weiß ich jetzt auch, aber er hat es gut gespielt.«

In ihrem Bemühen, die Lüge, die sie leben, vor sich selbst — mehr als vor den anderen — zu rechtfertigen, spinnen sich diese Kinder oft ein Netz aus Fantasien und Träumen. Cassies war, wie gesagt, das vom goldenen Kalifornien: Ihr Zuhause, erzählte sie mir, sei in San Diego, ihr Vater ein einflußreicher Geschäftsmann mit Häusern in verschiedenen Teilen des Landes, und ihre Kindheit sei geprägt gewesen von Privilegien und materiellem Wohlstand — Segeln, Skifahren, Wassersport und Reiten.

»Mein Zimmer in San Diego, das bin *ich* — wahrscheinlich werde ich über Weihnachten dort sein. Mein ganzes Zeug ist ja dort. Ich liebe Pfauenfedern, und ich bin in den Zoo von San Diego gegangen, und ich habe diese hohen Vasen in jeder Ecke meines Zimmers, und in alle habe ich Pfauenfedern gesteckt. Das sieht so schön aus, und ich habe ein ›Liebessofa‹ im Kolonialstil und ein Wasserbett. Ich liebe Wasserbetten! Eine große Stereoanlage hab' ich auch, ein Tigerfell, einen großen Frisiertisch und einen Schreibtisch. Und alle Wände voll Poster.«

Ein solches Milieu hätte sogar fast stimmen können. Oberflächlich jedenfalls gleicht sich die Jugend Amerikas mehr als woanders. Nichts an Cassies Aussehen, an ihren Manieren, und wenn sie wollte, sogar an ihrer Sprache, schloß eine Herkunft aus dem Wohlstandsmilieu aus. Aber natürlich stimmte es nicht! Als ich mit ihrer Mutter darüber sprach und diese Wunschträume erwähnte, war sie geradezu sprachlos. »O mein Gott«, sagte sie, »sie war nie… San Diego?… Sie hatte nie… Also…«, fügte sie schließlich noch hinzu, »…manchmal, an Sonntagen oder in den Ferien, haben wir sie zu einem dieser Mietställe mitgenommen, und sie ist geritten. Das hat ihr Spaß gemacht.«

Die meisten Kinder haben das Bedürfnis, auch ihr Leben als Prostituierte mit einem Glorienschein zu umgeben. Cassie beschrieb in allen Einzelheiten die Luxuswohnung, die sie und eine Freundin in Los Angeles hatten, und die extravaganten Kleider, die Big Daddy ihr gekauft hatte. »Er hat mir verrückte Schuhe gekauft, ich konnte nicht einmal darin laufen, so hohe Absätze hatten die. Er kaufte mir Satinhosen, richtig hübsch, man band sie am Knöchel zusammen, und eine Bluse mit Kragen, die dazu paßte. Und er hat mich geschminkt, echt toll – ich kann es längst nicht so gut wie er. Er hat mir Schmuck gekauft; er hat meine Haare hinten zusammengebunden, sie zu einer Locke gelegt und gesagt: ›So wird jetzt angeschafft!‹ Er hat mich mitgenommen und mir gezeigt, welche Bars und Plätze gut waren, und dann ist er gegangen, nicht ohne mir vorher zu sagen, ich sollte nie vergessen – wenn ich etwas nicht tun wollte, was einer von mir verlangt, daß das meine Sache sei. Ich bräuchte es nicht zu tun.«

Sie klang voller Energie, als sie dieses Märchen erzählte. Später, als sie die Träume vom goldenen Kalifornien aufgegeben hatte und die wahre Geschichte erzählte, klang ihre Stimme traurig und erschöpft, und ihr Gesicht war vor Müdigkeit entstellt.

In Wirklichkeit war sie zum ersten Mal in den Slums von B… auf den Strich geschickt worden (in ihren verwaschenen Jeans voller Risse und Flicken, mit Bergschuhen und einem Billy-Jack-Hut). »Wirklich die übelste Straße der Stadt«, sagte sie. »Total vergammelt und runtergekommen.« Später beschrieb sie in einem Brief die Straße in allen Einzelheiten:

»[Es war] das schlimmste und dunkelste Ghetto von allen. Die Leute dort sind zu 97% schwarz, dann noch 2 Prozent Puertoricaner und 1 Prozent Weiße. Die Tankstelle an der Ecke war mit Brettern vernagelt, wie die meisten Gebäude in dieser Gegend. Alle Gebäude in der Sackgasse neben der Klinik waren ausgebrannt und die Fensterscheiben zerbrochen.« [»Ich bin hin und wieder in diese Klinik gegangen«, erzählte sie. Warum, fragte ich, glaubte sie, daß sie krank war? »Nein, ich bin nur manchmal einfach zu 'ner Kontrolle hingegangen.«]

Sie war erst zwölf, als sie für Big Daddy zu arbeiten begann. Das lief so »eine Zeitlang, immer mal wieder eben«. Das Erstaunliche daran ist, daß sie gleichzeitig weiterhin zu Hause lebte und zur Schule ging, wenngleich letzteres nicht regelmäßig. »Es war natürlich vollkommen anders«, sagte sie, »etwas ganz anderes…« Sie hielt inne. »Man muß selbst Prostituierte sein, um das zu verstehen. Es ist einfach ganz anders, wenn man zu Hause wohnt und gleichzeitig ›arbeitet‹.«

Sie schwänzte oft die Schule, um in die Stadt gehen zu können und Big Daddy zu sehen. Sie schlief nicht jedesmal mit ihm, »aber sehr häufig«. Dann, wie so oft in ihrem Bemühen, vollkommen ehrlich zu sein, verbesserte sie sich. »Nicht häufig, aber hin und wieder, in seiner Wohnung. Er sagte, es sei *meine* Wohnung, aber ich hab' nicht dort gewohnt, ich hab' zu Hause gewohnt.«

Später beschrieb sie in einem anderen Brief Big Daddys Apartment:

Sie war in der Soundso-Straße, mit Blick auf den Park. Es war ein fünfstöckiger Sandsteinbau; er wohnte im zweiten Stock. Wenn man die Treppe raufgeht, kann man im schwach beleuchteten Treppenhaus kaum sehen, daß der Gips von den Wänden bröckelt. Oben auf dem Treppenabsatz, wenn man rechts geht, sieht man eine braune Schleiflacktür, darauf befinden sich sauber gedruckt die Buchstaben ›B.D.‹, über die eine Plastikfolie geklebt ist...

Big Daddys Apartment würde Sie schockieren, wenn Sie hineinkämen. Der erste Raum ist das sogenannte Wohnzimmer, mit einer cremefarbenen Fellcouch an der Wand gegenüber der Tür. In der Ecke führt eine Wendeltreppe vom Fußboden zur Decke, aber oben ist gar nichts. Der Teppich ist ein weiches, schwarzes Fell, und es stehen zwei Sessel da, die zur Couch passen... Die Wand hinter dem Sofa war mit Spiegeln verkleidet, und in der Ecke gegenüber der Treppe stand ein Gummibaum, nicht allzu hoch, aber kräftig. Die übrigen drei Wände waren champagnerfarben (sic) mit sehr künstlerischen, gut gemalten Bildern von nackten Frauen. Die eine, deren langes schwarzes Haar bis über ihre Brust fiel, hielt ihren Arm über ihren Kopf. Die zweite lag ausgestreckt, auf ihren Ellbogen gestützt, auf der Seite und trank ein Glas schäumenden Sekt, und das dritte Bild zeigte eine schöne Frau, die gerade dabei war, mit einem Mann zu schlafen. Sie waren sehr künstlerisch und beeindruckend.

Die Küche befand sich links, wurde aber kaum benutzt – sie war abgeschlossen und wurde als Abstellraum verwendet.

Perlenschnüre, die im Türrahmen hingen, trennten das Wohn- vom Schlafzimmer. Das Schlafzimmer war auch so was: Wenn man eintrat, sah man vor sich ein großes Messingbett, groß genug, daß vier Leute bequem darin schlafen können. Rechts standen zwei doppeltürige Wandschränke, in denen er seine vielen Samtanzüge und Freizeithemden aufbewahrte. Das blaue Deckenlicht gab dem Raum einen schönen Glanz und hob die taubenblauen Wände hervor, ebenso die gleichfalls champagnerfarbenen Teppiche und das Bärenfell am Fußende des Bettes. Die Decke war ebenfalls mit Spiegeln verkleidet, wie die Wand im Wohnzimmer.

Ein Fischernetz, in dem Seesterne befestigt waren, hing in der linken Ecke von der Zimmerdecke herab. Die Rouleaus waren aus schwarzem und die Vorhänge aus blauem Samt. Neben dem Bett unter dem Fischernetz war eine Menge Kissen übereinandergestapelt. Vasen mit Federn und Katzenschwänzen schmückten beide Enden des langen, niedrigen Frisiertisches. Sein Eau de Cologne, die Rasiercreme und anderer Kleinkram waren sauber auf dem Tisch aufgereiht. Links neben den Schränken war ein kleines Bad mit Toilette, einem doppelten Waschbecken und einer Dusche. Das Bad war golden gekachelt mit goldenen Armaturen, goldenen Duschvorhängen und flauschigen, weichen Handtüchern, auf die die Initialen B.D. gestickt waren...

Die Bettücher waren aus schwarzem Satin, und der Bettüberwurf war auch schwarz, in der Mitte ein weißes Pärchen, das im Stehen bumste. Seine Kopfkissenbezüge waren aus Satin und auch passend zu dem Bild auf dem Überwurf. Er hatte Fotos von sich selber, auf denen er neben seinem silbernen Continental steht, kurz nachdem er ihn gekauft hatte...

Hatte Big Daddy, wie die meisten Zuhälter, ihr gesagt, sie solle sich nicht mit schwarzen Freiern abgeben? »Ja, weil er der einzige Schwarze sein wollte, mit dem ich eine Beziehung habe — das sagen sie alle«, erklärte sie aus ihrem reichen Erfahrungsschatz heraus. »Es gibt dafür eine Menge Gründe. Einer ist, daß sie nicht wollen, daß man eine richtige sexuelle Beziehung hat, selbst wenn es nur eine Sache von Minuten ist — sie wissen, daß schwarze Männer im Bett ganz anders sind als weiße. Ich kann den Unterschied nicht erklären: man hängt plötzlich an ihnen, ohne es zu merken; es ist einfach ihre Art — männlich. Sie geben dir das Gefühl, eine Frau zu sein.«

Die Reaktion auf das, was man als die besondere Männlichkeit bei schwarzen Männern betrachtet, wird besonders in Rachels Geschichte deutlich. Rachel ist heute achtundzwanzig, verheiratet und Mutter eines kleinen Sohnes. Nach dem Examen wurde sie Lehrbeauftragte an der Universität, an der sie ihre Prüfung abgelegt hatte. Sie ist Jüdin, die älteste Tochter sehr erfolgreicher und angesehener Eltern; zu Beginn der Hippie-Kultur in den sechziger Jahren ging sie in eine exklusive Privatschule und besuchte gleichzeitig das Konservatorium an ihrem Heimatort. Sie war musikalisch besonders begabt.

»Ich möchte meinen Eltern keine Vorwürfe machen«, sagte sie. »Tatsächlich habe ich heute eine erstaunlich gute Beziehung zu ihnen. Aber es war doch so etwas wie ein Schock, als ich mit dreizehn herausfand, daß mein Vater eine Geliebte hatte. Ich erfuhr es rein zufällig, weil ich in ein Restaurant ging, und da saßen sie, und mein Vater log mich an, und ich habe herausgefunden, daß er log. Ich konnte das einfach nicht verstehen – es ging über meinen Verstand.«

Was passierte – obwohl es zweifellos schon vor diesem Schock angefangen hatte – war, daß Rachel in ›schlechte Gesellschaft‹ geriet und anfing, Haschisch, LSD und schließlich Heroin zu nehmen. Mit vierzehn riß sie aus und wurde die ›Hauptfrau‹ von Lucky, einem neunundzwanzigjährigen Player. Er dealte auch mit Drogen und hatte einen besonders gut geführten ›Stall‹ mit sieben Prostituierten aufgebaut, alle zwischen dreizehn und sechzehn Jahre alt.

»Ich traf Lucky auf der Straße«, erzählte sie. »Er war mit jemandem zusammen, den ich flüchtig kannte. Es war Liebe auf den ersten Blick – wie soll ich es sonst nennen? Ich weiß nicht, was er für mich empfand – ich weiß es bis heute nicht. Außer daß er irgend etwas gefühlt haben muß, denn ich habe seinetwegen mit Drogen aufgehört, und« – selbst heute noch spürt man Stolz in ihrer Stimme – »er hat mir nie erlaubt, mich zu prostituieren.«

In der Zeit, in der sie mit ihm zusammenlebte, auf einer streng kontrollierten Menge Heroin, mit der er sie versorgte, war es ihre Aufgabe, sich um den Haushalt zu kümmern. Sie schätzte sein Einkommen aus dem Stall auf etwa 14 000 Dollar in der Woche, und er war auch an Bordellen in anderen Städten beteiligt. »Er gab mir wöchentlich etwa 3000 oder 4000 Dollar in bar für Lebensmittel und Kleidung für die Mädchen.« Rachel hatte ihre Kleider immer bei ›Saks‹ in der Fifth Avenue gekauft und einen ausgezeichneten Geschmack entwickelt. »Er hatte es gern, wenn ich mit den Mädchen einkaufen ging und ihnen sagte, wie sie ihre Garderobe zusammenstellen sollten, und ihnen mit Frisur, Make-up und Zubehör geholfen habe.«

War sie selber auch auf den Strich gegangen? »Irgendwie wollte ich schon«, meinte sie. »Ich wollte rausgehen und etwas für ihn tun. Ich habe es nur deshalb nicht getan, weil ihm sehr viel daran zu liegen schien, daß ich es nicht tat. Er war immer so *stolz* auf mich! Er kam aus der untersten sozialen Schicht, verstehen Sie, aber er wußte Bescheid; er war wirklich ein heller Kopf. Und«, fügte sie hinzu, »er war ein echter Mann«.

Cassies erster Freier, erzählte sie, »war ein alter Mann, ungefähr vierzig. Ich weiß nicht mehr, wie er aussah. Ich glaube, er war Ausländer, aus Brasilien oder so.«

Nach Bud und Craig — und mehreren Tagen mit Big Daddy — war sie vergleichsweise erfahren. »Na ja, aber da war es anders«, sagte sie. »Andere Mädchen wußten, wie man sie schnell zum Höhepunkt kriegt: nur darum geht es. Aber ich nahm mir Zeit, und er konnte nicht kommen.«

Sie lachte — die Unschuld ihres Lachens und das anderer Kinder bei ähnlichen Unterhaltungen hat mich immer wieder überrascht. »Ich glaube, daß ich irgend etwas falsch gemacht habe, weil — ich brachte ihn einfach nicht soweit. Er hat also gesagt: ›Weißt du, wie du es machen mußt?‹ Und ich wußte nicht genau, was er meinte. Und er hat gesagt: ›Schau, mach nicht so lang herum — es darf nicht länger dauern als zwei Sekunden.‹« Sie lachte wieder. »Ich nehme an, der hatte Humor. Er hat gefragt: ›Wie lange machst du das schon?‹ Und ich hab' gesagt: ›Du bist mein Erster.‹ Und dann hat er's mir erklärt und gab mir die doppelte Summe — erst 20 Dollar, und als ich dann aus dem Auto stieg, gab er mir nochmal 20 und hat gesagt: ›Hier, das ist für die Zeit, die du vertan hast. Ich wünsche dir viel Erfolg.‹«

Sie wußte nicht mehr viel über ihre anderen Kunden dieser ersten Woche, aber sie sagte, daß sie sich schnell daran gewöhnt habe. »Mit dem Geld ging es toll — einmal hatte ich schon nach ein paar Stunden 275 Dollar, aber ich wollte noch 25 haben.«

Also hatte Big Daddy ihr doch ein Fixum gesetzt, 300 Dollar? »Nein«, sagte sie schnell, allzu schnell. Fast jedes Mädchen streitet das Fixum ab — und lügt dabei. »Er hat nie eine feste Summe von mir verlangt, nie. Aber ich wollte, daß es gut aussah, eine runde Summe. 275 klingt nicht so gut wie 300.«

Inzwischen, sagte sie, war es halb fünf Uhr morgens, und sie war seit sieben Uhr abends unterwegs gewesen. Hat Big Daddy sie kontrolliert? »Eigentlich nicht. Er hatte all diese Frauen, neun damals. Er hatte immer zwischen sieben und zwölf. Ich war müde, aber ich wollte diese 25 Dollar auf alle Fälle haben, deshalb war es mir egal. Da kommt so'n Typ und sagt, er würde mir 75 geben. Er war schwarz, und er wollte es mit dem Mund. Ich hab' gewußt, daß ich es eigentlich nicht tun sollte. Aber ich wollte das Geld unbedingt haben, also hab' ich's doch getan. Er machte es zweimal, und ich hatte Angst und mir war schlecht, aber in dieser Nacht kam ich mit 350 nach Hause.« Selbst jetzt noch war sie irgendwie stolz darauf, als sie das sagte.

Aber wenn die Gegend, in der Big Daddy sie untergebracht hatte, im wesentlichen ein schwarzes Ghetto war, wie konnte er von ihr erwarten, daß sie sich nicht mit schwarzen Männern einließ? »Weil es viele Politiker dort gibt, verstehen Sie«, erklärte sie. »Es ist ja eine Landeshauptstadt. Die meisten von ihnen sind weiß, und die tauchen oft dort auf.«

Waren ihrer Ansicht nach viele der Kunden, die sie in diesem Alter hatte, Politiker? »Ich weiß es. Dafür gibt es verschiedene Beweise; man kann sie erkennen, oder sie haben einen Dienstwagen — mit einem besonderen Nummernschild. Und einige haben vielleicht auch gesagt, was sie taten, aber das brauchten sie gar nicht, es spielte keine Rolle.«

Hat sich irgendeiner von ihnen mal nach ihrem Alter erkundigt? Sogar jetzt noch, mit fünfzehn, sah sie recht jung aus, folglich muß sie mit zwölf wie ein Baby ausgesehen haben. »Oh, die wußten schon, daß ich jung war, aber natürlich habe ich nicht gesagt, *wie* jung. Wenn sie — manche haben das getan — danach gefragt haben, habe ich gesagt, daß ich so sechzehn, siebzehn wäre.«

Das Ganze fand nicht nur in Autos statt. Sie ging auch in Hotels mit ihnen — besondere Hotels in der Gegend, und die Männer zahlten die Rechnung: das Zimmer kostete 8 Dollar. Und wieviel gaben sie normalerweise ihr? »Das kam darauf an, was sie wollten: für gewöhnlichen Sex alles zwischen 30 und 75 Dollar, je nachdem, wieviel Geld sie hatten, wie voll sie waren — eben einfach, wieviel sie ausgeben wollten.«

Hat sie sie jemals ausgeraubt, wenn sie betrunken waren? »Sie meinen nicht ›ausrauben‹« — der Ausdruck störte sie. »Sie meinen ›ausnehmen‹. Nein, nie.«

»Manche von den Männern waren schon seltsam«, sagte sie. »Die wollten echt irres Zeug: ›Beherrscht‹ wollten die werden, oder daß man echt schweinisch mit ihnen redet. Und natürlich Sex andersrum, von hinten, verstehen Sie. Aber da hab' ich ihnen gesagt, sie sollten sich jemand anders suchen, weil auf so was steh' ich überhaupt nicht. Aber die meisten von ihnen, besonders die Politiker«, versicherte sie ernsthaft, »waren echt kultiviert. Sie wissen, was ich mit ›kultiviert‹ sagen will, sie wollten einfach normalen Sex…«

Nein, im allgemeinen haben sie nicht mit ihr über ihre Ehefrauen gesprochen; meistens haben sie überhaupt nicht gesprochen. »Aber ich weiß noch, da war dieser eine Mann, der war ungefähr 65 oder 70, der wollte einfach über das Leben im allgemeinen sprechen, wie er in der Schule gewesen war, über seine Kindheit und all so'n Scheiß – und ich sollte dasitzen und zuhören. Nicht mal Sex wollte der.« Das war nicht mehr das Schulmädchen, das »so gerne mit Leuten redete und etwas über sie wissen wollte«.

Wie viele Männer pro Nacht hat sie während jener ersten Monate gehabt? »Mal nachdenken«, überlegt sie. »So zwischen fünf und zehn, je nachdem, was es für 'ne Nacht war.« Die geringste Summe, die sie pro Nacht verdiente, war 200 Dollar. »In einer guten Nacht war es mehr, aber wenn ich 350 kriegte, mußte ich schon echt Glück haben.«

Wieder zeigte sich, wie ehrlich sie war, denn die meisten Mädchen geben viel mehr an, als sie wirklich verdienen. Aber – sie wiederholte es in beschwörendem Ton – Big Daddy hat ihr niemals ein Fixum gesetzt. »Sehen Sie, er hat es nicht getan, weil er gewußt hat, daß, wenn ich an einem Abend nicht ganz so toll war, ich dann am nächsten wieder besser sein würde, weil es eigentlich immer *ziemlich* gut war.«

Sie hätte gerne in ›ihrer‹ Wohnung gewohnt, wie er sie nannte, »aber ich hatte immer Angst, dort zu bleiben, weil, wenn ich von zu Hause fort geblieben wäre, dann hätten sie bestimmt die Polizei nach mir suchen lassen.« Sie wußte nicht, ob Big Daddy immer dort wohnte – er hatte sein Zeug dort, aber natürlich hatte er auch andere Frauen, darum hatte er »echt viel zu tun. Aber immer wenn ich gearbeitet habe, war er dort: Er wollte immer da sein, wenn ich arbeitete, weil ich noch so jung war.«

War er ein reinlicher Mensch? »Ja, unbedingt.« Er duschte, wechselte die Unterwäsche, roch gut? »O ja«, sie kicherte. Sie schliefen miteinander... sie überlegte, »zwei oder drei Mal in der Woche, regelmäßig.«

Und wie oft wöchentlich war sie nun tatsächlich auf den Strich gegangen? »Jeden Abend, den ich fortkonnte, wenn ich meinen Eltern gesagt habe, daß ich auf 'ne Party gehe, eine Freundin besuche, oder ins Kino will...«

Und ihre Eltern glaubten das und erlaubten ihr, an Wochentagen so oft auszugehen?

»Man gelangt an einen Punkt«, sagte ihre Mutter müde, »daß man derlei Auseinandersetzungen einfach nicht mehr erträgt. Wir... ich glaube, wir wußten, daß sie auf dem unrechten Weg war — wissen Sie, sie rauchte dieses Zeug und... die verkehrten Leute, sie war immer mit den falschen Leuten zusammen. Aber wenn sie nicht nach Hause kam, hat sie gesagt, sie würde bei Jane übernachten, und die war ein sehr nettes Mädchen...«

Annas Mutter hatte nicht einmal diesen zweifelhaften Trost. Wenn sie über Annas Ausreißen spricht, dann erstarrt diese intelligente, attraktive Frau, ihre Hände und ihr Körper verkrampfen sich und ihr Mund ist gespannt.

»Ist es ein Wunder?« fragt sie. »Glauben Sie, irgend jemand, der das nicht durchgemacht hat, weiß, was es bedeutet, wenn ein Kind wegläuft? Kann irgend jemand sich die Nächte vorstellen? Die Tage, die zu Wochen und Monaten schlafloser Nächte werden, in denen man sich das Leben des Kindes vorstellt, in denen man in seinen Knochen, seinen Sehnen jede einzelne, schreckliche Möglichkeit spürt? Gibt es etwas Schlimmeres als diese alles durchdringende, zerstörerische Furcht? Ich kann mich noch heute allzugut daran erinnern. Das ständige Warten auf einen Anruf und gleichzeitig die entsetzliche Angst vor dem, was er bringen könnte, die nackte Panik — es ist wirklich ein Gefühl, als ob einem das Herz stehenbleibt, wenn die Polizei anruft, nur um zu sagen: ›Es tut uns leid, wir haben noch nichts.‹ Und dann anderseits diese Erleichterung darüber, daß da ›noch nichts‹ ist. Weil, ja, nach einigen Wochen...« Ihre Stirn war feucht, und sie vergrub für einen Augenblick das Gesicht in ihrem Arm. »...nach ein paar Wochen glaubte ich wirklich, sie sei tot.«

»Ich habe Jane genommen, daß sie mich deckt«, sagte Cassie, »weil sie blöd war und nicht richtig weiß, was läuft. Ich hab' ihr gesagt, wenn meine Eltern anrufen, sag' ihnen, ich sei unten im Laden oder ich würde gerade baden oder so was. Und als wir dann umgezogen sind, habe ich jemand anders gefunden, der für mich gelogen hat, und sie haben nie was gemerkt. Big Daddy kam immer vorbei und hat mich abgeholt.« Sie lachte.

Aber doch nicht von *zu Hause?* »Nicht ganz.« Sie kicherte. »Ich habe ihn angerufen und ihm gesagt, wann ich fertig wäre, und dann bin ich um die nächste Ecke gegangen…«

Hat sie zu dieser Zeit eigentlich geglaubt, daß er sie liebte? Sie lachte wieder. »Ja, das muß ich schon zugeben. Ich hab' geglaubt, daß ich verliebt in ihn bin – für mich hatte das nichts mit Prostitution zu tun, verstehen Sie, für mich war das ein Gefallen, den ich ihm getan habe, weil er für mich gesorgt hat, weil er mir soviel Aufmerksamkeit und Zuneigung geschenkt hat, verstehen Sie? Ich hätte alles für ihn getan, verstehen Sie…«

Dieser Anschein von Normalität ist ein sehr ausgeprägtes Charakteristikum in der Szene. Als Anna die Dinge beschrieb, die sie mitnahm, als sie von zu Hause weglief, bezeichnete sie diese als ›Hippie-Sachen‹. »Lange Zeit – eigentlich bis mir klar wurde, daß ich die Nase voll hatte von allem«, sagte sie, hat sie sich als ›Hippie‹ gesehen: eine Hippie-Frau mit ihrem Freund – nicht als Prostituierte mit ihrem Zuhälter. Und all die Beschreibungen von Sonny und ihren Gefühlen für ihn – sogar jetzt noch, wo er im Gefängnis sitzt als Ergebnis ihrer Aussage gegen ihn – spiegeln diese Illusion von Pseudo-Normalität wider.

Sie arbeitete für ihn in ihrem Heimatort, »bis ich genug Geld hatte, daß wir nach Chicago gehen konnten«. Und sie arbeitete für ihn in Chicago, »bis ich genug hatte, daß wir mit dem Greyhound nach New York fahren konnten«. Zuhälter anderer Mädchen bringen sie mit dem Flugzeug oder Cadillac in die Stadt, aber Anna hatte – ganz wie es ihrem Typ entsprach – keine Ahnung von Zuhältern in Cadillacs. »Aber wenigstens war ich Sonnys einzige Frau«, sagte sie, »und es war fast wie verheiratet. Wir reisten als Mann und Frau.« Und in Chicago, am Muttertag, »gingen wir Leute aus Sonnys Familie besuchen. Er hatte eine Tante und einen Onkel, die auf der West Side wohnten.«

Rachels Leben mit Lucky und seinem Stall war, auf bizarre Weise, sogar noch ›normaler‹. Wie lief ihr Tag denn so ab, fragte ich sie.

»Oh, ich weiß gar nicht – ich saß herum und half den Mädchen beim Anziehen, und ich kaufte Lebensmittel ein, ging ins Konservatorium und übte. Ich ging in Konzerte, und am

Samstag, wenn die Mädchen frei hatten — nach dem Frühstück, das wir alle zusammen einnahmen — gingen Lucky und ich mit ihnen zu ›Saks‹, um das zu kaufen, was sie wollten. Er verlangte, daß sie wirklich elegant aussahen, deshalb wollte er, daß ich die Kleider für sie aussuchte.«

Und was war mit den Mahlzeiten? »Gewöhnlich wechselten wir uns mit dem Kochen ab«, erzählte sie, »obwohl ich das meiste gemacht habe, weil Lucky mein Essen am liebsten hatte. Ich konnte kochen, meine Mutter hatte es mir beigebracht — sie gab oft Einladungen, und ich half ihr dann immer. Ich werde nie vergessen, eines der komischsten Dinge, die passierten, wie Lucky nach einem Treffen mit Freunden nach Hause kam und sagte: ›Würdest du einen von deinen Apfelkuchen backen?‹ Ich sagte: ›Natürlich, aber warum?‹ Und er hat geantwortet: ›Weil ich ihnen versprochen habe, ich würde dich dazu bringen, welchen zu machen, weil sie nicht geglaubt haben, daß du kochen kannst.‹«

Saßen sie beim Essen normalerweise nur so herum, oder saßen sie am Tisch? »Nicht immer, weil die Mädchen nicht alle gleichzeitig zu Hause waren, außer am Wochenende. Manchmal, das war wirklich lustig, zogen sie sich fein an, und drei oder vier sind zusammen essen gegangen, in die besten Restaurants. Aber wenn vier da waren, haben wir immer den Tisch gedeckt und zusammen gegessen. Es ist komisch«, sagte sie, und schien sich eben erst daran zu erinnern, »wir hatten diesen großen, runden Tisch, und ich saß Lucky immer genau gegenüber. Niemals neben ihm, verstehen Sie, wie Vater und Mutter, mit den Kindern zwischen uns. Wir spielten Familie.«

4

»Eltern wollen ja gar nichts wissen«

Wenn Cassie und ich uns unterhielten und sie von Big Daddy erzählte, klang ihre Stimme noch immer liebevoll, amüsiert, fast beschützend — ganz anders als die Art, mit der sie über ihre späteren Zuhälter sprach. Und das trotz der Tatsache, daß sie inzwischen, zweieinhalb Jahre, nachdem er sie auf den Strich geschickt hatte, sehr genau wußte, daß er sie belogen, verraten und auf die übelste Weise ausgenutzt hatte.

»Weil... dann lernte ich Joe kennen... im Januar. Da war ich schon vier oder fünf Monate mit Big Daddy zusammen.« Sie unterbrach sich. »Also, was ich glaube — ich bin mir nicht sicher, aber ich glaube wirklich, daß Big Daddy und Joe bei der ganzen Geschichte gemeinsame Sache gemacht haben. Obgleich sie abgestritten haben, sich zu kennen, bin ich fast sicher, daß sie beide da mitgemacht haben. Joe hat mir Heroin gegeben und mich verprügelt.«

Sie war zu einer Wochenendparty im Haus einer Freundin gegangen. Cassie konnte sich nicht mehr an den Anlaß dazu erinnern, vielleicht ein Geburtstag; jedenfalls hatte die Freundin einen Hund geschenkt bekommen. Ungefähr um ein Uhr nachts, als die Party in vollem Gange war, bat sie Cassie, den Hund auszuführen. »Also nahm ich ihn und ging in den Park rüber. Es war kalt, alles verschneit, aber ich liebe Parks, und es war eine wunderschöne Nacht... und da kamen diese drei Neger auf mich zu. Sie sind einfach über mich hergefallen. Sie haben mich vergewaltigt.«

Zwei von ihnen vergewaltigten sie gleich da, auf dem Boden im Schnee. Sie hatte sie nie zuvor gesehen, und als sie fertig waren, sind sie verschwunden. »Und ich dachte, daß ich es mir vielleicht eingebildet hätte, weil ich echt voll war. Ich bin zur Party zurückgegangen und hab' weiter geglaubt, daß es ein Alptraum gewesen sei — daß ich alles nur geträumt hätte, verstehen Sie.

Ich hab' dort übernachtet — das haben alle gemacht. Und am nächsten Morgen, gegen elf oder zwölf Uhr, führte ich wieder den Hund aus, und ich komme gerade aus der Tür, und da fährt dieser Cadillac vor mit Joe und den anderen beiden Typen, und sie haben mich gepackt — sie haben mich einfach gekidnappt. Es war also kein Traum gewesen, verstehen Sie.«

Sie nahmen sie mit ins Ghetto. »Eine total verdreckte Wohnung. Sie haben mich aufs Bett runtergedrückt und Heroin in den Arm gespritzt... Joe hat das gemacht.«

Sie hielten sie dort eineinhalb grauenvolle Wochen fest. »Es war echt unheimlich. Sie hatten Freier für mich organisiert, schwarze und weiße Typen, und ich stand die ganze Zeit unter Heroin, bis fast zum Schluß.«

Hat es sie schläfrig gemacht oder wie wirkte es? »Ja, es macht einen schläfrig, aber es wirkt hauptsächlich so, daß einem alles anders vorkommt, alles ist irgendwie unwirklich, alles verändert, die Farbe, alles... es wirkt nicht so, daß man sich etwa sexy fühlt, aber auch nicht so, daß man es einfach ignorieren kann. Es verursacht ein Gefühl, als würde man rennen, aber gleichzeitig glaubt man zu schweben. Man kann nicht einschlafen, und trotzdem werden die Augen ganz schwer und fangen an zu brennen, und man muß sie zumachen, aber schlafen kann man nicht...«

Wie viele Männer brachten sie zu ihr? »Viele — ich kann mich nicht mehr genau erinnern, weil ich ständig high war. Ich würde sagen, vielleicht sieben oder acht am Tag. Sie sind dauernd reingekommen und haben mich geschlagen.«

Wenn sie sagte, sie hätten sie geschlagen, was haben sie genau gemacht? »Sie schlugen einfach auf mir herum; sie haben sich einen runtergeholt. Es war echt ekelhaft.« Sie trug Jeans und ein Hemd, als sie sie mitnahmen: in der Wohnung zogen sie ihr die Sachen aus und ließen sie nackt auf dem Bett liegen, »die ganze Zeit über — es war absolut *widerlich*«, wiederholte sie. Ihr moralisches Urteil war in der Erinnerung irgendwie ganz auf ihr Nacktsein konzentriert — alles andere, zu entsetzlich, um sich damit auseinanderzusetzen, liegt tief in ihrem Unterbewußtsein begraben.

Hatten sie ihr während dieser eineinhalb Wochen zu essen gegeben, durfte sie sich waschen? Waren sie selber sauber? »Ich weiß nicht, was mit ihnen war, darauf habe ich nicht geachtet.

Aber sie ließen mich duschen, und sie gaben mir zu essen; doch, sie gaben mir immer zu essen, sorgten dafür, daß ich etwas zu essen bekam, nicht nur Sandwiches und so'n Zeug, sondern richtige warme Mahlzeiten…«

Sie versorgten jeden Kunden mit einem Gummi, erzählte sie; es war merkwürdig, daß sie sich ausgerechnet an dieses Detail erinnerte. Hat sie sich nach jedem Mann gewaschen? »O nein. Wenn alles vorbei war, nachts…«

Nach einer Woche oder so »haben sie, glaube ich, Angst bekommen, daß die Polizei auf sie aufmerksam werden könnte. Meine Eltern hatten die Polizei eingeschaltet, und es wurde brenzlig für sie, und ich glaube, deshalb haben sie mich gehen lassen. Denn ganz plötzlich, einfach nur so, haben sie mir kein Heroin mehr gegeben — wirklich, so ein Entzug auf die schnelle. Sie haben sich einfach geweigert, mir was zu geben, und ich bin krank geworden, und in zwei oder drei Tagen habe ich den ganzen Entzug durchgemacht; danach war ich dann einigermaßen okay.«

Als sie bereit waren, sie gehen zu lassen, schlossen sie einfach die Tür auf. »Meine Kleider waren da im Zimmer«, aber sie hatte das erst bemerkt, als sie vom Heroin runter war und die Entzugserscheinungen vorüber waren. »Vorher waren sie jedesmal, wenn ich anfing, zu mir zu kommen, mit einer neuen Nadel angerückt… aber jetzt sagten sie nur: ›Du kannst abhauen — wir sind fertig mit dir.‹«

Sie ging zu einer Freundin, einer Fünfzehnjährigen, die allein wohnte. »Ihre Mutter kümmerte sich nicht um sie, sie war Alkoholikerin oder so was, und ihr Vater war tot. Meine Freundin hat schwarz gearbeitet, sie sah viel älter aus, als sie war.« Dort wohnte sie etwa fünf Tage lang, um sich wieder in den Griff zu bekommen, »und dann ging ich einfach in die Schule, auf der ich damals war.«

Sie ging einfach in die Schule zurück, als ob sie nie gefehlt hätte? »Aber sie haben mich ausrufen lassen über die Sprechanlage — sie sagten, wenn Cassie S. im Haus sei, solle sie bitte ins Büro kommen. Also ging ich, und dort waren zwei Polizeibeamte, und die haben mich nach Hause gebracht. Meine Mutter hatte fast durchgedreht.«

Haben die Beamten sie verhört, gefragt, wo sie gewesen sei, mit wem, und was sie getan hätte? »Nein, sie haben nur so mit mir und meiner Mutter geredet. Sie haben nicht einmal gefragt, wo ich gewesen bin.«

War das nicht ziemlich ungewöhnlich? »Also ich kannte diese Polizeibeamten ziemlich gut. Die hatten mir schon oft geholfen. Der eine hat gesagt, daß er gar nicht wissen wolle, wo ich war, sie wollten nur nie wieder so was von mir hören und so, verstehen Sie... abhauen und so'n Zeug.«

»Die haben selbstverständlich gewußt, daß sie als Dirne arbeitete«, sagte ein Beamter in New York. »Anderseits haben sie allerdings selbstverständlich nichts von diesen besonders grauenhaften Umständen gewußt — und wenn sie es ihnen gesagt hätte, hätten sie die Männer auf der Stelle festgenommen. Ihr Problem war sicherlich, daß sie ihnen zweifellos schon als Prostituierte bekannt war. Tatsächlich hat sie es ja so gut wie zugegeben. Gleichzeitig ist es klar, daß die Eltern nicht nur nichts wußten, sondern daß sie im Grunde gar nichts wissen *wollten*. Deshalb wollten die Beamten — aus berechtigten oder unberechtigten Gründen — sie nicht ihren Eltern ausliefern. Es ist wirklich ein Dilemma: die einzigen Alternativen, die wir anbieten können — eine Gerichtsverhandlung, Heime, Fürsorge — was ist besser, was hat mehr Aussicht auf Erfolg? Oder sollte die Familie noch mal eine Chance bekommen? Letzten Endes ist jeder Einzelfall eine Frage des persönlichen Urteils.«

Cassie bestätigte seine Diagnose. »Wenn sie mich gefragt hätten, hätte ich ihnen einfach erzählt, daß ich bei einer Freundin gewesen bin oder so was.« Und die Freundin, die, ganz abgesehen von der Loyalität unter Teenagern, selber ein unkonventionelles Leben führte, hätte sie sicher gedeckt.

Trotzdem, warum hatte sie ihnen nichts von Joe erzählt, fragte ich. Sie hätte doch mit den Polizeibeamten alleine sprechen können? War sie ernsthaft der Meinung, daß diese Männer ungestraft davonkommen sollten — damit sie dasselbe auch mit anderen jungen Mädchen machen konnten? Sie hatten sie so verletzt — verstand sie denn nicht, wie ungeheuer sie verletzt worden war? »Doch, ja, ja natürlich, das war es ja gerade. Deshalb habe ich nichts gesagt, ich hatte Angst vor ihnen. Ich hatte wahnsinnige Angst, die Angst war stärker als der Wunsch, daß man sie erwischt. Vielleicht, sehr wahrscheinlich — weil die waren ja so gerissen — würde man sie *nicht* erwischen, und dann würden sie mich kriegen und sich an mir rächen.«

Und wie reagierte Cassies Mutter auf das, was sie hörte, als die Polizei sie nach Hause brachte? »Ich weiß nicht mehr so genau«, sagte Cassie, »aber ich erinnere mich, daß sie sich Mühe gegeben hat, nett zu mir zu sein. Doch schon nach wenigen Tagen, oder vielleicht hat es auch ein bißchen länger gedauert, ist sie wieder genau in ihre frühere Art verfallen und hat wieder mit dem gleichen Scheiß angefangen.«

Ich fragte ihre Mutter, ob sie realisiert hatte, daß Cassie etwas Furchtbares, etwas ganz Entsetzliches durchgemacht hatte? Sie scheute vor der Frage zurück — tatsächlich war sie so offensichtlich entsetzt, so völlig unfähig, irgend etwas über die ganze Sache in Worten ausgesprochen zu hören, daß ich selbst davor zurückscheute, ihr die Frage aufzuzwingen.

»Ich fragte sie, wo sie gewesen sei«, sagte sie gouvernantenhaft, »und sie sagte, bei einer Freundin. Ich fragte: ›Wer ist diese Freundin?‹ Und sie sagte, daß ich sie sowieso nicht kennen würde, und als ich den Namen hörte, kannte ich sie tatsächlich nicht. Ich versuchte, etwas mehr aus ihr herauszukriegen, aber es war sinnlos.«

Hat Cassie nicht *schlecht* ausgesehen — hatte sie sich nicht gefragt, warum sie so aussah? Ihre Mutter blickte auf ihre Hände hinunter, rieb sie aneinander, und dann betrachtete sie äußerst konzentriert jeden einzelnen Fingernagel. »Sie sah damals nie gut aus«, erklärte sie schließlich, und dann blickte sie auf, und Tränen rannen ihr über die Wangen. »Ich nehme an, ich dachte es war...« Sie wand sich förmlich — »...verstehen Sie, Marihuana und all das. Ich dachte, daß die Sache vielleicht vorbei sei — die Polizei hatte sie in meinem Beisein gewarnt, sie hatte gesagt, daß sie es nicht mehr tun würde. Ich glaube, ich hoffte, daß sie sich nun ändern würde...«

Wie mein Polizeifreund in New York gesagt hatte, die Eltern »*wollten* im Grunde gar nichts wissen«. Es ist eins der Phänomene dieser ganzen Situation, daß im allgemeinen Erwachsene nichts davon wissen wollen — und Eltern am allerwenigsten. Das bezieht sich auf Drogen ebenso wie auf Prostitution, und sie geben sich manchmal große Mühe, das Wissen darum zu vermeiden.

Als Rachel ernsthaft mit Drogen anfing, merkte ihre jüngere Schwester das. »Sie nahm die Drogen und zeigte sie meinen Eltern. Aber alles, was die taten, war, daß sie mich anbrüllten und schrien und schließlich das Zeug im Klo runterspülten und so taten, als ob nichts dabei wäre. Sie wollten sich selber vormachen, daß gar nichts passiert sei.« Zu diesem Zeitpunkt spritzte Rachel sich etwa vier bis fünf Dosen Heroin täglich. »Ich hatte gelernt, meine Arme zu bedecken – es ist das erste, was man lernt, um den Polizisten nicht aufzufallen«, erklärte sie.

Aber ihre Eltern müssen doch ihre Stimmungswechsel bemerkt haben? »Ja, natürlich«, sagte sie, »aber sie wollten es einfach nicht wahrhaben.«

Schließlich – der deutlichste Hilferuf, den man sich vorstellen kann – brachte Rachel Lucky mit nach Hause. Sie erzählte ihrer Schwester, daß er sie mit Heroin versorgte. Ihre Eltern wußten, daß sie abhängig war. Der schwarze Mann, den sie mit ins Haus brachte, mußte ihren Argwohn erregen: Wie gepflegt und elegant er auch aussehen mochte, er war einfach anders. »Sie hatten eine Todesangst davor, etwas zu erfahren, daher sagten sie ›Guten Tag‹, und das war alles.«

Obgleich die vierzehnjährige Rachel danach ihre Familie verließ, war sie genaugenommen nie eine Ausreißerin, weil sie in Verbindung mit ihrer Familie blieb. »Ich rief gelegentlich an und sah sie hin und wieder – manchmal kam ich auch bei ihnen vorbei.«

Aber wie konnten sie sich mit dieser Situation abfinden? Wie konnten sie es aushalten, ohne die Behörden zu informieren, die Polizei? Sie hatten Geld, Beziehungen – sie waren in der Lage, Hilfe zu bekommen. Was haben sie sich dabei gedacht?

Rachel zuckte mit den Schultern. Dieses Schulterzucken habe ich so häufig gesehen. »Sie hatten sehr viel zu tun«, meinte sie. »Vielleicht glaubten sie, ich müsse selber damit fertig werden, daß es meine eigene Angelegenheit sei. Vielleicht dachten sie, ich käme alleine zurecht.« Sie zuckte wieder mit den Schultern. »Oder vielleicht konnten sie es einfach nicht ertragen zu denken.«

Auch Julie versuchte sich gegen das zu wehren, was mit ihr geschah; sie versuchte, die Hilfe ihrer Mutter zu bekommen –

beides umsonst. Nach vierzehn Tagen in dem Hotel mit den »heruntergekommenen alten Männern« erzählte sie es einer Freundin, und deren Mutter überredete sie, wieder nach Hause zu gehen. »Ich habe eine Geschichte für meine Mama erfunden, daß dieser nette Mann so freundlich gewesen sei zu mir, und ich in seinem Haus wohnen durfte — weißt du, niemand, aber wirklich niemand hätte das geglaubt. Aber sie hat gesagt: ›Oh, fabelhaft — was für ein reizender Herr.‹«

Was Julie wollte, war, daß man sie zwinge, damit aufzuhören. Sie alle wollen dazu gezwungen werden. »Ich bin wieder in die Schule gegangen und fühlte mich beschissen, hundeelend, wirklich…« Sie brach in Tränen aus und weinte lange in meinem Arm. »Ich fing an, in Bars zu trinken, lernte verschiedene Zuhälter kennen und hab' für sie gearbeitet. Nachdem ich schon mal dabei war, weißt du, war es sowieso egal.«

Etwa ein Jahr lang machte sie es so, daß sie in die Schule ging und nach der Schule jobbte, erst in einem Kinderheim, später in einer Fisch-und-Chips-Bar. »Ich hab' das dreimal in der Woche gemacht, und an den anderen Tagen bin ich in die Stadt anschaffen gegangen, bis zwei Uhr morgens. Aber schließlich ist mir das zuviel geworden, darum hab' ich aufgehört zu jobben. Meine Eltern brauchten das nicht zu erfahren, sie haben gesehen, daß ich Geld hatte, ich schätze, daß sie gedacht haben, daß es von meinem Job sei, und sie haben keine Fragen gestellt«, sagte sie. »Ich habe mich selber gehaßt.‹«

Schließlich rannte sie wieder weg und landete abermals bei ihrer Freundin; die Mutter versuchte noch einmal zu helfen und brachte sie diesmal zu einer offiziellen Stelle für ›Ausreißer‹. »Aber auf die hab' ich auch 'nen Haß«, sagte sie, »weil ich sie angefleht hatte, mich in ein Heim oder in ein Gruppen-Zentrum zu schicken, alles, bloß nicht nach Hause. Aber genau das haben sie getan, und ich bin wieder vergewaltigt worden«, sie klang müde und gleichgültig. »Es war viel schlimmer als das erste Mal.

Es waren zwei Brüder. Sie haben mich die ganze Nacht dortbehalten, dann haben sie mich laufen lassen.« Sie hielt ein Auto an, und man brachte sie zur Polizei. »Die Polizei hat mich ins Krankenhaus gebracht, und dann haben sie meine Mutter angerufen, und die hat mich durch die ganze Stadt geschleppt, weil zu Hause wollte sie mich nicht haben. Ich durfte mich nicht waschen und gar nichts, sie hat mich einfach herumgeschleppt und wollte mich loswerden.«

Aber weil ihre Eltern verfügbar waren und sich um sie kümmern konnten, wollte keine Stelle sie nehmen. »Darum hat mich meine Mami schließlich nach Hause gebracht und dann bin ich wieder weggerannt denn alles was sie wollten war mich los werden mein Daddy auch der tut doch bloß was sie sagt und dann hat sie versucht sich umzubringen sie hat sich die Pulsadern aufgeschnitten und das war alles nur meine Schuld…« Es war eine endlose Litanei, ohne Punkt und Komma.

Unter anderen Bedingungen hätte Cassies Mutter vielleicht berechtigte Hoffnungen haben können, daß, wie sie es mir gegenüber ausgedrückt hatte, »sie sich ändern würde«. Aber die entsetzliche Angst und der körperliche Mißbrauch, die Cassie durchgemacht hatte, konnten nicht ohne Folgen bleiben. Wenn ihre Familie ihr Liebe und Unterstützung hätte geben können, wenn sie einfühlsame Beratung von Außenstehenden bekommen hätte, dann hätte sich durchaus eine Änderung ergeben können. Aber diese Voraussetzungen waren eben nicht gegeben. Und vielleicht noch zerstörerischer für ihr zerbrechliches Selbst als die physische Gewalt, unter der sie gelitten hatte, war, daß sie ihr blindes Vertrauen in Big Daddy verloren hatte. Ihr Vertrauen in ihn, wie grotesk es rückblickend oder für einen Außenstehenden scheinen mag, war wahrscheinlich ihr positivstes, ja einziges Gefühl zu dieser Zeit. Sein Verrat, den sie niemals in Worte gefaßt hatte, bis sie es mir zweieinhalb Jahre danach schließlich sagte, war sehr wahrscheinlich der traumatischste Schock, den sie erlebte.

Wenn sie überleben sollte — denn manche Jugendliche überleben solche Erfahrungen nicht —, mußte sie irgendwo eine Art von Unterstützung finden, die das ersetzen würde, was sie durch den Verlust von Big Daddy verloren hatte. Sie hatte weder die Reife noch die innerliche Stärke, diese Hilfe in sich selbst zu finden. Um sich selbst zu retten, mußte sie diese woanders suchen. Da bei ihren Eltern eine wundersame ›Wandlung‹ nicht stattfand, kam eine Rückkehr in ein normales Teenagerleben nicht in Frage.

Sie waren umgezogen, wieder einmal, und schickten sie auf eine katholische Schule. »Dort wurde ich ständig beobachtet«, erzählte Cassie, »weil ich das einzige Mädchen in der Klasse war, das Zigaretten rauchte, Marihuana — ich war irgendwie allein, verstehen Sie? Also bin ich immer wieder weggerannt.« — »Wir haben sie so oft irgendwo abgeholt oder ihr Geld für die Fahrkarte geschickt, daß ich mich gar nicht mehr genau daran erinnern kann«, sagte ihre Mutter. »Ich glaube, alles in allem ist sie fünfzehn Mal weggerannt.«

Einmal geriet sie dabei in ernsthafte Schwierigkeiten. »Ich war mit zwei Typen zusammen, und einer hat mir einen Joint angeboten. Ich dachte, es sei Pot, aber das war es nicht, es war Engelsstaub… Ich wußte nicht, was ich da geraucht habe, und man wird echt gewalttätig davon. Wir sind in ein Haus eingebrochen und haben alles kurz und klein geschlagen. Es entstand ein Sachschaden von 15 000 Dollar, und 5000 haben wir gestohlen. Die zwei, mit denen ich zusammen war — sie waren neunzehn und zwanzig —, kamen ins Kittchen, und mich haben sie in ein Heim für Schwererziehbare gesteckt.«

Cassie war noch immer erst vierzehn, ein Kind mit lebhafter Fantasie und mit einem warmherzigen, offenen Naturell. Einiges an dieser Schule — einer katholischen Einrichtung, die von Nonnen geleitet wurde — gefiel ihr, und ihre Reaktion läßt erkennen, daß man bei kluger Führung den Kern der religiösen Gefühle in ihr dazu hätte nutzen können, sie zu stärken, anstatt sie zu verwirren. »Die Stille in der Kirche hat mir gefallen, die Musik, der Geruch… und die langen Gebete. Ich hab' die Augen zugemacht und Bäume im Wind gesehen.«

Glaubt sie, daß es einen Gott gibt? »Nein, inzwischen glaube ich das nicht mehr. Ich glaube, da ist was Gutes jenseits von uns — Frieden. Unsere Seele ist dort. Und der Körper ist unter der Erde, etwas Materielles, das man benutzt hat, aber die Seele ist woanders. Ich glaube, sie bleibt an dem Ort, wo man glücklich war. In dem Heim gab es eine Wiese, wo ich die ganze Zeit hingegangen bin, und einen Teich, und ich bin immer unter diesem Baum gesessen, stundenlang… Man konnte all die Geräusche der Natur hören, Frösche und all das, und ich saß immer an den Baum gelehnt und habe Gedichte geschrieben. Da war ich wirklich glücklich und habe mich ganz ruhig gefühlt. Ich glaube, wenn ich sterbe, wird meine Seele dort sein.«

(Auch Anna hatte einen Sinn für Religion. »Ich glaube an die Unitarier. Ich finde das gut, menschlich; es heißt, daß es religiös ist und eine Huldigung an Gott, wenn man Menschen hilft oder ihren Sinn und ihr Herz edler und reiner macht.«)

Aber obwohl Cassie friedliche Augenblicke erlebte und obwohl sie in der Schule gut war (»Sie war dort sehr gut«, sagte ihre Mutter, »sie hatte immer gute Noten.«), konnte sie es nicht ertragen, daß die Schule trotz allen Bemühens und aller guten Absichten ein Gefängnis war. »Ich habe es gehaßt, gehaßt, gehaßt, eingesperrt zu sein, herumkommandiert zu werden. Ich...«, sie suchte vergeblich nach einem anderen Wort, »...ich habe es gehaßt«, schloß sie müde. So rannte sie nach North Carolina, und sie rannte nach Virginia. Und hin und wieder flüchtete sie sich in das Club-Haus der ›Hell's Angels‹ in den Bergen in der Nähe ihres Heimatortes. Und schließlich, »sie konnten mich nicht halten, deshalb hat mich der Richter wieder zu meinen Eltern zurückgeschickt«, sagte Cassie. »Ich war noch keine zehn Minuten aus dem Gerichtssaal und im Auto, da wußte ich schon, daß es wieder genauso laufen würde, daß alles wieder von vorne anfangen würde. Wir hatten zwei Telefone im Haus, und es war schon immer so gewesen, wenn ich mit einem Freund oder einer Freundin telefoniert habe, hat meine Mutter am andern Apparat zugehört, und dann hat sie dazwischengequatscht und gefragt: ›Mit wem sprichst du?‹ Und ich hab' ihr gesagt, wer dran war, und wenn sie den oder die nicht mochte, hat sie einfach gesagt: ›Hier wird nicht mehr angerufen!‹ und hat aufgehängt. Sie hat immer gesagt, daß sie alle schlechter Umgang für mich wären.«

Aber sah sie denn nicht ein, daß ihre Mutter ungeheure Angst um sie hatte und versuchte, sie zu beschützen? Sie zuckte nur mit den Schultern und fing an zu weinen. »Ja... schon, aber doch nicht so...« Sie stockte, denn sie wußte ebensowenig, wie es ihre Eltern, die Nonnen, die Polizei oder der Richter gewußt hatten, welches der rechte Weg gewesen wäre, mit ihr umzugehen, ihr zu helfen.

»Als wir zu Hause ankamen«, sagte sie dann, »wissen Sie, da war mein Zimmer völlig umgeräumt. Meine Poster waren weg, meine Schubladen leer. Mein Bett hatte vorher am Fenster gestanden: sie haben einfach alles umgeräumt. Ich hatte ganze Stöße von Heften und einen großen Packen Briefe, die ich von verschiedenen Leuten während meiner Zeit im Heim bekommen hatte. Sie waren alle verschwunden, und ich weiß heute noch nicht, wo sie hingekommen sind.«

Hat sie ihre Mutter gefragt? Hat sie im Keller nachgesehen? »Da wäre sowieso nichts gewesen. Sie machte einfach alles anders, so wie *sie* es wollte, und sie hat alle meine Briefe genommen, um mir meine Freunde wegzunehmen, und wenn ich mich darüber aufrege, sagt sie nur: ›Es ist mein Haus, und ich tue hier, was ich will.‹«

Mehrere Kinder, mit denen ich sprach, haben von solchen Säuberungsaktionen berichtet, aber der einzige Elternteil, der sich dabei über seine Motive im klaren war, war Annas Mutter.

Anna hatte aufgehoben, was sie als »echt seltsame und eigenartige Tagebücher« bezeichnete, in die sie ihre eigenen, wirren Gefühle niedergeschrieben hatte, besonders ihrem Stiefvater gegenüber. »Und meine Mutter hat in meinen Sachen herumgewühlt und sie gefunden und gelesen«, sagte sie. »Ich glaube, das war einer der entscheidenden Punkte, verstehen Sie. Eines Abends hatten wir eine Auseinandersetzung, und sie hat mich gefragt, was sie tun solle, was geschehen solle. Sie hat mich sogar gefragt, ob ich lieber in ein Heim gehen wolle, sie hat geweint und hat sich echt mies gefühlt. Und ich habe die Sache einfach wahnsinnig aufgebauscht. Damals habe ich mir über viele Dinge etwas vorgemacht, und ich habe mir irgendwie eingeredet, daß sie mir gedroht habe, mich wegzugeben. Und am nächsten Tag, als sie bei der Arbeit war, bin ich aufgewacht und bin per Autostop zum Drugstore gefahren und habe ein Röhrchen Schlaftabletten gekauft, die nicht verschreibungspflichtig waren, und dann habe ich sie alle geschluckt, 72 Stück.

Und dann habe ich gewartet und gewartet, und mein Kopf fing an zu brummen, aber nichts passierte. Es waren die falschen Tabletten«, sie lachte, »nur Beruhigungspillen, zum Einschlafen. Schlau, nicht? Immerhin, meine Hände waren kalt, ich fühlte, wie meine Finger langsam blau anliefen und mein Herz langsamer schlug, und ich bekam entsetzliche, fürchterliche Angst. Ich habe geweint und versucht, mir Mut zu machen und meinen Freund anzurufen. Statt dessen habe ich in letzter Minute meine Mutter im Labor angerufen, und sie wurde einfach hysterisch.

Als sie nach Hause kam, warf sie mit ihrer Krankenhauszeitung nach mir und sagte: ›Da liest man über Leute, die Krebs haben, und dann tust du dir das an.‹ Ich sagte, daß es mir leid tue und daß ich nicht sterben wolle, bitte, laß mich nicht sterben, und dann hat sie einen Freund in der Apotheke angerufen, und der untersuchte die Pillen und sagte, daß es wahrscheinlich nicht genug wären, um mich umzubringen. Und dann rief sie einen befreundeten Arzt an, und der sagte, ich müßte auf eine Intensivstation, und sie sagte, nein, das wolle sie mir nicht antun. Dann holte sie so'n Zeug, nach dem ich mich übergeben mußte, und versorgte mich. Sie ist zu Hause geblieben und hat mich oben schlafen lassen, neben ihrem gemeinsamen Schlafzimmer...«

Ihre Mutter, eine intelligente Frau, hatte alles richtig gemacht, ausgenommen die Worte, die sie kurze Zeit später aussprach. Wenn Eltern nur die Worte zurückhalten könnten, bevor sie ihnen entschlüpfen: »Du wirst dich in *unserem* Hause nicht mehr so aufführen«, sagte sie. »Jetzt ist endgültig Schluß! Wenn du noch einmal etwas Derartiges tust, fliegst du raus.«

Kurze Zeit später rannte Anna weg, zu Sonny. »Als ich abgehauen bin«, sagte sie, »haben sie mein Zimmer durchsucht, sie haben alles auf den Kopf gestellt.«

»Es stimmt«, sagte ihre Mutter, und ihre Stimme klang erschöpft. »Wut spielt da auch mit rein: es ist teils Wut, teils Selbstschutz, was einen dazu bringt, das Zimmer der Kinder auszuräumen, glaube ich. Natürlich geschieht es nicht alles auf einmal. Das erste Mal haben wir Annas Sachen durchsucht, um eine Andeutung, einen Anhaltspunkt, *irgendeinen* Hinweis dafür zu bekommen, wo wir zu suchen anfangen sollten. Sie...« Sie zögerte. »Sie hatte keines ihrer Fotos mitgenommen, keines ihrer Stofftiere, sie hatte zwei, die sie vorher überallhin mitgenommen hatte. Ja, ich habe gemerkt, daß das gegen mich gerichtet war. Ich meine, später habe ich das eingesehen. Denn in den ersten Tagen, ja Wochen dachte man nicht an so was: man dachte nur an sie und die entsetzlichen Gefahren, denen sie ausgesetzt war...«

Cassies Mutter zeigte mir stolz das ganze Haus. Die jüngere Tochter, Sally, war bei keinem meiner Besuche anwesend. Ich habe sie nie gesehen; und ich kann verstehen, daß es unmöglich gewesen wäre, einer Neunjährigen den Grund meines Besuches zu erklären. Aber ich habe ihr Zimmer gesehen: ein entzückendes Kleinmädchenzimmer mit rosa geblümter Tapete, voller bunter Kissen, Spielsachen und mit kleinen verzierten Lampen. Es war gemütlich und hübsch − und sehr, sehr ordentlich.

Ich fragte Cassie, wie *ihr* Zimmer ausgesehen hatte. »Ich hatte Unmengen von Stofftieren«, erzählte sie. »Ich weiß gar nicht, wo die hingekommen sind. Ich hatte ganz viele Kissen, die ich selber genäht habe.« Hatte sie jemals gefragt, wo die Sachen hingekommen waren? »Warum sollte ich fragen?« antwortete sie. »Da war nichts mehr da, können Sie sich das vorstellen? Absolut nichts! Sie hat das ganze Zeug weggeschmissen! Ich hatte eine Lederjacke. Die war zwei Jahre alt, aber ich hab' sie sehr geschont. Eines Tages hab' ich sie gesucht, weil es war nicht so richtig kalt, aber richtig warm war es auch nicht, und sie hat mir gesagt, daß sie sie weggeschmissen hat, weil sie sie nicht schön fand. Sie ist eben so...«

»Oh, diese Jacke«, meinte ihre Mutter. »Die habe ich für einen Kirchenbazar weggegeben. Sie war unmöglich!« Sie öffnete eine Schranktür im Flug. »Der gehört ihr«, sagte sie und zeigte auf einen klassisch geschnittenen Wollmantel. »Den habe ich nicht weggegeben, der ist hübsch. Ich habe ihn für sie gekauft.« Sie lachte kurz auf. »Ich ziehe ihn manchmal an; sie will ihn nicht.«

»Und wissen Sie, diese Gedichte, die ich geschrieben habe, von denen ich Ihnen erzählt habe«, sagte Cassie. »Die hat sie auch weggeschmissen.« Wenn ihr Leben weggeworfen worden war, auf den Müll − heute ist sie fähig, das in Worte zu fassen − hatte sie ihrerseits auch keinen Grund, ihr Leben nicht wegzuwerfen. Natürlich hat sie das nicht so gesehen, als sie schließlich abhaute und nach New York ging.

5

»Alles wird glattgehen«

Der riesige Busbahnhof, in New York, wo Tag für Tag, Nacht für Nacht die billigsten Transportmittel der Vereinigten Staaten aus allen Teilen des Landes ankommen, ist eine Welt für sich. Er hat seine eigene Polizei, eigene Krankenhäuser, Läden, Restaurants und kilometerlange Gänge und Fahrstühle. Das Gebäude nimmt einen ganzen Block zwischen der 39. und 40. Straße an der Eighth Avenue ein und befindet sich am Rande von New Yorks verrufenem Vergnügungsviertel. Im Umkreis von drei Blocks um das Bahnhofsgebäude gibt es ein Dutzend Hotels nur für den Durchgangsverkehr, und vier, die, während sie gleichzeitig auch Touristen offenstehen, hauptsächlich an Zuhältern und ihren Mädchen verdienen. In einem von diesen landete Cassie schon wenige Stunden nach ihrer Ankunft in New York, trotz Dans Bemühungen, sie wieder nach Hause zu schicken. Slim, ihr erster Zuhälter in New York, hatte sie schon wenige Minuten nach ihrer Ankunft in der 42. Straße aufgelesen.

»Als Cleo zum ersten Mal nach New York kam«, erzählte Slim, »war *ich* ihr erster Mann.« Es klang stolz, und er wiederholte: »Ich war ihr erster Mann.«

Sie war damals noch sehr jung, nicht wahr?

»Ja. Aber das habe ich nicht gewußt, verstehen Sie? Na ja, ich hatte so'ne Ahnung, aber, Sie wissen schon, was ich meine, wie das war. Ich... wissen Sie, wenn sie mir den Ausweis einer Achtzehnjährigen zeigt, na ja, dann geht das in Ordnung. Verstehen Sie?« (Das war ziemlich zu Anfang meiner Gespräche mit Slim. Später, als er merkte, daß ich ›Cleo‹ *kannte,* versuchte er abzulenken und wurde schließlich wütend.)

Die Altersfrage spielt eine große Rolle in New York, nachdem es gesetzlich verboten ist, jemandem unter achtzehn Alkohol zu verkaufen, und die Barbesitzer fragen, zur eigenen Sicherheit, routinemäßig nach dem Ausweis. Aber einen zu kriegen, das ist völlig problemlos. Einige Tage zuvor war ich einer klugen jungen

Freundin von mir in einen der unzähligen Souvenirläden auf der 42. Straße gefolgt. Ich sah mir irgendeinen Schnickschnack an, während sie sich versuchsweise wegen eines Ausweises an den Verkäufer wandte. »Es war verblüffend«, sagte sie draußen, als wir den echten Ausweis mit dem gefälschten verglichen, es war kaum ein Unterschied festzustellen. »Ich habe bloß gefragt: ›Haben Sie Ausweise?‹, und er hat einen rausgeholt und gefragt, ob ich wüßte, wie man ihn ausfüllt, ich habe gesagt, ja, und er wollte 20 Dollar! Wahnsinn, es ist nicht zu fassen!«

Was hatte Cassie veranlaßt, an jenem Abend mit Slim zu gehen? Fand sie ihn anziehend? Gab es auch andere, hatte sie ihn bewußt ausgesucht?

»Er war der erste, den ich getroffen habe«, erzählte sie. »Er sah nett aus, wissen Sie…« Sie lachte. »Er hat gut gerochen und, verstehen Sie, die Art, wie sie einen anmachen, ist so süß, wie sie dir schmeicheln – es ist jammervoll. Heute weiß ich, daß es zum Jammern ist, aber damals… bei ihnen sieht alles immer so rosig aus. Man ist am Ende, und da ist die große Stadt, und man hat kein Geld, verstehen Sie. Sie malen einem alles so schön aus, und irgendwie möchte man auch nicht allein sein.«

»Ich habe nicht lang gebraucht, um die Wahrheit über Cleo herauszufinden«, sagte Slim. »Druck, Druck ist Cleos größtes Problem, sie kann damit nicht umgehen, können Sie mir folgen? Cleo ist von Natur aus ein sehr gutes Mädchen. Sie ist nicht schmutzig, sie ist nicht frech. Von Natur aus ist sie ein gutes Mädchen. Sie hat Probleme mit sich als Frau, verstehen Sie, was ich meine? So'n Zeug, was sie meiner Meinung nach belastet…«

Slim ist ein Player in der Art von Big Daddy; nicht ein Popcorn-Zuhälter wie Sonny. »Er war sehr lieb zu mir an dem Abend, verstehen Sie«, sagte Cassie. »Er hat mich zum Essen eingeladen und sich mit mir unterhalten und gesagt, daß ich müde aussehe. Irgend jemand, dem etwas an mir auffällt, irgend jemand, der sich für mich interessiert, jedenfalls zu der Zeit«, sie zögerte, »verstehen Sie – das hat mich einfach weich gemacht. Er sagte, daß ich müde aussehe, und daß er mir ein Zimmer besorgen würde im gleichen Hotel, wo er eine Wohnung hätte, und daß ich mich ausruhen würde und, verstehen Sie, daß wir am nächsten Tag über alles reden würden…«

Hat Cassie mit allen ihren Zuhältern geschlafen? Richtig geschlafen, sie geküßt und so? Denn nur wenige Mädchen küssen jemals ihre Freier. »Irgendwie schon, ja. Es ist irgendwie merkwürdig«, sagte sie.

Inwiefern merkwürdig? Was ist merkwürdig daran, solange sie es aus freiem Willen tat? »Da ist nicht viel freier Wille«, sagte sie und lachte.

Hat sie sich eine feste Beziehung mit Slim erhofft oder mit einem der anderen? »Ja, irgendwo suchte ich auch so was, doch.«

Aber glaubt sie, daß *sie* auch etwas dabei empfinden? »Nein, ich weiß inzwischen, daß sie das nicht tun.«

Aber sie, fühlt *sie* irgend etwas dabei? »Sicher — alle die Mädchen empfinden was. Vielleicht, ganz tief drinnen, weiß man, daß nur man selber was empfindet, vielleicht fühlt man so *viel,* daß, mit wem auch immer man zusammen ist, man sich einbildet…« Sie stockte und fuhr dann fort: »Zuerst, glaube ich, fühle ich was.«

Was? Es ist nicht nur Sex, oder? »Nein, ich schätze, es ist die Geborgenheit, die sie einem geben. Sie wirken so stark… Ich glaube, ich möchte lieber mit einem schwarzen Mann zusammensein als mit einem weißen. Das ist ein großer Unterschied: Sie geben sich anders, und ich mag die Art, wie ein schwarzer Mann sich gibt, sie sind männlicher, stärker.«

Ist es das, warum sie sich geborgener fühlt, oder macht es sie nur mehr an? »Ich weiß nicht genau, ich glaube, es ist beides. Aber ich fühle mich auf jeden Fall geborgener…«

New York kann im August bei 38°Grad und 95 Prozent Luftfeuchtigkeit die reine Hölle sein, und Cassies erster Aufenthalt war kurz. »Mitte August bin ich nach Kalifornien gefahren… niemand hat mir vorzuschreiben, was ich zu tun habe…« Mit Sicherheit war ihr Aufbruch nach Kalifornien nach nur zwei Wochen mit Slim nicht ohne Auseinandersetzungen abgegangen. »Ich glaube nicht, daß irgend jemand das Recht hat, mein Leben einzuschränken, was ich tun kann und was nicht…« Aber die Zuhälter sagten ihr doch, was sie zu tun hatte, oder? »Aber wenn ich es nicht tun will, dann tu' ich es eben nicht, er kann mich nicht zwingen.«

Sie hatte bei ihrem ersten Ausflug nach New York vergleichsweise noch Glück gehabt: nicht, daß Slim ein freundlicher

Mensch ist; vielmehr — zumindest hat man das Gefühl — ist es ihm oft einfach zu mühsam, grob zu werden. »Ich habe sie nicht gezwungen, auf den Strich zu gehen«, sagte er. »Manche Macker sagen: ›Mach, daß du rauskommst‹, verstehen Sie. Ich nicht, und sie hatte es gut bei mir. Ich habe in der 43. Straße in einem Hotel gewohnt, da hat jedes Zimmer 40 Dollar am Tag gekostet, und ich hatte vier Damen. Das machte im Durchschnitt mit Telefon und allem 300 Dollar in der Woche nur für mich und meine Hauptfrau, und das mal vier — das macht 1200 die Woche, nur für die Zimmer.«

Aber sicherlich wohnt doch nicht jeder in einem so teuren Hotel? »Ich habe meine im besten, weil meine die Besten *sind*,« antwortete er.

Und wie war Cassie nach Kalifornien gekommen? »Fernfahrer«, sagte sie. Sie fuhr Autostop mit Lastwagen.

Und zweifellos hat sie dafür gezahlt? »Ja, allerdings«, und dann verbesserte sie sich. »Nein, die haben mich bezahlt. Fernfahrer haben viel Geld. Ich hatte schließlich fast 800 Dollar. Ich konnte es kaum glauben. Ich habe ein richtig schönes Hotelzimmer in Long Beach genommen…«

Irgendwann allerdings in dieser ersten Woche in Long Beach wurde sie von drei Puertorikanern mitgenommen, die sie am Strand brutal vergewaltigten. Es gelang ihr, sich in ein Krankenhaus zu schleppen, wo sie genäht werden mußte, aber nach zwei Tagen entließ sie sich selber. Später, wieder in New York zurück, war das Ergebnis dieser vorzeitigen Entlassung eine entsetzlich schmerzhafte Eierstockentzündung.

Warum war sie nicht im Krankenhaus geblieben? Waren sie unfreundlich zu ihr gewesen? »Nein, eigentlich nicht, nur waren sie alle, die Ärzte und auch die Schwestern, Puertorikaner, und ich mußte einfach weg von denen. Ich hatte das Gefühl, daß sie mir weh tun würden oder so was, also bin ich abgehauen und in das Hotel in Long Beach zurück.«

Im Krankenhaus hatten sie ihr Antibiotika gegeben. »Aber ich war blöd, ich hab' mich wieder gut gefühlt und hab' die Tabletten einfach dagelassen und keine mehr genommen. Und dann, wieder am Strand, war es echt toll. Ich hab' 'nen Haufen Leute kennengelernt, es gab prima Partys, so Strandpartys, wissen Sie. Nur Spaß, Essen und Bier — es war 'ne tolle Zeit für mich…«

Doch dann, und das zeigt wieder ihre zwiespältigen Gefühle: »Aber gegen Ende der zweiten Woche habe ich mich so weit weg gefühlt, wissen Sie, und deshalb bin ich zurückgekommen.«

Nach New York zurück? »Nein, nach B…, nach Hause zurück.« Und dann fügte sie hinzu: »Nichts hatte sich geändert.« Und weil sich nichts geändert hatte, »habe ich eine Freundin in New York angerufen, einfach um mit ihr zu reden.«

Die Freundin, die sie anrief, war Slims Hauptfrau, Gina. »Dadurch hat Slim erfahren, daß ich zu Hause war«, sagte sie treuherzig, »und er ist gekommen, um mich zu holen…«

Sie hätte nein sagen können zu Slim, oder? Sie befand sich in ihrem eigenen Haus. Sicherlich hätte er sie nicht schreiend und strampelnd hinausgetragen? »Ja, ich hätte nein sagen können, aber das hätte mir nichts geholfen«, sie lachte unfroh, »nein echt, ich glaube, wenn es nötig gewesen wäre, hätte er mich tatsächlich hinausgetragen.«

(»Ich kenne Cleos Mutter«, sagte Slim. »Ich habe mit ihr gesprochen. Cleo ist zu mir zurückgekommen, weil, also sie mag die Aufregung dabei, aber die Arbeit mag sie nicht. Sie tut nicht gern, was sie tun muß, um die Männer scharf zu machen, um Geld zu machen…«)

»Slim schickte mich auf die 32. Madison zum Anschaffen«, erzählte Cassie. In einem Café in der Nähe kann man die Mädchen täglich sehen, fast zu jeder Nachtstunde. Ihre Zuhälter geben ihnen fünf oder zehn Dollar pro Tag, und außer für ein Taxi nach Hause, wenn ihr Macker sie nicht abholt, geben sie dort ihr Geld aus, sitzen da zu zweit oder dritt, bei Kaffee, Cola und irgendwas zu essen.

»Aber wir bleiben da nie länger als zwei Minuten«, versicherte Cassie. »Wir sollen ja draußen sein und anschaffen und nicht quatschen. Man kann nicht richtig ausspannen, man muß ständig ein wachsames Auge haben auf die Polizei und auf den Zuhälter.«

Es war nur wenige Tage, nachdem sie hübsch und ganz braungebrannt aus Kalifornien zurückgekommen war, als ein Freier sie an der Ecke auflas und versuchte, sie umzubringen.

Folgendes war passiert: »Ich hatte 650 Dollar bei mir«, erzählte sie, »ich hatte den ganzen Tag gearbeitet, und außerdem hatte ich zum ersten Mal in meinem Leben jemand um 100 Dollar erleichtert!« Sie lachte. »Ich war echt stolz auf mich, verstehen Sie? Ich hatte also dieses Geld und stieg mit dem Freier ins Auto. Es war ungefähr elf Uhr nachts, und er packte mich am Hals und gab mir Heroin.

Er hat mich nach New Jersey gebracht und mich halb totgeprügelt. Da waren auch noch zwei andere, und schließlich war ich bewußtlos, und sie rammten was in mich rein. Als ich zu mir kam, lag ich in einer Blutlache, und ich hab' mich umgesehen, und auf dem Aschenbecher stand der Name des Motels. Da habe ich das Telefon genommen und den Manager angerufen. Später hab' ich gehört, ich selber erinnere mich nicht daran, daß ich gesagt habe, daß er die Polizei holen soll. Die sind gekommen und haben gesagt, sie könnten da nichts machen...«

Aber warum? Warum sollte die Polizei das sagen? Jemand muß die Männer gesehen haben, als sie sich anmeldeten, Motels schreiben normalerweise die Autonummern auf. »Ich weiß nicht«, sagte sie. »Sie haben nur gesagt, daß sie nichts machen können.«

(»Ich fürchte, daß das durchaus passieren kann«, sagte mein Polizeifreund in New York. »Wie immer man die Sache betrachtet, bedeuten Mädchen wie sie nichts als Ärger für die meisten Beamten. Sie wird einen gefälschten Ausweis haben, das hat sie Ihnen ja selber erzählt, Sie können davon ausgehen, daß sie den Polizeibeamten kein wahres Wort gesagt hat, außer daß ein Typ sie ausgeraubt und verprügelt hat. Sie können Gift darauf nehmen, daß sie sich eine tolle Geschichte ausgedacht hat, wer sie sei und wo sie herkäme. Was für ein Interesse hat die Polizei daran, ihre Zeit mit solchen Mädchen zu vergeuden? Gewinnen kann man doch nie...«)

»Oh, sie war ganz schön verletzt«, bestätigte Slim. »Ich bekam einen Anruf; ich liege gerade auf dem Bett und da ruft so ein Hotelmanager aus New Jersey an, daß sie eine Überdosis Tabletten geschluckt hat. Ich mußte eines der Mädchen schicken, um sie zu holen und nach Hause zu bringen.« Überdosis? Er ignorierte meine Frage und erwähnte ihre Verletzungen nicht mehr. »Jemand hat es ihr gegeben, wenn Sie wissen, worauf ich hinaus will. Ich weiß Bescheid. Es stimmt.«

»Ich bin mit Gina zurückgekommen«, sagte Cassie. »Slim hat mich gefragt, wo das Geld sei. Ich hab' ihm gesagt, daß ich es nicht hätte, daß die Kerle es mir abgenommen hätten. Und da hat er mich verprügelt und mir einen Arschtritt verpaßt.«

»Einen Arschtritt verpassen« ist ein Ausdruck, der in der Szene immer wieder auftaucht. Es scheint, daß beinahe jede Art von Gewalt gegen die Mädchen, die sie selber mit einer Art von unverständlichem Stolz als Disziplinierung ansehen, darunterfällt. »Ich weiß nur noch eines: Er hat mich am Hals gepackt und aufs Bett geschleudert und angefangen, mich zu würgen, zu schlagen, zu boxen und zu treten. Gina hat mich in mein Zimmer gebracht und ist bei mir geblieben. Ich war ungefähr zwei Tage lang völlig weggetreten.«

Nach zwei Tagen ›Ruhe‹ schickte er sie wieder arbeiten. »Ich habe an der Ecke gestanden, mich beschissen gefühlt und gedacht: ›Zum Teufel damit, ich hör' auf.‹ Und dann bin ich zu Earl gegangen…«

Slims Analyse von ihr ist gut beobachtet, obwohl ich hoffe, daß seine Voraussage für ihre Zukunft sich als falsch herausstellen wird. »Earl hat einen Cadillac«, sagte Slim. »Das war's, worauf sie wirklich scharf war, wissen Sie? Ich habe Cleo gehabt, als sie anfing, *ich* mußte sie einführen. Sie ist von mir weg, weil ich so viele Frauen habe, und das konnte sie nicht ertragen, ihre Position zu verlieren, verstehen Sie, was ich sagen will? Jede Frau will eine bestimmte Stellung haben; das ist nur natürlich, daß man die Nummer eins sein will. Ich hab' Cleo gern, sie ist in Ordnung, aber sie ist nicht mein Stil, nicht mein Typ Frau. Nein, ich würde sie nicht wieder nehmen. Sie würde zu mir zurückkommen, wenn ich genügend, verstehen Sie, mit ihr *reden* würde. Aber ich will sie auf keinen Fall wieder haben. Sie ist es mir nicht wert, sie macht einem nur Kopfschmerzen, Scherereien. Wenn sie sich nur einfach auf die Straße stellen, hübsch aussehen und eine professionelle Nutte sein könnte, würde sie es auch gerne machen. Aber sie macht nicht gerne, was sie machen muß, Männer anmachen, Geld machen. Und trotzdem«, sagte er, »trotzdem wird sie nicht damit aufhören, weil das ein Teil ihres Lebensstils geworden ist und die Szene sie fasziniert.«

»Ich hatte Earls Namen oft gehört«, erzählte Cassie, »und ich hatte ihn herumfahren sehen — er hat immer versucht, mich zu sich ins Auto zu kriegen. Eines Abends kam er vorbei und hielt an einer roten Ampel an, und da bin ich rüber und hab' an die Scheibe geklopft. Er hat sie runtergedreht, und ich hab' gefragt: ›Hast du'n Augenblick Zeit, ich möchte mit dir reden.‹ Und er hat geantwortet: ›Logisch, komm, steig ein‹, und da bin ich eingestiegen, und wir sind zwei Stunden rumgefahren und haben geredet.«

Jedes Mädchen, das sein erstes Treffen mit seinem Zuhälter beschreibt, wird die nicht-sexuelle Seite der Beziehung betonen: das Interesse des Zuhälters an ihrer Person, sein Verständnis, seinen Beschützerinstinkt und schließlich seine Zuneigung, um nicht zu sagen: Liebe für sie. Es ist die Kunst der Zuhälterei, einem Mädchen das Gefühl zu vermitteln, daß sie etwas wert ist.

(»Ob ich was für die Mädchen empfinde?« fragte Slim. »Ja doch, ich fühle etwas — nicht Liebe«; später behauptete er allerdings, eine geliebt zu haben, nur eine von seinen Damen. »Aber ich kümmere mich um sie, ich erfülle ihre Bedürfnisse, ich will sie beschützen, ich will tun, was ich für sie tun muß. Ich werde nie zulassen, daß jemand sie ausnutzt. Sie *wissen,* daß ich sie mag; sie wissen aber auch, daß ich sie nicht liebe.«)

Worüber haben Cassie und Earl geredet, als sie an jenem Abend herumfuhren? »Einfach so über alles, was passiert war«, antwortete sie. »Und er sagte: ›Gut, wenn du willst, kannst du gerne für mich arbeiten. Ich werde es dir richtig zeigen, und alles wird gutgehen.‹ Sie wissen schon, all diesen Scheiß eben, nur damals habe ich noch nicht gewußt, daß es Scheiß ist.« Earl sagte also, sie könne es versuchen, und stellte sie auf der 8. Straße an, weit weg von ihrem früheren Standplatz auf der 32. Straße/Madison Avenue.

Es gibt zahllose Stundenhotels auf der 8. Straße oder ganz in der Nähe, die davon leben, daß sie Zimmer halbstündig vermieten: kein Bad, keine saubere Bettwäsche, ein Waschbecken, wenn man Glück hat. »Am selben Abend noch komme ich aus einem dieser Hotels raus, da brachten sie gerade vor dem Hotel einen um, keine zwei Meter von mir entfernt. Das war wirklich ein Hammer!«

Sie ist von solchen Ereignissen fasziniert, ihre Stimme verändert sich, ihr ganzer Körper wird lebendig, wenn sie solche Geschichten erzählt. »Da waren zwei Typen, und drei Schwarze haben sie überfallen, ja? Dieser eine Typ war ganz weiß angezogen: weiße Jacke, weiße Hose, und das erste, was ich sah, war, daß er ganz voller Blut war. Ich konnte es nicht *fassen* – die Leute standen und schauten und so, und ich wollte nichts wie da raus, bevor die Polizei anrückte. Also bin ich die Straße raufgegangen und hab' Earl getroffen. Ich schätze, daß er in der Nähe herumgegangen ist, weil es meine erste Nacht war, die ich für ihn gearbeitet hab'. Jedenfalls saß er da in seinem Auto, und ich bin reingesprungen und hab' gesagt: ›Mensch Earl, fahr mich nach Hause, du kannst dir nicht vorstellen, was da los war! Stell dir vor, das hätte auch ich sein können, sie hatten ein Messer, ich hab' es gesehen, es war furchtbar... ich hab' solche Angst gehabt!‹ Und er hat gesagt: ›Wenn du nicht mehr magst, brauchst du heute nacht nicht mehr zu arbeiten.‹«

Das Wesentliche an ihrer Geschichte war nicht die Angst, die sie gehabt hatte – sie war so oft selbst bedroht oder verletzt worden –, sondern sie wollte mir indirekt sagen, wieviel sie Earl wert war, sich rechtfertigen dafür, daß sie zu ihm gegangen war, sie wollte seine Fürsorge- und Beschützerrolle betonen.

Earl war vierundzwanzig, viel jünger als Slim, und er hatte ein anderes Mädchen, eine Fünfzehnjährige, Brandy, die, als Cassie zu ihm kam, mit ihm in einer Wohnung in der 45. Straße wohnte. Nach Cassies Beschreibung von Brandy war es ganz klar, daß sie von Anfang an entschlossen war, das andere Mädchen aus seiner Position zu verdrängen. Wie Slim gesagt hatte, der Kampf um die Vormachtstellung hört nicht auf und kann sehr häßlich sein. »Sie haßte mich«, sagte Cassie, »weil sie nicht wollte, daß er irgendeine andere Frau hatte. Dabei war sie echt häßlich und machte nur 100 Dollar pro Nacht – wenn sie Glück hatte.«

Nachdem Cassie ein oder zwei Monate für Earl gearbeitet hatte, wieder auf der einträglicheren East Side, fuhr er mit seinen beiden Damen nach Atlantic City. »Wir wohnten an der Kentucky Avenue, nach vorne raus«, sagte sie, »es war wirklich schön. Aber Brandy ist mir die ganze Woche auf den Wecker gegangen, und sie und ich sind uns richtig in die Haare geraten. Schließlich hatte sie keine Lust mehr, und wir haben sie in Atlantic City gelassen und sind nach New York zurückgefahren.«

Für Cassie hatte Brandy keinerlei Bedeutung, sie existierte für sie eigentlich überhaupt nicht, außer als eine Nebensächlichkeit in ihrem eigenen Leben. Ich hätte nichts mehr von ihr gehört, wenn ich sie nicht durch Zufall in Rick's Island getroffen hätte, dem Gefängnis, in das Prostituierte geschickt werden, wenn man sie in New York wegen geringfügiger Vergehen oder Erregung öffentlichen Ärgernisses verurteilt.

Brandy war nicht sehr hübsch, als ich sie sah, aber sie war auch bereits zehn Tage im Gefängnis gewesen, verheerend für das Aussehen jedes Mädchens. Sie fiel mir wegen ihrer Haare auf: Sie hatten die Farbe junger Kastanien, oder von Cognac, rotbraun und fein; viele dichte Locken — das war der beherrschende Eindruck, den man von ihr hatte. Sie war so klein, ihr Körper war so dünn, ihr Gesicht so winzig, daß man nur ihre erstaunlichen Haare bemerkte.

Sie kauerte am Boden in der Ecke der Zelle, nach vorne gebeugt; sie umschlang ihre Beine, die voller blauer Flecke waren, mit beiden Armen. »Das ist Brandy«, sagte der Gefängnisaufseher, als er bemerkte, daß ich sie anschaute, »ein harter Fall!« Ihr Körper war der einer Elfjährigen, in ihrem Ausweis stand 19, und ihrem Gesicht nach hätte sie alles bis vierzig sein können. »Woher soll man das wissen«, meinte der Aufseher, »sie würde einen eher anspucken, als die Wahrheit sagen.«

Ihr kurzes Zwischenspiel mit Earl als seine ›First Lady‹ mit seiner Illusion von Sicherheit, der Ausflug nach Atlantic City und ihr Verlassenwerden dort, das alles war viele Monate vorher geschehen; für sie müssen es Lichtjahre gewesen sein. Dies war, so wurde mir gesagt, ihr sechster Aufenthalt in Rick's Island innerhalb von acht Monaten. Der Beamte blätterte in ihrem Akt. »Sie war geschlechtskrank, jedesmal wenn sie eingewiesen wurde, es vergeht mit Tabletten, aber...«, er zuckte mit den Schultern, »was soll's?« Er schüttelte den Kopf. »Ein harter Fall, ich habe sie noch nie ein Wort sprechen hören.«

Ich sagte den Beamten, daß sie erst fünfzehn sei. Sie antworteten, sie würden es weiterleiten. Die Männer waren freundlich, so weit eben Freundlichkeit möglich ist in diesen Durchgangsgefängnissen, aber sie sahen mich nur mitleidig an, als ich sagte, es müßte, es könnte etwas getan werden. Auch Cassie hatte ihre Gefängniserfahrungen; aber die längste Zeit, die sie gesessen hatte, waren drei Tage. »Es stinkt, 'ne Freundin von mir, die zwei Wochen gesessen hat, konnte ich fast nicht wiedererkennen, als sie rauskam. Es ist nicht das Essen und all das, ich glaube, es ist, was man durchmacht, wissen Sie, die sind unheimlich gemein zu einem, da sind so viele schwarze Mädchen, zwanzig Schwarze auf eine Weiße.«

»Ja«, sagte Polly, eine große, schlanke, vierzehnjährige Schwarze, die ich durch eine Sozialarbeiterin aus den Bronx kennenlernte. Zwei Jahre hatte sie zur Szene gehört, aber das Jugendamt hatte sie von zu Hause weggeholt; jetzt lebte sie bei der Familie der Sozialarbeiterin. Man hatte für sie ein sorgfältig strukturiertes Programm ausgearbeitet, das Unterricht in den Fächern mit einschloß, für die sie sich interessierte; inzwischen schätzte man ihre Zukunftsaussichten einigermaßen optimistisch ein.

»Klar hab' ich gesessen,« sagte sie. »In einem Monat haben sie mich fünfmal eingesackt, können Sie sich das vorstellen? Es gibt ein ungeschriebenes Gesetz, nach dem niemand mehr als einmal im Monat oder innerhalb von sechs Wochen eingesperrt werden kann; Gott, wenn sie sich nicht wenigstens daran halten, werden sie bald *nur* noch Nutten in ihren Gefängnissen haben.« Sie brüllte vor Lachen. »Zum Teufel mit den Räubern und Mördern, was können die schon anrichten im Vergleich zu uns gefährlichen Nutten! Jedenfalls haben sie mich fünfmal aufgegriffen. Ich habe in dem Monat zwei Wochen drin verbracht und im nächsten eine. Es war gräßlich...« sagte sie und wiederholte noch einmal: »Gräßlich! Und doch, das stimmt, was die Biene ihnen erzählt hat, es kommen ungefähr zwanzig Schwarze auf eine Weiße. Und wissen Sie auch, warum? Weil wir Schwarzen, wir sind aus ›uptown‹, nicht aus ›downtown‹. Und in ›uptown‹ wimmelt es von Schweinen, alle in der gleichen Ratio.« Das Wort klang merkwürdig, bis ich später erfuhr, daß einer ihrer Kurse Algebra war.

»Zwanzig Bullen ›uptown‹, die hinter den Mädchen her sind, auf einen, oder sagen wir zwei, weil sie ja immer zu zweit gehen müssen, in ›midtown‹.« Und stimmt es, daß die schwarzen Mädchen die weißen schlecht behandeln im Gefängnis? Polly wurde ganz ernst: »Ja«, sagte sie, »das stimmt. Das liegt an den Zuhältern, verstehen Sie: ein Haufen von den Mädchen sind echt sauer, weil so viele schwarze Kerle lieber weiße Mädchen nehmen...«

Cassie blieb alles in allem fast zwei Monate bei Earl, die längste Zeit, die sie überhaupt mit irgend jemandem verbracht hatte — außer mit Big Daddy. »Ich habe bei ihm in seiner Wohnung gewohnt«, erzählte sie, »aber etwa eine Woche, nachdem wir aus Atlantic City zurück waren, nahm er ein anderes Mädchen, Barbie. Sie war neunzehn, hübsch, sah jung aus, war aber dumm wie die Nacht. Da hat die doch zum Beispiel der Polizei seine Autonummer gegeben, ihren Gesundheitsausweis mit ihrem richtigen Namen und allem drauf! Sie hat ihnen alles über Earl erzählt. Ich hab' versucht, es Earl beizubringen, aber er hat mir nicht geglaubt. Schließlich mußte ich gehen, weil er mir nicht geglaubt hat, da war keine Beziehung mehr da.«

Cassie nahm ein Zimmer in einem Hotel auf der East Side, das sie von anderen Gelegenheiten her kannte, und arbeitete zwei Wochen lang ohne Zuhälter. »Während dieser zwei Wochen haben sie mich nicht *einmal* eingelocht«, erzählte sie, was darauf schließen läßt, wie oft sie vorher festgenommen worden war. »Ich hab' genug Geld verdient, um meine Miete und was zum Essen zu bezahlen, und wenn ich irgendwas haben wollte, hab' ich eben mehr Geld gemacht.«

Hat sie sich unsicher gefühlt? »Eigentlich nicht, ich hab' 'ne tolle Zeit gehabt. Ich bin ausgegangen, ich mußte ja nicht arbeiten, verstehen Sie. Ich brauchte ja nicht die ganze Nacht draußen verbringen. Und wenn ich Lust hatte, mit jemand zusammen zu sein und ihn besser kennenzulernen, dann hab' ich das einfach gemacht.« Aber der nächste Satz enthüllte ihre wahren Gefühle: »Es gefiel mir, mit allen möglichen Zuhältern zu reden, mit ihnen herumzuspielen und so zu tun, als wollte ich zu ihnen, und sie dann abblitzen zu lassen.«

Wieviel Geld hat sie jeden Tag verdient, wenn sie mehr mit Leuten geredet und dafür weniger gearbeitet hat? »Etwa 75 Dollar am Tag. Mein Zimmer kostete zwanzig, fürs Essen hab' ich zehn gebraucht, so blieben mir ungefähr 45 Dollar am Tag. Bis ich Lovell getroffen habe, und der hat mich mehr oder weniger überredet, mit ihm zu gehen…«

Lovell war der Zuhälter, den sie nach Big Daddy am liebsten hatte. Aber dennoch blieb sie nur etwa drei Wochen bei ihm. »Er war gerade aus dem Knast gekommen wegen Zuhälterei, und sie — das Gericht — hatten ihm alles weggenommen: er hatte einen

Waschsalon und zwei Boutiquen und ein Auto und zwei Wohnungen, und sie haben einfach alles genommen. Debbie war sein anderes Mädchen: Sie war siebenundzwanzig, und er war achtundzwanzig, und wir sind toll miteinander ausgekommen. Sie hatten oben eine Suite, und ich hab' ein Zimmer gehabt. Lovell war echt nett zu mir, er hat mit mir geredet wie mit seinesgleichen«, fügte sie hinzu, sichtlich ohne sich über die Ironie dieser Bemerkung im klaren zu sein. »Aber auch Lovell hatte so seine Spiele, wie sie alle, das ist wie ein Zwang… Deb und ich, wissen Sie, wir haben uns echt gut verstanden. Aber wenn er bei mir im Zimmer war, dann mußte ich Deb anrufen und fragen: ›Deb, weißt du, wo Lovell ist?‹ und ich habe auch festgestellt, daß, wenn er bei ihr war, Debbie hin und wieder angerufen hat und mich dasselbe gefragt hat.«

Warum tat er das, nachdem er doch offensichtlich wollte, daß beide für ihn arbeiteten; hat er es nur getan, um mit ihren Gefühlen herumzuspielen? War es das, was er wollte? »Die Mädchen werden eifersüchtig«, sagte Cassie. »Die ganze Szene ist unheimlich emotional, wissen Sie…« Sie überlegte einen Augenblick und fuhr dann fort: »Ich weiß jetzt natürlich, daß es keine echten Gefühle sind, verstehen Sie, was ich meine. Die Zuhälter tun so… Debbie war sehr eifersüchtig, und ich bin dazugekommen, als sie sich wegen mir gestritten haben, und sie hat gesagt: ›Ich gehe, wenn du dich nicht von ihr trennst.‹

Er hat nicht gewußt, daß ich nicht der Typ bin, der eifersüchtig wird, er hat es nur gemacht, damit ich glauben sollte, daß er mich lieber hat als sie, und bei ihr genauso. Und ich fand das dumm, weil, wenn man mit Gefühlen nicht offen ist, wozu dann das Ganze? Man spielt nicht mit Gefühlen. Aber sie machen es alle.«

Cassie sagte das zu einem Zeitpunkt, als sie nahe daran war, die Szene aufzugeben. Sie begann, die Zuhälterei und ihre Spiele zu durchschauen und die Worte und den Mut zu finden, ihr neues Verständnis auszudrücken. Denn es handelt sich bei den Zuhältern keineswegs um ein Bedürfnis, um einen emotionalen Anspruch, wenn sie diese Spiele machen: es ist vielmehr ein Teil ihrer Technik, mit den Mädchen umzugehen, ein Wissen um psychologische Manipulationsmöglichkeiten, um das mancher Psychiater sie beneiden würde. Zuhälter wissen sehr genau, daß es persönlicher, menschlicher Kontakt ist, den diese Mädchen vor allem suchen.

Cassie verließ Lovell in dem Augenblick, als sie woanders eine echtere Beziehung gefunden hatte. »Da war dieses Mädchen Sherry; sie und ich wurden ganz dicke Freunde.« Sherrys Zuhälter, Andy, mochte sie nicht, aber wegen ihrer Freundschaft mit dem Mädchen ging sie zu ihm. Schon nach ein paar Tagen mit Andy allerdings ging sie die Madison Avenue runter, als ein Taxi neben ihr hielt, und sie jemanden ihren Namen rufen hörte. »Ich dreh' mich um und bin fast durchgedreht! Ich konnte es nicht fassen, verstehen Sie? Es war Big Daddy! Er hat mich gepackt und ins Taxi gezogen, und wir sind zum Flughafen gefahren, und wir kamen in B… an und sind dort eine ganze Woche geblieben und haben geredet und geredet und gegessen und uns geliebt und geredet.«

Diese so idyllisch erscheinende Wiedervereinigung führte zu einer entscheidenden Wandlung auf Cassies Seite. Sie erzählte nichts Genaueres über das, was zwischen ihnen vorgefallen war. Aber nach und nach kam das, was sie über Big Daddy wußte, ihr unterdrücktes Wissen darüber, daß er sie an Joe verkauft hatte, an die Oberfläche. Sie geriet ins Stocken, als sie darüber sprach. »Er… er hat für jeden Typ, den sie damals angeschleppt haben, kassiert… und das mit dem Heroin hat er auch gewußt. Deshalb, sehen Sie…«

Als sie sich dieser Einsicht nicht länger verschließen konnte, verübte sie einen ganz bewußten Akt der Vergeltung. Sie stahl ihm Geld und fuhr nach New York zurück.

»Ein Mädchen wird niemals ihren Zuhälter bestehlen«, erklärte mir ein Polizist, mit dem ich in Minnesota sprach. »Nicht nur, weil es — und das darf man nicht vergessen — amoralische, gewalttätige Männer sind und es deshalb ungeheuer gefährlich ist. Der wichtigere Grund ist der, daß die Beziehung Zuhälter — Nutte sehr genau festgelegt ist, mit streng definierten und gegenseitig akzeptierten Übereinkommen. Das Grundsätzlichste, die allerwichtigste Spielregel ist, daß sie sogar vor sich selbst abstreitet, daß er sie betrügt; aber gleichzeitig betrügt sie ihn nie. Tut sie es aber doch, bestraft er sie, und sie erwartet, ja provoziert sogar die Strafe in dieser morbiden, pathologischen Beziehung. Wenn sie das als ›Spiel‹ bezeichnen, dann ist das eine Lüge, die er erzwingt und bei der sie mitspielt (obwohl sie sich vielleicht etwas vormacht, wenn sie sehr jung ist) – und nicht nur ein Teil des Spiels, nein, das macht geradezu die Beziehung aus. Es ist dieser emotionale Betrug, den die jungen Mädchen unmöglich vergessen oder verarbeiten können, selbst wenn sie es schaffen, aus der Szene auszubrechen. Wenn sie nicht ganz außergewöhnlich ehrlich sind mit sich selber und wirklich effektive Hilfestellung von außen bekommen, ist es das – viel mehr noch als der physische Schaden, den sie davontragen –, was mit großer Wahrscheinlichkeit ihr Leben ruinieren wird.«

»Da lag ein Umschlag in der Schublade«, fuhr Cassie fort, »in derselben Schublade, in der er, wie ich gesehen hatte, seine Sparbücher aufhob. Als ich mit zwölf bei ihm war, hatte er zwei dicke Konten. Ich erinnere mich noch, daß ich sie angeschaut habe; er hatte so ungefähr 18000 Dollar gespart. Aber in dem Umschlag, den ich genommen habe, waren nur 100 Dollar, und ich hab' das Geld genommen und bin mit dem Bus nach New York gefahren.«

Indem Cassie ganz offen Big Daddys Geld stahl, tat sie etwas ganz Entscheidendes: Sie bewies Mut und gleichzeitig moralische Auflehnung. Sie bewies ihm damit, daß sie von seinem Verrat wußte und daß sie entschlossen war, sich gegen ihn zu wehren. Es war unwahrscheinlich, daß er die Gefahr unterschätzen würde. Wenn sie ihn der Polizei ausliefern und vor Gericht gegen ihn aussagen würde, bekäme er sieben oder sogar zehn Jahre wegen Prostitution mit Minderjährigen. Tatsächlich jedoch lieferte Cassie – obwohl sie später in mehreren Fällen mit der Polizei zusammenarbeitete – Big Daddy nicht aus. Sie gab zwar dem Richter eine sehr genaue Beschreibung von ihm, führte aber die Polizei dadurch irre, daß sie angab, er wohne in Los Angeles, wo sie ihn natürlich nicht finden konnten. Und auch Big Daddy verfolgte sie nicht, wie man hätte vermuten können, um sie zu überreden oder ihr zu drohen.

»Ich wollte ihn nicht verraten«, sagte sie mir später. »Ich wollte nur, daß er wußte, wie ich mich fühlte, und ihn dann nie wiedersehen.«

Er bedeutete für sie den Anfang der Prostitution, und mit ihm hatte sie ihre wichtigsten emotionalen Erfahrungen gemacht und

— ihre größten Enttäuschungen erlebt. Ihr Akt der Herausforderung, als sie die Spielregeln übertrat und ihm Geld stahl, war lebenswichtig in seiner Bedeutung für ihre Beziehung zu sich selbst, mehr noch als für ihre Beziehung zu ihm. Es war der Anfang vom Ende. Sie lehnte das schweigende Einverständnis ab. Auf ihre eigene Weise sagte sie mehr zu sich selber als zu jemandem anderen: »Jetzt spiele ich nicht mehr mit.«

Aber so einen Entschluß auszuführen ist ungeheuer hart: in den meisten Fällen gelingt es nur als eine Folge von Verletzung, Krankheit, einem besonders traumatischen Erlebnis oder der Kombination von allen dreien. Es ist möglich, daß, wenn Cassies Familiensituation eine andere gewesen wäre, wenn sich ein Zufluchtsort angeboten hätte mit fürsorglichen, mitfühlenden Erwachsenen, sie zu diesem Zeitpunkt hätte ausbrechen können. Aber diese Voraussetzungen existierten eben nicht. Vor sich selber hatte sie kurzfristig zugegeben, daß es vorbei sei oder bald vorbei sein werde; aber es war noch nicht vorbei. Sehr, sehr selten gelingt es Kindern, von alleine die Szene zu verlassen.

6

»Ich will einfach nicht dran denken«

Als Cassie nach New York zurückkam, suchte sie Lovell, der mit ihr wie mit ›seinesgleichen‹ geredet hatte. »Ich habe alles nach ihm abgesucht. Aber ich weiß noch, wie er mir einmal gesagt hat: ›Wenn du mich je verläßt, siehst du mich nie wieder.‹ Und er hat es auch so gemeint: Ich hab' ihn nie wieder gesehen.«

Als nächstes suchte sie Sherry. »Ich bin in die 32. Straße gegangen. Sie war nicht da, aber dafür Andy. Ich habe ihm erzählt, daß ich von Big Daddy weggeholt worden bin, und« (ihr zweiter Bruch mit den Spielregeln) »ich hab' ihn angelogen und gesagt, daß ich kein Geld gehabt hätte, als Big Daddy mich mitgenommen hat; ich wollte ihm die 150 Dollar nicht geben«, erzählte sie. »Na ja, er hat mir das nicht geglaubt und hat mich bedroht, und da hab' ich fürchterliche Angst bekommen vor ihm, und deshalb hab' ich zu Cal gesagt, als ich ihn später am Abend getroffen habe, daß ich für ihn arbeiten wolle.« Und wieder einmal offenbarte sich ihr Bedürfnis danach, einem Zuhälter menschliche Qualitäten zu verleihen, um sich selbst irgendein Selbstgefühl zu erhalten: »Cal war komisch; aber er war trotzdem nett, ehrlich nett. Ich hab' ihm gesagt, was ich für Angst vor Andy hätte, und er hat mir gesagt, daß er mit Andy reden würde und daß ich mir von nun an keine Gedanken mehr zu machen brauchte.«

Ich traf Cassie, kurz nachdem sie angefangen hatte, für Cal zu arbeiten; sie hatte immer noch große Angst vor Andy. Sie hatte ihren Namen geändert und mied die East Side — Andys Territorium — dadurch, daß sie sich in den schmutzigen Absteigen in den übelsten Straßen New Yorks auf der West Side versteckte. Diese Wochen sollten ihre letzten als Prostituierte werden; aber merkwürdigerweise arbeitete sie härter als je zuvor: sieben Tage in der Woche, jeweils zwischen sieben und vierzehn Stunden am Tag. Es war fast, als müsse sie sich beweisen, daß sie nicht deshalb aufgab, weil sie nicht gut war oder weil man sie für nicht gut genug hielt, wie Slim angedeutet hatte, sondern weil sie es selbst, trotz ihres Erfolgs, nicht mehr wollte.

Wie viele Freier hatte sie täglich im Durchschnitt? »Ich würde sagen: zwischen acht und zehn«, antwortete sie.

War es immer so gewesen, bei allen Zuhältern, niemals einen freien Tag? (»Meine Damen arbeiten sonntags nie«, behauptete Slim. »Meine ruhen sich aus, probieren ihre Kleider an, zählen ihr Geld und lesen die Sonntagscomics, mehr tun sie nicht.«)

»Eigentlich nicht«, sagte sie. »Ich hab' schon freie Tage gehabt, aber mir wird es schnell langweilig.« Wenn sie ins Kino ging, langweilte sie sich hinterher. Wenn sie zum Essen ausging, »langweile ich mich auch, daher ende ich immer auf der Straße. Ich glaube, das ist wie 'ne Sucht: Ich bin so dran gewöhnt anzuschaffen.« Später hat sie dann gesagt: »Es ist eine gute Methode, nicht denken zu müssen.«

Mit wieviel Prozent von diesen siebzig Männern oder so pro Woche ging sie in ein Hotel? »Mit ungefähr zwei Dritteln.«

Und wieviel Zeit verbrachte sie mit jedem? Sie lachte. »Ungefähr zehn Minuten.«

Und danach, nach den zehn Minuten — wusch sie sich? »O ja … Da gibt es ein Hotel, wo ich hingehe, es hat so 'ne Art Waschbecken, und das benutze ich eben.«

Sah sie sich den Mann vorher an, ob er sauber war? »Allerdings«, aber sie zwang sie nicht, Desinfektionsmittel zu benutzen, wie manche Mädchen das tun. Sie gab ihnen Gummis, ja, manche wollten nicht, »aber entweder so oder gar nicht«, sagte sie. »Das mach' ich denen klar.«

Sagte sie ihnen das im voraus? Sie lachte wieder. »Nee, wenn sie mal oben sind, dann haben sie keine Wahl mehr; entweder — oder. Auf keinen Fall kriegen sie ihr Geld zurück.«

Sie bekam immer zuerst ihr Geld, und die meisten Freier, sagte sie, waren ganz in Ordnung. »Die meisten sind ›sanft‹«, sagte sie, und das Wort klang seltsam rührend. »Außer den Spinnern.« Wieder dieses schrille Lachen. »Es gibt 'n paar Verrückte.«

Hatte sie jemals Angst vor denen? »Nee, ich hab' ein Messer, für alle Fälle.«

Hat sie jemals ›nein‹ zu jemandem gesagt? »Ja, wenn ich glaube, daß er ein Bulle ist oder wenn er irgendwie nicht koscher aussieht.«

Woran sieht sie das? »Man sieht es an den Augen.«

Was sie mir erst später erzählte, als wir uns besser kannten, war, daß, wenn die Mädchen den Verdacht hatten, es sei einer von der Polizei, sie von ihm verlangten, seinen Hosenschlitz zu öffnen: Das amerikanische Gesetz verbietet amerikanischen Polizeibeamten, sich auszuziehen, um Beweismaterial gegen eine Prostituierte zu bekommen. »Wenn sie sich weigern, sind es Bullen«, sagte sie.

»Wenn dir ein Freier nicht gerade in die Augen schauen und mit dir reden kann«, erklärte sie, »dann geht nichts, weil da stimmt was nicht.«

Aber wie war das rein physisch: Würde sie ja zu einem Mann sagen, der sie physisch abstößt? »Wenn er mich bezahlt, sage ich ja.« Ihr Ton sollte mich dazu herausfordern, zu widersprechen. »Wenn ich nein sage, nimmt ihn irgend 'ne andere da draußen, da kann genausogut ich ihn zuerst nehmen.«

Mir war aufgefallen, daß Cassie nach unseren Gesprächen immer ein Taxi in ihr Hotel nahm. »Ich fahre nie mit dem Bus oder der U-Bahn,« sagte sie und fügte hinzu: »Das ist nichts für mich.« Andere Mädchen hatten fast dasselbe gesagt, und es hat eine Zeitlang gedauert, bis ich verstand: die Ablehnung öffentlicher Verkehrsmittel rührt nur teilweise daher, daß Taxis noch immer ein Statussymbol für sie sind. Traurigerweise liegt es auch daran, daß sie sich in der Nähe von »normalen« Leuten deplaziert vorkommen.

Was machte sie, wenn sie nach der Arbeit in ihr Hotel zurückkam? »Nichts ... also, ich komme rein, schalte den Fernseher ein, leg' mich hin und seh' fern, und wenn's mir langweilig wird, schreib' ich was oder wasch' mir die Haare. Dann seh ich wieder fern, und dann werd' ich müde und mach' 'ne Zeitlang die Augen zu und hoffe, daß ich schlafe, und dann seh' ich wieder fern.«

Wann aß sie? »Wenn ich nach Hause komme«, sagte sie. »Aber ich esse nicht viel, ich bin nie sonderlich hungrig.« Das ist auch etwas, was viele Mädchen gemeinsam zu haben scheinen. »Essen«, sagte ein Psychiater in Madison/Wisconsin, der auf die Untersuchung von Kinderprostitution spezialisiert ist, »ist eine Bestätigung von Leben und selbsterfüllendem Vergnügen. Diese Kinder gestatten sich letzten Endes kein Vergnügen, ja, in vielen Fällen kein Leben — sie halten sich dessen nicht für würdig.«

An dieser Stelle ist ein Brief von Interesse, den Cassie mir im November 1981 schrieb, zwei Jahre nachdem wir uns kennengelernt hatten. Sie lebte jetzt mit einem Jungen zusammen, den sie zu heiraten hoffte, und plante, auf die Universität zu gehen.

»Ich weiß noch, wie Sie einmal zu mir gesagt haben, daß essen Ihnen wirklich wichtig sei, daß Sie gern alle möglichen Dinge ausprobierten. Es hat mir damals nichts gesagt, aber inzwischen weiß ich genau, was Sie gemeint haben. Verstehen Sie mich nicht falsch, ich werde nicht dick oder so — aber jetzt weiß ich, was Sie meinen. Essen ist gut, nicht wahr?«

Aber als sie noch in der Szene war und ich sie fragte, ob sie nach der Arbeit in Restaurants esse, antwortete sie: »Nein, es gibt eine Cafeteria unten, und da laß' ich mir Zeug raufschicken, Hamburger und so was.« Und ging das auf die Hotelrechnung? »O nein«, sagte sie. »Ich bezahle, wenn sie es hochbringen.« Von den zehn Dollar am Tag, die Cal ihr als Taschengeld gab, fragte ich ungläubig? Sie zuckte mit den Schultern. »Ja. Meine Hauptmahlzeit ist sowieso Frühstück und«, sie klang immer noch stolz, »dafür zahlt Cal normalerweise.«

Cal hatte außer Cassie drei weitere Mädchen; aber meistens kam er sie morgens gegen vier, fünf Uhr besuchen, und wenn er Lust hatte, schlief er mit ihr.

Schlief er mit all seinen Mädchen? Erwarteten sie das alle? Sie zuckte mit den Schultern. »Ich schätze, ja.« Hat sie richtig mit ihm geschlafen, fragte ich noch mal, ihn geküßt, im Arm gehalten? »Ja«, antwortete sie.

Ja, denn ›richtig‹ miteinander schlafen, ein So-tun-als-ob auf beiden Seiten, dieser — so merkwürdig es auch scheinen mag — schlimmste Aspekt der Szene für diese Mädchen, das ist ein Teil des Handels, des Abkommens, des ungeschriebenen Vertrages.

»Manchmal«, fuhr sie fort, »legt er sich einfach neben mich und schläft.« Und morgens bestellte er Frühstück für sie beide: reichliche Mahlzeiten mit Speck und Eiern und Wurst und Bergen von Toast. »Meistens bringt er es mir ans Bett«, sagte sie. »Wir frühstücken zusammen, dann ziehen wir uns an, und gegen elf Uhr fährt er mich zur Arbeit.«

Und während sie arbeitet, was tut er in der Zeit? Wieder Schulterzucken. »Sitzt in Zuhälterbars herum, trinkt, gibt mit seinen Frauen an, fährt mit seinem Cadillac spazieren und kontrolliert seine Huren. Man weiß nie, wann ein Zuhälter aufkreuzt. Sie sind regelmäßig, aber unregelmäßig...« diesmal lachte sie wiehernd, aber bitter, »man weiß also nie, wann und aus welcher Richtung sie kommen, aber es steht fest, daß sie kommen. Der einzige außer Big Daddy, von dem ich wußte, daß es ihm nichts ausmachte, wenn ich schnell mal 'nen Kaffee runterkippte, wenn ich müde war, war Lovell. Bei den anderen — sogar bei Cal — würde ich mich nie trauen. Höchstens einmal oder zweimal am Tag, das ist alles. Jetzt gehe ich immer in einen der Diners in der 11. Straße. Ich schätze, daß ich da ziemlich sicher bin, er kann schließlich nicht überall nachschauen.«

Zu dem Zeitpunkt, als ich Cassie traf, war ihre Eierstockentzündung, an der sie seit ihrer Reise nach Kalifornien gelitten hatte und die sich nach der Vergewaltigung in New York erheblich verschlimmert hatte, zu einer wahren Marter geworden. Monatelang hatte sie ihren Zustand vor den Zuhältern verborgen und hatte die Schmerzen mit Aspirin unterdrückt, von denen sie bis zu fünfzehn am Tag schluckte. Während der drei Wochen seit Beginn unserer Gespräche hatte ich beobachtet, wie sie immer blasser und lustloser wurde. Ihr Gesicht wurde fleckig; sie war nicht mehr hübsch.

Sie arbeitete ausschließlich in der 11. Straße, dem billigsten Strich von Manhattan, zu Recht als der »Pfuhl« bekannt. Weil ihre Krankheit sie behinderte, konnte sie nur oralen Sex im Auto machen, für zehn Dollar. Ihr tägliches Fixum für Cal waren 150 Dollar, also mußte sie ein Minimum von fünfzehn Männern am Tag durchziehen. (An den Tagen, an denen wir uns miteinander unterhielten, gab ich ihr das Geld.)

Inzwischen hatte ich regelmäßige Beratungsgespräche mit Polizeibeamten, und wir hatten uns mit Beamten des Jugendamtes in Cassies Heimatort in Verbindung gesetzt. Wir glaubten alle, daß die Zeit — etwas, was man mit großer Vorsicht beurteilen muß — beinahe reif war für einen Versuch, ihr zu helfen, die Szene aufzugeben.

Cassies Bruder Bob, ein tüchtiger Kaufmann, hatte sich damit einverstanden erklärt, uns zu helfen. Er hatte schon seit einiger

120

Zeit vermutet, was Cassie machte, aber da er seine Eltern kannte, besonders seine Mutter, hielt er es für sinnlos, es ihnen zu sagen. Cassie hatte ihnen erklärt, daß sie in New York als Modell arbeitete, sie schickte ihnen sogar Fotos von sich, die einer ihrer Zuhälter gemacht hatte, um ihre Geschichte zu untermauern; und sie glaubten weiter daran, koste es, was es wolle.

Bob wollte Cassie helfen. »Ich habe ein schlechtes Gewissen ihr gegenüber, ein sehr schlechtes Gewissen«, sagte er. »Ich hätte ihr mehr Zeit widmen müssen, ihr ein echter Bruder sein, und das war ich nicht.« Er war sehr zurückhaltend damit, seine Eltern mit hineinzuziehen: »Ich möchte einfach nicht in diese Familienquerelen reingezogen werden. Um brutal offen zu sein, ich glaube nicht, daß ich das verkrafte. Mag sein, daß ich ein Schwächling bin, jedenfalls nicht stark genug dazu; ich kann es mir nicht leisten.« Und trotzdem beschloß er, es zu versuchen. Ein Jahr bevor ich Cassie traf, hatte ihre Mutter geschworen, daß sie sie niemals mehr ins Haus lassen würde, und dann war es schließlich Bob, der sie überredete, ihre Meinung zu ändern.

Auf mein Drängen hin rief Cassie sie eines Tages von meinem Dienstapparat aus an, um guten Tag zu sagen, und ihre Mutter lud sie ein, Weihnachten nach Hause zu kommen. »Oh«, hörte ich sie sagen: »Wie geht es Sally? … Wie geht es Papa … Wie geht es dir, Mama? Oh … wirklich? Gut dann … ja, mach' ich … okay.« Und als sie aufgelegt hatte, legte sie ihren Kopf auf den Tisch und weinte.

Aber es war uns allen klar, daß Cassies Eltern auf die Dauer keine Lösung sein konnten. Möglicherweise, dachten wir, könnten sie und ihr Bruder sich näherkommen (sie schien das zu wollen) und sie könnte, wenigstens für den Anfang, bei ihm leben. Es stellte sich aber heraus, daß das nicht lange machbar sein würde, doch Bob willigte ein, daß sie nach Weihnachten zu ihm kommen könnte und daß er die Verantwortung für sie übernehmen würde, während zugleich ein hervorragender Sozialarbeiter an ihrem Heimatort versprach, dort alle zur Verfügung stehenden Hebel in Bewegung zu setzen, um ihr zu helfen, in ein normales Leben zurückzufinden. Cassie wußte nichts von alldem — wir beabsichtigten, ihr das erst zu sagen, wenn sie bereit dazu wäre, als wir unsere letzten Gespräche in New York hatten. Es fehlte, so schien es uns, nur noch ein winziger Schritt zu dieser Bereitschaft.

Was jetzt noch zu tun blieb, war, den Rest ihrer rationalen Denkfähigkeit zu mobilisieren. Das Wesentliche war, genau den richtigen Augenblick abzupassen, in dem sie ansprechbar wäre — eine sehr riskante Angelegenheit mit Kindern wie Cassie, die fast automatisch alles ablehnen, was sie auch nur im entferntesten an das Verhalten ihrer Eltern erinnert.

Wir saßen in der berühmten ›Oyster Bar‹ im Zentral-Bahnhof: Meeresfrüchte, hatte sie mir einmal gesagt, waren das einzige, was sie irgendwie mochte, und auch Luxus hat seine guten Seiten. Sie hatte Krebse bestellt, aber sie kaum angerührt. Sie schwitzte: Schweißperlen standen auf ihrer Stirn, aber ihr Gesicht war grau mit tiefen Schatten unter den Augen, und ihr normalerweise glänzendes blondes Haar war strähnig. Diese offenkundige Verschlechterung ihres physischen Zustands machte es nun unumgänglich, zu handeln.

Fände sie nicht, fragte ich sie, daß es Zeit sei aufzuhören? Sie sähe krank aus; würde sie mit mir zum Arzt gehen? Sie schüttelte den Kopf, die Augen auf ihren Teller gerichtet.

Wußte Cal, daß sie krank ist? »Das ist ihm egal«, sagte sie teilnahmslos, »solange ich nur das Geld bringe«.

Drei Wochen vorher hatte sie mir noch gesagt, daß ihr, als sie bei Big Daddy anfing, anschaffen »irgendwie Spaß gemacht hatte«. Machte es immer noch Spaß in der 11. Straße, blasen in den Autos von Pendlern, stundenlanges Herumstehen an zugigen Ecken, heimliche Augenblicke der Erholung in Diners? Unaufhörliche Angst und jetzt unaufhörliche Schmerzen? War das wirklich besser als, wie sie es zu Anfang gesagt hatte, ein Job im Büro?

»Also, im Büro verdient man nicht das gleiche Geld«, murmelte sie.

Aber sie *verdiente* doch gar kein Geld, oder? »Nee«, antwortete sie, »ich verdiene zwar Geld, aber es gehört mir nicht«.

Aber wenn sie sich zu einer regelmäßigen Arbeit entschließen könnte, zu irgendeiner normalen Arbeit, würde das Geld, das sie verdiente, ihr gehören, oder? »Ja, schon«, gab sie zu, »aber es wäre längst nicht soviel«.

Aber was macht denn das aus, *wieviel* es ist, wenn es doch gar nicht ihr Geld ist? Sie kicherte nervös. »Ist es nicht erstaunlich«, fuhr ich fort, »daß du das, was du tust, umsonst tust?«

Sie blickte auf. »Liegt es vielleicht daran, daß ich es gerne tu'?« fragte sie. »O Gott... ich weiß es einfach nicht.«

Ja, tut sie es wirklich *gerne*? Und glaubt sie, daß die anderen jungen Mädchen es tun, weil sie es schön finden? »Ich glaube, vielleicht deshalb, weil man dann eine Bleibe hat?« sagte sie in fragendem Ton.

Das war für sie ein Mauseloch, in das sie sich verkriechen konnte! Ja, sie wußte, daß es ein Mauseloch war, aber es war besser als draußen auf der Straße zu stehen, oder?

Aber wenn sie einen normalen Job hätte, bestünde die Wahl nicht mehr zwischen einem Loch und der Straße, sondern zwischen einem Loch und einem schönen Zimmer bei Freunden oder Pflegeeltern.

Die bloße Erwähnung von Pflegeeltern brachte sie wieder auf. »Ich könnte jetzt eine schöne Wohnung haben«, sagte sie und bot ihre letzten Reserven auf. »Alles, was ich tun muß, ist Cal darum bitten.« Ich wartete. »Er würde mir ja eine Wohnung geben, wenn ich eine wollte«, redete sie weiter. »Das ist nur vorläufig, nur für jetzt, bis wir entschieden haben, wohin wir gehen wollen. Sehen Sie, ich denke nicht gern an morgen. Ich nehme jeden Tag, wie er kommt.«

Was, glaube sie, sei das Wichtigste an ihr als Mensch: daß sie eine Frau ist, daß sie hübsch ist? Das sie jung ist und klug? »Kann ich nicht sagen, ich weiß nicht, das weiß ich echt nicht. Ich überlebe.« Sie wischte mit dem Ärmel über ihr nasses Gesicht und stützte den anderen Ellbogen auf den Tisch. »Ich will einfach nicht an die Zukunft denken«, sagte sie, »weil ich Angst davor habe, weil, was *soll* ich denn machen?«

Ich bestellte Tee mit Zitrone und schüttete vier Löffel Zucker in ihre Tasse. Es war inzwischen nach vier Uhr, und das riesige Restaurant war leer. Der süße Tee gab ihr einen neuen Energieschub.

»Was immer ich jetzt tu'«, setzte sie nochmals an, »ich muß die Entscheidung selber treffen — selbst wenn es nur darum geht, ob ich auf der Madison oder auf der 11. Straße auf den Strich gehe«.

Aber wenn man es andersherum sähe, sagte ich, dann seien es doch die Zuhälter, die ihr sagen, daß sie jede Nacht 150 Dollar oder was immer nach Hause bringen muß, und sie ist *gezwungen*, es zu tun. Wenn sie es nicht täte, würden sie sie ›in den Arsch treten‹, oder?

»Manche schon«, sagte sie, »aber da auch, da ist es auch meine Entscheidung. Wenn sie es tun, und es stinkt mir, kann ich ja gehen, ich kann zu jemand anders gehen...«

Und wäre der andere irgendwie besser? Würde er weniger verlangen, mehr geben – nicht nur Geld, sondern Gefühl? Wäre irgendeiner ehrlich?

Sie dachte eine ganze Weile nach, trank Tee, schaute im Raum herum. »Es wird spät«, sagte sie dann und zeigte auf die Kellner, die an einem Tisch in der Ecke saßen. »Sie sind wahrscheinlich sauer, daß wir noch immer hier sind.« Und dann sagte sie plötzlich, als wenn zwischen meiner Frage und ihrer Antwort nichts gewesen wäre: »Nein, nein, es ist überhaupt nichts Ehrliches daran.« Sie lachte, ein so bitteres, altes Lachen, daß ich meine Hand auf die ihre legte, damit sie aufhörte. »Es ist nur ein Spiel, das ist alles«, sagte sie. »Ein Spiel.«

»Ein Spiel«, sagte ich und hielt ihre Hand fest, »das die Zuhälter gut beherrschen. Aber du? Was bringt es dir?«

Ihre Antwort kam schnell, ganz sachlich und bestimmt: »Ich bin weg von meinen Eltern, und die sollen ruhig glauben, daß ich sie nicht brauche, um zu überleben. Ich schaffe es allein.«

Ich setzte sie in ein Taxi und schickte sie in ihr Hotel zurück, damit sie sich ausruhen konnte. Für den folgenden Tag – der nächste Schritt, den ich geplant hatte, um ihr Leben zu normalisieren – hatten wir verabredet, daß wir uns, mein Mann und ich, zu einem Drink im Algoquin-Hotel treffen und sie zum Abendessen einladen würden.

Wir waren eine Dreiviertelstunde vor dem vereinbarten Zeitpunkt um fünf Uhr dort und setzten uns an einen Tisch in der Hotelhalle, von wo aus wir sie sofort sehen konnten, wenn sie reinkäme. Sie kam nicht.

Wir warteten eine Stunde, bevor ich in dem Hotel anrief. Erst als dort abgenommen wurde, fiel mir ein, daß ich sie bewußt nicht gefragt hatte, unter welchem Namen sie dort registriert war. Meine ungeschickte Beschreibung von ihr überzeugte den Mann am Empfang nicht, obwohl er sie zweifellos kannte. Wir warteten eine weitere Stunde, bevor wir zu ihrem Hotel fuhren.

Ich hatte ebensowenig Erfolg, als ich dem Mann gegenüberstand; so eine junge Dame sei hier nicht registriert, sagte er.

Draußen war es eisig kalt. Wir gingen die 42. Straße zur Eleventh Avenue, dem »Pfuhl«, hinunter. Wir standen an den Ecken zugiger Straßen, warteten eine Stunde — eine heilsame Lektion für uns, schließlich hatte sie das monatelang gemacht. Jetzt wußten wir, wie das war. Dann klapperten wir die Straße runter eine Snackbar nach der anderen ab in der Hoffnung, sie wäre vielleicht zum Aufwärmen auf einen Sprung dort eingekehrt.

Um elf Uhr nachts gaben wir auf, nahmen ein Taxi zu einem Restaurant etwas weiter im Zentrum und riefen Karen an, eine Beamtin aus dem Zuhälterdezernat, die Cassie monatelang geholfen — oder versucht hatte, ihr zu helfen. Karen, selbst eine wunderhübsche blonde Frau, wohnte auf Long Island.

Um dreiviertel zwölf rief sie zurück. »Entwarnung«, sagte sie glücklich. »Es hat ein bißchen länger gedauert, als wir dachten, aber es ist alles okay. Sie ist gerade zu Hause angekommen. Sie hat New York heute morgen verlassen. Sie läßt Sie vielmals grüßen und bittet Sie, zu entschuldigen, daß sie Sie hat sitzenlassen und vielen Dank.« Vier Tage später war Weihnachten. Heute, während ich das schreibe, sind drei Jahre vergangen. Cassie ist nicht nach New York zurückgekehrt.

Wie vorauszusehen, hat es Cassie sehr schwer gehabt, ihren Weg zu gehen. So schwer, daß es wirklich erstaunlich ist und ein Zeichen für ihre grundsätzliche Stärke, daß sie nicht vom Weg abkam, wie so viele andere. Es stellte sich heraus, daß sie schwanger war, als sie New York an jenem kalten Winterabend verlassen hatte. Sie weigerte sich hartnäckig abzutreiben, und nachdem das Baby da war, bestand sie darauf, es sechs Wochen lang zu behalten und zu stillen. Dann, so erzählte sie mir, gab sie es zur Adoption frei, was ihr fast das Herz brach. »Sie haben mir gesagt, daß sie ein liebes, junges Ehepaar gefunden hätten«, sagte sie weinend am Telefon. »Ich *bin* zu jung, Gitta. Ich komme ja nicht einmal mit mir selbst zu Rande; ich habe kein Recht, es zu behalten.«

Nach zwei Jahren, in denen sie mit Freunden gelebt hatte, mit jedem von ihnen ein Jahr, nahm sie schließlich an einem Auffrischungskurs für Buchhaltung teil und bekam fast sofort einen Job, der ihr gut gefiel und wo sie fast ein Jahr blieb. »Ich wäre auch jetzt noch dort«, erzählte sie mir, »wenn der Chef nicht eines Tages gesagt hätte, entweder würde ich mit ihm ins Bett gehen oder gehen. Deshalb bin ich gegangen.« Aber sie weiß, daß Arbeitserfahrungen mit guten Empfehlungen (»Die konnte er mir nicht gut verweigern«, sagte sie) ihr helfen werden, einen neuen Job zu finden.

Was mit Julie geschah, beweist ebenfalls, wie wirksam Hilfe von der so oft kritisierten offiziellen Seite kommen kann und auch kommt.

»Die Sache ist die«, sagte Julie, »man muß einfach an eine Grenze kommen. Man kriegt den ganzen Scheiß, das was man so durchmacht, so satt! Aber irgendwie braucht man, verstehst du, so was wie 'ne Krise, um rauszukommen.« Ihre eigene Krise kam nach einem Aufenthalt im Gefängnis. »Es war das neunte Mal, daß sie mich eingelocht haben, so kam das wohl gerade im rechten Augenblick.«

Dieses Mal hatte sie das unwahrscheinliche Glück, daß sie an einen klugen Richter geriet, der Erfahrung mit Jugendlichen hatte, und nicht vor ein Polizeigericht, wo, das muß man leider sagen, Prostituierte nichts als Nummern sind, mit denen man so schnell wie möglich fertig werden muß. (»Loswerden, das wollen Sie doch damit sagen«, erklärte mir einer von ihnen.)

»Er hat mich in eine Jugendstrafanstalt geschickt«, erzählte Julie. »Das ist ein sehr schönes, sauberes Gebäude mit sehr netten Einzelzimmern. Die Fenster sind zwar vergittert, aber sie haben Blumen davor. Das Essen ist gut. Die Leute, die verantwortlich sind, sind Sozialarbeiter und keine Wärter. Es ist warm und sauber, aber nicht steril.« Sie lächelte. »Und mein Bett hatte geblümte Bettwäsche, kleine Röschen mit grünen Blättchen, es war kaum zu fassen! Wir mußten jeden Tag spazierengehen, aber das war das einzige ›Muß‹. Ansonsten war alles, was sie von mir verlangt haben, dazusitzen und nachzudenken. Und das habe ich getan.«

Die Tatsache, daß Julie die Hilfe, die sie brauchte, von diesem Heim annehmen und umsetzen konnte, ist ein eindrucksvoller Beweis für ihre Fähigkeit, konstruktiv zu denken; denn es war unwahrscheinlich, daß ihre Mutter sich ändern würde. Eine Rückkehr nach Hause hätte für sie ebensowenig wie für Cassie eine Hilfe bedeutet.

Anders als Cassie und Julie hatte Anna das große Glück, von einer intelligenten, beständigen Mutter geliebt zu werden. Sie hatte weniger verzweifelt als die beiden anderen nach Liebe gesucht, und deshalb konnte sie besser damit umgehen. Sogar Popcorn-Sonny hatte sie auf seine Weise geliebt, und nach vier Monaten in New York mit ihm — eher Monate der Langeweile als der Gewalt — verliebte sich einer ihrer Freier in sie.

Das war Anwar, ein kleiner, scheuer Inder, vierundzwanzig Jahre alt, der vier Jahre zuvor als Einwanderer nach Amerika gekommen war und als Tellerwäscher angefangen hatte, schließlich war er zum Koch aufgestiegen, eine Tätigkeit, die ihm sehr gefällt. Er wohnt in einem schmutzigen Mid-town-Hotel, und seine Kleider sehen ziemlich abgetragen aus.

Ich fragte ihn, ob er ein anständiges Gehalt bekomme. »Mein Boß ist sehr großzügig, sehr gut. Ich habe in Bengalen elf Brüder und Schwestern, und jetzt geht es mir gut, sehr gut. Ich kann ihnen helfen.« Er verdient 200 Dollar die Woche, der Boß zahlt sein Zimmer, er ißt am Arbeitsplatz — und es geht ihm in der Tat ›sehr gut‹.

»Ich liebe Anna«, sagte er und lächelte scheu, aber sehr lieb. Als er sie auflas, war ihm zunächst nicht klar, wie jung sie war, weil »sie ist… sehen Sie…«, und er zeigte mit der Hand, wie groß Anna war. Aber »als ich anfing, sie zu lieben«, fuhr er fort, »war sie jung, und ich liebte sie noch mehr. In Indien ist es nichts Schlechtes, ein sehr junges Mädchen zu lieben. Ich wollte sie heiraten.«

Diese freundschaftliche Beziehung trug zweifellos zu Annas Entschluß bei, aufzuhören. Sie hätte Sonny einfach sitzenlassen können und sollen, mit R-Gespräch zu Hause anrufen und ein Flugzeug nehmen können. Aber sie glaubte, daß sie es ihm schuldig sei, es ihm offen zu sagen.

»Er war gegangen, um mir eine Katze zu besorgen. Ich hatte mir vorgestellt, daß er mir die Katze geben, viel Glück wünschen würde, und dann: ›Auf Wiedersehn‹! Ich wurde bitter enttäuscht.«

Was Sonny tatsächlich machte, als er nach Hause kam, war, daß er sie verprügelte, ihr den Kiefer brach und sie sofort auf den Strich schickte. »Ich brabbelte wirres Zeug vor mich hin und weinte gleichzeitig, und die nächsten vierundzwanzig Stunden konnte ich ihn nicht anschauen, ohne mich zu fürchten, ohne daß mir die Tränen in die Augen stiegen.« Sie hatte entsetzliche Schmerzen, aber erst nach zwei Tagen erlaubte er ihr, ein Krankenhaus aufzusuchen. Als sie sechs Tage später zurückkam, den Kiefer mit Draht umwickelt, schickte er sie augenblicklich wieder auf die Straße.

»Und das war das Ende«, sagte sie. Sie lief weg und ging hilfesuchend zu Anwar. Der brachte sie − unter seinem Namen − in ein ausgezeichnetes Krankenhaus in Bronx, wo sie zum zweiten Mal operiert werden mußte, weil es das erste Mal erschreckend schlecht gemacht worden war.

Aber selbst dann noch konnte sie nicht völlig akzeptieren, daß ihre Beziehung zu Sonny zu Ende war. Eine Seite aus ihrem Tagebuch, das sie im Krankenhaus führte, verdeutlicht ihr Elend und ihre Verwirrung:

So, dies ist die erste Seite von einem neuen Buch aus einem neuen Leben, oder vielleicht der Rückkehr in mein altes, also, jedenfalls, ich hab' mich noch nie dermaßen verwirrt gefühlt, so unsicher usw., seit ich von zu Hause weg bin, ich weiß nicht. morgen werde ich sherry anrufen. es ist 'ne schwere Entscheidung, aber jetzt, ich bin so allein, ich sehe nicht, wie ich ohne zu sonny zurückzugehen so glücklich und erfüllt sein kann, wie ich es war, ich glaub, ich ruf ihn auch an.

also, ach, ich weiß, sonny kommt nicht. ich, ich, ach, wenn ich ihn doch nur erreichen könnte

(und er kommt einfach rein)
also, ach... später, keine Gefühle, keine Gedanken. ER NICHT.

Drei Tage nachdem sie das Krankenhaus verlassen hatte − und nachdem sie Sonny noch einmal gesehen hatte −, rief sie schließlich ihre Mutter an. Zwei Beamte des FBI holten sie ab, und am nächsten Morgen flog sie mit einer FBI-Krankenschwester nach Hause. »Schon zwei Stunden nach meiner Ankunft brachten sie mich in eine Nervenklinik«, sagte sie; dort sei sie die erste Zeit

»irre wütend und schockiert« gewesen, »aber nach einer Weile« wurde mir gerade dadurch klar, daß das der Punkt war, an dem die Lüge aufhörte«.

Anwar rief sie zu Hause an. »Ich wollte sie heiraten. Ich habe mit ihrer Mutter gesprochen und später mit Anna.« Sein bezauberndes Lächeln war jetzt traurig. »Da wußte ich dann — nein. Sie sind anders. Ich werde sie bis an mein Lebensende lieben.«

7

Slim, der Player: »Warum sollte eine Frau dir ihr Geld geben?«

Das Zuhälterdezernat wollte sein möglichstes tun, mir zu helfen, dieses Buch zu schreiben, weil alle, und das ist nur zu natürlich, Kinderprostitution mißbilligen. Es war, offen gestanden, auf der Ebene des »eine Hand wäscht die andere«, daß ein Zuhälter einwilligte, sich mit mir zu unterhalten: »Es gibt Zeiten, wo es nützlich ist, manchen von ihnen zu helfen, und andere, wo es für manche von ihnen nützlich ist, uns zu helfen«, meinte Sergeant Trapp.

»Sie waren sehr fair, hundert Prozent ehrlich mit mir«, sagte Slim. »Das muß man ihnen lassen, sie sagen dir gerade heraus, was sie für dich tun können und was nicht. Also, wenn sie dir raushelfen können, sagen sie es dir. Wenn nicht...« Er sprach nicht weiter.

Was meinte er mit »raushelfen«? War es eine Sache von: »Hilfst du uns, so helfen wir dir«?

»Okay«, sagte er. »Nehmen wir an, sie haben da einen Fall ... eine Anklage, verstehen Sie. Sie brauchen Hilfe in einem Fall, wo ein Mädchen verprügelt worden ist von einem sogenannten Zuhälter, Player, Macker oder was sie wollen. Und jemand, der schon so lange in der Szene ist wie ich, ich kann, verstehen Sie, manchmal krieg' ich eben was raus über das, was los war. Helf' ich denen weiter, dann helf' ich gleichzeitig mir selber weiter. Wie wenn ich zum Beispiel vor Gericht muß zu 'nem bestimmten Zeitpunkt, wissen Sie, oder eine von meinen Damen, dann sorgen die dafür, daß wir da nicht rumhängen müssen, Zeit verlieren — Sie wissen ja, wen Sie vor sich haben, oder? Auf jeden Fall hasse ich, ich wiederhole, hasse ich B.r.u.t.a.l.i.t.ä.t!« Er hatte die Angewohnheit, ein Wort, das er hervorheben wollte, zu buchstabieren. »Ich billige das nicht, und es ist völlig überflüssig.«

In diesem Fall hatte seine Lady Gina den Bezirksanwalt aufsuchen müssen, um zehn Uhr an jenem Morgen, wegen einer Anzeige ›von jemand anders‹, wie er es beschrieb, was bedeutete, daß Gina dazu aufgefordert worden war, die Aussage einer anderen Prostituierten gegen ihren Zuhälter zu unterstützen.

»Meine Lady war sehr skeptisch, sie hat lange gezögert, ob sie diese Aussage machen soll«, erklärte er. »Aber es ist sehr wichtig, ein großer Fall. Und ich habe sie davon überzeugt, daß die Leute, mit denen sie zu tun hat, in Ordnung sind, und daß wir, wenn wir ›dem Mann‹ [dem verantwortlichen Weißen] helfen würden, man uns unsererseits helfen würde, wenn wir es brauchen.«

Um seiner Dame zu beweisen, daß er ebenfalls bereit war zu ›helfen‹, hatte er eingewilligt, sich mit mir zu unterhalten, während sie in der Stadt war, um auszusagen, was, wie er glaubte, nicht länger als ein bis zwei Stunden dauern würde. Später, als er herausfand, daß es in Wirklichkeit viel länger dauerte, ja, einmal sogar den ganzen Tag, wurde er sehr wütend.

Der kleine Raum, in dem Slim und ich das erste Mal miteinander sprachen, lag hinter dem Hauptbüro des Zuhälterdezernats, einem riesigen, kahlen Raum im 4. Stock eines häßlichen alten Polizeigebäudes in der westlichen 40. Straße. Es handelt sich eigentlich um den Untersuchungsraum, in den Zuhälter nach ihrer Festnahme gebracht und mit Handschellen an einen Stuhl gefesselt werden, während man sie verhört: Slim war zweifellos nicht zum ersten Mal hier. Nichts empfahl diesen Raum für seelsorgerische Gespräche oder Bekenntnisse; aber während die Leute sich bereit erklärten, unter den 1700 Zuhältern in ihren Akten einen herauszufinden, der mit mir sprechen würde, gestatteten sie es nicht, daß die ersten Begegnungen ohne ihre Überwachung stattfanden. »Sogar die ›Besten‹ unter ihnen, wenn man mal so sagen darf, können gefährlich sein«, sagte Sergeant Trapp. »Die müssen wissen, daß wir von Anfang an ein Auge auf sie haben. Das ist die einzige Möglichkeit für uns sicherzugehen, daß Ihnen nichts passiert.«

Ich habe mich nie von einem dieser Männer bedroht gefühlt, wo immer ich sie traf — manchmal an recht ungewöhnlichen Orten. Was ich allerdings empfand, war eine ungeheure Distanz zwischen ihnen und mir. Ihre Welt ist wirklich eine andere: eine amoralische und irreale Welt, so isoliert von der der meisten anderen Menschen, ob schwarz oder weiß, daß es kaum möglich ist, diese Kluft zu überbrücken.

Welche Assoziation auch immer Slim mit diesem Raum verband, die gegenwärtige Situation war eine völlig andere; er kippte seinen Stuhl zurück, bis er die Wand hinter sich berührte, schlug seine Beine, die in Hosen mit einwandfreien Bügelfalten steckten, übereinander, gestikulierte mit einer Zigarette, die in einer langen Spitze steckte, und machte auf diese Weise unmißverständlich klar, daß er sich über diesen Rollentausch amüsierte.

Zunächst hatte er wohl angenommen, daß diese Begegnung, eine Stunde oder so, alles war, was ich von ihm wollte. Seine Absicht war natürlich, eine Show abzuziehen. Er war durchaus lebensklug, ein schlauer Kopf: Er glaubte genau zu wissen, was ich hören wollte und wie ich dabei vorgehen würde, und er hatte bereits alle Antworten bereit auf die Fragen, die ich seiner Überzeugung nach stellen würde.

Slim ist sehr zierlich; er wirkt allerdings größer, als er ist, und zwar dadurch, daß er auf Zehenspitzen geht — jedenfalls sieht es so aus. Seine Art zu gehen, eine Art hüpfen, wirkt leicht und anmutig. Er ist nicht schön: Er hat ein kleines Gesicht, das irgendwie zusammengedrückt aussieht. Alles in diesem Gesicht ist klein: eine kleine, fast edel geformte Nase, kleine dunkelbraune Augen mit Lidern, die zu groß für sie scheinen; wenn er nachdenkt oder traurig ist, verhüllen sich seine Augen, und sein Gesicht, plötzlich ausdruckslos, sieht starr, ja leblos aus. Er hat dünne Lippen und eine verhältnismäßig helle Haut. Im Laufe unserer Gespräche verriet er Stolz darüber, daß seine Familie ganz offensichtlich nicht reinrassig ist.

Ob er wisse, was ich mit meinem Buch bezwecke? fragte ich.

»Ja, natürlich«, sagte er. »Ich höre nicht zum ersten Mal, daß junge Damen…« er verbesserte sich mit sachlicher Höflichkeit und einem vielsagenden Blick auf mein Gesicht… »daß Damen versuchen, sich über Player, Zuhälter, Prostituierte, Huren und all so was zu informieren«.

Das sei eigentlich keine ganz passende Beschreibung meiner Arbeit, wandte ich ein und erklärte ihm dann, daß ich hauptsächlich an sehr jungen Mädchen (und Jungen) interessiert sei und daß ich mit ihren Eltern redete und auch mit ihren Männern — Leuten wie ihm.

»Also wirklich«, sagte er in freundlich herablassendem, belehrenden Ton, »von den Eltern eines jungen Mädchens können Sie ja wohl kaum allzuviel Durchblick, Hintergrund erwarten, denn zunächst einmal wird ein junges Mädchen, das nicht volljährig ist, wohl kaum ihren Eltern *anvertrauen*, daß sie ihren Körper verkauft...«

Glaubte er, daß einige dieser Mädchen eine Art Rache an ihren Eltern nehmen? »Ja, sicher, viele.«

Sicherlich redeten sie doch mit ihm über ihre Familie, oder? »Ja, manche.«

Hatte er den Eindruck, daß sie bewußt ihre Eltern verletzen wollten? »Oh, ganz bestimmt«, sagte er. »Auch wenn sie es ihnen nicht sagen, wissen Sie, daß ihre Eltern es herausbekommen, und ich bin mir sicher, daß sie *wollen*, daß sie es herausfinden. Und außerdem«, fügte er hinzu, »wissen die meisten Eltern Bescheid — sie tun, als ob sie nichts wissen, aber sie wissen es. Viele der Mädchen, wissen Sie, mögen die weißen Jungen nicht...«

Ich erwähnte, daß einige der Männer, mit denen ich schon gesprochen hatte — und nun auch er — einen recht intelligenten Eindruck auf mich machten. »Ja, das bin ich auch«, bekräftigte er. Ja aber, um Himmels willen, fragte ich, warum lebten sie dann so ein elendes Leben?

»Also erstens«, sagte er und machte es sich noch bequemer auf seinem Stuhl, »bin ich kein Kind mehr, nicht mal mehr zwanzig. Ich bin 1946 geboren, also bin ich in den Dreißigern, also bin ich seit... hm... fünfzehn Jahren dabei.«

Aber wie ist er überhaupt da hineingeraten? »Geld, Kleider, Faszination, Herausforderung. Die Spannung. Der Luxus. Die Rolls-Royces, die Bentleys, die Cadillacs, all der Scheiß. Geld... Was ich damit sagen will, ist, es ist diese Art Geld, von dem ich, weil ich schwarz bin, sonst nur hätte träumen können, in dessen Genuß ich niemals kommen würde — nicht die Menge Geld, die ich so mit Leichtigkeit kriege.«

Ich fragte ihn, ob er jemals erwogen habe, ein anderes Leben zu führen.

»Doch«, sagte er, »das habe ich, und ich könnte es auch. Aber zuerst mal habe ich Drogen genommen, als ich noch sehr jung war, ich habe damit angefangen, als ich sechzehn war.« Seine Familie, ursprünglich aus Brooklyn, zog nach Long Island, als er noch ein kleiner Junge war. »Wir sind aus der Stadt gezogen«, sagte er, »weil die Umgebung dort angeblich besser war, weil wir dort angeblich Umgang mit 'ner anderen Art von Leuten hatten. Aber wohin du heute gehst, gibt es Drogen, Leute, die dir Drogen verkaufen. Okay. Ich habe jung angefangen mit Drogen, als ich sechzehn war.« (Das muß 1962 gewesen sein, fast zu Beginn der Drogen-Ära.)

Damals besuchte Slim die Oberschule. »Und ich habe ein Mädchen kennengelernt aus der Nachbarstadt, die war, hm, Jüdin«, sagte er. »Sie hatte ihren eigenen Sportwagen mit eingebautem Plattenspieler. Sie war ein Jahr älter als ich, achtzehn. Sie hat all dieses Zeug gehabt, und sie hat mich gern gehabt, verstehen Sie, was ich meine?«

War sie das erste weiße Mädchen, das er gekannt hatte? »Sie war, was ich als die erste weiße Frau betrachtete...«, was bedeutet, das erste weiße Mädchen, mit der er eine Beziehung hatte.

»Sie haben mich gern gehabt«, sagte er, »aber es war nicht ... verstehen Sie, was ich meine? Wenn man von da kommt, wo ich herkomme, war es mehr oder weniger ›weiß‹ auf der einen und ›schwarz‹ auf der anderen Seite, verstehen Sie, was ich meine? Ich will ja nicht...«, er zögerte. »Ich will ja nicht eingebildet sein oder so, aber ich weiß, daß ich für einen Schwarzen ganz gut aussehe. Sie können das sehen, wie Sie wollen, wie Sie empfinden, wie ich auf Sie wirke. Aber ich weiß, wie 'ne andere Frau mich ansieht. Ich weiß, wie ich mich ausdrücke. Ich weiß, wie ich aussehen kann, mich anziehe, die Eleganz, die ich habe, die mich zu dem *macht,* was ich bin.«

Und dieses Mädchen war reich, nicht wahr? »Sie war unheimlich reich! Ich habe ihre Eltern nie kennengelernt, denn das war eines dieser Dinge mit Schwarz und Weiß. Außerdem war sie Jüdin, ihrem Vater gehörte ein Krankenhaus — es hieß nach ihm.«

Er hatte sie durch einen Freund kennengelernt. »Sie hat ihm den Laufpaß gegeben und angefangen, sich für mich zu interessieren.« Und sie wurden Freunde? »Na ja, Freunde ... ich habe ihr was zu rauchen besorgt. Sie nahm keine Drogen«, fügte er schnell hinzu, »sie hat Marihuana geraucht, das war alles. Ich habe ihr ein halbes Pfund oder ein Pfund besorgt — sie hatte Geld für alles.

Sie hatte mich gerne«, wiederholte er, »verstehen Sie, sexuell, weil ich ein … ja, Sie sehen mich heute, aber damals war ich der Typ des hübschen Jungen.« Er lachte. »Wissen Sie, was ich meine? Und sie fand mich sexuell gut, und sie ist mit Geschenken angekommen.«

Damals, sagte er, hatte er noch keinerlei Ahnung von dem Zuhälterspiel, dem Mackerspiel, und außerdem hatte sie es nicht nötig, sich zu prostituieren. »Sie hatte das nicht nötig«, sagte er, »sie hatte alles Geld der Welt. Ihre Eltern gaben ihr alles, was sie wollte, und sie gab mir alles, was ich wollte … wissen Sie, wenn ich zum Beispiel solche italienischen Sandalen wollte, wie sie damals jeder anhatte, hat sie sie mir einfach gekauft — sie kosten 60, 80 Dollar so was. Und wissen Sie, sie mochte die Atmosphäre im Village, und wir sind immer hingegangen…«

Er ging während der ganzen Zeit in die Schule. »Ich habe die Oberschule abgeschlossen«, erklärte er. »Ich habe die Abschluß-prüfung gemacht, mich sogar fürs College qualifiziert und bin an die Uni in New York gegangen. Ich habe einen Einführungskurs in Programmieren gemacht.« Sein erster Job war an der Börse, für einen Makler, der Bankrott machte. »Aber das bißchen Geld, das ich gekriegt habe, schien einfach für meine Ansprüche nicht zu reichen. Zusätzlich war ich auf Drogen, also wirklich, verstehen Sie, es hat einfach nicht gereicht, für das, was ich an Ausgaben hatte, Sie verstehen, was ich meine?«

Bis zu diesem Punkt entsprachen meine Fragen mehr oder weniger dem, was er erwartet hatte. Meine nächste Frage — so gestand er mir viel später — traf ihn ›unvorbereitet‹ und brachte sein Konzept durcheinander. Ich fragte ihn, ob er mir etwas über seine Familie erzählen könnte, über seinen Vater und seine Mutter, und er war leicht verwirrt.

»Das kann ich ihnen in drei Worten sagen«, antwortete er. »Meine Mutter habe ich geliebt, bis sie 1973 gestorben ist. Sie war mein Leben«, sagte er. »Ich habe sie geliebt…« Er hielt inne und wiederholte dann: »Sie war mein Leben. Zu meinem Vater hatte ich nie irgendeine Art von Beziehung. Meine Mutter hat sich von ihm getrennt, als ich, hm, vierzehn, fünfzehn Jahre alt war.«

Er hat einen Bruder, der Zuchthausaufseher ist. »Er ist durch und durch anständig, cool, verstehen Sie? Er geht seinen Weg.« Hatte er Kontakt zu ihm, fragte ich, und wie es wiederholt vorkam, konnte er meinen englischen Akzent nicht verstehen. »Wie bitte?« fragte er, wie immer sehr höflich, und antwortete dann: »Ich sehe ihn hin und wieder. Er weiß, was ich mache. Er ist darüber nicht gerade glücklich, hm, aber was kann er dagegen tun?

Wir waren eine richtige Familie, ich und meine Mutter. Mein Vater hat so gut wie nicht dazugehört. Wir sind umgezogen, wie ich schon gesagt habe, 1957; er war damals so eine Art Unternehmer. Mein Bruder und ich, wir haben gemerkt, daß meine Eltern nicht allzu gut miteinander auskamen, und wir hingen beide irgendwie in der Luft. Ich noch mehr als er, weil ich der Jüngere war und das Baby der Familie. Ich schien mehr nach meiner Mutter zu kommen.«

Kümmerte sich sein Vater finanziell um die Familie? »Was mich betrifft«, antwortete er, »nein, er hat sich nicht gekümmert. Er hatte … er hat das Geld immer gehabt; im Augenblick ist er Chef-elektriker bei einer großen Firma, die Weißen gehört, und er verdient einen Haufen Geld, und er hält sein Geld gut beisammen.«

Hat sein Vater ihn geschlagen? Slim nahm seine Zigarette aus der Spitze, drückte sie umständlich aus und steckte die Spitze in seine Tasche. All das dauerte seine Zeit und geschah schweigend.

»Ich bin … ich weiß noch genau …« fing er schließlich langsam an. »Es gab Zeiten, wo ich Prügel von ihm bekommen habe, die …« er stockte, »sadistisch waren.« Das Wort klang ganz nüchtern, nicht theatralisch.

Hat sein Vater auch seinen Bruder geschlagen? »Nein, nie.« War das, als er noch klein war? »Sehen Sie«, sagte er, und seine Stimme klang jetzt anders: Das war neu für ihn, er dachte an das, was zurücklag, anstatt redegewandt irgendwelche Erlebnisse zu beschreiben. »Sehen Sie, mein Bruder kommt mehr oder weniger nach der Familie meines Vaters, weil er ein bißchen dunkler ist; ich scheine immer mehr von meiner Mutter gehabt zu haben, weil ich etwas heller bin. In der Familie meiner Mutter waren sie alle etwas hell, verstehen Sie.«

Machte das wirklich einen Unterschied? »Nun, in unserer Familie machte das einen Unterschied. Einmal Weihnachten war meine Mutter bei meiner Tante — der Schwester meines Vaters —, und mein Bruder und ich, wir sind beide auf den Schoß meiner Tante geklettert, die Weihnachtsschmuck bastelte. Ich kann nicht viel älter als fünf gewesen sein damals, und wissen Sie, sie stieß mich von ihrem Schoß runter, verstehen Sie, was ich meine, und streichelte meinen Bruder und schmuste mit ihm. So etwas vergißt man sein ganzes Leben nicht. Niemals. Ein Kind anders zu behandeln als ein anderes — Sie haben selber Familie, Sie wissen, wie schlimm das ist.«

Wenn man mit Menschen spricht, die ein so chaotisches Leben leben, muß man an jede Geschichte mit einer gewissen Skepsis herangehen. Aber man lernt recht schnell, zwischen Lüge und Wahrheit, zwischen Fantasie und Wirklichkeit zu unterscheiden. Es gibt fast immer einen entscheidenden Punkt: Man erreicht ihn nicht plötzlich, ganz präzise, vielleicht nicht einmal bewußt. Er offenbart sich weniger in Worten als im Tonfall, in einem merkwürdigen Wechsel von Tempo und Energie. Fantasie geht oft mit Energie, Wahrheit mit Erschöpfung Hand in Hand.

Slim veränderte sich auch, sobald er von seinen Eltern, seiner Kindheit zu sprechen begann. Seine klare, deutliche Art, sich auszudrücken, wurde verschwommener, Wörter und Sätze gingen allmählich ineinander über, seine Stimme wurde so leise, daß sie manchmal kaum mehr zu verstehen war. Auch seine Bewegungen wurden anders. Während er vorher nachdenklich und versunken geraucht, Ringe geblasen und damit gespielt hatte, rauchte er nun ohne Spitze, in schnellen Zügen, seine Hände dauernd in Bewegung. Seine Beine waren nicht mehr übereinandergeschlagen, seine Knie bewegten sich rhythmisch hin und her. Und sein Gesicht, das zu Beginn unseres Gesprächs jung und glatt, fast jungenhaft ausgesehen hatte, wirkte plötzlich schlaff und blaß.

Gab es gemischtes Blut in der Familie seiner Mutter? »Wir sind hell«, sagte er. »Wir sind alle hell. Wir sind Indianer — Cherokesen. Mein Vater ist dunkel, und mein Bruder ist dunkel — und wenn ich dunkel sage, meine ich *schwarz.*«

War sein Vater auch Indianer? »Nein, nein …« Es klang ungeduldig. »Meine *Mutter*, die Familie meiner *Mutter* war hell … Verstehen Sie, wenn sie meine Gesichtsfarbe anschauen — ich bin nicht richtig schwarz.«

»Nein«, gab ich ihm recht, »Sie sind braun.«

»Eben, in der Familie meiner Mutter werden wir nicht dunkler als so. Mein Vater ...« Er fing noch einmal an, entschlossen, weiterzusprechen. »Als ich klein war«, erzählte er, »habe ich in einem Laden etwas gestohlen, und die Polizei hat mich nach Hause gebracht. An dem Abend hat mich mein Vater mit zusammengebundenen Händen in den Keller gebracht und verprügelt. Klar? Das weiß ich noch ... Ich kann nicht viel älter als sieben, acht Jahre gewesen sein. Das hat mein Vater zwei- oder dreimal gemacht.«

Nachdem er etwas gestohlen hatte? »Gestohlen oder irgend etwas, mit Rollschuhen an einen Bus gehängt oder irgendwas. Ich habe entsetzliche Prügel von meinem Vater bekommen, die heute noch in mir drinstecken. Sicher, meine Mutter hat mich auch bestraft, wenn ich freche Antworten gegeben habe oder so. Aber sie hat mich nicht *geschlagen*, nicht so, daß ich ohnmächtig geworden bin.«

Womit hatte sein Vater ihn geschlagen? »Was ihm gerade unter die Finger kam, mit einem Gürtel, einem Strick; nichts aus Eisen, verstehen Sie, so was nicht, aber Leder, er hat mich immer mit was aus Leder geschlagen. Und ich war, nun, nicht gerade ein Baby, aber ... verstehen Sie, *sieben* oder *acht*!«

Und sein Bruder? »Nein — mein Bruder — das ist komisch. Eigentlich war mein Bruder nicht schüchtern, aber er ist einfach nie in solche Schwierigkeiten geraten wie ich — verstehen Sie, was ich meine? Ich kann mich nicht erinnern, daß er jemals so geschlagen worden ist wie ich, niemals. Bei mir war es so schlimm, so fürchterlich, ich bin weggerannt. Ich habe meiner Mutter auf Wiedersehn gesagt und bin weggelaufen, da war ich ungefähr acht.« Er lachte freudlos. »Wir haben zwei Türen weiter als meine Großmutter gewohnt, und ich bin dorthin gerannt — ich bin im Keller geblieben, und dann hat mich der Mann [der weiße Besitzer] gefunden. Er hat mir nichts getan oder so. Er hat mir nur befohlen, abzuhauen, und mich laufen lassen. Mein Bruder hat mich rauskommen sehen, ist einen Block hinter mir hergerannt, kriegte mich zu fassen und hat mich mit nach Hause genommen.

Und da hat mein Vater das einzige Mal etwas getan, von dem ich sagen könnte, daß er wie ein Vater war. Es war während der

Baseball-Weltmeisterschaften, verstehen Sie, was ich meine, und er hat mir und meinem Bruder Karten gegeben — doch, das hat er getan.« Er überlegte einen Augenblick. »Aber, zum Teufel, was war das schon groß für ihn.«

Ich fand, daß, ganz im Gegenteil, sein Vater gedacht hatte, daß es sehr viel sei, nachdem Slim zweifellos seinen Eltern große Sorgen gemacht hatte, als er verschwunden war. »Nun ja, vermutlich für ihn. Ja. Aber dann, wissen Sie…« Er dachte gar nicht daran, auch nur einen Millimeter zugunsten seines Vaters nachzugeben. »…1972 bin ich wegen bewaffneten Raubüberfalls hinter Gitter gekommen.« (Da muß er sechsundzwanzig gewesen sein.) »Zu der Zeit waren meine Eltern schon jahrelang geschieden, und sie zweimal wieder verheiratet. Ihr zweiter Mann ist an einem Herzinfarkt gestorben, und ihr dritter war aus Chicago, deshalb ist sie nach Chicago gezogen.

Als ich eingelocht wurde, kam sie häufig hergeflogen und hat meinen Vater bearbeitet, eine Kaution für mich zu stellen. Aber er wollte das Geld nicht rausrücken — 4600 bar, das war alles, was sie haben wollten, keine Sicherheiten, nichts —, 4600 Dollar Kaution.

Sie hat *drei* Monate gebraucht, ihm das aus der Nase zu ziehen. Ich bin vom 11. Juli bis zum 11. Oktober gesessen.«

Aber hat er schließlich gezahlt? »Ja, nach drei Monaten hat er's rausgerückt — aber wissen Sie — er hat nicht ein Deut mehr getan, als er *mußte*. Ich habe Mist gebaut, ja, Scheiße, aber er hat keinen Finger für mich gerührt, solange ich mir nichts habe zuschulden kommen lassen. Und wissen Sie, was das heißt, drei Monate in einem Männergefängnis?«

Er hielt inne. »Es geht ihm gut, meinem Vater, sehr gut. Aber wissen Sie, wenn er morgen abkratzen würde — er ist mein Vater, ja, und ich verdanke ihm mein Leben, aber… wenn er morgen abkratzen würde, ich würde nicht eine Träne vergießen! Als meine Mutter starb…«, er stockte wieder. »Nun gut, jetzt ist sie tot. Meine Familie hat sie zum Sterben hierher nach New York zurückgebracht, sie hatte Kehlkopfkrebs, sie hat meinem Bruder und mir je siebentausend Dollar hinterlassen.«

Wußte seine Mutter, was er trieb? »Am Ende, bevor sie starb, ja… sie fand es nicht gut, aber…« seine Stimme wurde anders, viel höher und weicher. »Aber sie hat gesagt: ›Was immer du tust, sei immer der Beste, bei allem, was du tust!‹«

»Wirklich?« fragte ich. »Sie hat nicht versucht, es Ihnen auszureden?«

»Sie hat gesagt: ›Sei der Beste, bei allem, was du tust!‹« Es klang wie eine Beschwörung. »Sie hat es nicht versucht − es ist sinnlos zu versuchen, mir etwas auszureden − ich bin ein erwachsener Mann.«

Aber als er anfing, war er kein erwachsener Mann, sagte ich. »Damals hat sie es nicht gewußt. Als sie starb, da war ich erwachsen, und sie hat gesagt: ›Sei der Beste, bei allem, was du tust‹, und ich *bin* ja auch der Beste in meinem Job!

Wie ich dazu gekommen bin? Ich hab gesessen. Ich war siebzehn Jahre alt und naiv, aber schon so *naiv*! Ich war auf Drogen und habe mit einem Player, einem Zuhälter, in der Zelle gesessen. Und eines Nachts, als wir gerade erst eingelocht waren, ist er in der Zelle auf- und abgegangen, und wir haben geredet, und er hat gesagt: ›Einen Scheißdreck weißt du, ist das klar?‹ Und ich habe zugegeben, daß ich 'nen Scheißdreck weiß.« Slim sah mich an. »Es macht Ihnen nichts aus, wenn ich so rede, oder? Ich sage Ihnen nur genau, wie es war. ›'nen Scheißdreck weißt du‹, sagte er noch mal, und dann sagte er: ›Ich werd' dich etwas fragen, und ich will, daß du mir die Frage beantwortest: Warum − *warum* sollte eine Frau dir ihr Geld geben?‹ Das hat er gesagt. Und wissen Sie, die ganze Nacht, einen Teil des nächsten Tages − ich konnte ihm keinen Grund nennen. Ich habe es einfach nicht gewußt, weil ich ja keine Ahnung hatte. Ich konnte ihm einfach keinen Grund sagen, warum eine Frau mir ihr Geld geben sollte. Sie verstehen, was ich meine? Aber als ich dann meine erste Frau hatte, habe ich es sofort gewußt. Nämlich deshalb, weil ich dafür *qualifiziert* bin, zuerst einmal.

Aber zweitens, weil ich ihre Bedürfnisse erfüllen kann. Wenn sie ihre Bedürfnisse selber erfüllen könnte, würde sie es nicht tun. Sie braucht das Vorbild von jemand Stärkerem, Überlegenem, jemand, der sie managen kann. Also…« Er lächelte wirklich ganz klug. »Ich habe nicht gesagt ›ihr Geld‹ ich habe gesagt: ›sie‹ − sie managen. Verstehen Sie, was ich meine? Ich bin fähig, jede Frau, die ich habe, zu managen. Aber nur einige Auserwählte können bei mir sein. Ich nehme nicht einfach jedes Mädchen, das mit mir kommen will. Vor allem aber habe ich *keine* schwarzen Mädchen, verstehen Sie?«

Warum hatte er keine schwarzen Mädchen? »Weil das zu viele Schererein macht. Ich mag diese ›Hau-Zerr-Schlag‹-Auseinandersetzungen nicht, die man mit ihnen hat. Sie hat nicht den nötigen Respekt vor ihrem Mann, die gibt dir nicht, was dir gehört, was du verdienst.«

»Der Grund, warum schwarze Zuhälter lieber weiße Mädchen haben«, sagte eine der klügsten Sozialarbeiterinnen, die ich traf (sie war selber schwarz und sprach über Prostitution im allgemeinen, nicht über Kinder), »ist der, daß das schwarze Mädchen das Leben auf der Straße genauso gut kennt wie er. Doch, auch sie wird ihm Geld geben. Aber viele, wenn nicht die meisten von ihnen, werden auf einem ehrlichen Anteil bestehen. Sie tun nicht mal so, als würden sie diesen ganzen Blödsinn vom Sparen für sie und all das glauben. Sie sagen: ›Los, her damit, Kamerad — vorher läuft gar nichts.‹

Deshalb ist der Zuhälter, der schwarze Mädchen hat, höchstwahrscheinlich ein völlig anderer — möglicherweise, wage ich zu sagen —, ein *Mann*. Allerdings lebt er illegal, im konventionellen Sinne strafbar, von ihrem Verdienst. Aber er wird ihr mit Sicherheit ein Zuhause geben, ihr Kinder machen und ihnen ein Vater sein … lauter Dinge, die Zuhälter für ihre weißen Mädchen niemals tun werden.

Und schließlich kommt da noch etwas hinzu: Ein schwarzes Mädchen — weil sie ebenso wie er in dieser verdorbenen weißen Gesellschaft aufgewachsen ist und weil sie ebenso wie er bisher überlebt hat — wird genau wie er einen gewissen Sinn für Humor haben. Vielleicht ist es das, fast mehr als irgendeiner ihrer anderen gemeinsamen Charakterzüge, was ihre Beziehung zu einer wechselseitigen macht, zu etwas Gemeinsamem, ganz oft etwas wirklich Echtem.«

Aber Slim, der sein unrealistisches Leben lebte, würde das niemals einsehen oder zugeben können — auch wenn er noch so ehrlich wäre. »Ein weißes Mädchen«, sagte er, »scheint ein echtes Gespür für einen Mann zu haben. Sie erkennt seine Stärken und seine Wünsche und Bedürfnisse.«

Slims Unausgeglichenheit äußerte sich schon bei dem geringsten Anlaß, vor allem wenn er sich irgendwie verachtet, geringschätzig behandelt, ja auch nur unterschätzt oder mißverstanden fühlte. Und wenn das passierte, konnte sich sein freundlicher, philosophischer Charme innerhalb von Sekunden in schiere Wut und Gemeinheit verwandeln.

Während dieses ersten, langen Gesprächs im Polizeigebäude wurden wir einmal von einem Beamten des Sittendezernats unterbrochen, das die Büroräume mit dem Zuhälterdezernat teilt. Er kam rein, um eine Akte zu suchen. Später erfuhr ich, daß dieser Mann unter dem litt, was die anderen einen ›pathologischen Haß‹ auf Zuhälter nennen. »Gewürm«, sagte er bitter. »Man sollte es zertreten«, und machte eine entsprechende Geste mit seinem Fuß.

Diese Gefühle spielte er voll aus, als er in das Büro reinplatzte, in dem wir saßen. Er brachte seinen Abscheu sogar durch minimale Berührungen zum Ausdruck, dadurch, daß er Slims Beine, die ihm so gut wie nicht im Weg waren, mit seinem Fuß zur Seite stieß und fast ebenso kavaliersmäßig ohne ein Wort an mir vorbeifegte.

Wir hatten gerade darüber gesprochen, wie Slim und sein Bruder fifty-fifty die Hypothek auf ein Haus der Mutter in Long Island bezahlt hatten. Mein Tonband gibt an dieser Stelle sehr deutlich sein wortloses, aber geräuschvolles Eindringen wieder und wie Slim mit eisiger Würde zu mir sagt: »Würden Sie bitte das Tonband abstellen.«

Seine Würde verflog allerdings in dem Augenblick, als der Beamte das Zimmer wieder verlassen hatte. »Das ist genau die Scheiße…« brach er los, »entschuldigen Sie den Ausdruck, aber das ist genau die Scheiße, die mich fertigmacht. Weil, mein Mädchen geht dahin, hilft ihnen − sie hätte es nicht nötig, sie macht es bloß, weil ich sie darum gebeten habe, weil sie zu mir hält. Sicher, vielleicht bekommt sie eine scheißgeringe Vergünstigung, falls sie mal ein Strafverfahren am Hals hat, entschuldigen Sie noch mal meine Ausdrucksweise, aber Mann, he, sie bringen mich um mein tägliches Scheißbrot! Ich kann 250, 300 Dollar bekommen, Mann, und sie sitzt da in dem Scheißgerichtssaal, verstehen Sie, was ich meine?«

All das zeigte seinen ungeheuren Ärger über die Verachtung, mit der der Sittendezernats-Beamte ihn behandelt hatte. »Du kommst hier rein, Anzug an und Krawatte, als ob du den ganzen

Tag gearbeitet hättest. Mann, du hast gearbeitet, aber du hast dir nicht freiwillig zwei-, dreihundert Dollar entgehen lassen, Mann. Drei-, vierhundert Dollar, heute am Freitag hätten es fünfhundert Dollar sein können, allein heute vormittag. Verstehen Sie?

Der Fall, bei dem sie denen hilft, wissen Sie, ich kann keine Einzelheiten darüber sagen, es ist vertraulich. Alles, was ich sagen kann, ist, Mann, verstehen Sie, daß ich dafür nichts erstattet bekomme. Und dann kommt der hier reinmarschiert wie der S.c.h.l.o.ß.h.e.r.r. persönlich!« Er betonte das Wort sarkastisch. »Ja, ich kenne diesen Ausdruck. Also, ich bekomme nichts erstattet. Es macht mir nichts aus, zu helfen, aber wenn ich helfe, dann soll *ja keiner* so'n Scheiß mit mir machen. Scheiße − wenn's hart auf hart geht, ich habe keinerlei Gefälligkeiten *nötig* − ich bin auf die nicht *angewiesen*. Ich nehme mir einen privaten Anwalt. Ich habe das Geld dafür. Ich brauch' bloß in meine Tasche langen und mir einen privaten Anwalt nehmen. Aber wehe, wenn *der* hier so'n Scheiß macht, weil er denkt, man würde mir einen Gefallen tun. Sie sind aus England hier rübergekommen und tun, was Sie tun müssen, aber ich bin auch hier und versuche, mich nützlich zu machen und zu helfen. Aber die sollen ja nicht versuchen, mich reinzulegen: Ich kann das Spiel auch andersrum spielen. Ich kann nett sein zu Ihnen − ich kann Ihnen das sagen, was Sie hören wollen − ich kann Ihnen aber auch sagen, was Sie nicht hören wollen; Sie wissen, wen Sie vor sich haben!

Ich kann auch andere Saiten aufziehen und Ihnen sagen, worum es wirklich geht. Lassen Sie mich nur eines dazu sagen: Ich zelte nicht hier in New York, ich *lebe* hier. Viele Leute kommen hierher, aus Memphis, aus Kalifornien... aber ich bin ein geborener New Yorker. Also für mich ist das jedenfalls kein Spiel. Das ist mein Lebensstil... so lebe ich.« Er sah mir direkt ins Gesicht. »Sie sagen immer, Sie wollen ›zurückgehen‹, um etwas über meine Kindheit zu erfahren und all so was...«

Das Sprechen über seine Kindheit hatte ihn sehr mitgenommen und aufgewühlt. Einige Tage später erzählte er mir, er habe noch nie in seinem Leben mit irgend jemandem über seine Kindheit gesprochen. »Wen interessiert das schon?« Aber die grobe Unterbrechung im falschen Augenblick hatte die Atmosphäre zerstört, und, um sich den ihm gebührenden Respekt wieder zu verschaffen, den er dadurch verloren zu haben glaubte, daß ich Zeuge seiner Erniedrigung geworden war, mußte er alles abschwächen, was er bereits erzählt hatte.

»Und jetzt hören Sie mir mal gut zu. Prügel von meinem Vater und all so was — jedes Kind in dieser Gegend von New York kann Ihnen das erzählen. Aber wenn sie zum Kern der Sache kommen: ›Mann, wie schaut's aus bei dir?‹ Dann kommen Sie zu der Frage, wie man es *macht*, wie man *perfekt* wird, wie man es *lebt* — DAS ist es, was *Sie* wissen wollen.

Nicht jeder ist für dieses Leben *auserwählt*, aber ich bin es. Ich kenne jeden Player in New York, der jemand ist. Es geht ja schließlich nicht um jeden Hergelaufenen, der nur mal nach New York kommt und 'ne Susi oder auch zwei aufreißt, sondern um solche, die was los haben — die kenne ich, weil ich immer schon hier bin und mich auskenne. Ich kenne mich aus und weiß Bescheid. Sie, ich bin so direkt wie möglich zu Ihnen: Was ich sagen will — die Fleetwoods, Broughams, die Rolls und all so was — hab' ich alles gehabt, deshalb ist das nichts Besonderes mehr für mich, nichts Tolles. Es ist — ich hab's gehabt, und ich kann's jederzeit wieder kriegen, wenn ich will, verstehen Sie? Ich lebe das Leben, das ich liebe.« Ich versuchte, ihn zu unterbrechen. »Nein, lassen Sie mich noch eines sagen. Ich lebe das Leben, das ich liebe, und ich liebe das Leben, das ich lebe... So, jetzt können Sie meinetwegen sagen, was Sie sagen wollten.«

Es dauerte lange, bis er seinen Gleichmut wiedergefunden hatte. Ich ging hinaus, um uns aus dem Automaten Kaffee zu holen. Wir rauchten meine englischen Zigaretten, wobei wir fast identische, lange schwarze Spitzen benutzten. Wir diskutierten die Vorzüge von englischem und amerikanischem Tabak (ein Thema, von dem ich wenig Ahnung habe), und er gewann langsam seine Gelassenheit zurück, als er mir über seine Erfolge bei einer hübschen Engländerin erzählte.

»Sie war eine echte Dame«, erklärte er. »Sie hat gesprochen wie Sie, daher kenne ich diesen englischen Akzent. Sie hat mir 'ne Menge beigebracht ... ich verdanke ihr 'ne Menge, wie ich gelernt habe, mich auszudrücken, und, verstehen Sie, wie ich mich in der Öffentlichkeit benehme.«

8

»Ich *bin* ihr Daddy«

Unser zweites Gespräch fand zwei Wochen später in einem italienischen Restaurant in einer eleganten Wohngegend im Osten von New York statt. Ich hatte einen Tisch in einer ruhigen Ecke reservieren lassen, und wir hatten uns für halb acht verabredet. Er kam um halb neun, übersprudelnd von Entschuldigungen. Er trug einen maßgeschneiderten Anzug aus matt glänzender italienischer Seide — ich hatte mir vor kurzem in Rom einen ähnlichen Anzug für meinen Mann angesehen; er hatte 480 Dollar gekostet. Das Hemd war aus weißer Seide; dazu trug er eine diskrete Seidenkrawatte. Der einzige Mißton waren die Schuhe — schwarz mit weißen Nähten —, die, wie er nebenbei erwähnte, handgemacht waren.

Er war sichtlich nervös und gab das auch offen zu. »Es tut mir leid, daß ich zu spät komme«, sagte er. »Ich weiß, daß es unhöflich ist, Sie warten zu lassen, aber ich konnte mich einfach nicht entscheiden, was ich anziehen sollte.« Er lachte. »Ich habe mich dreimal umgezogen.«

Bei Slim, wie auch bei anderen Zuhältern, darf man nie vergessen, daß sie Meister im Manipulieren sind, aber man kommt in diesen Beziehungen an einen Punkt, wo man innerhalb der Grenzen seines Instinkts gewillt sein muß, sein Gegenüber so zu akzeptieren, wie es ist. Ich lud Slim zum Essen ein, weil ich seine Geschichte haben wollte: Man kann vielleicht sagen, daß die Rollen vertauscht waren und er jetzt ausgenutzt wurde. Aber unsere Unterhaltung beim Essen, obwohl sie sicherlich einseitig war, war nicht mehr und nicht weniger intim oder aufdringlich als viele andere, die ich mit Freunden — oder anderen Fremden — geführt hatte.

Er bemerkte durchaus die hübschen Frauen im Raum, betrachtete sie mit den Augen eines Experten und gab treffende Kommentare ab. (»Sie ist zu stark geschminkt«, oder: »Das Kleid kostet ein paar Hunderter, aber sie ist zu alt dafür.« Und über

145

eine entzückende, schlanke Blondine: »Das ist mal ein hübsches Mädchen!« und er lächelte sie ganz unverhohlen an.)

Mochte er Frauen, wollte ich wissen. »Ich mag intelligente, geistreiche, starke Frauen«, antwortete er. »Ich mag eine Herausforderung, starke Mädchen. Im entscheidenden Augenblick, glaube ich, gibt es keine Frau auf der Welt, die mir widerstehen kann. So wie neulich, da war ich im World Trade Center, und da war eine junge Dame: Sie hatte einen Satinanzug an, wunderschönes, langes schwarzes, seidiges Haar, schöne blaue Augen. Und ich bin ihr in dieses riesige Kaufhaus gefolgt und ganz dicht hinter ihr hergegangen, und da hat sie sich umgedreht und gesagt: ›Gehen Sie *mir* nach?‹ Aber verstehen Sie, sie hat es nicht ärgerlich gesagt — ›Gehen sie mir etwa nach?‹ Sie hat dabei gelächelt. Also wußte ich, was los war, ich *wußte* es einfach, und wir sind was trinken gegangen.«

Wenn er so ein Mädchen kennenlernte, gut angezogen und offensichtlich aus guter Familie — wenn er sie also zufällig traf, hatte er dann das Gefühl, daß dies ein Mädchen sei, das er ködern und brauchen könnte? Er nickte. »Ja, letzten Endes schon. Denn wenn sie offen genug ist, überhaupt mit mir zu reden...?« Aber trotzdem wüßte sie nicht, was er ist, was er tut, oder? »Nein, außer wenn ich es ihr sage.« Na gut, er könnte doch aber auch einfach ein netter Typ sein, der sie kennenlernen möchte — heute ist es doch keine große Sache mehr, jemanden auf diese Weise kennenzulernen. »Ja, also«, sagte er, »ich habe da einfach so'n Gefühl. Ein Professioneller wie ich sieht, weiß eben einfach, was sie fühlt oder fühlen könnte. Ich merke das sehr schnell.«

Hatte er jemals daran gedacht, dachte er noch jemals daran, sich zu ändern, etwas anderes zu tun?

Rachel sagte mir, daß sie Lucky diese Frage »viele Male gestellt habe — er war der Typ Mann, der alles hätte tun können. Aber er betonte immer, es putschte ihn auf — daß es das war, was er tun wolle, es sei aufregend, er genösse es, würde schnelles Geld verdienen und bräuchte nicht zu arbeiten...«

Sie erläuterte das, indem sie von Unterhaltungen berichtete, die sie mit Lucky geführt hatte. »Einmal haben wir über Dostojewski und ›Der Idiot‹ gesprochen, und er hat es sehr gut verstanden. Ich erinnere mich, daß ich vor zwei Wochen einen Professor hörte, und der hat es nicht halb so gut gemacht wie Lucky. Wenn ich zurückdenke, so war Lucky ein sehr intelligenter Kopf und muß sich frustriert gefühlt haben, weil er merkte, daß er nicht wirklich gut genug war, einfach loszugehen und die Dinge zu tun, die er hätte tun können. Die Sache bei Zuhältern ist, daß sie nicht glauben, daß sie überhaupt davon loskommen *können*.

Ich erinnere mich, daß ich bei vielen Zuhältern, die ich getroffen habe, gedacht habe: ›Mein Gott, wenn die an die Uni gingen, man könnte die besten schwarzen Rechtsanwälte haben!‹ Natürlich haben sie einen starken Minderwertigkeitskomplex und ein echtes Bedürfnis, dies mit materiellen Dingen auszugleichen; und die einzige Möglichkeit für sie, materielle Dinge *schnell* zu bekommen, ist, das zu tun, was sie tun... Und sie haben ein starkes Bedürfnis danach, zu manipulieren, und die Leute, die man am leichtesten manipulieren kann, sind Mädchen. Und natürlich haben die Schwarzen ein starkes Bedürfnis danach, Macht auf weiße Mädchen auszuüben.«

Ich hatte diese Vergeudung von Begabungen bei Zuhältern auch mit einem befreundeten Polizeibeamten diskutiert. »Diese Kerle könnten alles schaffen«, bestätigte er, »sie könnten alles sein. In einer anderen Gesellschaft wären sie die Lehrer, Rechtsanwälte, Politiker.«

...Als ich Slim die Frage stellte, ob er je daran gedacht habe, etwas anderes zu tun, antwortete er: »Früher manchmal, ja, aber jetzt eigentlich nicht mehr sehr oft. In meinem Alter muß man das tun, was man wirklich kann, und dabei bleiben. Wie ich Ihnen schon gesagt habe, nur wenige Männer können so was gut machen.«

Er war wirklich der Überzeugung, nicht wahr, daß er etwas für diese Mädchen tat, was es rechtfertigte, ihr Geld zu nehmen?

»Doch, natürlich, ja«, erwiderte er. »Ich gebe ihnen etwas, was sie von ihren Vätern und Müttern nicht bekommen können, was sie aber haben *müssen*.«

Aber von einem Ehemann könnten sie es doch bekommen?

»Sie könnten etwas von einem Ehemann bekommen, etwas von dem, was ich ihnen gebe. Aber von mir bekommen sie etwas, was sie von einem Ehemann *nicht* bekommen können. Es muß eine besondere Frau sein, die in diesem Job Erfolg hat«, fuhr er fort, »die Tag für Tag, Nacht für Nacht, Woche für Woche, Jahr für Jahr aushält – und trotzdem noch was dabei rausholt.«

Aber bei den ganz Jungen, sagte ich, sei doch sicherlich ihre Hauptqualifikation, wenn man das mal so ausdrücken darf, ihre Jugend, oder? Doch wohl kaum ihre Erfahrung oder die Fähigkeit, mit sich selbst umzugehen?

»Das stimmt«, sagte er. »Aber Sie wären überrascht, wie wild die darauf sind, etwas zu lernen. Ich will ja nicht…«, er zögerte, »plump sein, nicht? – aber es ist erstaunlich, es überrascht sogar mich manchmal«.

Probierte er sie aus?

»Manche. Manche ja, manche nein. Manche schau ich an, und sage: Wow, die will ich. Manche lassen mich sexuell kalt.«

Bedeutete das, daß sie nicht gut sind?

»Nicht unbedingt. Es bedeutet nur, daß sie mich nicht anturnen.«

Und wenn sie ihn nicht anturnen, schlief er dann nicht mit ihnen? Ist die physische Beziehung zwischen dem Zuhälter und seinem Mädchen nicht ein ›Muß‹?

»Nicht unbedingt«, sagte er (wieder der Lehrer, und das war gar nicht mal gespielt). »Es gibt andere Dinge, die sie von mir braucht, vielleicht mehr als Sex. Das meine ich, wenn ich sage, daß ich qualifiziert bin – Sie verstehen, was ich sagen will?«

Wie viele Mädchen hatte er zur Zeit, fragte ich.

»Wie viele Mädchen?« wiederholte er. »Im Augenblick habe ich drei.« Ich wußte, daß er in Wirklichkeit nur eine hatte. »Drei?« fragte ich deshalb.

»Ich habe eine Hauptfrau, auf die ich mich verlassen kann: eine, von der ich weiß, daß sie sich um meine Angelegenheiten kümmert, die mit *allen* meinen Geschäften klarkommt; Sie wissen ja, wen Sie vor sich haben. Sie *bedeutet* mir was, klar? Das ist Gina. Sie ist zwanzig, aber sie hat erst vor zwei Tagen Geburtstag gehabt. Sie bedeutet mir viel, he, hören Sie gut zu, sie ist mein Typ, und ich bin ihrer.«

Wie lange kannte er dieses Mädchen schon? »Wie lange? Lange genug, um sie zu kennen. Weil das mein Lebensstil ist, mein Geschäft.«

Aber empfand er wirklich etwas für dieses Mädchen? »Ob ich was empfinde — ja, ich empfinde was für dieses Mädchen. Ihr Geburtstag war am 4. — vor zwei Tagen. Ich habe ihr, ich konnte es mir leisten, ihr einen Nerz, einen Diamantring, einen Opal und einen Sony-Farbfernseher zu kaufen. Verstehen Sie, was ich meine? Rechnen Sie das im Kopf zusammen, dann kommen Sie auf nicht weniger als 1000 Dollar. Sie ist was Echtes, deshalb. Es gibt Leute, die sind echt, und welche, die sind nicht echt.«

»Dieses Mädchen, Gina, war sie aus New York?« fragte ich.

»Nein, sie ist aus Massachusetts.« Kannte er ihre Eltern? »So lange kenne ich sie auch wieder noch nicht, eben lang genug, daß ich sie kenne.« Später fand ich heraus, daß er sie erst seit zwei oder drei Wochen kannte.

Hatte Gina ihm über ihre Kindheit erzählt und wie sie auf den Babystrich geraten war, als sie zwölf war? (Diese Informationen hatte ich vom Zuhälterdezernat.)

»Natürlich«, antwortete er. »Gina ist bei mir zusammengebrochen, hat geweint, hat einen Nervenzusammenbruch gehabt, fast alles — verstehen Sie, was ich meine? Aber ich kümmere mich um sie. Man muß sie wie ein Baby behandeln, wenn sie nach Hause kommt. Ich weiß, wie Gina ist, Sie verstehen schon. Ich weiß, was bei ihr zieht.«

Wußte er, was bei Gina ›zieht‹, weil er sich mit Mädchen auskannte, die schon als Kinder auf den Strich gegangen waren? Gewöhnlich war er ausgesprochen vorsichtig, wenn es um kleine Mädchen ging, aber diesmal hatte ich ihn erwischt.

»Ja, damit kenn' ich mich aus«, gab er zu.

»Weil Sie da ein paar wirklich Junge gehabt haben, oder?«

»Keine *Kinder*«, sagte er hastig. »Ich habe keine *Kinder*. Ich arbeite mit Damen. Verstehen Sie, erst arbeite ich mit Weibern, und dann mache ich Damen aus ihnen…«

Hatte Gina ein Fixum? »Aber nein, ich verlange kein Fixum von meinen Mädchen. Sie weiß, worauf ich Anspruch habe, was mir zusteht. Wie gesagt, an einem schlechten Abend bekomme ich zweihundert, klar? Wenn ich meine drei Mädchen habe, sind das sechshundert, und wenn man nur die schlechten Abende zählt, das sind 3600 Dollar die Woche.«

Mit wie vielen Männern müßten sie dann zusammen sein, um das zu verdienen? »Weiß ich nicht, ich zähle sie nicht«, wehrte er ab. »Es ist mir auch egal. Ich will ihre Geschichten auch gar nicht hören, wenn sie nach Hause kommen.« – Ein völlig anderes Bild als das, was er von Gina gezeichnet hatte, die man ›wie ein Baby‹ behandeln mußte, wenn sie nach Hause kam.

Wieviel Geld gab er ihnen am Tag? »Ich gebe ihnen, was sie wollen. Ich gebe ihnen ihr ›Taschengeld‹; damit fahren sie zur Arbeit und kaufen sich Zigaretten und so Zeug. Ich gebe ihnen zwanzig, dreißig Dollar Taschengeld am Tag. [Cassie hatte erzählt, daß er ihr fünf oder zehn gegeben hatte.] Dann kommt sie vielleicht am Abend daher, sagt, sie will einkaufen, und ich gebe ihr zwei-, dreihundert Dollar, verstehen Sie?« Cassie und ein anderes von Slims Mädchen bestätigten mir, wie großzügig er mit Geld war – mit ihrem Geld.

»Ich sage ihnen, ihr könnt euch kaufen, was ihr wollt. Wenn ihr alles für eure Mutter ausgeben wollt, dann tut das ruhig, macht, was ihr wollt. Ihr wolltet Geld, hier habt ihr's – Sie wissen, wen Sie vor sich haben. So einfach ist das. Okay, kommen wir auf das zurück, was ich gesagt habe. Durchschnittlich sechshundert am Tag mal sieben...« [er hatte vergessen, daß er vorher gesagt hatte, seine Mädchen hätten einen ganzen Tag frei] »...das sind 4200 Dollar in der Woche. Natürlich sind meine Ausgaben sehr hoch – allein das Hotel kostet 1200 Dollar.«

Gab er seinen Mädchen Drogen? »Nein. N.e.i.n. Niemals. Eine Frau, die Drogen nimmt, kann bei mir nicht leben: Bei mir darf sie in keiner Weise abhängig sein.«

Aber es stimmt doch, oder, daß die meisten Zuhälter Drogen benutzen? »Kokain, klar. Manche nehmen harte Drogen – habe ich auch gemacht, aber jetzt nicht mehr.«

Er erzählte, daß er gerne esse: »Wie ein König! Mein Frühstück besteht aus einem riesigen Glas Orangensaft, zwei Spiegeleiern, von beiden Seiten gebraten, knusprigem Speck, Schinken, Würstchen, englischem Kuchen und sehr süßem Tee mit Milch.«

Und frühstückte seine Dame mit ihm? »Wenn sie zu Hause ist, ja. Wenn sie ein dänisches Frühstück will oder was auch immer, dann ist das okay, aber ich esse das! Wenn ich satt bin, fühle ich mich wohl, kaufe eine Flasche Brombeerschnaps und gehe spazieren, und wenn ich irgendwie ›high‹ werde, nehme ich etwas

Valium... ich werde leicht nervös, weil ich immer soviel im Kopf habe.«

Hatte er auch Valium genommen, bevor er heute abend zu mir zum Essen gekommen war? Er lachte. »Sicher, natürlich.«

Was hielt Gina von der Szene? »Sie mag sie nicht besonders; jeden Tag wird sie von Freiern, von anderen Mackern bedroht. Im Augenblick — und das ist die Angelegenheit, über die ich nicht richtig sprechen darf, aber da ist eine große Sache im Gang — steht sie ganz schön unter Druck.« (Offensichtlich seitens des Zuhälters, gegen den sie vor Gericht ausgesagt hatte an jenem Tag, an dem Slim und ich uns zum ersten Mal unterhalten hatten.)

Und dann, wie es wiederholt vorkam — ich vermutete, daß dies eine Folge des Kokains war, das er nahm —, änderte sich plötzlich seine Stimmung. Sein Gesicht wirkte plötzlich angespannt, er fing an, unruhig mit seinen Händen herumzuspielen, und seine Stimme wurde schneidend, fast böse: »Sie ist wieder dahin gegangen, heute«, sagte er. »Sie hatte keine Vorladung gekriegt. Sie hat gesagt, sie wolle zur Polizei gehen wegen irgendeinem Haftbefehl. Und wenn ich dann nach Hause komme, wird sie weggehen wollen, aber da werde ich NEIN sagen, NIRGENDS kann sie hingehen! Sie wollte ja schließlich heute dahin gehen, aber das bedeutet, daß mein Geld im Arsch ist, ich werde heute keinen Scheißpfennig bekommen!«

Aber wenn etwas gegen sie vorlag, war es doch bestimmt besser, sich darum zu kümmern, als abzuwarten, bis man eingesperrt wurde. »Pech«, meinte er.

Ja, mußte sie es denn nicht tun? »Sie mußte entweder das tun *oder* mein Geld verdienen, entweder — oder! Auf alle Fälle hätte sie nicht den ganzen Tag damit vertun brauchen — stellen Sie sich vor, sie ist erst zurückgekommen, als ich gerade hierher aufbrechen wollte. In meinen Augen hat sie nicht getan, was sie hätte tun sollen. Wenn sie es richtig gemacht hätte, dann wäre sie schnell dorthin gegangen und dann zurück an die Arbeit, sie hätte sich um meine Angelegenheiten, um mein Geld gekümmert. Das hat sie nicht gemacht, und darum habe ich sie auch zu Hause sitzenlassen.« (Ich hatte nämlich vorgeschlagen, daß Gina uns später am Abend im Restaurant treffen sollte.)

Und was glaubte er, würde sie jetzt tun?

»Wahrscheinlich wird sie in ihr kleines Buch schauen und telefonieren...« Seine Laune war nun wieder etwas besser, und er philosophierte vor sich hin, was er gerne tat. »So ist sie nun mal, die Art Frau, die ich habe. ›Daddy‹, sagt sie, ›ich habe heute nicht für dich gearbeitet, deshalb habe ich meinen Zuckerpapi angerufen, und er wird mir 150 Dollar geben.‹« (Die meisten Mädchen führen ein Buch mit Telefonnummern, wo sie anrufen können, wenn das Geschäft schlecht geht.)

»Klar? Sie wird mir mein Geld besorgen. Ich meine das nicht so wie: ›Schaff das Geld her, oder ich bring dich um.‹ Ich meine es so: ›He, du hast dir frei genommen, um das zu tun, was du tun mußtest, nun mach auch mein Zeug, denn ich habe Ausgaben.‹«

Aber würde er sie schlagen?

»Warum, warum sollte ich sie schlagen? Wenn ich ein Mädchen habe, das ich schlagen muß, dann will ich sie überhaupt nicht haben; sehen Sie denn nicht, wen Sie vor sich haben? Deshalb habe ich auch keine schwarzen Mädchen, jetzt sind wir wieder an dem Punkt. Sie haben mich gefragt, warum — das ist der Grund.«

Weil schwarze Mädchen erwarten, geschlagen zu werden?

»Ja, sie mögen diesen Kampf. Ein weißes Mädchen versteht, was du willst, sie geht und besorgt den Zaster...«

Ich hatte Rachel gefragt, ob Lucky auch schwarze Mädchen gehabt hatte. »Nein«, sagte sie, und es klang, als ob ihr das zum ersten Mal bewußt würde. »Ich habe viele schwarze und weiße Mädchen gekannt — Ausreißer und andere, die zu Hause gewohnt haben — die auf den Babystrich gegangen sind, bei mir zu Hause und in New York, aber es stimmt, Luckys Mädchen waren alle weiß.

Aber eines weiß ich ganz genau. Ich weiß, daß er niemals eines seiner Mädchen angerührt, nie geschlagen hat, und zwar deshalb, weil er als Kind geschlagen worden war. Er fand, daß das das Schlimmste, Fürchterlichste sei... Eigentlich weiß ich von keinem Zuhälter, von allen zehn oder elf, die ich gekannt habe, daß er geprügelt hätte. Es liegt gar nicht in ihrem Interesse, verstehen Sie, und wenn die klug sind, wissen Sie das. Lucky, für ihn war das Wichtigste, daß seine Mädchen *hübsch* aussahen. Er sagte immer: ›Ich will nicht, daß sie aussehen wie achtzehn —

diese Männer wollen keine Achtzehnjährigen: Wenn sie das wollten, würden sie sich solche suchen.‹ Er wollte, daß sie jung und gesund aussahen… und er hat sie nie geschlagen, nie, er hat sie nicht angerührt…«

George Trapp allerdings konnten Rachels Bericht über Lucky und ihre Interpretation seiner Motive, sich um seine Mädchen zu kümmern, nicht überzeugen. »Die Fähigkeit zu überreden, zu manipulieren, ist ihr größtes Kapital«, sagte er. »Was ihnen gemeinsam ist, ist die Perversion beinahe aller menschlichen Gefühle und menschlicher Ethik. Wie intelligent auch immer Rachel war«, fuhr Trapp fort, »sie war doch noch ein Kind. Das Verständnis, die Verletzlichkeit eines Mädchens richtig einzuschätzen, darin besteht ihr Kapital. Er hat natürlich gewußt, daß, wenn er sie enttäuscht hätte oder wenn − so wie sie offensichtlich war und ist − sie ihn für käuflich gehalten hätte, sein Einfluß auf sie schwächer geworden wäre. So hat er sie in dem Glauben gelassen, daß ihm wirklich an den Mädchen lag. Was nicht stimmte, natürlich nicht − keinem Zuhälter, der dreizehnjährige Mädchen für sich arbeiten läßt, liegt wirklich etwas an ihnen − außer daran, wie sie ganz richtig festgestellt hat, sie zu seinem eigenen Nutzen in guter Verfassung zu halten. Seine Motive − und das gilt für sie alle − waren ausschließlich geschäftlicher Art: Er war Zuhälter.«

George Trapp, der alle möglichen Diplome in Soziologie, Psychologie und Kriminologie hat, war der beschlagenste, aufgeklärteste Mann, den ich in diesem Bereich getroffen habe. Aber zu dem Zeitpunkt, als wir uns kennenlernten, hatte vielleicht auch er schon zu viel Elend und zu viel verabscheuenswerte Männer gesehen. Meiner Meinung nach *gibt* es Unterschiede zwischen Zuhältern, manchmal ganz erhebliche, und es ist unmöglich, eine Zeugin wie Rachel nicht ernst zu nehmen.

»Selbstverständlich *hatte* Lucky ein Gewissen«, sagte sie. »Irgendwie war für ihn dreizehn das richtige Alter für eine Prostituierte. Das ist natürlich Unsinn, und ich weiß auch nicht, warum er es richtig fand. Wir haben viel geredet, über eine Menge Dinge, aber manches haben wir einfach nicht erwähnt − das zum Beispiel. Aber man darf nicht vergessen, wie viele Ausreißerinnen es zu dieser Zeit gab, die nirgendwo hingehen konnten. Es gab eine Unmenge von Elf- und Zwölfjährigen, und andere Zuhälter haben sie benutzt. Aber Lucky nie: Für ihn war das völlig ausgeschlossen. Zu denen hat er immer gesagt: ›Du bist zu jung‹, und hat versucht, einen Platz, einen Zufluchtsort für sie zu finden. Ich erinnere mich an zwei solcher Zentren für Ausreißer, wo wir hingegangen sind, um diese Mädchen unterzubringen — eines von der Kirche, das andere eine staatliche Stelle. Dahin hat er mehrere Mädchen geschickt, von denen er fand, daß sie zu jung seien.«

Ich zweifle weder daran, noch an Rachels Aussage, daß dieser Mann die Mädchen nie geschlagen hat, daß er sich um sie gekümmert hat, wenn sie krank waren, und sogar für ihre Heimreise gezahlt hat, wenn sie das wollten. Es stimmt natürlich auch, daß das ohne Zweifel eine subtilere Art von Geschäft war, ein Callgirl-Geschäft für Leute der Oberschicht, wobei die Mädchen nach Vereinbarung in Luxushotels geschickt wurden. Trotzdem, »er mochte keine ›alten Frauen‹«, erklärte sie. »Seine Älteste war siebzehn, und die, die das meiste Geld brachten, waren die Dreizehn-, Vierzehnjährigen.« In Rachel steckte ebenso wie in einigen anderen Mädchen, mit denen ich gesprochen habe, ein merkwürdiger Rest von Loyalität und Zuneigung für den Zuhälter, der vielleicht ihr Urteil trübte. Sie hielt ihm zugute, daß er sie von der Droge losbekommen und aus der Szene ferngehalten hatte, in dem er ihre Beziehung abgebrochen und sie nach Hause geschickt hatte; und auch sie war trotz aller Selbstsicherheit noch immer empfindlich, was diese Kindheitserfahrung betraf, und sie erwähnte nur nebenbei, daß das Hand in Hand gegangen war mit der Tatsache, daß Lucky ein neues, jüngeres Mädchen zu seiner Hauptfrau gemacht hatte.

Als Slim mir erzählte, daß weiße Mädchen das tun, was man von ihnen erwartet, ohne daß man sie schlagen müsse, erinnerte ich ihn an die Tatsache, daß aber in der Realität viele von ihnen geschlagen würden — viele der jungen Mädchen werden schlimm zugerichtet.

»Ja, weil sie... die sind nicht richtig ausgebildet. Sehen Sie, ich habe weiße Mädchen gehabt, die von anderen Playern, anderen Zuhältern, Mackern und so zu mir gekommen sind. Die sind einfach versaut, und ich muß ihnen das alles austreiben und ihnen irgendwie Benehmen beibringen, verstehen Sie, was ich meine?« Er klatschte laut in die Hände. Mehrere Gäste fuhren auf und blickten in unsere Richtung. »Wenn sie's nicht anders haben wollen, dann mach' ich's eben so, aber nur weil ich dann meine Zeit, meine Mühe, mein Geld in was investiere, wo was rausspringt. Klar?«

Und wenn alles glatt lief mit Slims Mädchen, was taten sie, wohin ging er mit ihnen, wenn sie nicht arbeiteten? »Oh, manchmal nehmen wir schnell die Fähre und fahren zur Freiheitsstatue rüber«, erzählte er. »Oder ich lade sie ins Kino ein — ich tu' alles, was ihnen Spaß macht. Wenn sie die Enten im Central Park füttern wollen, nehmen wir eben einen Wagen und kutschieren durch den Central Park. Oder wir joggen...«

Was taten seine Mädchen am Sonntag, arbeiteten Sie? »Nein, meine arbeiten nie sonntags. Meine ruhen sich aus, probieren Kleider an, zählen ihr Geld und lesen die Comics im Sonntagsblatt. Das ist alles.«

»Also haben die Mädchen wirklich einen Ruhetag?« wiederholte ich.

»Haben Sie nicht verstanden, was ich gesagt habe?« fragte er streng. »Wiederholen Sie, was ich gerade gesagt habe.«

»Ruhen sich aus, probieren Kleider an, zählen ihr Geld«, wiederholte ich.

»Und lesen die Sonntagscomics. Oder sie gehen einkaufen. Ich sage ihnen, ich gebe ihnen, was sie wollen. Ich frage: ›Was willst du?‹ Sie sagt: ›Soundso viel.‹ Ich sage: ›Gut, Schätzchen, tu, was dich glücklich macht. Möchtest du, daß dein Daddy dich hier- oder dorthinfährt?‹«

Nannten sie ihn alle Daddy? »Ich *bin* ihr Daddy«, antwortete er. »Ich bin ihre Mutter, ihr Vater, ihre Schwester, ihr Bruder, ihr Geliebter: ich bin alles für sie.

Was Gina betrifft«, fuhr er fort, »sie ist für ihr Alter«, — und dabei bestätigte er, was ich schon von anderer Seite gehört hatte, daß sie sehr jung war — »für ihr Alter ist sie sehr stark, und obwohl sie so unter Druck steht, hat sie eine sehr gute Art entwickelt, sich gegen die zu wehren, gegen die sie sich wehren muß. Aber *ich* bin es, der sie sehen muß, wenn sie von der Arbeit nach Hause kommt; *ich* bin es, der den Kerl anrufen muß, der sie unter Druck setzt. Außerhalb des Hauses (seinem Hotelzimmer) ist sie die stärkste Frau, der zu begegnen du dir erträumst, aber zu Hause mit mir, ich habe es Ihnen ja schon gesagt, ist sie ein Baby, und ich weiß, was sie braucht.«

Glaubt er, daß es ihr was ausmacht, ihm all ihr Geld zu geben?

»Nein, es macht ihr nichts aus. So wie ich bin, und weil ich mich nicht schäme für das, was ich bin, macht es ihr nichts. Sie gibt mir den Respekt, den ich dafür verdiene, daß ich so bin, wie ich bin.«

»Aber — entschuldigen Sie, daß ich Sie das so offen frage...«, wandte ich ein, »worin besteht denn eigentlich Ihr Anteil an dieser Arbeit?«

»Auszubilden«, sagte er. »Sie haben da Nutten, die muß man erst ausbilden. Popcorn-Zuhälter«, sagte er verächtlich, »haben davon keine Ahnung. Ich habe immer wieder Mädchen, die zu mir kommen und keine Ahnung haben, *absolut keine*.«

Als Julie mir von ihrem ersten Zuhälter erzählt hatte, der sie auf den Strich geschickt hatte, fragte ich sie, wie er das gemacht habe. Was hatte er zu ihr gesagt?

»Er hat gesagt, daß er mich später nach Kalifornien mitnehmen würde und daß er noch mehr Frauen hätte und daß er mir dort ein Penthouse schenken würde und all so'n Scheiß.« Sie lachte. »Ich war wirklich sehr, sehr naiv. Er hatte ein Zimmer und hat für mich eins im Stock drunter gemietet, und er hat gesagt, daß wir etwas Geld bräuchten, um dorthin zu fahren, und darum müßte ich was verdienen. Er hat mir einige Dinge erklärt, z. B., na ja, wie ein Freier mich anmachen würde und was er tun würde, aber das meiste mußte ich einfach selber lernen. Und ich hatte keine Ahnung...«

Hatte er mit ihr über Verhütung gesprochen, über Hygiene, oder ihr Kondome gegeben?

»Nein.«

Hat sie für den Mann etwas empfunden?

»Ja... gerade damals... er... weißt du, ich habe mich eben irgendwie sicherer gefühlt. Er hat gesagt, daß er sich um mich kümmern würde, und ich wußte doch nicht, wohin ich gehen sollte.«

Zunächst hat sie mit ihm geschlafen, oder?

»Hm.«

War er freundlich, war er gut dabei?

»Ja... hm-hm... ich hatte wirklich nicht viel Erfahrung mit Sex.« (Sie hatte ein flüchtiges Erlebnis mit einem sechzehnjährigen Jungen gehabt in einem Keller.)

Der Zuhälter hatte kein Fixum festgelegt, sagte sie, aber er sagte, sie solle nichts unter zwanzig Dollar machen. »Und er hat gesagt, daß ich alles tun müsse, was sie wollten.«

Wußte sie, was das bedeutete oder bedeuten konnte?

»Damals nicht.«

In meinem Gespräch mit Slim kam ich nochmals auf seine Ablehnung schwarzer Mädchen zurück, und er antwortete mit seltener Brutalität: »Das beste Geld steckt in weißen Mädchen.«

Er wußte, nicht wahr, daß diese Schwarz-Weiß-Angelegenheit noch eine viel kompliziertere Seite hatte? Ein anderer Zuhälter hatte das ganz unverblümt zum Ausdruck gebracht: »Können Sie sich etwas Besseres vorstellen, um es den Weißen heimzuzahlen, als mit ihren Kindern Geschäfte zu machen?«

»Ich will keine schwarzen Mädchen«, wiederholte Slim und versuchte das zu rationalisieren. »Die Nachfrage ist bei weißen Mädchen größer.«

»Aber abgesehen davon«, wandte ich ein, »gibt es da für *Sie* nicht doch einen persönlichen Grund?«

Er fiel mir ins Wort. »Weil, es braucht einen besonderen Mann, um ein weißes Mädchen ködern zu können, verstehen Sie, ein gewöhnlicher schwarzer Mann kann nicht einfach hingehen und sich ein weißes Mädchen angeln.«

Haßt er weiße Mädchen? »N.e.i.n! Ich habe weiße Mädchen *gern*.« Wenn er weiße Mädchen mochte, mochte er dann Weiße überhaupt? »Ob ich Weiße mag? Manche, ja.«

»Seien Sie bitte ehrlich«, bat ich.

»Manche ja. Im ganzen gesehen: nein.«

»Lassen Sie mich die Frage andersherum stellen«, sagte ich. »Im großen und ganzen mögen Sie die Weißen nicht?«

»Im großen und ganzen«, sagte er, »traue ich ihnen nicht... es ist nicht, daß ich sie nicht mag – ich traue ihnen nicht. Nicht, daß ich einzelne nicht mag. Ich mag Sie«, sagte er. »Und ich habe keine Haßgefühle oder so was – ich habe sogar weiße Kumpel.«

Weiße Männer? »Ja, ich habe Kumpel, zu denen ich Verbindung habe, mit denen ich Geschäfte mache.«

Was für eine Art Geschäft machte er denn mit weißen Männern?

»Oh, wenn ich bestimmte Waren loswerden will. Es tun sich da gerade Möglichkeiten auf«, fantasierte er, »die sich als *sehr* günstig für mich erweisen werden. Ich möchte da jetzt nicht näher drauf eingehen, nicht aus mangelndem Respekt Ihnen gegenüber, aber es ist jetzt nicht der rechte Augenblick dafür.«

Glaubte er, daß die Mafia etwas mit den jungen Mädchen zu tun hat?

»Scheiße«, sagte er, »die Mafia mischt jetzt fast überall mit, es ist geradezu eine Schande. Nehmen Sie das auf Band auf: *Es ist allmählich eine Schande!* Sie wollen ihren Anteil.«

Mußte er sie bezahlen? »Einen Scheißdreck zahle ich ihnen.«

Aber tun es die meisten aus der Szene? »Bordelle zahlen.«

»Pater Ritter [der Vorsitzende des New Yorker ›SOS‹-Zentrums] hat mir gesagt, daß alle Zuhälter zahlen«, wandte ich ein.

»Pater Ritter hat ja keine Ahnung, wovon er spricht, denn die Mafia hat es auf Bordelle, die Show-Welt abgesehen. Von einzelnen Playern, Zuhältern, Mackern bekommen die nichts. Gar nichts!«

Hatte Slim die Absicht, für immer im Zuhältergeschäft zu bleiben? Könnte er das überhaupt?

»Ich will es nicht ewig machen. Ich werde älter, ich würde gern mein Geld haben, meine Frau, da rauskommen, ihr 'ne Boutique kaufen, was immer sie will, womit *sie* glücklich wird.«

»Jeder einzelne Mann, mit dem ich gesprochen habe«, sagte ich, habe diese Idee mit der Boutique aufs Tapet gebracht. »Könnte es sich da nicht um so eine Art Mythos handeln«, vermutete ich, »etwas, was sie den Mädchen erzählen, um sie bei der Stange zu halten?«

»Also, mir ist es egal, wenn sie einen Scheißperückenladen haben will«, erwiderte er heftig. »Was immer sie will, wir werden da rauskommen. Sie sagen, daß sie mit neun, zehn Zuhältern gesprochen haben?« Das machte ihn richtig wütend. »Eins wette ich mit Ihnen, ich wette, daß Sie *nie* jemand wie mich getroffen haben! Ich bin einfach einmalig.«

»Sie drücken sich sehr deutlich aus.«

»Sehr — wie bitte? Ich rede deutlich — eh — ich bin ganz gewieft oder so, aber von meiner Ausbildung her bin ich nicht so gebildet.«

»Jedenfalls ist ihr Mangel an Grobheit für mich mit Sicherheit ungewöhnlich, wenn Sie verstehen, was ich meine«, sagte ich.

»Vielen Dank — ich weiß das zu schätzen. Aber soviel kann ich Ihnen sagen, Sie werden nie wieder in Ihrem Leben jemand wie mir begegnen, und zwar aus dem einfachen Grund, weil ich so fest an mich glaube, weil ich so überzeugt bin von dem, was ich tue.«

Ich wußte eine ganze Menge über Slim: vom Zuhälterdezernat, von den Bezirksanwälten, mit denen ich gesprochen hatte, von anderen Zuhältern (die natürlich ebensolche Lügen über ihn erzählten wie er über sie) und auch von einer Reihe junger Mädchen und älterer Prostituierten, die mir halfen. Bis zu einem gewissen Grade provozierte ich ihn, auf Fragen mit Lügen zu antworten — Fragen, auf die ich die wahre Antwort kannte. Da er sich schon sehr bald ehrlich für das Projekt zu interessieren begann, in jeder Hinsicht in der Lage, dessen Zweck zu verstehen, gab er ziemlich viel zu, und zwar viel schneller, als ich es erwartet oder gehofft hatte. Man könnte sagen, daß er nur in dem Maße den Schein wahrte, daß er sich sein künstliches Selbstwertgefühl erhalten konnte, durch das er das echte ersetzte. Darin glich er den Mädchen, die, wenn sie aufhörten zu fantasieren, gleichzeitig jegliches Selbstwertgefühl aufgaben.

War er nicht auch der Meinung, daß vieles an der Szene sehr brutal war, ja geradezu abhängig von der Androhung von Brutalität?

»Ich mag niemand, der kleine Mädchen verprügelt und so was«, sagte er.

(Rachel hatte gesagt: »Man *kann* Zuhälter durchaus respektieren — es hängt davon ab, wie sie ihre Frauen behandeln. Die Zuhälter, die am meisten verachtet wurden — von denen, die ich gekannt habe —, waren die, die ihre Frauen verkommen ließen. Denn das darf man nicht tun. Man muß *stolz* auf sie sein. Man muß dafür garantieren, daß sie sauber sind und gut aussehen. Und daß sie sich wohlfühlen — weil dann bringen sie auch Geld rein. Das ist einfach Geschäftssinn; heruntergekommene Frauen sind keine guten Nutten.«)

Aber, fragte ich Slim, prügelten nicht die meisten Zuhälter? »Weiß ich nicht — zunächst einmal bin ich ein Einzelgänger. Ich kümmere mich nicht um das, worauf Joe, Bill und Mike sich einlassen, verstehen Sie? Ich weiß nur, wie *ich* meine Mädchen behandle.«

Zweifellos sah er selbst sich so. Aber ich erinnerte mich, daß Cassie mir erzählt hatte, wie man sie mit Heroin vollgestopft, entführt und in New Jersey festgehalten und wieder zu Slim nach New York zurückgebracht hatte: »Er fragte mich, wo ich das Geld hätte, ich hab' gesagt, daß ich keins hätte, daß es mir die Kerle abgenommen hätten. Und da hat er mich verprügelt... Er hat mich am Hals gepackt und aufs Bett geschleudert und angefangen, mich zu würgen, zu schlagen, zu boxen und zu treten. Ich war ungefähr zwei Tage lang völlig weggetreten.«

»...Ich weiß, warum meine Mädchen jahrelang bei mir bleiben und nicht nur ein, zwei Monate. Meine bleiben — fünf, sechs, sieben, acht *Jahre*«, sagte er und verlor sich wieder in Fantasien. Wie ich von Cassie und seinen eigenen Berichten wußte, blieben seine Mädchen bei ihm auch nicht länger als bei jedem anderen Zuhälter.

Empfand er irgend etwas für sie? »Gina liebe ich«, sagte er.

Auch das stellte sich als falsch heraus. Die Gina, die gerade für ihn arbeitete, war, wie ich schon sagte, ein Mädchen, das er erst seit ein paar Wochen kannte. Aber da hatte es eine andere Gina gegeben in seinem Leben, ein bürgerliches Mädchen aus Boston, vierzehn Jahre alt, die er ›Sparkles‹ [›Fünkchen‹] nannte. Dieses Mädchen, materiell verwöhnt, aber von ihren Eltern weitgehend unbeachtet, war in gewisser Weise die Kopie der jungen Jüdin, die er als Junge gekannt hatte: Beide kamen aus einer Welt, zu der er so unbedingt gehören wollte, nach der er sich sehnte, und sie bedeutete ihm wirklich etwas: Im Kino oder in einer anderen Welt hätte es ein Happy-End geben können.

Wollte er damit sagen, daß er für die anderen nichts empfand? »Ich würde vielleicht nicht gerade sagen, daß ich etwas für sie empfinde, aber ich kümmre mich um sie. Ich erfülle ihre Bedürfnisse, ich beschütze sie, ich tue für sie, was ich tun muß. Ich werde nicht zulassen, daß jemand sie ausnützt...«

Aber sie glauben doch, daß er sie gern hat, oder? »Sie *wissen*, daß ich sie gern habe — aber sie wissen auch, daß ich sie nicht *liebe*.«

Glauben sie, daß er sie sexuell braucht? Er lachte. »Sexuell? Das ist doch ganz natürlich, hin und wieder: Abwechslung ist die Würze des Lebens. Wenn meine Damen mich verlassen«, sagte er, »gibt es nur zwei Dinge, die sie tun können: entweder in die Klapsmühle oder zurück zu ihrer Mama, verstehen Sie? Denn buchstäblich so habe ich sie zur Vernunft gebracht. Entweder sie sind so fertig, weil sie ihren Slim verlieren — ›Oh, Gott, ich habe meinen Slim verloren!‹« heulte er mit hoher Falsettstimme — »daß sie kaputtgehen, oder ich hab' sie ziemlich ausgeglichen hingekriegt, und sie gehen zu ihrer Mutter nach Hause. Verstehen Sie, was ich meine?«

»Ich habe Kinder von meinen Damen«, fuhr er fort. »Ich habe zwei, die zur Zeit gerade schwanger sind — eine ist in Philadelphia, die andere in Boston.«

Wie alt sind sie? »Siebzehn, achtzehn. Nein, beide achtzehn, Entschuldigung.« (Beide Mädchen waren in Wirklichkeit jünger.)

Und beide Mädchen waren von ihm schwanger? »Beide.« Was beabsichtigte er mit ihnen zu tun? »Sobald das Baby da ist, werden sie wieder zurückkommen, auf der Stelle!« Er schnalzte mit den Fingern. »Schneller als Sie nach England zurückkommen können.«

Was wollte er mit den Babys tun? »Also, mein Vorschlag war ja, … ich *wollte* die nicht, verstehen Sie?«

Warum hatten sie dann nicht abgetrieben? »Weil sie meinen, daß es sie mir näher bringt.«

Aber teilte er diese Gefühle denn auch? »Nein, verdammt noch mal, nein, ich überhaupt nicht.«

Also noch mal, was wollte er mit den Kindern machen? »Was meinen Sie, soll *ich* mit den Kindern machen, *ich* krieg' doch schließlich kein Kind, oder? Sie hatten doch massenhaft Zeit, abzutreiben oder zu tun, was sie wollten. *Sie* wollen sie doch schließlich haben, und wenn der Zeitpunkt kommt, sie herzugeben, werden sie sie schon hergeben.«

»War Cleo eins von den Mädchen?« fragte ich, wissend, daß sie es nicht war (er kannte Cassie nur unter ihrem Straßennamen ›Cleo‹, und ich benutzte immer den, wenn ich mit ihm sprach). »Wie bitte«, sagte er überrascht.

»Ist Cleo eines von diesen Mädchen?« wiederholte ich.

»Cleo? Sie kennen Cleo? Ich war Cleos erster – sie hat mich geliebt«, sagte er. »Ich will Ihnen was sagen. Sie war bei mir, sie war bei Earl, und nach Earl war sie bei einem andern Kater. Cleo war, ich will Ihnen was sagen, ich habe nicht lange gebraucht, um zu merken, was mit Cleo los war.«

Es war das erste Mal, daß ich ihm zu erkennen gegeben hatte, daß mir gewisse Fakten über ihn schon bekannt waren, und er bekam plötzlich Angst. Wenn ich Cleo tatsächlich kannte – und das war ganz offenkundig der Fall –, dann wußte ich, daß er eine Minderjährige gehabt hatte. Wissen war etwas anderes als eine Vermutung oder Fragen. Er wurde argwöhnisch und sehr vorsichtig und erwähnte sofort, daß Cleo sich ihm als Achtzehnjährige vorgestellt hatte. »Auf alle Fälle«, log er sehr geschickt, »ich habe sie in den Bus gesetzt und nach Hause geschickt. Sehen Sie, etwas, was Ihnen an mir auffallen wird, ist, daß ich nie zu lügen brauche.«

Und dann sah er auf mein Bandgerät und geriet einen Augenblick lang in Panik. »Scheiße«, sagte er, »wenn die dieses Band bekommen, und ich eingelocht werde«, seine Stimme bekam etwas leicht Drohendes, »wehe, wenn die mich einsperren ...«

»Dieses Band«, beeilte ich mich zu sagen, »ist nur für mich und mein Buch: Und weder Ihr Name, noch Cleos oder der von irgend jemand anders wird darin stehen.«

»Ich sage ja nur, wenn es der Zufall will, kriegen die da drin [im Zuhälterdezernat] es doch in die Finger und lochen mich ein ... und ich weiß, wie das läuft. Aber solange ich meine eigenen Überzeugungen in mir habe – soviel *ich* weiß, habe ich nichts Unrechtes getan. Ich habe sie nicht gezwungen, auf den Strich zu gehen – nicht wie manche Macker.«

Er hatte Cleo eine ganze Zeit vor Gina gekannt, oder?

»Gina gehörte noch nicht mal zur Szene«, sagte er und meinte, daß sie nicht zu seinem Stall gehört hatte. »Aber da war 'ne andere Gina, aus Boston – das beste Mädchen, das ich in meinem Leben gehabt habe. Wenn man *alle* zusammenzählt, alle, die ich je gehabt habe, dann kommt man auf dreißig, vierzig so was ... aber genau genommen war Sparkles – Gina hieß sie, aber ich habe sie immer Sparkles genannt – die einzige ..«, seine Stimme wurde leise und belegt, »die ich je geliebt habe. Sie war siebzehn. [Ich wußte, daß sie fünfzehn gewesen war.] Jetzt ist sie zu Hause und erwartet mein Baby.«

Aber wenn er sie liebte, warum nahm er dann nicht das Baby? »Ich würde ja gerne, ich würde sie nehmen und das Baby, ich würde alles nehmen, was mit ihr zu tun hat, wenn sie zurückkommt. Das Baby kommt um meinen Geburtstag herum, Mai, Juni, spätestens Juli. Ich würde sie verdammt schnell zurückholen. Ich habe sie geliebt, sie war eins der hübschesten Mädchen, die Sie je in Ihrem Leben gesehen haben.«

Wollte Sparkles denn zurückkommen? »Sie *muß* einfach zurückkommen.«

Wollte sie ihr Kind mitbringen? »Ich weiß nicht, was sie mit dem Baby vorhat, aber sie kommt auf alle Fälle zurück.« Sie war mit ihm, so sagte er, von Mai bis Oktober zusammengewesen.

Und wie lange war sie schon in der Szene?

»Von dem Tag an, als ich sie aufgelesen habe«, sagte er und gab damit zu, daß er es war, der dieses Kind in New York auf den Strich geschickt hatte, genauso wie die vierzehnjährige Cleo. »Wenn die sie nicht aus Philly weggeschleppt und nach Boston zurückgeschickt hätten«, fuhr er fort (er hatte sie ›geschäftlich‹ nach Philadelphia geschickt, wo sie vom Jugenddezernat aufgegriffen und zu ihren Eltern nach Boston zurückgeschickt worden war), »dann wäre sie jetzt hier bei mir«.

Aber, fragte ich, würde er sie auf den Strich schicken, wenn sie ein Baby erwartete?

»Die kümmern sich einen Dreck darum«, berichtete mir einer meiner Freunde bei der Polizei. »Es gibt so Perverse, die wollen schwangere Mädchen — die kriegen da ihren Kick. Und die Zuhälter zwingen sie weiterzumachen, manchmal bis zum Tag der Entbindung.« Zwei Tage nachdem er mir das gesagt hatte, sprachen die Psychiaterin Dr. Judianne Densen-Gerber und ich mit einem sechzehnjährigen Mädchen in der 8. Straße, das ganz offensichtlich in wenigen Wochen oder Tagen entbinden würde. Sie erzählte uns stolz, daß ihr Kerl ihr wegen ihres Zustandes kein Fixum aufzwang. »Aber gestern habe ich trotzdem 150 Dollar gemacht!« sagte sie und schien sehr zufrieden.

»Nein«, meinte Slim auf meine Frage, ob er die schwangere Sparkles auf den Strich schicken würde. »Ich würde nicht wollen, daß sie bis ganz zum Schluß arbeitet; wie schon gesagt, ich habe eine ganz bestimmte Grenze, einen Punkt, bis zu dem ich gehe. Sie ist so eine wunderschöne Frau«, wiederholte er heiser. »Und es ist nicht einmal, weil sie so schön ist — es ist, weil sie ganz und gar *freiwillig* zu mir gekommen ist. Die haben sie zurückgeschickt, die Polizei! Sie kriegten es raus, das Jugenddezernat, daß sie minderjährig ist, und schickten sie nach Hause.«

Nur Minuten vorher hatte er behauptet, daß sie siebzehn oder achtzehn sei. Aber, sagte ich, mit siebzehn ist sie im Staat New York nicht mehr minderjährig. »O doch«, erwiderte er [fälschlicherweise], »bis sie achtzehn sind. Auf alle Fälle weiß ich es nicht«, sagte er ungeduldig. Er wollte nicht zugeben, daß er sie in einen anderen Bundesstaat geschickt hatte, denn das ist gegen das Gesetz. »Was immer ihr Alter auch sein mag, sie haben sie achtmal nach Hause geschickt. *Achtmal.* Achtmal ist sie weggerannt und zu mir zurückgekommen.«

Wenn Sparkles morgen zurückkäme, würde er Gina fallenlassen?

»Wow«, sagte er. »Das wäre echt schwierig — ich weiß nicht, was ich tun würde, wenn ich Ihnen die verdammte Wahrheit sagen soll. Ich würde versuchen, Frieden zwischen ihnen zu halten und beide zu behalten. Es wäre das Schwierigste, was ich je versucht habe, die größte Herausforderung, mit der ich je konfrontiert wurde. Weil Sparkles mich für sich alleine haben will. Und Gina will mich *auf alle Fälle* für sich alleine.«

Sparkles nahm ›gelegentlich‹ Kontakt zu ihm auf, sagte er. Sie rief ihn unter einer besonderen Nummer an, die sonst niemand kannte. »Sie haben mich etwas gefragt«, sagte er, »und ich muß jetzt darüber nachdenken, echt nachdenken, weil sie scharf ist wie Essig, Ihre Frage. Verstehen Sie, was ich meine, es ist sehr hart. Ich weiß nicht, was ich tun würde. Für mich ist das so: Sparkles hat mir etwas gegeben, was noch keine andere Frau mir je gegeben hat, nicht nur das Geld: Wie viele andere auch hat sie mir das Geld gegeben, und ich nehme das Geld, weil ich es ihr erst ermöglicht habe, das Geld zu *verdienen*.

Aber sie ist einfach *schön*. Wenn die Polizei — die P.o.l.i.z.e.i. — wenn die sie sehen, sagen sie zu ihr: ›Du bist eine der hübschesten Damen, die wir *je* gesehen haben. Wenn du noch mal nach New York zurückkommst, werden wir dich einsargen!‹ Genau so sagen die das, es ist ein Ausdruck, den die verwenden. Weil sie niemanden wie sie hier haben wollen, weil sie einfach so… soo…«

Sie wollen sie wahrscheinlich einfach aus der Szene raushaben, meinte ich. »Sie ist allmählich alt genug, selbst zu entscheiden«, widersprach er. »Wenn es soweit ist, kommt sie zu ihrem Mann.«

Und wie denkt Sparkles über die Szene? »Sie liebt das Leben, das sie lebt, und sie lebt das Leben, das sie liebt…« sagte er sein kleines Sprüchlein auf und fügte dann hinzu, wobei er jedes seiner Worte betonte, »Und… sie… liebt… Slims… dreckige… Socken… vom letzten Jahr!«

Aber schlief sie gern den ganzen Tag lang mit Männern? »Es macht ihr nichts aus«, sagte er, »weil es für sie etwas anderes ist, als mit ›Männern schlafen‹. Sie schaut an die Decke und zählt die Risse in der Tapete, verstehen Sie? Er ist damit beschäftigt, sich einen runterzuholen und kümmert sich um seinen Kram. Sie ist clever: Sie zählt.«

(»Sie erwarten von einem, daß man Sex-Experte ist«, sagte Julie. »Wie kann man eine Expertin sein, mit fünfzehn! Ich meine, *echt*, wie können die so was von einem erwarten, und dann sind sie enttäuscht, weil es auch nicht anders ist als bei ihren Ehefrauen. Natürlich kann man so tun — ich bin eine tolle Schauspielerin! Ich habe Erfahrung!« Sie ließ sie also glauben, daß sie toll sei? »Nicht alle, bei manchen bin ich einfach nur dagelegen. Sollen sie's allein machen, ich seh' fern.«)

Hatte Slim jemals erwogen — hatte er bei einem Mädchen wie Sparkles, die er wirklich zu lieben behauptete, erwogen, für sie zu *arbeiten?*

»Ob ich mir überlegen würde, für sie zu arbeiten?« wiederholte er. »Nein — ich würde für niemanden arbeiten. Der einzige Grund, warum sie für mich arbeitet, ist, daß ich ein Professioneller bin. Ich bin nicht einfach jemand, der nur so in dieses Leben geraten ist. Ich bin kein hergelaufener Antreiber. Ich kenne dieses Leben besser, als die Polizei Schwule, Schweine und so was kennt. Ich *kenne mich aus*. Ich lebe dieses Leben.«

Und glaubte er, daß es falsch sei, zu arbeiten wie andere Menschen? »Ob ich glaube, daß es falsch ist zu arbeiten? Nein …« Er war offensichtlich unfähig zu der üblichen Assoziation mit dem Wort ›arbeiten‹. »Nein, ich glaube, daß es unrecht ist, wenn man junge Damen mißbraucht, bedroht und einschüchtert. Wenn sie beschließt, daß sie arbeiten will, und es Freier gibt, die sie für ihre Dienste bezahlen, dann bin ich da, um dafür zu sorgen, daß sie das gefahrlos tun kann – Sie wissen, wen Sie vor sich haben. G.e.f.a.h.r.l.o.s.«

»Was alle Zuhälter irgendwann gemeinsam haben, selbst wenn sie im Einzelfall nicht so anfangen«, sagte George Trapp, »ist der Verlust einer bestimmten Art von Energie, die allen Menschen angeboren ist. Das gipfelt dann schließlich in einer echten Unfähigkeit zu arbeiten – arbeiten im eigentlichen Sinne des Wortes – und in einem tiefen Gefühl der Verachtung für normale Leute, die arbeiten. Wenn sich dieses Merkmal einmal in einem Menschen ausgebildet hat, hat er sich selbst vom Hauptstrom der Gesellschaft isoliert und wird – man kann fast sagen: zwangsläufig – Teil einer destruktiven Subkultur.«

Würde Slim Sparkles gerne heiraten? Es entstand eine lange Pause, bevor er die Frage wiederholte. »Sparkles heiraten?« Er stockte wieder. »Wenn ich wüßte, daß sie es will… wenn ich wüßte, wie ich sie jetzt erreichen könnte, würde ich…« Er sprach nicht weiter.

Wußte er irgend etwas über ihre Eltern? Hatte sie erzählt, was für Leute das waren? »Ja. Die Art, die Kegeln geht, rumsitzt, Bier trinkt, fernsieht … Ihr Bruder hat die Jungfrau geknackt, als sie vierzehn war«, wieherte er bitter. »»Inzest ist das beste‹, pflegten sie zu sagen. Ja, wir sind viel zusammengesessen und haben geredet – sie ist die einzige, mit der ich reden wollte. Ich habe sie geliebt, geliebt…«

Glaubte er nicht vielleicht doch (ich tastete mich sehr vorsichtig weiter), daß etwas Unrealistisches an dem Gedanken sei, dieses junge Mädchen zu heiraten, das nun wieder bei seinen Eltern war und wahrscheinlich sorgfältig behütet wurde? Hatte er nie daran gedacht, ein schwarzes Mädchen zu heiraten?

»Niemals«, antwortete er heftig. »*Niemals* – das wäre ganz unmöglich. Mit so einem Mädchen habe ich nichts gemeinsam.«

Aber es könnte doch ein hübsches schwarzes Mädchen geben, ein helles schwarzes Mädchen …

»*Nein,* kein schwarzes Mädchen.« Dann änderte sich sein Ton wieder vollkommen, von bitterer Entschlossenheit zu Geschwätzigkeit. »Ich möchte überhaupt mit keinem Mädchen leben. Man kann einen Haufen Geld machen – unversteuertes Geld – mit Teenagern … legal natürlich«, grinste er, als er mein entgeistertes Gesicht sah. »Haben Sie überhaupt die geringste Vorstellung…«

fing er an, und dann unterbrach er sich. »Ohne unhöflich sein zu wollen, wieviel verdienen Sie?«

»Nicht viel«, antwortete ich. »Über mehrere Jahre verteilt, weil man an jedem Buch Jahre schreibt, vielleicht 20 000 Dollar, wenn ich Glück habe.«

»Jesus!« rief er aus. »Entschuldigen Sie den Ausdruck, aber wissen Sie, was ich verdiene? Mein *Minimum* ist 60 000 in einem schlechten Jahr. 80 000, das ist so mein Durchschnitt.«

Wenn er heute abend nicht mit mir äße, was würde er dann tun? »Zwei Dinge. Zum Beispiel, wenn alles hinhaut, würde ich zu Hause liegen und die Sportschau oder so was anschauen. Oder ich wäre in der Bar...« (er erwähnte zwei Zuhälterbars im Westen der 40. Straße) »und würde nach meinem Mädchen sehen, um sicherzugehen, daß sie alleine zu Rande kommt.«

Ich bot ihm Kaffee und Nachtisch an. Er lehnte beides ab, schenkte sich aber noch ein Glas Rotwein ein. »Ich finde diesen Wein sehr, sehr gut.« Er sah sich im Restaurant um, das jetzt fast leer war: Nur noch zwei andere Tische waren besetzt, und es war plötzlich sehr ruhig. Er schüttelte den Kopf und starrte in sein Glas. »Wissen Sie«, sagte er, »Sie haben mich heute an einem meiner freien Abende erwischt. Ich fühle mich ganz merkwürdig... weil...«

Liefen die Geschäfte nicht gut?

»Würden Sie mich bitte ausreden lassen?« unterbrach er mich. »Wenn die Geschäfte so laufen würden, wie sie hätten laufen sollen, wäre alles anders gewesen, verstehen Sie, was ich meine?«

Wollte er damit sagen, daß das Geld nicht stimmte?

»Ja.« Plötzlich täuschte er nichts mehr vor. Seine Stimme war weder flippig noch scharf: es war einfach die Stimme eines intelligenten Mannes, der traurig ist. »Ich habe nur eine Frau zur Zeit«, gab er schließlich zu. »Ich habe noch eine andere gehabt, aber sie war eifersüchtig, deshalb hat sie so getan, als sei sie krank, und hat kein Geld mehr rangeschafft, und da kam dann eins zum andern; ich habe mein großes Maul zu weit aufgerissen, verstehen Sie, und das nächste, was ich gehört habe, war, daß sie davongelaufen ist.«

Nach Hause? »Vielleicht ist sie nach Hause, vielleicht auch nicht. Vielleicht macht sie's auf eigene Faust.«

Gab es zur Zeit viele Mädchen, die es auf eigene Faust machten?

»Die Zeiten haben sich geändert. Die Frauen sind wählerisch geworden, sie wollen mehr, als sie noch vor zwei, drei Jahren wollten. Das kommt daher, daß es jetzt so viele Leute in der Szene gibt, die dafür nicht geeignet sind, die nicht wissen, wie man das machen muß. Es ist gefährlich, wissen Sie«, sagte er plötzlich. »Wenn ein junges Mädchen glaubt, daß sie es alleine schafft, dann geht das vielleicht 'ne Zeitlang, aber dann findet sie es schwierig, so allein.«

Ich sagte, daß ich erstaunt war zu erfahren, wie gelassen Player es hinnahmen, wenn ein Mädchen beschloß, sie zu verlassen.

»Also, wenn die Dame es richtig anfängt«, sagte er, »wenn sie ihn mit dem gebührenden Respekt anspricht, wenn sie es ihm sagt — ja, und auch das Geld, aber auf den Respekt kommt es vor allem an — dann ist das in Ordnung.«

Hatte Slim je junge Männer beraten, so wie der Player im Gefängnis damals ihn beraten hatte, als er siebzehn war?

»Sicher habe ich das. Da sind Typen zu mir gekommen und haben gesagt: ›Ich ... will ... Zuhälter ... werden! Was soll ich machen, soll ich mich anpassen und meinen Job weitermachen, oder soll ich in die Szene gehen?‹ Bei mir ist so'n Typ — ich durchschau' die ganz schnell — ich sag' zu ihm: ›Hör zu, meine Meinung ist — arbeite, bleib bei deinem Leben, genieß dein Leben, bleib, wo du bist, da hast du bessere Chancen.‹ Wenn *ich* die Chance hätte, so wie es jetzt läuft — wie schon gesagt, ich liebe das Leben, das ich lebe, und ich lebe das Leben, das ich liebe. Aber was soll's, ich bin jetzt dreiunddreißig. Es ist wohl ein bißchen schwierig, seinen Lebensstil nach so langer Zeit zu ändern. Verstehen Sie, was ich meine?«

Würde er es anders machen, wenn er könnte? Wenn er zurückdenkt, was würde er anders machen? »Also, lassen Sie es mich mal so sagen: Wenn es so liefe wie am Anfang, würde ich wahrscheinlich genauso weitermachen. Aber wenn ich das Geld hätte, wenn ich jetzt die Gelegenheit dazu hätte, das, was ich will, richtig zu machen, würde ich auf der Stelle aus diesem Leben aussteigen ...«

Inzwischen hatten wir das Restaurant verlassen und gingen die Third Avenue hinunter. »Ich muß mich für zwei Dinge bei Ihnen entschuldigen«, sagte er plötzlich sehr förmlich, »dafür, daß ich vorhin im Restaurant so — Sie wissen schon — so deprimiert war, am Ende. Aber auch dafür, daß ich Sie habe bezahlen lassen; normalerweise lasse ich eine Dame nicht die Rechnung im Restaurant bezahlen ...«

ZWEITER TEIL

DEUTSCHLAND

»Die Szene«

9

»Die Leute denken doch nur ans Geld«

Wenn Kinderprostitution in Deutschland besonders auffällt, so liegt das nicht etwa daran, daß die Deutschen weniger moralisch sind als andere Leute. Im Gegenteil, das Nachkriegsdeutschland hat Menschen mit den festesten Grundsätzen hervorgebracht, die man sich vorstellen kann.

Einige Ursachen für die große Zahl unkontrollierbarer und isolierter Kinder sind in den sozialen Umwälzungen begründet, die für die ganze westliche Welt zutreffen, aber einige treffen auf dieses Land besonders zu. Seit der Teilung Deutschlands in zwei ›Nationen‹ gibt es in der Bundesrepublik kein natürlich gewachsenes Zentrum mehr. Es ist in der Vergangenheit viel über die Gefahren geschrieben worden, die die großen Hauptstädte mit sich bringen, über die Art, wie sie die finanziellen Mittel und die Menschen eines Landes an sich ziehen und wie dadurch Ungerechtigkeit und Verbitterung entsteht. Aber die Gegebenheiten in der Bundesrepublik Deutschland legen den Schluß nahe, daß das fehlende Gefühl für Zentralität, das eine Hauptstadt vermittelt, vielleicht noch schädlicher sein kann. Mit Sicherheit beeinflußt es Regierung, Wirtschaft, Kultur – und die Art der Kriminalität in einem Land. In anderen Ländern konzentriert sich Kinderprostitution auf eine oder vielleicht zwei große Städte. In der Bundesrepublik ist die Anzahl der Kinderprostituierten beiderlei Geschlechts in Hamburg und Berlin, Frankfurt, Düsseldorf und München etwa gleich hoch. Und was noch erstaunlicher ist, man findet sie auch in vielen kleineren Städten, deren Bevölkerung die Situation mit großer Gelassenheit zu akzeptieren scheint, auch wenn es sich dabei um Jugendliche handelt, die jedermann bekannt sind.

Dazu kommt noch, daß Kinderprostitution nicht nur weit gestreut, sondern auch besonders offenkundig ist. Aber das liegt weniger an der großen Anzahl beteiligter Jugendlicher, als an der deutschen Tradition, hinsichtlich sexueller Bedürfnisse oder sogar Lastern offen zu sein.

In Deutschland ist Prostitution (bei Erwachsenen, nicht bei Minderjährigen) legal, ebenso wie in Skandinavien, Holland und einer Reihe anderer sozial fortschrittlicher Länder. In Deutschland hat jede größere Stadt ihren mehr oder weniger offiziellen Strich. Eine Fülle von Pornoläden bietet alle Arten von Zeitschriften und Videos an: Das reicht von Sex zwischen Männern und Frauen, Männern und Männern, Frauen und Frauen, Kindern und Kindern, Kindern und Erwachsenen, Menschen und Tieren bis zu Sadomasochismus und jeder anderen Perversion.

In schummrigen Sexläden, die für einen Beitrag von ein paar Mark sofortige Mitgliedschaft garantieren, werden zu Pornofilmen Getränke serviert und Live-Sex-Shows in finsteren Hinterzimmern angeboten. Peep-Shows bieten nackte Mädchen an, die sich zu Musik aus der Konserve winden, und Eros-Center — riesige Bordelle mit Diskos und Bars im Erdgeschoß — sorgen dafür, daß oben in winzigen Kabuffs fünfzig bis hundert Prostituierte in Schichten rund um die Uhr arbeiten können.

Prostitution und besonders Eros-Center sind zu einem Streitpunkt mit politischem Unterton geworden, und zwar nicht nur in Deutschland, sondern auch in Frankreich und England. Einige Stadtväter, bemüht, die wachsenden Sittenprobleme auf der Straße unter Kontrolle zu bringen, befürworten solche Center als Lösung für das Problem der Prostitution, die es, wie sie zugeben, geben muß. Die Beschränkung jeglicher Prostitution auf Eros-Center, so argumentieren sie, würde die Frauen von der Straße wegbringen; man könnte die damit verbundene organisierte Kriminalität besser kontrollieren, die ›anständigen‹ Frauen schützen — und auch das Grundeigentum.

Einige Prostituierte stimmen dem zu, wenn auch aus anderen Gründen. Die Center, sagen sie, sind sicherer, sogar sicherer vor Zuhältern, falls sie auf diese Art ›Schutz‹ verzichten wollen. Andere jedoch, die ›neuen‹ Prostituierten — vertreten durch die englischen und amerikanischen ›Vereinigten Prostituierten‹ — die beträchtliche Unterstützung von radikal-politischen und feministischen Gruppen erhalten und vor noch nicht allzu langer Zeit ›sit-ins‹ in Lyon und London veranstalteten, lehnen die

Bevormundung, die diese Center bedeuten, strikt ab; ebenso wie sie jede Gesetzesvorlage ablehnen, die das Recht der Prostituierten einschränken würde, das auszuüben, was sie für ihren freigewählten Beruf ansehen, von dem manche behaupten, daß er eine soziale Therapie von grundlegender Bedeutung sei. Sie beschreiben Eros-Center als ›Rinderpferche‹, bei denen die Geschäftsleitung, weit davon entfernt, privater Unternehmer zu sein, fast ausnahmslos dem Bereich der organisierten Kriminalität zuzurechnen und innerhalb dieser geschlossenen Gemeinschaften frei ist, wen immer sie will zu mißhandeln oder zu mißbrauchen, so daß die Frauen nicht sicherer sind, sondern eher das Gegenteil. Außerdem sind sie der Meinung, daß Zuhälter in Eros-Centern ebenso tätig sind wie außerhalb. Wenn sie als Kunden kommen, kann man sie nicht abweisen und außerdem (so argumentieren die ›Vereinigten‹) sollen sie auch gar nicht draußen gehalten werden, weil die meisten Prostituierten Zuhälter wollen und folglich frei entscheiden sollten, ob sie ›Beschützer‹ haben wollen, mit denen sie freiwillig ihren Verdienst teilen, so wie andere Frauen in anderen Berufen es mit ihren Männern und Liebhabern tun.

Keines dieser Argumente trifft vom theoretischen her auf Kinderprostitution zu, einem Problem, dem sich erwachsene Prostituierte ebensowenig stellen wollen oder können wie die Behörden (wie erst kürzlich auf einer Konferenz über Prostitution in Nizza, bei der ich anwesend war, wieder deutlich wurde).

Während die amerikanische Polizei offen ihre Ohnmacht und die Ausweglosigkeit bei Kinderprostitution zugibt, leugnen die Polizeibehörden in England und Deutschland schlichtweg ihre Existenz.

»Zunächst einmal«, sagte ein Polizeiinspektor in Berlin, »werden die Örtlichkeiten, die Sie erwähnt haben, also Eros-Center, Sex-Clubs und auch Peep-Shows, obwohl die letzteren, nebenbei bemerkt, keinerlei Gelegenheit zum Geschlechtsverkehr bieten, regelmäßig ohne vorherige Warnung kontrolliert.

Die wissen alle, daß sie auf der Stelle geschlossen würden, wenn man Minderjährige dort anträfe, ob als Angestellte oder als Kunden. Und vergessen Sie nicht, in West-Berlin muß jede Prostituierte ständig einen Gesundheitsausweis bei sich haben und sich alle zwei Wochen ärztlich untersuchen lassen. Das ist

Gesetz. Wenn sie diese Auflage nicht erfüllen, müssen sie ihren Ausweis abgeben. Deshalb können sie uns gar nicht hinters Licht führen«, versicherte er mir mit einem Lächeln.

Drei Straßen weiter von seinem Büro und eine Straße von meinem exklusiven Hotel entfernt, bestätigte ein freundlicher Geschäftsführer einer Peep-Show diese Aussage. Hier können die Kunden für eine Mark pro Minute auf harten Holzstühlchen vor einer Wand sitzen und durch ein Guckloch nackte Mädchen in kleinen Kämmerchen, allein, in Paaren oder Gruppen Pseudotänze und pseudosexuelle Bewegungen vorführen sehen. Für zehn Mark wird die Trennwand heruntergelassen, und der Kunde darf zehn Minuten neben dem Mädchen sitzen, während sie sich windet. »Aber keinerlei Berührung«, sagte der Manager. »Das ist verboten.« Und als ich fragte, ob ich in einer Pause mit einem der Mädchen reden könnte, wenn die sich dazu bereit fände, war er, ohne zu zögern, damit einverstanden. Die Interviews mit den Kindern sind wortgetreu wiedergegeben worden.

»Was soll das denn schaden?« fragte die umwerfende, junge Blondine in einem türkisch gemusterten Morgenmantel und wollenen Kniestrümpfen, die die erste war, mit der ich eine halbe Stunde später sprach. Wir saßen in einem spärlich möblierten Umkleideraum, den sie mit vier anderen teilte, die gerade ›arbeiteten‹, und tranken Orangensaft auf Kosten der Geschäftsleitung.

Als ich seine Versicherung zitierte, daß dort keine Minderjährigen arbeiteten, nickte sie und vermied dabei, mich anzusehen. Sie sagte, ihr Name sei Alex. Sie lachte. »Das genügt«, und sie fing fast sofort an, den Spieß umzudrehen und mich auszufragen − sehr geschickt, fand ich −: über mein Buch und was ich bisher herausgefunden hätte. Wie so viele Deutsche war sie begeistert von Amerika. »Wir nehmen gerade amerikanische Geschichte durch«, sagte sie und lief rot an, als sie ihren Fehler bemerkte.

»In welcher Klasse bist du denn«, fragte ich sie, und wie brachte sie diese Tätigkeit mit der Schule in Einklang?

Es stellte sich heraus, daß sie und zwei andere, die in der Peep-Show arbeiteten, minderjährig waren, was der Manager nicht wußte. »Das is'n dufter Typ«, meinte sie. Sie gingen die ganze Woche zur Schule und arbeiteten die Spätschicht freitags von fünf Uhr nachmittags bis Mitternacht, manchmal etwas länger. »Und samstags«, sagte sie, »machen wir gewöhnlich zwei Schichten. Das bringt uns zwischen dreihundertundzwanzig und vierhundert Mark für eineinhalb Arbeitstage, und es schadet niemandem.«

Wieviel Taschengeld bekam sie von ihren Eltern? »Zehn Mark in der Woche«, antwortete sie und fügte bitter hinzu: »Das is' 'ne Frage des Prinzips.« Ihr Vater hatte eine kleine Fabrik; sie hätten es sich leisten können, ihr mehr zu geben. »Aber sie finden, daß ich lernen müßte, damit auszukommen.«

Zehn Mark, das wußte ich, reichten gerade für einen Hamburger und eine Cola. Trotzdem, glaubte sie wirklich, daß diese Arbeit ihr nicht schadete, oder versuchte sie vielleicht doch nur, sich das einzureden?

Sie dachte längere Zeit darüber nach. »Ich weiß es nicht so genau«, sagte sie schließlich in korrektem Hochdeutsch. »Das Herumtanzen finde ich nur komisch, echt, wir sehen die Typen ja nicht, die ihre dreckige Mark zahlen.« Sie schlürfte ihren Orangensaft und rieb ihre glatte Stirn. »Aber ich mag es nicht, wenn sie sich neben mich setzen. Und ich hasse es echt, wenn sie mich anfassen.« In manchen Peep-Shows, so stellte sich heraus, kann man das Mädchen für dreißig Mark zehn Minuten lang von der Taille aufwärts abtatschen. »Da ist was an denen...« sie unterbrach, »wissen Sie... sie stinken.« Sie lachte verlegen. »Also eigentlich nicht richtig, ich bilde es mir nur ein.«

»Wenn du dir so etwas einbildest«, sagte ich, »dann schadet es dir eben doch. Warum hörst du nicht auf?«

»Wegen dem Geld«, sagte sie. »Wenn man's mal gehabt hat, ist es schwierig, ohne auszukommen. Ich glaube ehrlich nicht, daß ich das könnte. Und es dauert noch mal drei Jahre mit immer mehr Hausaufgaben bis zum Abitur, also — auch wenn ich sechzehn bin, hab' ich gar keine Zeit für einen normalen Teilzeitjob. Ehrlich, es ist die einfachste Art, das finanzielle Problem zu lösen, bis ich aus der Schule bin.«

Vor zwei Jahren wurde in München nach dem Selbstmord eines hübschen jungen Mädchens, einer Medizinstudentin im ersten Semester, die, um ihr Studium zu finanzieren, in mehreren Pornofilmen mitgespielt hatte, die Mutter eines anderen Mädchen aus der Branche von der Presse interviewt. »Ja«, sagte sie — nach Aussehen und Sprache eine Frau aus der Mittelschicht — ihre zwölfjährige Tochter arbeitete als Nacktmodell, aber sie paßte ja auf sie auf. »Also ja«, gab sie zu, »einmal ist es tatsächlich vorgekommen, daß jemand etwas ›versucht hat‹, und, ja, einmal ist ›es‹ tatsächlich passiert. Aber ich hab' ihm klar und deutlich meine Meinung gesagt«, beteuerte sie und fügte hinzu: »Außerdem ist es schließlich nicht meine Schuld, wenn die Freizügigkeit dieser Gesellschaft mir erlaubt, meine Tochter für diese Arbeit anzubieten.«

In einem deutschen Dokumentarfilm, der als Folge dieses Selbstmords gedreht wurde und der mit bewundernswerter Offenheit zeigt, wie so ein Pornofilm hergestellt wird, sah ich 216 Bewerberinnen für die 15 Rollen anstehen. Fünfzehn davon waren minderjährig, alle wurden *en face* in einem Film gezeigt, der überall zu sehen sein würde.

Vor dem Vorsprechen wurden die Kandidatinnen kurz über die Bedingungen und Anforderungen informiert: Man würde sie nackt filmen; man würde von ihnen erwarten, daß sie sexuelle Handlungen ausführten — nicht vortäuschten, sondern ausführten. Aber sie würden nichts auswendig zu lernen brauchen, da sie über Lautsprecher angeleitet werden würden, und sie würden für fünf Arbeitstage 800 DM pro Tag bekommen. Nicht eine der Bewerberinnen ließ sich durch diese Bedingungen abhalten.

Die fünfzehn wurden ausgesucht. Das Mädchen für die Hauptrolle war knapp sechzehn, nach deutschem Recht also minderjährig. Zunächst war es sehr lustig, ein Spiel. Sie tanzten und küßten sich, alberten in Schaumbädern und jagten einander durch ein Zimmer.

Eine halbe Stunde später brach das Mädchen, das die Hauptrolle spielte, in verzweifelte Tränen aus, als man ihr, während sie mit ihrem Partner am Boden lag und von einer Einstellung zur nächsten gesagt bekam, was sie zu tun habe, die Anweisung gegeben hatte, bei ihm Fellatio zu praktizieren. »Das kann ich nicht«, schluchzte sie. »Ich wußte nicht, daß ich so was machen muß. Ich hab' das noch nie gemacht.« Der Produktionsleiter sagte, sie solle nicht so ›kindisch‹ sein, und erinnerte sie daran, daß sie einen Vertrag unterschrieben habe, in dem sie sich verpflichtet hatte, den Anweisungen Folge zu leisten. Sie hörte nicht auf zu weinen. »Dieser Blödsinn kostet Geld«, sagte er und beraumte eine kurze Pause an. »Wir sind hier nicht im Kindergarten!«

»Bist du jetzt okay?« fragte er etwas freundlicher (möglicherweise war ihm eingefallen, daß ja die Kamera der Dokumentarfilmer lief), nachdem ihr Partner beschwichtigend auf sie eingeredet hatte und man ihre eine Tasse Kaffee und etwas Zeit, sich zu fassen, zugestanden hatte. »Ja«, sagte sie in zerknirschtem Ton, puderte ihre Wangen und Augen, um die Tränenspuren zu verdecken, bekreuzigte sich und kehrte an ihre Arbeit zurück.

Die Dokumentation, von der ich eine Vorausführung gesehen hatte, lief gerade zu der Zeit in Berlin, als ich Alex interviewte. Hatte sie sie gesehen, fragte ich sie.

»Ja — aber so was würde ich auf gar keinen Fall machen«, sagte sie.

Auch nicht, wenn man ihr viel Geld dafür bieten würde, da sie doch wirklich sehr hübsch war? »Das haben sie schon«, meinte sie. »Die grapschen sich doch jedes hübsche Mädchen, das sie kriegen können. Aber können Sie sich das vorstellen«, fuhr sie in entsetztem Ton fort, »vor der Kamera mit jemand zu bumsen?«

»Abgesehen davon, wie war es eigentlich möglich«, fragte ich, »daß eine Filmgesellschaft oder irgend jemand anders Mädchen, die ganz offensichtlich noch minderjährig sind, anstellt, die dann in aller Öffentlichkeit zu sehen sind?«

Sie lachte zynisch. »Weil das niemanden interessiert«, sagte sie. »Die Leute denken doch nur ans Geld.«

Würde sie oder eine der beiden anderen Minderjährigen in der Peep-Show erwägen, ihre Aktivitäten auf Prostitution auszudehnen? Verleiteten solche Peep-Shows gelegentlich dazu oder förderten oder setzten sie das sogar voraus?

»Ich mache es nicht«, sagte sie, »genausowenig, wie ich Pornos mache. Und hier wird es weder gefördert noch verlangt — manche tun's schon. Der Geschäftsführer hier ist in Ordnung, wissen Sie«, betonte sie noch einmal. »natürlich gibt's hier auch immerzu Gelegenheiten dazu. Doch, die eine, eine von den anderen, die macht es schon manchmal, aber nicht regelmäßig. Nur wenn sie mal zusätzlich Geld braucht«, setzte sie verteidigend hinzu.

Der Geschäftsführer habe mir erzählt, sagte ich, daß die Polizei das Etablissement regelmäßig kontrolliere; wie brachten sie es fertig, sie davon zu überzeugen, daß sie volljährig seien?

»Die *Polizei*«, sagte sie spöttisch. »Die können einen echten Ausweis nicht von einem falschen unterscheiden, nicht mal, wenn sie ihre eigene Unterschrift anstarren würden. Und wissen Sie auch warum?« fragte sie. »Das sind alles Männer; die wollen alle dasselbe. Die würden doch am liebsten auch durch das Guckloch schauen − wahrscheinlich tun sie's auch. Das ist ihnen egal«, wiederholte sie. »Glauben Sie *wirklich*«, fragte sie mich dann ganz ernsthaft, »daß sich irgend jemand in Uniform, irgend jemand von den Behörden, außer vielleicht ein paar Samariter, sich für Jugendliche als Menschen interessiert? Wissen Sie, was wir für die sind? Nichts als ein Ärgernis, ein verdammtes Ärgernis.«

Diese Art von Zynismus gegenüber Erwachsenen und der ›Obrigkeit‹ ist fast allen diesen Kindern gemeinsam (und zweifellos vielen anderen auch). Und Alex's Argument war ja durchaus richtig: Sicherlich gibt es Polizeibeamte, die in Peep-Shows gehen. Natürlich gibt es Polizeibeamte, die käuflich sind und sich von Zuhältern und organisierten Verbrechern mit Geld oder Sex schmieren lassen. Allerdings werden heutzutage in den meisten westlichen Ländern immer mehr Polizeibeamtinnen für die Arbeit mit Kindern und Jugendlichen eingesetzt. Merkwürdigerweise waren die Mädchen, mit denen ich sprach, auf weibliche Polizistinnen schlechter zu sprechen als auf Männer, zweifellos eine Folge vielschichtiger Reaktionen von Identifikation, Neid und Scham. Selbstverständlich lassen sich Polizeibeamtinnen nicht mit freiem Sex bestechen, und interessanterweise gibt es bisher weder in Amerika noch in Deutschland oder England irgendwelche offiziellen Fälle von bestechlichen Polizeibeamtinnen.

Dagegen hatte ich weder in Deutschland noch irgendwo anders je den Eindruck, daß dies alles der Polizei, gleich ob Männer oder Frauen, vollkommen gleichgültig wäre. Ich sprach mit Dutzenden von Polizeibeamten beiderlei Geschlechts, viele von ihnen selber Eltern, und fast alle schienen mir im Gegenteil sehr besorgt. Das eigentliche Problem liegt darin, daß sie weder dafür ausgebildet sind, noch die Mittel zur Verfügung haben, Lösungen oder Alternativen für die augenblicklich völlig ineffektive Behandlung dieses Problems zu finden. Und weil sie ihre

Hilflosigkeit diesem extrem schwierigen Problem gegenüber, das diese blutjungen Kinder darstellen, realisieren, schließen sie die Augen davor.

»Ich habe neun Jahre lang beim Jugendschutz gearbeitet«, erzählte mir ein Polizeiinspektor in St. Pauli, einer Gegend, in der sich eine der berühmtesten Vergnügungsstraßen Europas, die Reeperbahn, befindet. Er fühlte sich offensichtlich bei der ihm zugeteilten Aufgabe, sich mit dieser lästigen Besucherin aus dem Ausland zu unterhalten, nicht sehr wohl. Er lächelte immerzu und tat sein Bestes, um mich zu beruhigen.

»Während dieser neun Jahre«, fuhr er fort, »hatte ich vielleicht mit vier Mädchen unter sechzehn zu tun. Und hier am Bahnhof stehen vielleicht fünfzehn minderjährige Jungen. Wir kennen sie alle und verjagen sie immer wieder, um sie zu entmutigen. Aber das ist auch alles.«

Auf meiner ersten Reise nach Hamburg im Zuge dieser Untersuchung war ich innerhalb von drei Wochen siebenmal am Hauptbahnhof. Es war kühles Winterwetter, und ich wählte bewußt verschiedene Tages- und Nachtzeiten aus. Obwohl ich manche Jungen immer wieder dort antraf, fand ich vor und innerhalb des Bahnhofbereichs einundachtzig verschiedene Jungen, die offensichtlich noch sehr jung waren, höchstens vierzehn, aber viele von ihnen erst elf oder zwölf, und alle ganz eindeutig auf Kundschaft aus.

Der Inspektor war ein sehr netter Mann. Er war Anfang vierzig und Vater von drei Kindern, von denen das älteste sechzehn war. »Bei uns geht in der Schulzeit niemand abends weg, auch meine Frau und ich nicht. Am Wochenende können die Kinder in Diskos, ins Kino oder zu Freunden gehen, solange wir wissen, wohin sie gehen und unter der Voraussetzung, daß sie um halb elf wieder zu Hause sind. Und unsere Töchter werden immer nach Hause gebracht, entweder wir holen sie, oder die Eltern von Freunden bringen sie vorbei.« Er seufzte. »Ich weiß, was sie in anderen Ländern über uns strenge, autoritäre Eltern denken; und was ich Ihnen jetzt sage, klingt wahrscheinlich auch nicht anders. Es ist weniger, daß man sie reglementieren will, sondern daß man den Kindern das Gefühl vermittelt, daß man auf ihrer Seite steht, daß man sich über sie freut, daß man Dinge *mit* ihnen und nicht gegen sie macht.«

Das klang gut, sagte ich. Aber seine Behauptung, in neun Jahren nur vier Mädchen unter sechzehn aufgegriffen zu haben? Wie konnte das sein, wenn ich schon an den ersten fünf Tagen mehr als ein Dutzend Kinder, Mädchen wie Jungen, nicht viel älter als zehn, getroffen hatte, die sich alle regelmäßig oder als Teilzeitjob als Prostituierte betätigten? Was war mit den Statistiken, die jeder Sozialarbeiter in dieser 1,7-Millionenstadt kannte? Von 5000 bis 6000 weiblichen Prostituierten waren 1200 registriert und unterzogen sich daher regelmäßig medizinischen Untersuchungen; und es gab zwischen 300 und 400 Strichkinder, die Tausende von anderen nicht eingerechnet, die ihr Taschengeld als Teilzeitarbeiter in der Sex-Industrie verdienten, während sie weiter zu Hause wohnten und in die Schule gingen? Und was war mit all den Örtlichkeiten, wo diese Geschäfte, in die auch Kinder einbezogen wurden, ganz offen abgewickelt wurden? Ich nannte einschlägige Bars. Und was war mit dem Straßenstrich, der ›Langen Reihe‹, und den Annoncen in Zeitungen mit riesigen Auflagen?

Ich sagte ihm, daß es mir durchaus klar war, daß derlei nicht nur in Hamburg oder Westdeutschland passiert, sondern auch in anderen Ländern. Aber konnte das eine Rechtfertigung sein? Wenn nicht jemand damit anfinge, etwas dagegen zu unternehmen, wie würde man dann diese Entwicklung je stoppen können?

Ton und Haltung des Inspektors hatten sich merklich verändert, als er mir schließlich antwortete. Er goß mir Kaffee ein, zündete sich eine Zigarette an, und ich hatte das Gefühl, daß er mir zum ersten Mal direkt in die Augen blickte. »Was sollen wir machen?« sagte er und sein Aussehen und seine Stimme wirkten dabei ebenso erschöpft wie bei seinen Kollegen in den USA und London, als ich sie mit ähnlichen Fragen konfrontierte. »Es ist ja kein vereinzeltes Phänomen, oder? Es ist etwas, das der Gesellschaft und in der Gesellschaft geschieht. Seit dem Ende des Zweiten Weltkriegs, glaube ich. Wir sind besessen«, fuhr er fort. »Wir sind besessen von Geld, materiellen Dingen und Sex. Wie können wir unsere Kinder vor etwas beschützen, das wir selber geschaffen haben?

Sex-Annoncen in der Zeitung? Natürlich ist das empörend, aber wie sollen wir das verhindern? Das würde Einschränkung der Pressefreiheit bedeuten. Dasselbe gilt für Poster und die Titelseiten von Illustrierten. Wenn ich mit meinem siebzehnjährigen Sohn an unserem Zeitungsstand an der Ecke vobeigehe, sieht er nur nackte Frauen. Wie wollen Sie das stoppen? Sie können es nicht, wenn die nicht selber damit aufhören. Und wenn Kinder in den Familien den Ton angeben, und die Eltern sie nicht unter Kontrolle haben, die Zeit oder die Energie dazu nicht haben... wie wollen Sie das gesetzlich regeln?

Und die Örtlichkeiten, die sie erwähnen... wir tun, was wir können, um die einschlägigen Etablissements zu kontrollieren. Aber wir können nicht jedes Hotel, jede Bar, jede Wohnung in der Stadt inspizieren. Wenn man den Medien glauben darf«, jetzt klang er zum ersten Mal bitter und bewußt grob, »so gibt es überall ›Babyflittchen‹ und ›Kalbfleisch‹ [Strichjungen].«

Noch am selben Nachmittag traf ich in einem riesigen Eros-Center genau gegenüber von diesem Polizeirevier mit Hilfe einer jungen Sozialarbeiterin zwei Mädchen, die eine vierzehn, die andere fünfzehn. Beide benutzten, wie sie sagten, seit einem Jahr die ›Annehmlichkeiten‹ des Centers; ihren Äußerungen zufolge war es eher eine angenehme freiberufliche Einrichtung und nicht eine ›Vieh-Pferch‹-Organisation.

Hatten sie Gesundheitsausweise, fragte ich? »Ja, natürlich.« Und wie sind sie in ihrem Alter an die gekommen? Sie lachten. »Passen Sie mal auf«, sagte die eine — wir nennen sie Renée (viele deutsche Mädchen nehmen französische Namen an) — »ich kann jederzeit eine solche Karte kaufen. Wollen Sie auch wissen, was sie kostet? Einhundertsechsundfünfzig Mark. Aber die Kliniken sind froh, wenn wir überhaupt kommen, denen ist es vollkommen gleich, *wie* alt wir sind. Auf alle Fälle«, fragte sie, »hätten Sie mich denn auf vierzehn geschätzt?«

Das hätte ich nicht. Ich hätte sie auf neunzehn oder sogar fünfundzwanzig geschätzt, aber Renée hätte wohl kaum verstanden, daß das alles andere als ein Kompliment war.

10

Annette

Annette aus dem Hamburger Hafenviertel war auch vierzehn, als sie zum ersten Mal in St. Paulis Eros-Center landete, wobei sie es absurderweise dazu benutzte, um sich vor der Polizei zu verstecken. Als ich sie kennenlernte, war sie fünfzehn und sah aus wie ein teuer gekleidetes Püppchen aus Meißner Porzellan. Sie war nicht geschminkt und trug, was offensichtlich eine Boutique-Kreation war: einen bauschigen beigen Rock, eine weiße Seidenbluse und eine Samtweste.

»Was für ein hübsches Mädchen«, sagte ein Bekannter, der zufällig vorbeikam, als wir in meinem Hotel zu Abend aßen. »Ist sie schon vergeben?« Ich erzählte ihm, daß sie erst fünfzehn sei. »Oh«, meinte er, »ich hätte sie auf einundzwanzig geschätzt.« Bevor wir zum Essen hinuntergegangen waren, hatte Annette eine halbe Stunde in meinem Bad damit verbracht, sich zu schminken. Sie trug ein ganzes Arsenal von Cremes, Lippenstiften, Pinseln und Haarsprays mit sich herum; und die Verwandlung aus dem blassen, alterslosen weiblichen Wesen in eine auffallend hübsche — angeblich — Neunzehn- bis Fünfundzwanzigjährige war umwerfend.

»Wo hast du gelernt, dich so zurechtzumachen?« fragte ich sie. »Eine Kollegin hat es mir gezeigt«, antwortete sie.

(Viel später erzählte ich ihrer Großmutter, einer Frau, die großen Wert auf peinliche Sauberkeit legte, daß Annette in diesem eleganten Hotel mit mir gegessen hatte. »Guter Gott, nein!« rief sie aus. »Wie konnten Sie es aushalten, sie dorthin mitzunehmen? Wie peinlich für Sie. Kann sie überhaupt anständig essen?« In ihrer Besorgnis um meine Würde schien sie zu vergessen, daß es sich um ihre Enkelin handelte, über die wir sprachen; man hätte erwarten können, daß ihr deren völlig angemessene Tischmanieren vertraut wären.)

Tagelang riß Annettes Bericht nicht ab, eine Flut von obszönen Ausdrücken und Namen von Männern, mit denen sie schlafen hatte, und das alles in einem Ton gelangweilter Eintönigkeit.

»Andie hat mich gefickt, Frank wollte mich nicht ficken, aber zuletzt hat mich Friede gefickt, aber ich mochte ihn nicht, und nach drei Wochen bin ich abgehauen. Friede II wollte mich immer ficken, und schließlich hab' ich ihn auch gelassen und bin bei ihm geblieben…« Dann wieder zu Frank zurück, ein Hermie, ein Arndt, wieder Frank, Roland, Donnie, Louis, Hennes, Siegfried, Robert, Klaus — eine endlose Liste. Jeder einzelne von ihnen bewegte sich am Rande der Kriminalität, jeder einzelne von ihnen wußte, daß sie ein Kind war. Ich wollte sie nehmen und schütteln oder sie in den Arm nehmen und festhalten, aber ich konnte weder das eine noch das andere tun, weil jede andere Reaktion außer sachlichem Interesse mich in die Kategorie des lästigen, predigenden Spießers eingestuft hätte: der ersehnte und gefürchtete Feind.

Wie war sie dann schließlich bei der Prostitution gelandet, fragte ich. »Also, ich war da mit so 'nem Rocker zusammen, Arndt, und ich hab' schließlich gedacht, eigentlich fickste doch bloß für Alkohol, also kannste's auch genauso für Geld machen. So oder so wirste nur ausgenutzt, und da habe ich eben angefangen, auf die Straße zu gehen, zusammen mit 'nem andern Mädchen, Dori, die mit mir im Kinderheim war — sie war auch vierzehn. Sie is' nach 'ner Weile abgehau'n. Jetzt arbeitet se in Münster, und wie ich gehört habe, geht's ihr sehr gut.«

War es Dori gewesen, die sie dazu verleitet hatte, oder umgekehrt?

»Nee, zusammen haben wir das gemacht, zusammen angefangen.«

Und wie hatten sie angefangen?

»Wir sind auf St. Pauli spazierengegangen, und dann sind wir in 'ne Bar rein, und da haben wir uns so unterhalten, und dann meint der Geschäftsführer: ›Für euch beide vierhundert DM zusammen‹, und sie hat verstanden: ›Für hundert DM zusammen‹, ja, und da hab' ich gesagt, hundert, das geht in Ordnung. Der muß entzückt gewesen sein! Und dann sind wir mit dem aufs Zimmer gegangen, und sie hat alles gemacht, wissen Sie, sie hat geblasen und mit dem losgemacht und das alles ohne Gummi, und ich hab' gar nichts gemacht, nur dagelegen und 'n büschen rumgeknutscht für hundert Mark und hab' gedacht, is' ja wohl leicht verdientes Geld; und dann sind wir so aufer Straße auf und ab gegangen, und dann bin ich nach St. Georgi, und da hab' ich erst ein oder zwei Wochen auf der ›Langen Reihe‹ gearbeitet.«

Ist das ein Autostrich? »Nee.« (Ungeduldig.) »Das is' kein Autostrich, ich hab' mich anne Straße hingestellt. Weil mit dem Auto, das mach' ich nich', das is' mir zuviel Saukram, da kann man sich hinterher nich' waschen und so... Dann hab' ich 'ne Bar gefunden, in der hab' ich hinterher gearbeitet für'n halbes Jahr, eigentlich mehr als Animierdame.«

Wirklich? Sie lachte. »Ja, und 'n büschen das andre. Und nach einiger Zeit hab' ich dann in 'nem Club gearbeitet und Geld verdient.«

Was war das für ein Club? »Sie *wissen* schon.« (Ungeduldig.) »So'n St.-Pauli-Club, wo de mit 'nem Kerl aufs Zimmer gehst, und dann bin ich krank geworden...« In ihrem dringenden Bedürfnis, zu reden, sprach sie häufig ohne abzusetzen – das einzige Zeichen von Gemütsregung bei ihr.

»Geschlechtskrank?«

»Ne, Grippe, deshalb bin ich zurück ins Heim, und als ich wieder gesund war, bin ich zurück und hab' da gewohnt in dem Hotel, in dem ich gearbeitet habe.«

»Was war das für ein Hotel?«

»Das war 'n Hotel, wo die Gäste dann reingingen und 150 DM bezahlten [sie sagte Gäste, nicht Kunden]. Das war so, da war 'ne Bar vorne, da haben die Mädchen sich da hingesetzt und sich dann Gäste mit aufs Zimmer genommen.«

»Nahmst du die Gäste mit in dein Zimmer, oder waren da andere Zimmer?«

»Andere Zimmer«, sagte sie, »ich hatte mein eigenes. Und dann nach einiger Zeit hat ein Mädchen, das eifersüchtig war, weil ich erst vierzehn war und sie fünfundzwanzig, mich angeschissen und dafür gesorgt, daß die Schmiere [Polizei] das ganze Haus durchsucht hat. Ich bin rechtzeitig abgehaun. Ich kannte 'nen Kerl, der Bertie heißt. Ich hab' ihn angerufen, und er hat gesagt, daß ich in der Bar von diesem Puff auf ihn warten soll. Da hatte er drei Frauen, und wir haben geredet, uns auf den Prozentsatz geeinigt, und ich bin dort eingezogen.«

Was für eine Art Puff war das? Sie antwortete wieder mit dieser gereizten Ungeduld angesichts meiner Unwissenheit. Und sie sagte die schreckliche Wahrheit überdeutlich in ihrem aggressivsten Ton mit einer beunruhigenden Art Triumph in der Stimme. »Ein *richtiger* Puff, im Eros-Center von St. Pauli.«

Das Merkwürdige war, daß Annettes Kindheit bis zu ihrem siebten Lebensjahr verhältnismäßig normal gewesen war. Obwohl sich ihre Eltern trennten, als sie ungefähr ein Jahr alt war, »weil meine Mutter schwanger wurde und mein Vater geglaubt hat, daß das Kind nicht von ihm wäre«, heiratete ihre Mutter sehr bald danach den Untermieter. »Für mich ist er mein Vater gewesen, weil er hat mich aufgezogen, und ich kann mich nur an ihn erinnern.«

Der Stiefvater — nennen wir ihn Herr Brockner — hatte einen sicheren Job als Briefträger und war freundlich zu den beiden kleinen Mädchen, Annette und Renate, und ihrem kleinen Bruder Michael (das Kind des Stiefvaters mit Annettes Mutter). Sechs Jahre lang führten sie ein ziemlich normales Familienleben. Annettes richtiger Vater, ein Hafenarbeiter, hatte auch wieder geheiratet, eine blinde Frau, und sie hatten keinerlei Kontakt zu ihm. Ihre Mutter, sagt sie, war eine gute Mutter. Sie erinnert sich, daß sie fast zwanghaft auf Sauberkeit und Ordnung im Haus bedacht war. »Sie hat nicht geraucht, damit nicht die Vorhänge riechen. Wenn z. B. jemand zum Kaffee gekommen ist, dann hat sie die Tassen hochgenommen und erstmal gewischt, und wenn sie gegangen sind, ist sie mit dem Staubsauger hinterhergelaufen.« Aber auf der anderen Seite hat sie die Kinder nicht damit genervt, wie manche Mütter das tun. »Wir durften so schmutzig sein, wie wir wollten. Sie hat sich dann abends hingestellt und unsere ganze Wäsche gewaschen, damit wir morgens wieder sauberes Zeug hatten.« Und sie waren auch nicht geschlagen worden. »Nur wenn wir es verdient hatten«, sagte Annette realistisch, »zum Beispiel, wenn meine Mutter mir Geld gegeben hat, und sie hat es mir für die Apotheke gegeben, damit ich ihr Tabletten hol', und ich hab' für das Geld Bonsches gekauft«.

Alles wurde eines Abends anders, als Annette gerade sieben geworden war. Einige Wochen zuvor war in die Wohnung über ihnen eine geschiedene Frau mit vier Kindern eingezogen. »Sie und meine Mutter wurden Freundinnen, und sie hat meiner Mutter immer die Ohren vollgeweint über ihren früheren Mann, der zahle nich, und meine Mutter kam dann runter und hat's beim Abendessen meinem Stiefvater erzählt. Und sie hat immer gesagt, warum er nich mit ihr hochkommt — ich nehm' an, sie hat gedacht, daß das der Frau vielleicht hilft. Aber der wollte partout nich hoch, der hatte keinen Bock drauf.

Und eines Tages isser doch mit hoch, und da kann ich mich noch dran erinnern, wie meine Mutter gesagt hat: ›Ruf' doch mal Papa runter, Essen is fertig!‹ Und da bin ich hoch, um ihn zu holen, und da hat er gesagt: ›Ich komme nich zurück.‹ Am nächsten Tag hat er seine Sachen geholt und ist nach oben gezogen.

Da dran is meine Mutter tierisch kaputt gegangen, sie fing an zu trinken, und viermal hat sie so getan, als wenn se aus'm Fenster springen würde und so'ne Sachen, aber immer nur, wenn wir dabei waren, so daß wir sie aufhalten konnten. Und dann hatte sie immer 'nen andern Kerl da...«

Die beiden kleinen Mädchen und das Brüderchen zogen ins Schlafzimmer um, und die Mutter schlief auf einer Couch im Wohnzimmer. »Und da hat sie mal losgemacht mit ihren Typ, wissen Sie, ihrem Freund, und dann hat sie so laut gestöhnt und geschrien, daß wir gedacht haben, der bringt sie um. Da sind wir rein beide und haben geheult und geschrien: ›Laß sie los, laß unsere Mutter in Ruh'!‹ und so. Dann ist sie aufgestanden, und da haben wir *so'ne* Tracht Prügel gekriegt. Wir wußten ja gar nicht, was wir gemacht hatten, und da habe ich einfach angefangen, meine Mutter zu hassen.«

Aber warum? »Weil sie Sachen gemacht hat, die ich nicht verkraften konnte. Ich konnte nicht verkraften, daß sie vor meinen Augen gebumst hat.«

Es war doch eigentlich nicht vor ihren Augen, es war im anderen Zimmer, oder? Es war im anderen Zimmer, und, wie sie ja inzwischen wußte, Bumsen war nicht immer so leise.

»Ja«, räumte sie ein, »aber so laut muß es ja auch wieder nich sein, daß das ganze Haus zusammenrennt.« (Sie sprach noch immer im Präsens darüber.) »Jedenfalls hat meine Mutter auch gemerkt, daß ich sie hasse, und dann hat sie meine Schwester immer vorgezogen. Wissen Sie«, erinnerte sich Annette plötzlich,

»ich weiß noch genau, da komm' ich aus der Schule, und da sagt sie: ›Wir haben uns verlobt, willst du uns nicht gratulieren?‹ Wissen Sie, was er gesagt hat? ›Jetzt bin ich dein Vater, jetzt kann ich dir endlich eine reinhauen.‹ Und da bin ich in die Küche gegangen und hab' eine Bratpfanne geholt, und er ist auf mich zugegangen und wollte mich am Arm packen, und da hab' ich ausgeholt und ihm mit der Pfanne auf den Kopf geschlagen, und da hab' ich so richtig den Arsch vollgekriegt.

Und da bin ich abgehaun, nach meine Oma, und hab' ihr erzählt, was er gesagt hat, und sie hat gesagt: ›Jetzt bleibst du hier.‹ Sie wollte mich ja schon immer haben; aber da hab' ich wieder Heimweh gekriegt, auch wegen meiner Schwester, und weil ich meine Schwester auch nicht allein lassen wollte und so, und da bin ich nach Hause gefahren, und meine Mutter hat geheult und meine Oma angebrüllt, und es war so schlimm, daß unsere Nachbarin, das war 'ne Nutte, hab' ich erst jetzt erfahren, ja, dann hat die Nachbarin gesagt: ›Komm mal mit, Annette‹, und dann hab' ich bei ihr geschlafen. ›Und wenn deine Mutter dich jetzt noch mal schlägt, oder wenn da etwas ist, dann kommst du zu mir.‹«

Das hört sich dann doch so an, als ob sie eine Menge Schläge bekommen hätte? »Nach der Scheidung, ja, unheimlich.«

Offensichtlich hatten das Verhalten des Ehemanns und der Verrat der Nachbarin das Leben von Annettes Mutter zerstört. »Sie hat alles mögliche gemacht, alles war anders. Ich weiß noch, eines Nachmittags, wir saßen so im Wohnzimmer rum, da klappt meine Mutter die Couch auf und macht ihr Bett, und beide ziehen sich aus und gehn ins Bett. Die Nachbarin saß dabei, ihr Mann saß dabei, wir Kinder saßen dabei, dann waren sie wieder am Bumsen.«

»Du meinst — vor allen Leuten?«

»Vor dem Besuch und uns. Und dann hat er sie so rausgeschmissen aus dem Bett und wieder reingeholt und weitergemacht und so. Meine Schwester und ich haben dann bei der Nachbarin geschlafen. Ich bekam fürchterliche Angst vor allem und hatte Alpträume. Früher mochte ich sie gern, als sie noch mit meinem Stiefvater verheiratet war. Bis er hochging zu dieser Frau, die behauptet hat, sie ist von meiner Mutter die Freundin, sogar heute noch macht sie sie überall schlecht. Ich hasse sie.«

(»Sie können sich nicht vorstellen, wie sehr dieses Kind hassen kann«, sagte Annettes Großmutter. »Es läuft einem kalt den Rücken runter. Ein *Kind* und *hassen*. Haben Sie so was schon mal gehört?«)

Annette weiß nicht mehr, und ihre Großmutter geruht, sich nicht zu erinnern, bei welcher Gelegenheit die beiden kleinen Mädchen, Annette fast acht und Renate sechs, endlich vom Jugendamt übernommen und in ein Kinderheim gebracht wurden. Nach sechs Monaten erhielt der Stiefvater, inzwischen mit Frau Remm oben verheiratet, das Sorgerecht für die jüngere Schwester Renate. »Michael haben sie fast sofort mit hochgenommen, dann haben sie Renate adoptiert und sie auch hochgenommen.« (Annettes Mutter lebte anscheinend noch immer ihr chaotisches Leben im Erdgeschoß desselben Hauses — das Wort ›hoch‹, das sich in Annettes Kopf tief eingegraben hatte, durchzog ihre Geschichten wie ein roter Faden.) »Aber mich haben sie im Heim gelassen«, sagte Annette, und ihre Lippen waren blaß und dünn.

War die kleine Schwester vielleicht doch sein Kind, wie ihr Vater ursprünglich vermutet hatte? »Nein, sie war die Tochter von meinem richtigen Vater, und das hat mir an und für sich unheimlich weh getan, weil ich bin nur wegen ihr ins Heim gegangen. Wissen Sie, ich sollte nach meine Oma, und meine Schwester sollte ins Heim, weil meine Oma hat gesagt, daß sie nur mich nehmen kann, und da hab' ich nein gesagt, und das war's dann, und ich bin dann auch ins Heim gekommen.«

Warum wollte ihre Oma nicht auch ihre Schwester haben?

»Sie hat mir das mal erklärt, das is lange her, und zwar hat meine Schwester schon von klein an versucht, immer alle für sich zu gewinnen, und is immer so jedem in den Arsch gekrochen. Und meine Tante, meiner Oma ihre jüngste Tochter, war auch auf ihr eifersüchtig. Sie is nur sechs Jahre älter als ich — sie is jetzt einundzwanzig — also damals war sie dreizehn, und sie war die Kleinste und am meisten gehätschelt, und sie wollte meine Schwester nicht rumhaben, weil die auch im Mittelpunkt sein wollte. *Mir* hat das nie was gemacht.«

Es hat ihr etwas ausgemacht. Es hat ihr sogar sehr viel ausgemacht. Sie sehnte sich danach, gestreichelt und in den Arm genommen zu werden; sie brauchte dringend ihre Mutter, ihre

Mutter, so wie sie einmal gewesen war, hübsch, sauber, sogar pingelig, nicht die unordentliche Frau, die so schmachvoll von ihrem Mann verstoßen worden war und schließlich von jedermann verachtet wurde. Dieses kleine Mädchen verachtete und verleugnete seine Mutter ebenso schmerzvoll, wie sie sie weiterhin liebte.

Es gelang mir nie, wirklich herauszufinden, warum Annettes Großmutter sie eigentlich nicht bei sich aufgenommen hatte, als das kleinere Mädchen vom Stiefvater und seiner Frau adoptiert wurde. Die Antworten der Großmutter auf diese Frage waren immer ausweichend. Aber zu meiner Überraschung bestätigte sie alles, was Annette mir erzählt hatte, denn ich hatte angenommen, daß Annette — wie so viele Mädchen, mit denen ich sprach — vielleicht aufgrund ihrer bitteren Erfahrungen sich dazu hatte verleiten lassen, über ihre Vergangenheit zu fantasieren.

»Als Annette im Kinderheim war«, sagte ihre Großmutter, »durfte sie an den Wochenenden nach Hause.«

»Durfte?« fragte ich spitz.

»Nicht jedes Wochenende, vielleicht alle vierzehn Tage oder einmal im Monat, und Annette war ja so ein Mensch.« Eine ziemlich erschreckende Beschreibung ›so‹ einer Achtjährigen von ihrer eigenen Großmutter. »Die Kinder mußten ›Mutti‹ zu Frau Remm sagen, aber Annette hat sich geweigert. Sie hat immer ›Tante Greta‹ gesagt. Und nachdem sie einige Wochenenden und in den Ferien dort gewesen war, hat Frau Remm im Kinderheim angerufen und gesagt, daß Annette nicht mehr kommen sollte.« (Annette selbst brachte niemals soviel Höflichkeit auf, von ihrem Stiefvater und seiner neuen Frau als ›Herr‹ oder ›Frau‹ zu sprechen. Sie waren immer ›Remm‹ und ›Brockner‹.)

»Wenn Brockner Renate abgeholt hat«, sagte Annette, »hat er ›Guten Tag‹ gesagt, und ich hab' nur geantwortet ›Guten Tag‹ und ›Viel Spaß‹. Ich wollte das alles nich so richtig wahrhaben, schließlich war er auch *mein* Vater, und dann bin ich wieder rein. Wenn er in 'en Autospiegel geguckt hätte, hätte er gesehen, daß ich mich nich mal umgedreht hab'. Ich mochte zwar nichts mehr essen — aber geweint hab' ich nich.«

Was geschah danach? »Ich war dann ganz zufrieden im Heim. Es war ordentlich. Die Erzieherinnen waren lieb; ich kam ganz gut zurecht, hatte viele Freunde und schaffte die Schule.«

Hat sie ihre Mutter damals gesehen, ist sie sie besuchen gekommen? »Nee, die kam ja nich, und ich wollte sie auch gar nich sehen. Ich war froh, daß ich sie los war.«

Haben andere Leute sie besucht? Ihre Oma? »Ein Jahr lang hat mich keiner besucht, doch, meine Oma kam mal, wie meine Schwester noch im Heim war, sie hat uns Bonsches mitgebracht.«

Schließlich nahmen ›sie‹ — Brockners — sie »als Pflegetochter übers Wochenende. »Natürlich haben sie's wegen dem Geld gemacht. Als ich das erste Mal kam, haben sie so auf freundlich gemacht, und dann haben sie zu mir gesagt: ›Du kannst dir aussuchen, ob du Mutti oder Tante zu ihr sagen willst.‹ Ich hab' gesagt: ›Tante Greta, ich sag nich Mutti.‹ Und da hat sie gesagt: ›In Ordnung, ich wollte dich sowieso nich haben.‹

Und Brockner hat gesagt: ›Wenn Michael nach deiner Mutter fragt, dann sag ›Tante Gertrud‹, wenn du irgendwas erzählst! Das hat mich auch irgendwie so'n büschen bedrückt, weil es ja doch unsere Mutter gewesen ist, und dann hat sie [Remm] nur über meine Mutter gelästert und sie schlecht gemacht. Es hat mich richtig krank gemacht, wenn ich da war als Pflegetochter, und mein kleiner Bruder hat so viel Schläge gekriegt, genau wie meine Schwester, weil das die Kinder von unserer Mutter waren. Es war schlimm. Wissen Sie, Micky, er war ein empfindlicher kleiner Junge. Sie hat das Essen immer ziemlich scharf gewürzt, und wenn er dann was nich abkonnte, was sie gekocht hat, Blutwurst oder Fisch oder so, das mögen Kinder nich, alle Kinder, was ich so kenn', und dann hat sie ihn gezwungen, und er hat das ausgekotzt, und dann hat er 'ne Tracht Prügel gekriegt, und sie hat ihn mit seinem Teller aufs Klo gezerrt, und er mußte auf dem Klo weiteressen. O Gott«, erzählte sie weiter, »er war immer so froh, wenn ich kam. Auch als wir noch zu Hause waren, mußte immer ich ihn sauber machen und anziehen und mußte mit ihm spazierengehen. Und er hat auch wahrscheinlich in meiner Mutter gar nich seine Mutter gesehen, weil da war meine Mutter schon völlig kaputt. Immer wenn ich Prügel gekriegt habe, hat er anstatt ich geweint« — zum ersten Mal weinte Annette, als sie sich daran erinnerte. »Und nun oben kriegte *er* die Prügel. Es war schrecklich, wie oft er Prügel gekriegt hat«, wiederholte sie. »Jetzt is es besser, hab' ich gehört; seit ihre älteste Tochter gestorben is, und eine von den andern ausgezogen is, isse netter zu ihm.«

Frau Remm-Brockners Tochter ist gestorben? »Ja, die älteste; sie war ein Jahr älter wie ich. Sie hat einen Autounfall gehabt und is dabei umgekommen. Ich gönn ihr das aber«, sagte sie boshaft, »sie hat meine Mutter umgebracht«.

Wann starb ihre Mutter? »Ich weiß nich genau; vor ein paar Jahren, Tabletten und Alkohol. *Sie* hat meine Mutter umgebracht. Rufmord is das gewesen«, sagte sie — offensichtlich ein Wort, das sie gehört und nicht verstanden hatte. »Das is ein psychologischer Mord gewesen.«

Und Annette selber? Hatte sie ihre Mutter nie mehr wiedergesehen oder mit ihr gesprochen?

»Einmal, da war ich dann in 'nem neuen Heim, weil ich inzwischen zehn war, isse gekommen. Sie is hingekommen, und das hat mich inne unheimlich peinliche Situation gebracht; sie is zu 'nem Jungen gelaufen, und hat gefragt: ›Wo is meine Tochter? Ich will meine Tochter sehen‹, und hat geweint, und da hat sie ihm die Ohren vollgeheult, und der wußte gar nich, wer die Tochter sein soll. Dann haben sie mich geholt, und da hab' ich sie gesehen und wollte gleich wieder raus.«

Hatte sie sich so verändert? »Ja, sie war nich besoffen, aber kaputt sah sie aus, so wie 'ne alte Hascherin. Da war schon wieder 'n anderer Mann da, und sie hat gesagt: ›Komm her, es passiert dir nichts!‹ Und da wollte sie, daß ich mit nach Hause komme, und da hab' ich offen und ehrlich gesagt, was ich von ihr halte, daß ich nich mehr nach Hause komme, weil ich das nich verkrafte. Und da sagt sie, daß sie wieder verheiratet is und 'ne Tochter hat und 'n Baby bekommen hat. Ich mochte den Mann überhaupt nich — er hatte so viele Narben im Gesicht, der wollte mich in'n Arm nehmen; und dann sagte er: ›Komm her‹, und ›Tochter‹, und ich hab' ihn weggestoßen. Und ich denk, ich hör' nich recht, ›*Tochter*‹. Und ich bin in mein Zimmer rauf, und sie is mir nachgekommen, und saß sie auf meinem Bett, da hab' ich mich auf das andre Bett gesetzt. Ich wollte mit der nichts zu tun haben; ich hab' mich vor der Frau geekelt.

Und als sie gegangen sind, isse oben an der Treppe zusammengebrochen, und da hab' ich mir noch eins gelacht. Später hat mir ein andres Mädchen einen Briefumschlag gegeben und gesagt, das is von dem Mann da, und da waren drei Mark drin. Sie dachten, sie können mich *kaufen* für drei Mark (keine Pause, keine Interpunktion − das war sehr aufschlußreich), und dann hab' ich meine Regel gekriegt und hab' mich mit Jungs abgegeben und wollte in Diskos gehen und hab' schon angefangen, Bier zu trinken.«

Annettes Großmutter ist eine gutaussehende Frau, etwa fünfundfünfzig; für ihr Alter wirkt sie noch sehr jung. Sie lebt in einer peinlich sauberen Wohnung in einem hübschen Vorort, und sie bestätigte das alles.

Hätte *sie* denn nicht irgend etwas für das Kind ihrer ältesten Tochter tun können?

»Nichts«, sagte sie kurz. »Ich habe eine angegriffene Gesundheit.«

»*Wollten* Sie sie zu sich nehmen?« − »Ja«, sagte sie. »Ich habe es auch letztens noch zu ihr gesagt, als sie sagte, sie möchte jetzt hier wohnen und zur Schule gehen, Leute kennenlernen. ›Kind‹, sag' ich, ›jetzt möchtest du kommen, du hättest damals kommen sollen, da wär' noch was zu machen gewesen mit dir…‹«

Ich fragte Annette, ob sie zur Beerdigung ihrer Mutter gegangen war. »Doch, aber bloß, weil ich gewußt habe, es gibt Kaffee und Kuchen.«

Ihre Schwester kam nicht; ihre Großmutter war da und alle möglichen Verwandten, von denen sie die meisten nicht kannte. (»Die Brockners haben es Renate nicht gesagt, ehe alles vorbei war«, erklärte ihre Großmutter. »Da hat sie einen Nervenzusammenbruch bekommen. Später hat sie mir erzählt, daß sie immer damit gerechnet hat, wieder zu ihrer Mutter zurück zu dürfen.«)

War denn niemand unter den Verwandten, den sie nett fand? »Doch, meine Cousine, und ich hab' nur gelacht auf der Beerdigung und gedacht, hoffentlich gibt es bald ein Fest oder so ähnlich. Ich hab' gelacht und meine Cousine auch, und die Erzieherin hat mir immer Bonsches in den Mund gesteckt, damit ich nich laut loslachen konnte. Weil das war alles Show. Der Pastor redete und redete, und dann war es ganz still, und dann schnurzt er, und dabei klappt ne Handtasche zu, und da hätt' ich bald gepißt vor Lachen.«

»Das waren die Nerven, glaubst du nicht?«

»Nee, ich fand das ganz lustig. Ich hab' auch so, als ich die Blumen ins Grab geworfen hab', die Erzieherin gefragt, wann wir endlich gehen, es wird mir langweilig. Es gibt ja sowieso kein Fest mehr, ich hab' so an Kaffee und Kuchen gedacht, und dann brauchte ich nich zur Schule, sonst wäre ich gar nich hingegangen, weil«, betonte sie, »mich das nicht interessiert hat.«

Ihre Behauptung, keinerlei Interesse zu haben — an ihrer Mutter, ihrem Stiefvater und dem Rest der Familie — war natürlich eine Lüge. Und die Schilderung der Brutalität der Brockners gegenüber ihrem kleinen Bruder, ihrer Schwester und Annette selbst war sehr wahrscheinlich übertrieben. Physische Strafen sind in vielen Familien immer noch die häufigste Disziplinmaßnahme, sowohl in Europa als auch in Amerika. Und Annette war, wie sie selber zugab, ein extrem schwieriges Kind.

»Ich war ganz schön frech«, bekannte sie. »Ich hab angefangen, zu trinken und zu rauchen im Heim, und die Remm hat es spitz gekriegt und gesagt, daß ich ihre Kinder versaue. Ihre tollen Kinder«, fügte sie bitter hinzu.

Und was war mit ihrem richtigen Vater? Hat sie den überhaupt nie gesehen?

»Den hab' ich schon gesehen, aber... Ich mochte meinen Vater an und für sich ganz gern, aber ich hatte zuwenig Kontakt zu ihm, als ich klein war; jetzt versteh' ich mich ganz gut mit ihm. Vielleicht einmal im Jahr oder so hat er mich im Heim abgeholt.«

Wäre das keine Möglichkeit für sie gewesen, bei ihm und seiner Familie zu leben?

»Nee, der wollte mich auch nich mehr. Die hatten einen kleinen Jungen, so alt wie Micky, der is genauso flippig und genauso hampelig, wie ich gewesen bin, verprügelte die Kinder mit der Schaufel und so, und da hat er gedacht, zwei kann er nicht ertragen, weil seine Frau ja blind is. Und dann, als ich elf oder zwölf war, hat er versucht, mich unter Druck zu setzen, er hat gehört, daß ich Schule schwänzte, durchbrannte und getrunken hab' und all so was, und als ich ihn mal angerufen hab', hat er gesagt: ›Entweder du besserst dich, oder ich will nichts mehr von dir wissen.‹ Da hab' ich gedacht, ich mach die Schule für mich und für sonst niemanden. Ich will nicht unter Druck gesetzt werden. Ich hab gedacht, das is mir doch sowieso scheißegal, sie sollen mich doch sowieso am Arsch lecken.«

»Es gab da also nie einen erwachsenen Verwandten, mit dem du dich einigermaßen verstanden hast?«

»Doch«, sagte sie bitter, »da war diese Cousine, wissen Sie, die, die ich bei der Beerdigung meiner Mutter gesehen hatte. Die war fünfundzwanzig und kam eines Tages und hat mich zu sich in die Wohnung geholt und mich sogar Bier trinken lassen. Ich hab' gedacht, da is endlich jemand zum Reden, wissen Sie, dem ich vertrauen kann. Aber da wollte sie mich küssen, und es war mir so komisch, sie hat mich in die Decke eingewickelt und auf ihren Schoß gesetzt. Ich wollte doch groß sein. Es kam mir so eigenartig vor. Und später hab' ich erfahren, daß sie lesbisch is. Sehen Sie, die wollte mich auch nur ausnutzen… und wie ich Ihnen schon gesagt habe, schließlich hab' ich aufgegeben und gesagt, daß ich keinen von ihnen mehr sehen wollte, und dann hab ich sie lange nich mehr gesehen.

Jahre später [es waren in Wirklichkeit nur zwei Jahre] habe ich meine Schwester getroffen auf der Straße nicht weit vom Haus von Brockners. [Das Heim war etliche Kilometer entfernt, und es ist auffällig, daß sie sich in ihrer alten Umgebung herumtrieb.] Sie war so schlampig angezogen, fettige Haare und so, und ich hab' sie gefragt: ›Wie geht's dir denn so?‹ Und sie hat mich nich erkannt. Wahrscheinlich, weil ich anders angezogen war − in den Heimen ziehen sie uns immer gut an. Und dann hat sie gesagt: ›Komm mit ume Ecke, ich darf mich nich mit dir unterhalten.‹ Und ich hab gesagt: ›Wo is Micky?‹ und dann kam er auf Rollschuhen, und ich hab' gesagt: ›Hallo, kennst du mich noch?‹ frag ich. ›Nee‹, hat er gesagt: ›Wer bist du denn?‹

Da hätt' ich bald geheult. Guckt mich so aus seinen großen blauen Augen an und sagt: ›Wer bist du denn?‹ Ich sagte: ›Annette, deine Schwester.‹ − ›Wieso Schwester?‹ sagt er. ›Ich hab keine Schwester außer Renate und Tina.‹ Ich war ganz geschockt. Da hab ich gedacht: ›Zum Teufel mit allen, scheiß drauf‹ …ich glaube, an dem Abend war's, daß einer von den Rockern mich vergewaltigt hat − mein erster. Vorher hatten es 'ne Menge versucht, aber niemand is bei mir reingekommen, aber der, schwupp, war er drin, und ich konnte erst am Morgen aus der Wohnung. Später, als ich ihm gesagt habe, daß er der erste war, da hat er gesagt, es täte ihm leid. Er sagte, er wäre besoffen gewesen und... ja, so hat es angefangen.«

Der Beginn von Annettes ›Karriere‹ als Prostituierte war insofern ungewöhnlich, als sie nicht sofort an einen Zuhälter, der vielleicht ein gewisses Interesse daran gehabt hätte, sie zu beschützen, geriet, sondern an eine ganze Gruppe perverser und verdorbener Männer, die ihre Unschuld und Naivität ausnutzten und sie von einem zum anderen weiterreichten; jeder spielte seine Rolle in einer Gruppe — sie sagte ›Rocker-Gruppe‹ —, die ›in‹ war und zu der sie unbedingt gehören wollte.

»Sie haben 'ne Art Spiel mit mir gemacht. Sie sind gekommen, haben sich hingesetzt und gelacht und gesagt: ›Also die ist ehrlich zu jung.‹ Und dann sind andere gekommen und haben meine Haare gezaust und gelacht, weil, ich war so klein. Und weil ich natürlich groß sein wollte, ich wollte erwachsen sein, habe ich gesagt: ›Nee, ich bin groß genug, ich hab's schon oft gemacht.‹ Und dann bin ich eben bei denen im Bett gelandet. Ich hab' nie gehört, daß die bezahlt haben; aber natürlich haben die bezahlt, nur mich nich. Alles mögliche passierte. Einmal hat mir wohl jemand was ins Glas getan, weil ich nichts mehr wußte, aber als ich wieder klar war, hatte er mich rasiert, verstehen Sie, was ich meine, und später hab ich Fotos gesehen, die sie gemacht hatten.

Arndt, dieser erste, der hat auch zuerst gesagt: ›Nee, nee, du bist zu jung usw.‹ und dann isser zwei Monate mit mir zusammengeblieben... Er hat sich auch bei 'ner Gelegenheit um mich gekümmert, als ein echter Fettwanst an unsern Tisch kam und mich wollte, und Arndt hat ganz empört gesagt: ›Nich mal ich steig bei ihr drüber, sie is zu jung!‹

Ha«, kommentierte sie bitter. »Und mit der Zeit hat er immer mehr Männer angebracht und von mir verlangt, mit seinen ›Kollegen‹ zu bumsen. Einmal hat mich einer angesehen und gesagt: ›Die is zu jung‹, und ich war bockig wie immer und hab' gesagt: ›Aber ich will doch mit dir schlafen‹, und dann lagen wir so im Bett, ich hatte noch 'n Schlüpfer an und er seinen, und er sagte: ›Aber du willst nicht mit mir schlafen; das hast du doch nur aus Angeberei gesagt. Du mußt nich, weißt du.‹ Und dann kam

Arndt rein, und er hat gesehen, daß ich einen Schlüpfer an hatte, und er sagte: ›Was, immer noch nich losgemacht?‹ Und er riß mir den Schlüpfer runter und hat gesagt: ›Los jetzt!‹ und is raus. Und dann hab ich geheult, und dieser andere Typ, Rick — jetzt weiß ich natürlich, daß er'n Freier war und schon bezahlt hatte —, der war ganz lieb und so, und der hat mich getröstet und mir 'ne Zigarette gegeben, und dann haben wir losgemacht, und dann hab' ich gesagt, ich frag' den Arndt, ob ich eine ganze Nacht mit dir zusammenbleiben darf. ›Ja‹, sagte er, ›ich hab ihn schon gefragt, du darfst.‹ Und als ich Arndt am andern Morgen sagte, daß er mir ganz gut gefallen hat, und daß ich Rick gern mochte, hat er gesagt, ich wäre nicht da, um irgend jemand gern zu haben … und so hat er mich allmählich auf die Zuhälter-Prostitution vorbereitet.«

Annettes lange Prostitutionsperioden wechselten ziemlich regelmäßig mit der Rückkehr ins Kinderheim. Der Leiter dieses Heims, ein ganz außergewöhnlicher Sozialarbeiter, bewahrte sich eine, wie er selbst zugab, völlig irrationale, rein intuitive Art von Vertrauen in sie. »Das Normale wäre natürlich gewesen, sie hinauszuwerfen. Das gilt für viele unserer Mädchen«, sagte er. »Die nächste Station ist dann eine geschlossene Anstalt. Eigentlich sollten wir auch ›sicher‹ sein, das heißt, niemand darf fortgehen ohne Erlaubnis, und sie müssen sich ab- und zurückmelden. Aber wir erlauben ihnen, daß sie ausgehen. Ich will schließlich kein Kindergefängnis leiten.«

Dieser Mann — nennen wir ihn Hans — hatte in Annette eine Reserve an Kraft und Integrität gespürt, die sie früher oder später dazu bringen könnte, sich selbst vor dem Abgrund zurückzureißen, zu dem ihr Leben zu werden drohte. »Nur das Kind selber kann diese Entscheidung treffen. Ob zum Besseren oder zum Schlechteren — sie bestimmen ihr Schicksal selbst.«

Ich habe in Deutschland mehr von dieser Gefühlsstärke, diesem Mut oder dieser Entschlossenheit zum Risiko angetroffen als irgendwo sonst. Gute Sozialarbeiter sind überall etwas Besonderes, aber im modernen Deutschland habe ich ganz außergewöhnliche kennengelernt. Einstellungen und Reaktionsweisen sind — vierzig Jahre nach Hitler — weitgehend eine Frage des Alters. Die Kinder der Kriegsgeneration, die heute zwischen vierzig und sechzig Jahre alt sind, mußten das Erbe der ›bösen Deutschen‹ bewältigen.

Bei einigen dieser Generation und ihren Kindern findet man heute eine tiefe Verpflichtung zu nationaler und persönlicher Freiheit, tiefer und entschlossener, zumindest scheint es mir so, als bei der Jugend anderer Nationen.

Für Männer wie Hans, die beim Umgang mit Problemkindern neue Wege zu gehen versuchen, bedeutet das, das Prinzip von der individuellen Freiheit des einzelnen in die Praxis umzusetzen.

Der Wechsel der Mitarbeiter in Einrichtungen wie derjenigen, die Hans leitet, und ähnlichen in England, Holland und den Vereinigten Staaten, ist beträchtlich. »Die meisten können diese Belastungen nur eine Zeitlang aushalten«, meinte Hans. »Die Schwierigkeiten kommen dann, wenn sie wählen müssen zwischen Aufgeben und dem Risiko von Ehekrisen und Nervenzusammenbruch. Das geht uns allen so.«

Ist Annette klar geworden, daß das Heim und besonders Hans hinter ihr standen? Daß sie versucht haben, ihr zu helfen? »Ja«, sagte sie. »Ich habe Hans sehr gern, wirklich unheimlich gern; ich rede mit ihm auch ganz offen und ehrlich, wissen Sie, und ich kann auf das hören, was er mir sagt. Aber…«, sie zögerte, »aber ich kann ihm solche Sachen, so wie Gefühle und so, die spreche ich kaum so aus, ich kann das nich bei 'nem Mann.«

Aber es gibt dort doch auch weibliche Erzieherinnen? Hatte sie nie eine gefunden, der sie vertrauen konnte?

»Das is für die zu schwierig«, sagte sie. »Die sind zu nah an uns dran. Und dann gibt es zu viele Mädchen, alle brauchen was, alle wollen 'ne Extra-Beachtung. Und viele von denen, wissen Sie, haben größere Schwierigkeiten als ich. Wenn ich betrunken bin, dann erzähl' ich sogar. Danach aber, wenn ich dann nüchtern bin und weiß, was ich erzählt habe, dann schäm' ich mich, und dann geh' ich nie wieder hin. Und das will ich nich bei Hans. Also wenn er anfängt, mit mir zu reden, versuch' ich abzulenken und bin schnoddrig oder frech oder albern. Und wenn er weitermacht, fang' ich an zu stottern und werd' rot, und ich hab Angst, daß ich weinen muß, dann renn' ich aus dem Zimmer.

Was ich wirklich brauche bei 'nem Mann«, sagte sie plötzlich in ganz anderem, herausforderndem Ton mit einer Spur künstlicher, ja hysterischer Fröhlichkeit darin, »ist, daß er mir meine Schranken zeigt, der einfach ausholt und mir eine knallt, wenn ich nich richtig spur.«

»Du meinst, du brauchst jemanden, der nein zu dir sagt?«

»Ja, jemand, wenn er mich dann auf St. Pauli sieht oder auf St. Georg, daß er mir mitten in der Kneipe eine knallt und sagt: ›Hier, batsch, ab, los, nach Hause.‹ Verstehen Sie, wenn er mir inner Kneipe eine knallen würde, dann würde ich mich ja lächerlich machen, dann würde ich so schnell nich mehr in die Kneipe reingehen.«

»Du möchtest also eigentlich jemanden, der dich beherrscht? Den du respektierst?«

»Ja, auf eine Art möchte ich beherrscht werden; aber wenn ich sehe, daß der nur so'n Schwächling is, der nur so tut, als ob er stark is, weil er merkt, daß ich das brauch' und weil er mich gebrauchen will, wenn's mir zu bunt wird, dann fang ich an, ihn zu beherrschen. Nee«, sagte sie bestimmt, »das funktioniert nur, wenn es regelmäßig is.«

»Du meinst, wenn er dir regelmäßig eine knallt?«

Sie lachte. »Ja, wahrscheinlich, immer wieder mal, nur so, daß ich weiß, wie weit ich gehen kann, und der mich dann auch ignoriert, wenn ich nich spur'... denn dann hör' ich damit auf, schlagartig, das kann ich nich leiden. Ich brauche... ich brauche...«, Sie stockte. »Wissen Sie, ich hab' so was wie'n Vaterkomplex.«

Wo hatte sie diesen Ausdruck gehört? »Das hat mir mal 'n Typ gesagt, da hat er mich so tierisch runtergeputzt und dann zu mir gesagt: ›Du siehst in mir nich den Freund, sondern du siehst in mir ja den Vater.‹ Da war ich fertig, weil — ja, das war wahr, aber das wollte ich nich einsehen, das war auch'n Zuhälter, aber er hat nichts von mir verlangt, solche gab's auch.«

Über einen Zeitraum von zwei Jahren wurde Annette auf jede nur erdenkliche Weise geschlagen, vergewaltigt, zu Analverkehr gezwungen, verkauft, versteigert, mißbraucht und verraten. Dieses dreizehn-, vierzehnjährige Kind ›arbeitete‹ auf der Straße, in Clubs, Bars, Diskos, Saunas, als Callgirl von zwei Wohnungen aus und, das war die Krönung, in einem Eros-Center mitten auf der Hamburger Reeperbahn.

Jeder Mann, für den sie ›anschaffte‹, nahm, wenn nicht alles, so doch den größten Teil ihres Geldes; und wenn man bedenkt, wie viel ›Verkehr‹ sie hatte, muß die Summe schwindelerregend gewesen sein. Aber es stimmt, daß sie von ihren zahllosen Zuhältern und Pseudo-Zuhältern mehr persönliche Aufmerksamkeit verlangte und auch bekam, als irgendein anderes Kind, das ich kennengelernt habe.

Ich habe nur mit einem dieser Männer gesprochen – nennen wir ihn Max. Max war einunddreißig und sehr gesprächig. Er sprach mit starkem Hamburger Akzent und war entwaffnend offen, was sein eigenes Leben am Rande der Kriminalität, und merkwürdig scharfsichtig, was Annette betraf.

»Hamburg ist anders als andere Städte«, sagte er. »Die Leute sind im allgemeinen nicht speziell Zuhälter. Meistens ist das nur so 'ne Art Seitensprung. Natürlich kann es sehr lukrativ sein.«

War es lukrativ mit Mädchen wie Annette? »Ja und nein«, erwiderte er. »Natürlich ist sie außergewöhnlich hübsch. Aber sie ist schwierig, unheimlich schwierig. Sie braucht beschissen viel Zeit.« Er lachte. »Sie ist nicht dafür gemacht, sehen Sie. Die echten wollen Geld. Für die ist das ein Beruf. Die meisten mögen Männer nicht wirklich, oder wenn doch, sind sie merkwürdigerweise immer nur auf einen fixiert. Freier bedeuten ihnen nichts, sie nehmen sie nicht einmal richtig wahr. Annette… also…« er zögerte.

»Annette ist ein *Kind,* ist das nicht die Schwierigkeit?«

»Oh, kommen Sie mir ja nicht mit diesem moralischen Quatsch«, sagte er. »Sie muß auslöffeln, was sie sich da eingebrockt hat. Der große Fehler, den sie macht, und ich habe ihr das auch gesagt, ist, daß sie für sich einen Mann sucht unter Männern, die weit entfernt sind von dem, was sie braucht… richtige Halunken, wissen Sie.« Er lächelte boshaft. »In gewisser Weise, wenn Leute sie verprügeln, und das tun sie, ist es, weil sie das braucht. Sie muß wissen, woran sie ist. Sonst funktioniert sie nicht, weil sie versucht, ihre Unsicherheit zu verstecken … Himmel«, sagte er plötzlich, »…ihr Elend, und zwar durch Unverschämtheit. Eigentlich habe ich 'ne Menge Leute gesehen, die viel netter zu ihr waren, als sie es verdient hat. Himmel«, sagte er noch einmal, »sie sollte eben zu Hause sein mit Eltern und entweder verwöhnt oder verprügelt werden, das braucht sie nämlich«.

Aber traf das nicht auf viele Strichkinder zu?

»Doch, obwohl ihr Fall extrem ist, und die meisten Leute sie bloß los werden wollen. Das Geld lohnt den Krach nicht. Was Strichkinder betrifft, wie Sie sie nennen, so liefern sie im großen und ganzen nur das, was der Markt verlangt. Wenn die Behörden das unterbinden wollten, müßten sie die Käufer stoppen, nicht die Verkäufer oder uns, die Mittelsmänner.« Er zuckte mit den Schultern. »Wissen Sie, Prostitution ist ein riesiges Geschäft: Kalbfleisch spielt da wirklich nur eine ganz untergeordnete Rolle. Man handelt damit, weil Nachfrage besteht, und es da ist. Ich weiß nicht, wie das woanders ist, aber in Hamburg würden die meisten von uns gerne darauf verzichten.«

Hat er selber Kinder?

»Um Himmels willen, nein«, sagte er mit Nachdruck.

Natürlich hatte Annette keine Ahnung, daß irgendeiner der Männer, die sie gebrauchten, so dachte. »Ich brech' nie die Brücken hinter mir ab«, sagte sie, »weil es mir zu gefährlich ist. Sie glauben, weil ich ein büschen naiv aussehe, da können wir erzählen, und haben erzählt, während ich dabei war, von sich selbst und ihren Frauen, und da hab ich auch ziemlich viel gelernt.«

Und Freier? Haben die ihr auch etwas erzählt?

»Das interessiert mich alles nich. Das is für mich, als wenn ich irgendwo im Geschäft arbeite, da kauft sich einer eine Tüte Bonsches und bezahlt die. Ich sag' freundlich: ›Auf Wiedersehn, schönen Tag noch‹, und mehr is da nich drin. Wenn ich mit so einem im Bett gelegen habe, da hab' ich gedacht, was ißte hinterher. Und wennse unbedingt über ihre Frauen reden wollen, was viele von ihnen tun, ja, da hör' ich eben zu, dann gebe ich denen auch, so gut ich kann, Ratschläge oder unterhalte mich mit denen so ganz vernünftig, bis die Zeit um is. Dann sag ich: ›Zeit is um, ich muß runter oder du mußt noch mal zahlen.‹«

Aber was die Zuhälter reden, das interessiert sie? »O ja, die haben so mit ihren Kollegen geredet, wenn ich daneben saß, so über die Frauen und was für Geschäfte und was für linke Dinger. Und dabei hab' ich ziemlich viel gelernt.«

Sie diskutierten über ihre Frauen? Mit Namen? »O ja, mit Namen. Die sagen zum Beispiel: ›Die Annette, die is so und so.‹ Da sitzen dann andere dabei, und die hören alles, und sie lachen, und es is ihnen scheißegal, daß ich dabeisitze und zuhöre, wie man über mich redet, über die privatesten Dinge.«

Annette ist sich darüber im klaren, daß die meisten Männer mehrere ›Frauen‹ haben. Was sie nicht so genau weiß, ist, wo sie in dieser Hierarchie ihren Platz hat. »Frank hat drei Frauen«, erzählte sie von einem Zuhälter, der sie unbegrenzt mit Alkohol versorgte und zwei Monate lang zwei verschiedene Wohnungen für sie unterhielt. »Die verdienen im Durchschnitt sechstausend Mark im Monat, weniger nie, manchmal mehr. Und einmal im Jahr müssen die doch auf Urlaub. *Richtigen* Urlaub«, betonte sie. »Auf die Bahamas und so, wo sie richtig ausspannen können.«

Sie selber gehörte offensichtlich nicht zu dieser Kategorie — und beklagte sich auch nicht darüber.

Während er einen Monat mit jeder seiner Damen auf den Bahamas verbrachte, was machte sie in der Zeit?

»Ich hab' im Club-Hotel gearbeitet. Er hat mir dort ein schönes Zimmer besorgt, ein Hotel in Lüneburg. Der Manager war sein Freund.«

War Annette nie von der Polizei geschnappt worden? »Einmal. Sie haben mich geschnappt, ja, und dann war ich beim Arzt im Krankenhaus. Ich bin auch mit den Bullen ganz gut zurechtgekommen, nur mit den weiblichen nicht, weil, als sie mich geschnappt haben, da hatte ich so 'ne Bluse an, die ging da so rüber, und wenn ich mich gebückt hab', da hat man die Brust gesehen, wissen Sie. Und dann haben mich die angepöbelt: ›Kannste nich was andres anziehen‹, und all so'n Scheiß, und dann haben sie's mir gegeben, weil ich gesagt hab', sie können mich mal.« Sie lachte schrill und fuhr fort, einen Vorfall zu erzählen, der mich an Julies Erlebnis mit ihrer Mutter erinnerte, sechstausend Kilometer weit weg, mitten in Amerika, nachdem sie vergewaltigt worden war. »Und dann hatte ich so'n Schwamm drin, und da haben die den Schwamm rausgeholt, den Schwamm hatte ich, weil ich meine Tage hatte, und dann hab' ich gesagt, daß ich mir mal die Hände waschen will, und Sie werden es nicht glauben, die haben mich nich gelassen. Und da hab ich gesagt: ›Du alte Sau, wie oft wäschst *du deine* Hände am Tag?‹ Und die haben noch mal gesagt: ›Kein Händewaschen.‹

Und wissen Sie, was ich dann gemacht habe? Ich hab' ihre Hand gegraptscht. Mensch, war die sauer.«

Was haben die Beamtinnen dann gemacht? »Sie haben mir mein ganzes Geld abgenommen und mich innen Heim gesteckt, aber schließlich hat Hans mich da wieder rausgeholt.«

(Glaubt Hans noch immer — jetzt, wo er von all den entsetzlichen Dingen wußte, die Annette durchgemacht hatte während der Jahre, in denen er sie immer wieder in dem Heim aufgenommen hatte —, daß es der richtige Weg war, fragte ich ihn.

»Ja«, sagte er. »Es gibt Kinder, die lernen nur durch Erfahrungen, und zu denen gehört sie. Ich bin nach wie vor überzeugt, daß nichts außer dem, was wir getan haben, ihr auch nur die geringste Chance gelassen hätte, ihren eigenen Weg dort raus und in ein normales Leben zu finden.«)

Genau wie bei den drei Mädchen, mit denen ich in Amerika gearbeitet hatte, war der Anfang vom Ende der ›Karriere‹ Annettes das Ergebnis eines zutiefst verletzenden emotionalen Erlebnisses. Sie hatte sich in Mario verliebt, einen in Deutschland geborenen Zuhälter italienischer Abstammung. »Er hat mir alles gegeben, was mir immer gefehlt hat, die Zärtlichkeit, die Geborgenheit, alles.« Sie wußte, daß er Zuhälter war, aber es interessierte sie nicht mehr. »Mich interessierte, was ich gefühlt hab'«, sagte sie. »Es war so anders.«

Eines Tages, nicht lange nachdem sie ihn kennengelernt hatte, lagen sie im Bett. — »Ich war unheimlich drauf.« Also schlug sie vor, ›unverbindlich‹ (»sehr unverbindlich, ich war ja nich blöd und hab irgendwem gesagt, wenn ich ihn gern hatte«), daß sie es vielleicht mal zusammen versuchen könnten, normal. Sie würde wieder in die Schule gehen oder einen Beruf lernen, und sie könnten ›Freunde‹ sein. »Aber er hat gesagt, daß er keinen Bock hat auf 'ne Frau, die, wenn er 'ne Nacht mit ihr zusammen is, daß die dann zuerst mal Ausgangssperre kriegt für drei Tage. Ich hab gesagt, daß ich da nichts 'für kann, daß ich noch unter Fürsorgepflicht fall' und daß das mein Wohnsitz is. ›Dann isses gelaufen‹, hat er gesagt.«

Annette ließ alle Hemmungen fallen und schlug vor, daß er mit ihr ins Heim kommen und sich dem Leiter vorstellen sollte. »Hans macht es so, er gibt uns Wochenendurlaub, wenn er unseren Freund kennengelernt hat und irgendwie akzeptiert.

Und dann hat er gesagt, ja, er kommt mit. Wir haben drauf angestoßen und haben uns für den nächsten Nachmittag verabredet, und ich hab' gewartet, aber er is nich gekommen. Und am folgenden Tag hab' ich ihn gesucht und in der Kneipe gesehen und gesagt: ›Wir haben drauf getrunken.‹ — ›Wieso?‹ hat er gefragt. ›Daß du mit Galina Schluß machst (der Sechzehnjährigen, mit der er zusammen war) und mein Freund wirst!‹ — ›Du bist ja verrückt‹, hat er gesagt. ›Ich bin von niemand der Freund.‹

Und dann hat er gleich wieder gewollt, daß ich mit ihm schlafe. Ich hab' ihm gesagt, er kann mich am Arsch lecken und bin direkt zu Hermann zurückgegangen, der hat 'ne Bar. Der is so'n dicker Kerl, bei denen ich immer dachte, sind wie Väter. Vater, ha!«, spottete sie. »Der hatte schon von meiner Blödheit gehört, daß ich auf Mario reingefallen bin. ›Aha, da biste ja wieder‹, plärrte er durch die ganze Bar. ›Mach, daß 'de raufkommst!‹ Und er hat mich gefickt, bis ich mich nich mehr rühren konnte. ›Du... wirst... aufhören... zu... spinnen...‹ hat er gesagt, als er mich mit seinen zweihundert Pfund oder so geritten hat.

Danach war ich traurig. Ich hab' Mario tagelang, sogar wochenlang nich gesehen. Ich hab' mir bei ihm so einige Dinge angewöhnt, wissen Sie, so das Hin- und Herschaukeln, so daß ich nur schlafen konnte, wenn ich auf ihm drauflag, solche Sachen hab' ich mir bei dem angewöhnt, und so kleine Kämpfe, und dann hat er mich in den Arm genommen wie ein kleines Mädchen, also das brauch' ich auch, daß ich manches Mal wie ein kleines Kind behandelt werde, aber im nächsten Moment auch wieder voll genommen werden kann. Das konnte er beides.«

Aber schließlich besiegte die Sehnsucht nach ihm ihren Schmerz, und nach wenigen Wochen waren sie gelegentlich wieder zusammen, oben im Zimmer über Hermanns Bar. »Und dann, wissen Sie, hat mich Hermann eines Tages raufgeschickt, und Mario war da und Robert auch, und Heine und zwei oder drei andere, und Mario hat gesagt: ›Zieh dich freiwillig aus, ich mag keine Vergewaltigungen.‹ Ich hab' so'n komisches Gefühl dabei gehabt, ich hab' gedacht, ich kipp' um, und ich hab' gesagt: ›Vergewaltigung? Was soll das heißen, Vergewaltigung?‹ Und er sagte: ›Ich gehe, ich muß los.‹

Und dann is Mario los, aber die andern sind geblieben, und sie haben die Tür verrammelt, und Robert hat gesagt: ›Zuerst ich.‹ Ich hab' gesagt, ich wollte nich, und da hat er mir 'n paar geknallt, und dann hat mich Heine an den Haaren aufs Bett gezerrt und mir auch eine geknallt, und da hab ich angefangen zu heulen und hab' nur gedacht, bevor die mir 'n blaues Auge hauen, mach ich lieber mit. Wenn ich mir jetzt 'n blaues Auge hauen laß', dann werde ich sowieso gefickt, und ich hab' gedacht, daß ich das dann vielleicht mit Wichsen abmachen kann, und das ging auch mit Robert, aber dann waren da so viele: Heine, Klaus und zwei andre, und dann noch 'n andrer, glaub' ich, ich wollte es gar nich mehr wissen, es war mir egal.

Und dann is Mario zurückgekommen, und weil ich im Bett lag, im Halbschlaf, weil ich so kaputt war, wissen Sie, und als er reinkam, hab' ich gelächelt oder was, da hat er gedacht, daß ich es freiwillig gemacht hab', wenigstens hat er das gesagt, und er hat gesagt, daß er kein Bock hat, mit 'ner Frau zusammen zu sein, die mit jedem losmacht. ›Das einzige, wofür du gut bist‹, hat er gesagt, ›sind richtige Prügel, und die kriegst du von jetzt ab von mir auch.‹ Als er das gesagt hat, das war das Ende, da hab' ich den Entschluß gefaßt.«

Den Entschluß, den Annette gefaßt hatte, und das war gerade, bevor wir uns kennenlernten, war eine sehr merkwürdige Form von Rache. Sie ließ sich bewußt mit Tripper infizieren und gab ihn dann an alle weiter. »Jeder kriegte seinen Tripper in den Arsch verpaßt, das macht ihnen am meisten aus«, erklärte sie boshaft.

Und es funktionierte. »Ich hab' herausgefunden, welches Mädchen einen hatte, und hab' mit einem ihrer Typen losgemacht. Und dann hab' ich ihn Mario als erstem verpaßt, der hat schließlich noch nie einen gehabt! Dann Heine, Klaus, Arndt und Henne. Und die haben es natürlich andern Mädchen weitergegeben... es war 'ne knallharte Epidemie.« Sie lachte. »Aber zum Schluß hatte ich den Schwarzen Peter. Ich hab' meine Spritzen gekriegt und war ihn los und alle andern auch, bis auf ein Mädchen, Maria, und die hat ihn Heine verpaßt, und der hat ihn wieder mir verpaßt...«

Sie hatte diese ganze Geschichte in einem merkwürdigen Ton von müdem Triumph und Hysterie erzählt. Wir saßen in meinem

Hotelzimmer. Zum Schluß sah sie sehr blaß und erschöpft aus und legte sich auf mein Bett. Ich hatte uns tagelang vom Zimmer-Service mit Tee, Kaffee und belegten Brötchen versorgen lassen. Jetzt bestellte ich Suppe, kaltes Huhn, Salat und Wein. Sie schlug die Augen auf. »Sie werden direkt in die Hölle kommen«, sagte sie, »ein Kind mit Alkohol verderben, ts, ts.«

»Wenn du tun könntest, wozu du Lust hast, was würdest du dann machen?«

»Schlafen«, sagte sie. »Ich möchte eine Ewigkeit schlafen.«

»Und wenn du aufwachst?«

»Also«, sagte sie, »ich hab meine Oma gefragt, ob sie mich zu sich nimmt. Ich kann nich — ich kann einfach nich ins Heim zurück. Ich brauch 'n eigenes Heim. Ich... ich brauch' es einfach.« Und sie legte ihren Kopf auf den Tisch zwischen Teller, Krümel und Essensreste und schluchzte...

»Nun, was meinen Sie?« fragte ich ihre Großmutter am nächsten Tag.

»Ich bin nicht gesund, wissen Sie«, antwortete diese. »Ich bin keine gesunde Frau. Ich habe mit meinem Mann gesprochen: ›Ach Papa‹, habe ich gesagt. ›Wie wär's, wenn Annette ... und so ...‹ Und er hat gesagt: ›Mutter‹, sagt er, ›du hast unsere Kinder so gut erzogen, alle, und wenn Annette jetzt kommt und ausflippt, sagen wir mal so, und bringt Männer mit...‹« Sie unterbrach sich. »Ich übersteh' das nicht«, sagte sie. »Ich bin herzkrank, zweimal an Krebs operiert, ich habe einen Schnitt von hier bis da.« Sie deutete vage von der Taille zur Seite oder nach unten. »Jetzt sind es zwei Jahre, daß ich eine große Operation hatte, und ich müßte noch mal am Darm operiert werden, aber jetzt will ich nicht mehr. Ich habe mit einer der Erzieherinnen im Heim gesprochen, die hat zu mir gesagt: ›Annette hat ja keinen Schulabschluß.‹ Und ich selbst bin da skeptisch, ob sie das jemals schafft. Wenn Annette und ich über Berufe reden — wir unterhalten uns wirklich, wissen Sie —, und ich sage: ›Du, Annette, wozu hast du denn Lust? Möchtest du nicht in irgendeiner Familie arbeiten, wo vielleicht Kinder sind?‹ — Doch, zu mir hat sie ja gesagt.«

Glaubte die Großmutter ernsthaft, daß das ein realistischer Vorschlag war: aus dem Leben, das Annette geführt hatte, geradewegs in einen Haushalt mit Kindern?

»Ja, wie gesagt, sie will jetzt zu uns kommen und von hier in die Schule fahren in der Nähe vom Heim und wieder zurückkommen. Das ist ausgeschlossen, also mein Mann sagt zu mir: ›Mollie‹, sagt er, ›ich will dir mal was sagen, das ist 'ne Strapaze fürs Kind.‹ Er hat gesagt, das müßte doch gehen, daß wir Annette hier in eine andere Schule schicken.«

»Also wollte er doch?«

»Wahrscheinlich.«

»Aber Sie wollen sie eigentlich nicht, nicht wahr?«

»Versuchen würde ich es, sicher. Ich würde es versuchen, aber bei mir dürfte sie sich nicht rumtreiben.«

Sie könnte wohl kaum von Annette erwarten, daß sie plötzlich wie eine Nonne lebte, nicht? »Das will ich ja auch nicht, wissen Sie, ich bin sehr altmodisch, das bin ich, doch.«

Aber sah sie denn nicht ein, daß Annette Freunde brauchte. Beziehungen mit Männern? »Ja, aber doch nicht solche Zuhälter und Rocker und Menschen, die im Gefängnis waren. Annette hat mir mal einen Brief von einem aus dem Gefängnis gezeigt, und da habe ich gesagt: ›Annette, was soll das, daß du dir mit so Menschen schreibst?‹ ›Oma‹, sagt sie da, ›die sind auch einsam‹. — ›Ja‹, sag' ich, ›einsam sind die, mein liebes Kind, aber es ist ihre eigene Schuld, alle Leute, die da sind, sind schuldig‹, sag' ich. ›Sie sind wertlos.‹«

Aber verstand die Großmutter denn nicht, daß sie, wenn sie Annettes Freunde schlecht machte, sie auch Annette schlecht machte und ihr ohnehin schon angeknackstes Selbstbewußtsein noch mehr zerstörte?

»Soll ich Ihnen mal was sagen, das Mädchen ist ja so begabt. Sie ist nicht dumm ... und wissen Sie, was ich zu ihr gesagt habe, was der richtige Beruf für sie wäre — Floristin. Die kann ja Blumen stecken, und malen kann die.«

»Freuen Sie sich, wenn sie Sie besuchen kommt?«

»Also wenn Annette auf Toilette geht... also ich seh' zu, daß sie mich nicht sieht, aber dann reib ich jedesmal die Brille ab, ich setze mich sonst nicht drauf.«

»Nun ja, das verstehe ich.«

»Oh, ich finde das so eklig, das glauben Sie gar nicht. Oder wenn Annette mal mein Glas nimmt und sagt: ›Oma, darf ich mal 'nen Schluck?‹ dann hol ich ihr gleich ein andres Glas und wasch meins aus. Glauben Sie, daß Annette eine Schauspielerin ist?« fragte sie plötzlich.

Ich sagte, nein, das glaubte ich wirklich nicht, im Gegenteil, sie sei eine miserable Schauspielerin.

»Ja, wirklich? Aber Sie können sich nicht vorstellen, wie lieb und süß sie ist, wenn sie kommt; dann strahlt sie über das ganze Gesicht. Sie und Renate waren letztes Jahr am ersten Weihnachtstag hier, und Annette hat gefragt: ›Oma, darf ich den Tisch decken‹ — Da hätten Sie sie mal sehen sollen, wie schön sie das gemacht hat, Kerzen auf den Tisch getan und Servietten hingelegt, mein gutes Silber genommen, als wenn sie das ihr Leben lang gemacht hätte.«

Ich erzählte der Großmutter, daß ich am Abend zuvor Annette nach ihren Wunschträumen gefragt hatte. »Sie hat gesagt, sie träumt von vier Sachen: einem Mann, einem Kind, einer schönen Wohnung und einem ganz normalen Leben. Davon träumt sie unentwegt.«

»Wissen Sie, was ich gedacht habe, was gut für sie wäre«, sagte die Großmutter. »Hier ganz raus aus Hamburg, meinetwegen nach Süddeutschland, da gibt es doch so schöne Internate, und die Leute dort sind auch sehr freundlich.«

Und wer würde das bezahlen, wollte ich wissen. »Nun, sie könnte da ja arbeiten, im Haushalt mithelfen, wissen Sie.«

»Aber was sie *möchte,* ist, zu *Ihnen* kommen.« Sie schüttelte den Kopf. »Es ist zu spät... zu spät, um was aus ihr zu machen...«

Annette unterstand noch dem Jugendamt, als ich sie das letzte Mal im Heim besuchte. Sie hatte Grippe, eine fiebrige Erkältung, und lag im Bett.

»Als das alles angefangen hat«, sagte sie sehr leise, sehr monoton, als redete sie im Schlaf, »hatte ich so'n unheimliches Bedürfnis nach Freiheit, innerhalb kürzester Zeit wollte ich alles erleben. Lächerliche Sachen, wissen Sie, ich bin im Taxi gefahren, ich wollte mal das Gefühl haben, jetzt hast du Geld, jetzt kann niemand dir was tun oder dir was sagen, und das hab' ich dann auch gemacht. Ich bin mit'm Taxi gefahren, ins China-Restaurant gegangen, wann ich Lust hatte. Ich konnte in die vornehmsten Läden gehen, die teuersten Boutiquen, die ein Heimkind sonst nie von innen zu sehen bekommt. Und ich bin in Diskos und Bars gegangen. Niemand interessiert es, wie alt du bist. Wenn du Geld hast und bist gut angezogen ... dann könntest du irgendwie richtig leben...«

Sie lag da mit geschlossenen Augen, ihre Hand, inzwischen ein wenig wärmer, in meiner, und ich hörte mich beinahe flüstern: »Ist das richtig leben?«

»Nein«, sagte sie, schlug die Augen wieder auf und blickte an die Decke, wobei ihr die Tränen über die Wangen liefen. »Es is nich richtig leben, es is 'ne Illusion.«

Einige Monate später erfuhr ich, daß Annette schwanger war und sich hartnäckig geweigert hatte, abzutreiben oder den Namen des Vaters preiszugeben. Sie hatte die Wohnung, die ihr vom Jugendamt angeboten worden war, angenommen — mit der Auflage, die letzten Wochen der Schwangerschaft in einem Mutter-Kind-Heim zu verbringen. Außerdem (»Ich kann es noch gar nicht glauben«, sagte Hans, der das alles mit ihr durchgestanden hatte, »aber ich drücke ihr die Daumen.«) hatte sie die Prostitution und alles und jeden, der mit der Szene zusammenhing, aufgegeben, lernte, wie man einen Haushalt führt und ›machte das ausgezeichnet‹, las Baby-Bücher, probierte Rezepte aus und strickte. (»Ich glaub' ich träum'«, sagte Hans am Telefon, zwei Monate vor der Geburt des Babys.)

Er hatte nicht geträumt. Annette schaffte alles, was sie sich vorgenommen hatte. Das Baby kam und war entzückend; sie versorgte es mit Geschick und Hingabe. Schon als sie noch schwanger war, hatte sie einen Jungen kennengelernt, und sie hatten sich ineinander verliebt. Sie hatte ihm nichts aus ihrer Vergangenheit verschwiegen; er hatte sie seinen Eltern vorgestellt, und sie schlossen sie in ihr Herz.

Er ist einundzwanzig und hat einen guten Job; sie ist jetzt siebzehn und hat zwei entzückende Kinder. Sie haben eine Wohnung, eine Familie — für sie endlich eine Familie. Sie ist eine wunderbare Mutter. Es gibt noch Wunder auf der Welt.

11

Gabi

Der Augenblick, in dem ein Kind, das Prostitution betreibt, realisiert — so wie Annette in Deutschland und Cassie in Amerika —, daß die Szene vielleicht Flucht aus der unerträglichen Realität bedeuten kann, aber letztlich doch nichts anderes ist als eine Illusion, ist wahrscheinlich der Punkt höchster Verzweiflung. Aber es bedeutet paradoxerweise auch wieder einen Hoffnungsschimmer.

Manche werden müde, haben genug davon. Nicht weil sie notwendigerweise stärker oder gefestigter in sich selbst sind als andere, sondern weil die Umgebung, aus der sie stammen, im wesentlichen intakt ist, und ihr übertriebenes Verhalten durch vorübergehende Traumata verursacht wird oder solche verursacht, mit denen sie allmählich umzugehen lernen.

Es gibt aber auch Kinder — man gibt das nur sehr ungern zu —, die, vielleicht durch ihre Umgebung und persönliche Veranlagung für ein solches Leben vorbestimmt zu sein scheinen. Möglicherweise ist Gabi so ein Kind.

Gabi war eines der lebendigsten, charmantesten und, paradoxerweise, unschuldigsten Kinder, die ich kennengelernt habe. Honigblond, mit einem ziemlich breiten, hübschen kleinen Gesicht, sah sie nicht einen Tag älter aus als vierzehn Jahre (und so alt war sie tatsächlich); sie spielte sich auch in keiner Weise auf und verfügte über einen ungeheuren Charme. Sie ging aufrecht, blickte einem offen in die Augen; sie lachte fröhlich und schien mir ein junger Mensch voller Leben und Liebe zu sein.

Das außergewöhnlich liberale und mutige Berliner Jugendamt hatte ihr, kurz bevor wir uns kennenlernten, eine Wohnung zur Verfügung gestellt. Die Bedingungen für diesen Versuch, den sie mit einer Reihe von Vierzehn- und Fünfzehnjährigen durchführten in dem verzweifelten Bemühen, die Flut von Kinderprostitution einzudämmen, waren, daß sie aufhören würde, auf den

Strich zu gehen; daß ihr sechzehnjähriger Freund Rainer, der mit ihr zusammenlebte, aufhören würde, sich als Zuhälter zu betätigen; daß sie beide sich wöchentlich einer ärztlichen Untersuchung unterziehen und an einem Gespräch teilnehmen würden; und daß Gabi wieder zur Schule gehen würde.

Gabi — und Rainer folgte ihrem Beispiel — hatte zu allem ja gesagt. Mit großem Eifer richteten sie ihre Wohnung ein, und Gabi hatte offensichtlich Gefallen am Haushalt gefunden. Sie hatte mich zum Tee eingeladen: ein Teller mit wunderschön belegten Brötchen, Schokoladenkekse, Kuchen und Schlagsahne, Kaffee und — als Zugeständnis an mich — Tee in einer extra dafür gekauften Kanne. Die Wohnung — Wohnzimmer, Schlafzimmer, Küche, Bad und ein Gästezimmer, das sie ›vorübergehend‹ (sagten sie) als Abstellraum benutzten — war blitzblank, mit Gläsern voller Blumen auf jedem Tisch.

»Das habt ihr aber wirklich wunderhübsch gemacht«, meinte ich, und sie lachte. »Das Jugendamt hat uns die Möbel gegeben, Rainer hat alles poliert — siehste, wie det jlänzt, und ick brauch' Blumen. Ick' mach gern sauber«, fügte sie hinzu, »aber es is nich immer *so* sauber, und der Tee is für dich, du bist unser erster Gast.«

Gabi stammte aus Kreuzberg. Ihr Vater arbeitete für einen Kohlenhändler, »wenn er nich besoffen war. Wenn er sternhagelvoll war, hat meene Mutti seen Job gemacht.« Er hat die vier Kinder grün und blau geschlagen ›unterm Einfluß‹, kam immer wieder ins Gefängnis und verließ schließlich die Familie, als Gabi sieben war. Jetzt ist er mit einer anderen Frau verheiratet und ein anständiger Mensch geworden. »Sie haben 'ne Zoohandlung uffjemacht, kannste dir dat vorstellen?« sagte Gabi.

Ihre Mutter, sagte sie träumerisch, sei russischer Abstammung und habe Zigeunerblut. »Find ick aber janz jut, so 'ne richtige Zigeunerin«, begeisterte sie sich. »Die hat uns sehr lieb, wa, die hat uns immer lieb jehabt, wie verrückt. Sie is total ausjerastet, als die uns von ihr weg haben, sie hat uns jede Woche besucht.« Ihre Mutter, mit der ich später sprach, eine lebhafte, warmherzige Frau aus kleinsten Verhältnissen aus einer kleinen Stadt in Pommern, nahe der polnischen Grenze, hat nicht die geringsten Merkmale einer Zigeunerin. Sie trägt ihr spärliches, farbloses Haar in einer starken Dauerwelle. Sie hat blaue Augen und eine sehr helle Haut, ist kräftig gebaut und spricht mit starkem Berliner Akzent und lacht, daß man es noch Straßen weiter hören kann. Es war schwierig, ihre vielen Kinder auseinanderzutüfteln. Da schien es drei mit Gabis Vater zu geben, noch zwei, die er in die Ehe gebracht hatte; eines mit einem anderen Mann und — das habe ich nie ganz herausgebracht — noch zwei mit Gabis Stiefvater.

Gabi war neun Jahre alt, als sie zum ersten Mal über Nacht wegblieb. Ihre Mutter und ihr Freund, den sie dann heiratete, waren auf ›Sauftour‹ gegangen, und die Kinder, angeblich unter der Obhut einer Tante im unteren Stockwerk, beschlossen, mit ein paar Nachbarskindern, die auch allein waren, zu einer ›Fete‹ zu gehen. »Wir sind mit denen zu der Fete jegangen, und ein Junge, wir waren unjefähr sechs, der hatte von seiner Mutter zwanzig Mark jekricht und hat die nu verloren, jetzt hat er sich nich nach Hause jetraut, denn sind wir ooch nich nach Hause", berichtete Gabi. Sie kampierten bei einem ihrer Freunde in der Wohnung.

»Und morjens sind wer denn uffjestanden und sind nach Hause jegangen, und uff jeden Fall, meene Tante macht die Tür uff und meent: ›Aha, ihr wart die Nacht nich zu Hause, det werd ick mal eurer Mutter erzählen, die versohlt euch den Arsch.‹« Ihre Mutter war offensichtlich bei ihrer Rückkehr irgendwann nachts nicht in einem Zustand gewesen, um ihre Abwesenheit überhaupt zu bemerken, und war noch im Bett. »Und wir Schiß jehabt, wir sind gar nich erst nach oben jegangen, wir sind wieder runter und abjehaun. Warn vier Tage nich da.«

(Einige Tage später fragte ich ihre Mutter, was sie denn an dem Tag unternommen hatte, als sie bemerkte, daß die Kinder nicht da waren. »Lieber Gott im Himmel«, sagte und brüllte vor Lachen. »Diese Gabi, die wird noch mein Tod sein. Die is hundertmal abjehaun... hundertmal, sag' ich Ihnen. Da erwarten Se, det ick mir ans erste Mal erinner'.«)

Gabi erinnerte sich allerdings sehr genau. »Meene Mutti war sauer«, sagte sie. »Meen älterer Bruder wollte mich immer schlagen, auch später noch, wenn ick abjehaun bin, da hat se jesagt: ›Nee‹, meent se, ›du schlägst det Mädel nich, irgendwann wird die schon zu sich kommen, wa?‹«

Nachdem ihre Mutter den Stiefvater geheiratet hatte, »hab ick ooch en Ding gescheuert jekricht, wa, wenn ick jetzt zu spät nach Hause kam oder se ham uns beim Klauen erwischt. Nich schlimm, aber ick hatte nu Angst, weil ick jewußt hab, ick sollte um sieben zu Hause sein oder so, und denn hatt' ick immer Angst, wenn ick zu spät komm'. Und dann war meen Stiefvater 'ne Zeitlang im Knast, nur'n Paar Wochen, und Mutti war alleene, da isse tanzen jegangen und so, und ick dann ooch weg und so, und dann kam meen Stiefvater ebend aus em Knast raus, und da hab ick noch een paar Mal det jemacht, da hat er mir jesagt: ›Hör uff damit!‹ Und da hat er mich erwischt und — hat mir 'ne Glatze jeschnitten. Er hat mich kahl jeschoren«, erklärte sie ihrer begriffsstutzigen Zuhörerin.

»Was hast du da gemacht?«

»Ach, ick hab' in Spiegel jekiekt und hab jeweint. Ich hab' mich anjekiekt und jedacht, sowas jibt es nich und bin abjehaun zu meenem Vater — meen richtiger Vater, weeßte? Und der wollte ooch 'ne Anzeige machen, aber da hab ick jesagt, nee, weil da hätte meene Mutter wieder Ärger jekricht... bin ick dajeblieben. Aber nachts hat der Hund jeheult, bin ick denn mit dem Hund runter jegangen, nur im Nachthemd und drüber een Mantel. Kam meene Stiefmutter runter, hat mir ne Schelle jehaun, und denn bin ick nach oben jekommen, und bevor ick det erklären konnte mit dem Hund, hat meen Vater mich verprügelt. Meen Vater hat jedacht, ick hab' Scheiß jemacht, daß ick wieder abhaun will. Er hat sich zwar am nächsten Tag entschuldigt. Ich denke, damit kannste det nich jutmachen, wa? Ick bin ebend wieder abjehaun. Und hab' ick die andern Mädchen kennenjelernt, ham ebend andauernd jeklaut, und die Polizei hat uns ooch öfters erwischt und so, und hat meene Mutter ooch jesagt: ›Jetzt hab ick die Schnauze voll!‹ Und so bin ick ins Heim jekommen. Ick bin immer abjehaun, ooch von da. Klauen, dat haben alle jemacht! Ick bin dann irjendwie uff de Polizei jeholt worden, da hab ick denn erzählt mit de Klauerei, und wie det jekommen is und so, und denn ham die andern Mädchen und Weiber mich zusammenjeschlagen, weil ick det uff de Polizei erzählt hatte. Hab' ick ne Anzeige jemacht, wa, und dann ham se mich mit nach Hause jenommen.«

»Was wollten die von dir?«

»Die wollten mich klauen schicken, wa, weil die ebend sauer waren, dat ick erzählt hab, wer det jemacht hat und so.«

Anscheinend hatte diese Gruppe von Diebinnen sie in eine Wohnung mitgenommen, sie nochmals verprügelt, um ihr einen Denkzettel zu verpassen, und »ham se mir was reinjemacht. Danach, ick hab jesoffen, und weeß ick, wat es war, und da war en Junge, det war en Türke, der war sechzehn oder siebzehn, und denn isses passiert. Ick hab' jut jeschlafen. Am nächsten Morgen bin ick dann wieder zu mir, und der Junge war janz nett, wa. Wat er noch jemacht hat, meent er, ›ick helf dir hier rauszukommen aus der Wohnung‹ — die haben alle jeschlafen. Hatten se da son Hund jeholt jehabt von Bekannten, meent er, ›ick bring den Hund zurück‹, hat mich mitjenommen und hat mich loofen lassen, meent er: ›Jetzt nach Hause.‹ Ick bin nach Hause jekommen. Meene Mutti hat jeweint jehabt und so.«

Hatte sie ihrer Mutter gesagt, daß sie entjungfert worden war?

»Nee, hab ick nich. Na, sonst hätt'se ja ne Anzeige wegen Verführung Minderjähriger jemacht. Der war ooch in Ordnung — und ick hab ooch nischt jewußt, wa, ick hab jeschlafen, und denn hat er mich ooch jezahlt.«

Noch am gleichen Nachmittag war sie wieder fort.

Bald danach lernte sie Rainer kennen, übernachtete im Freien mit ihm, versteckte sich vor der Polizei, weil das Jugendamt sie wieder ins Heim zurückschicken wollte. »Und nach'n paar Tagen, det is so gekommen, wir waren besoffen, und wir hatten keen Geld, und Rainer und ich war'n in nem türkischen Lokal, und da war en Türke. Na ja, und der sagt mir, na, trink mal aus, wenn de ex trinkst, krichste noch'n neues. Und ick, na jetrunken, aber stinkevoll jewesen. Und da hatt ick noch Hasch in mir jehabt, und ick war weg. Und Rainer ooch. Na, uff jeden Fall hat der irjendwie anjeboten jehabt, mir Geld zu jeben und so. Ick aber so besoffen jewesen, hab ick det jemacht, wa, und der hat mir vierzig Mark jejeben. Und besoffen, wie ick war, da hab ick irjendwie zum Rainer jesagt: ›Nee, nee, det war gar nich so schlimm, wie ick mir det immer vorjestellt hab' oder wat. Ick kann det ja jetzt machen, wenn wir keen Geld haben oder so!‹«

Und am nächsten Tag hatten sie wieder kein Geld, und sie sagte zu Rainer: »›Wo kriegen wir jetzt Geld her?‹ meent ick zu Rainer. Und der sagte: ›Weeßte noch, wat de jestern jesagt hast?‹ Ick: ›Nee, wat denn?‹ Meent er: ›Na ja, det de dat machen willst.‹ Ick meene: ›Na ja, is okay.‹ Wir dann zur Kurfürstenstraße jefahren mit em Bus. Na ja, hab' ick det mit dem Perversen erlebt. Na ja, ick bin im Auto einjestiegen, und auf dem Parkplatz von Autostand da, da sagt der uff eenmal, ›Komm hier, nimm mal in Mund!‹ un all so wat. Ick hab denn uff den einjequatscht, ick meene, ick ruf dich morjen wieder an und so. Auf alle Fälle hat er mich jelassen, vielleicht hat er ooch Angst jekricht.«

Das war der Anfang des Jahres, in dem sie für Rainer und sich ›arbeitete‹, auf der Straße und über Anzeigen in Clubs als Callgirl. »Det lief über Annoncen denn in der Zeitung«, sagte sie. »›Knabenhaftes Mädchen.‹ Die Hälfte von dem Geld mußte ich abjeben. Ick hab unjefähr hundert Mark am Tag jemacht.«

Und was geschah mit dem Geld?

»Er spielt«, sagte sie mit einem traurigen Blick auf Rainer, der während unseres ganzen Gesprächs schweigend dabeigesessen hatte. »Ick schaff' an, un der verspielt alles in 'nem Tag.«

Nachdem sie das gesagt hatte, stand er auf und sagte, er würde für eine Weile fortgehen.

»Was passiert, wenn er zurückkommt?«

»Nischt, der traut sich nich.«

Es gab in diesem Jahr eine kurze Unterbrechung, als sie Tripper bekam, ins Krankenhaus mußte, wieder in ein Heim und dann mit dem Bund Deutscher Pfadfinder nach Frankreich in Ferien geschickt wurde. »Uff jeden Fall, ick bin so krank jeworden mit meen Unterleib, det ick ins Krankenhaus mußte. Und Rainer, den hab ick ooch jeden Tag anjerufen von Frankreich nach hier, Berlin… und der hat jesacht: ›Ach, alleene is et hier nich jut…‹ und so, wa? Uff jeden Fall, ick bin eene Woche früher zurückjefahren wie die andern. Und danach hab' ick weiterjearbeetet, erst zurück uff'n Autostrich. Aber ick wollte det nich mehr ohne Gummi machen – bloß, wenn ick mit Gummi mach', verdien' ick nischt, verdien' ick überhaupt nischt. Die wollen det nich. Nich mal die voner Feuerwache wollen det.«

»Was ist die Feuerwache?« fragte ich. »Was hast du da gemacht?«

»Detselbe!« sagte sie ungeduldig. »Die ham da son Raum, wo sc drin schlafen.«

»Haben die gewußt, wie alt du bist?« Eine überflüssige Frage, sogar jetzt, ein Jahr später, sah sie kaum aus wie vierzehn.

»Nee, die haben jewußt, det ick sechzehn, siebzehn bin — ham se jedacht«, sagte sie — ganz offensichtlich mir zuliebe.

Und wie funktionierte das? Kam da einer nach dem andern rein?

»Nee, da war'n zum Beispiel sechs Mann da drinne oder so, und da hat jeder von uns dreie jemacht oder so wat... also ick bin immer mit meene Freundin zusammen hin. Ick hab', wenn die mich küssen wollten, hab' ick immer jesagt, nee! Hab' ick gleich von vornerein jesagt, ich hab' jesagt: ›Ohne küssen oder andere Stellung oder so‹, überhaupt nischt, weil det... det hat mich einfach anjeekelt...«

Und ihre Freundin? »Die hat alles jemacht, die hat sojar...« sie zögerte und sagte dann förmlich: »Sojar Analverkehr.«

»Aber Gabi«, sagte ich, »du warst doch noch ein kleines Kind. Wie konnte Rainer das zulassen? Haben denn seine Eltern gewußt, daß du für ihn anschaffst?«

»Rainers Vater hat's vorm Monat oder so erfahren. Deswegen hat er ja Dresche jekricht von seen Stiefvater. Er hat ihn fast zum Fenster rausjeschmissen. ›Du schickst se uff de Straße‹, schrie der, ›und sitzt uff deim fetten Arsch und jehst nich arbeeten!‹« Sie zuckte mit den Schultern. »Aber da...«

»Und was ist mit deinen Eltern, was sagen die?«

»Die finden, die ham immer jesagt, det ick mit 'nem Deutschen zusammen sein soll, meen Stiefvater, er mag keene Ausländer, aber er meente, so'n Umgang von Deutschen möcht ick ooch nich', weil er mag det nich, ick bin so jung und so, er sieht et nich ein, warum ick uffen Strich gehn soll fürn Mann. Wenn ick so was mache, dann soll icks für mich machen und sparen oder wat weeß ick, wenn ick so wat schon unbedingt machen will.«

Also hatten ihre Eltern nicht grundsätzlich etwas dagegen, wenn sie auf den Strich ging? Und was hatte ihre Mutter dazu gesagt?

»Sie findet et nich jut, bloß — die hat mich immer jesagt: ›Mußte alleene wissen, ick hab dir oft jenug jesagt, komm zurück nach Hause.‹«

Sie hätte also nach Hause zurück können? »Nee, eijentlich nich«, sagte Gabi. »Meen Stiefvater, wo ich kleener war, hat er mich immer mehr jeliebt wie meene Schwester — ick hatt' immer 'ne jroße Schnauze, war frech und so, wa? Und det hat der jemocht an mir, wa? Aber wenn die irjendwo hinjegangen sind, der hat mich überall mitjenommen, in Lokal oder sonst, der hat mir immer heimlich Jeld jegeben oder so: ›Na, hier haste was, aber Mutti nischt sagen.‹ Wenn ick dann nach Hause kam: ›Na, wieviel haste jekricht?‹« Sie lachte. »Meene Mutter hats sowieso jewußt. Der wollte mich uff de höhere Schule schicken, der wollte, dat ick studiere un so. Jetzt, der hatte jetzt, vor kurzem hatte der Jeburtstag jehabt, ick hab anjerufen, hat er jeweint am Telefon. ›Mensch, Mäuschen, ick hab dir doch so lieb und so, Mensch, mach doch keene Scheiße. Wenn et dir dreckig gehen würde, ick würde dich doch immer wieder uffnehmen und so. Nich vielleicht für die Dauer über, aber wenn dir schlecht jeht oder so, denn würd ick dich ooch 'ne Woche, zwee Wochen wieder uffnehmen oder so. Ne Dauerlösung wär det nich mehr, weil bei dir, weeßt ja, wie det is.‹ Aber der liebt mich.

Nee«, sagte sie nach einer Weile. »Nee, nach Hause hätt ich nich jehn können, det wär nich jegangen.«

Wie lange war das nun schon so gegangen? Wieviel Geld hatte sie verdient?

»Unjefähr een Jahr; 'n bißchen länger. Also, ick hab immer im Durchschnitt so zweihundert bis vierhundert Mark verdient... aber ick hab dat ja nich durchjehend hinternander jemacht. Am Schluß hatt' ick denn drei Freier oder so, weil die hab ick anjeklingelt, wenn ick Jeld brauchte, und die ham eenen anjeklingelt, wenn se Zeit hatten.«

»Und jetzt«, fragte ich, »was wird nun?«

»Also«, sagte sie, und es klang erschöpft und nachdenklich. »Ick war immer jut inner Schule, weeßte. Als ick kleen war, da hat ick immer nur Einsen, Zweien und mal 'n paar Dreien, aber nie ne Vier, nie. Die wollen mich jetzt zurück inne Schule haben. Ick hab jesaagt ja ... und vielleicht schaff ick det ... aber wenn ick denn jetzt so lange nich inne Schule jegangen bin, dat wird schwierich sein, denn soll ick mitmachen, mich konzentrieren, mit andern Mädchen ... normalen Mädchen.«

Sie mußte am nächsten Morgen zum ersten Mal wieder in die Schule. Ich kannte einige der Lehrer dort — ich wußte, wie sehr sie sich bemühten, ihr zu helfen. »Aber du wirst morgen gehen, nicht wahr?« fragte ich.

»Ich muß«, sagte sie lustlos. »Es jeht nich anders. Ick möcht nich nach Hause, ick meen, ick hab' so lang daruff jepocht, meene eigene Wohnung zu kriegen. Un jetzt ham ses für mich jemacht, ham mir de schöne Wohnung jegeben und so. Es jeht nich anders, ick werd' es versuchen... ick werd' es versuchen...«

Sie versuchte es. Das letzte, was ich vor einiger Zeit von ihr gehört habe, war, daß sie die Schule ein paar Monate durchgehalten, dann aber immer häufiger weggeblieben war; sie hatte die Wohnung verloren, als sie wieder auf den Strich gegangen war; sie hatte Rainer aufgegeben oder aufgeben müssen, als sein Stiefvater (klugerweise, muß man sagen) ihn in die Bundesrepublik geschickt hatte; und sie hatte keinerlei Verbindung mehr zu ihrer Fürsorgerin beim Jugendamt. »Es tut mir leid, Ihnen das sagen zu müssen«, schrieb ein befreundeter Sozialarbeiter, den ich gebeten hatte, sich zu erkundigen, »wir haben uns überall erkundigt. Sie ist einfach verschwunden.«

12

Marianne

Marianne ist eines der Kinder, deren innere Reserven sich als stark genug erwiesen, sie aus der Szene zu retten. Sie ist jetzt neunzehn: ein großes, schlankes Mädchen mit hellem, lockigen Haar, die in einer Stadt in Süddeutschland lebt. Im Verlauf der letzten drei Jahre hat sie Abitur gemacht, einen Sekretärinnenkurs abgeschlossen, hat ein Jahr als Sekretärin gearbeitet und zwei Jahre lang einen Abendkurs besucht, um sich auf die Zwischenprüfung als Dolmetscherin vorzubereiten, die sie demnächst ablegen wird.

Seit dem letzten Jahr wohnt sie mit ihrem Hund Blondie allein in einer Wohnung, die ihr vom Jugendamt zur Verfügung gestellt wurde, das auch weiterhin das Geld für Miete, Kleidung und einen großzügigen Beitrag zu ihrem Lebensunterhalt zur Verfügung stellt.

Ihr früherer Freund Wolfgang wohnt zwei Stockwerke unter ihr. »Manchmal sehne ich mich nach ihm — es ist nicht gerade einfach, aber das Durchhalten lohnt sich«, schrieb sie mir kürzlich. Vor fünf Jahren, als die vierzehnjährige Marianne als Callgirl arbeitete, war Wolfgang als Fahrer bei dem Club-Besitzer angestellt, für den sie arbeitete. »Er sollte auf mich aufpassen«, erzählte sie. »Er sollte immer in der Nähe sein, falls ich um Hilfe rufen würde.«

Hatte sie je gerufen? »Nee, eher noch hätten die gerufen. Aber es war doch beruhigend zu wissen, daß er da war.«

Wolfgang ist fast zwanzig Jahre älter als sie. Sie zog bei ihm ein, als sie aufhörte anzuschaffen, weil sie weiter das Gefühl der Sicherheit brauchte. »Es hat zwei Jahre gedauert, bis ich eingesehen habe, daß er zu sehr mit der Szene verwachsen ist«, sagte sie. Wolfgang schwor, daß er ein festes Gehalt bekam, keine Prozente von dem, was sie verdiente, aber inzwischen glaubte sie das nicht mehr; ebensowenig glaubte sie, daß die Geschäfte, die er jetzt mit Antiquitäten betreibt, ganz lupenrein sind.

»Er kennt ja überhaupt keine normalen Leute. Alle gehören zur Szene, was bedeutete, daß ich sie die ganze Zeit sehen mußte. Ich hab' ihn gebeten, sie aufzugeben, mit mir ein neues Leben an einem andern Ort anzufangen, aber er hat gesagt, daß er das nicht fertigbringt, und ich seh' das auch ein. Er ist zu alt, der kann sich nicht mehr ändern.«

Marianne ist außergewöhnlich realistisch. Ihre Sozialarbeiterin hat zu mir gesagt: »Es ist kaum ein Mädchen in meiner Kartei, das Schlimmeres durchgemacht hat, und es gibt *kein* Mädchen in meiner Kartei, bei dem ich so sicher bin, daß sie es schließlich schaffen wird. Sie ist sehr intelligent, innerlich sehr stark und ein sehr feiner junger Mensch.« — »Oh je«, meinte Marianne, als ich ihr das erzählte. »Wissen Sie, wie viele Männer dieser ›feine junge Mensch‹ schon mit vierzehn, nach weniger als eineinhalb Jahren Prostitution, gehabt hat? Ich hab es mal hochgerechnet. Ich hab achtzigtausend Mark verdient — ich hab' das natürlich nicht *bekommen,* aber verdient hab' ich es. Wenn man das durch dreißig Mark pro Freier teilt, sind das 2666 Männer.« Sie bog sich vor Lachen, als sie das sagte.

Hat sie das ihrer Sozialarbeiterin gesagt?

»Nee, ich hab' gedacht, daß sie das ehrlich nicht verkraften kann.«

»Und deine Mutter? Sie wird es in meinem Buch lesen.«

Sie zuckte mit den Schultern. »Ich glaube, wenn ich es verkraftet habe, als es passierte, kann sie das auch, wenn sie es liest.«

Mariannes Mutter ist Volksschullehrerin und eine sehr intelligente Frau. Sie ist unauffällig und gut gekleidet; in ihrer Wohnung hat sie eine Unmenge Pflanzen und andere hübsche Dinge. (»Finden Sie nicht, daß die Wohnung wunderschön ist?« sagte Marianne. »Hoffentlich hab' ich ihren Geschmack geerbt.«) Sie sprach ganz offen über ihre Tochter, und ich verstand, woher Marianne ihre Stärke hatte. Ihr Mann war Architekt gewesen und starb, als Marianne zwölf und Andreas vier Jahre alt waren.

Marianne wußte, daß ihre frühe Kindheit voller Liebe, glücklich und beschützt gewesen war. Aber sie und ihre Mutter hatten inzwischen erkannt, daß sie Marianne zu sehr umhegt hatten.

»Sie haben mich sehr verwöhnt«, sagte sie. »Sie haben mich mit ihrer Fürsorge erstickt.«

Die Welt des Kindes zerbrach, als ihr kleiner Bruder geboren wurde, obwohl die Eltern alle Ratschläge hinsichtlich moderner Kindererziehung befolgt hatten, um sie darauf vorzubereiten.

»Sie haben mir gesagt, die Zeit halbiert sich zwar, in der wir uns um dich kümmern können, aber die Liebe verdoppelt sich praktisch; und ich hab' da nicht durchgeblickt, irgendwie war das für mich kein Verhältnis, weil ich nicht so abstrakt denken konnte. Ich weiß noch, da war meine Mutter im achten Monat, da sollte ich mal fühlen, wie er da drin so rumstrampelte. Das hat sie also wirklich unheimlich gut gemacht. Aber ich hab' eben nicht akzeptiert, daß ich nicht mehr die einzige war. Entweder sie hatten mich am liebsten − oder das Baby.«

Die Krise kam, als sie zwölf war. Damals hatte sich herausgestellt, daß ihr Vater herzkrank war. »An dem Tag«, erzählte Marianne, »haben meine Mutter und ich uns mal wieder gestritten. Ich wollte mir die Haare wachsen lassen, und mein Pony war ziemlich lang; ich hab' ihn aber immer so mit der Hand zur Seite gestrichen. Meine Mutter wollte, daß ich ihn abschneide, der würde mich bei den Schularbeiten behindern, und es wäre unappetitlich, wenn vielleicht mal ein Haar in die Suppe kommt. Mein Vater hat versucht, mich zu einer Art Kompromiß zu überreden; er meinte, wenigstens beim Essen sollte ich den Pony mit 'ner Klammer zur Seite stecken, ›und wenn du Mutti in dein Zimmer kommen hörst‹, meinte er. ›Kaum hat sie die Tür wieder zugemacht, machst du die Klammer eben wieder raus.‹ Ich weiß, das war vernünftig − aber ich hab' einfach nicht eingesehen, warum ich meine Haare nicht so haben konnte, wie ich wollte.

Auf alle Fälle hatten wir 'ne unheimliche Auseinandersetzung, und schließlich hat er gesagt: ›Mensch, du gehst jetzt zum Friseur, oder ich schneid' dir eigenhändig den Pony kürzer.‹ Ich nehme an, er hatte das Gefühl, er müsse meine Mutter irgendwie unterstützen; und er hat eine riesige Papierschere gepackt und mich damit durch den Flur gejagt und stieß dabei ein Kriegsgeschrei aus wie so ein Indianer; ich glaub', er wollte das Ganze ins Lächerliche ziehen, so daß ich leichter nachgeben könnte, verstehen Sie, so war er eben. Aber an dem Abend ist er gestorben, und meine Mutter hat später zu mir gesagt, daß ich schuld an dem Tod meines Vaters sei, das hat sie mir... was weiß ich wie oft...«

(»O mein Gott«, sagte ihre Mutter. »Das hat sie Ihnen gesagt? O mein Gott, ich erinnere mich jetzt, ja, das habe ich gesagt. Ich war so verzweifelt! Wie konnte ich das nur zu ihr sagen? Wie fürchterlich von mir!«)

»Das Komische war«, fuhr Marianne fort, »als er umgefallen war, als er so unbeweglich dalag, hat sie nach mir gerufen. ›Komm schnell‹, rief sie. Ich war im Bett, sie hat gedacht, daß ich schon schlafe. Wenn sie nicht mehr aus noch ein wußte, dann war das böse Kind ohne Sinn und Verstand immer die liebe, große, verständnisvolle Tochter. Das hat sie ziemlich oft so gemacht, und ich fand es zum Kotzen. Und... ja, manchmal hab' ich mir so bestimmte Sachen auch gewünscht, nur damit sie wieder so zu mir ist, aber nicht direkt gewünscht; in dem Moment, wenn ich mir's vorgestellt hab', da tat's mir auch schon wieder leid, weil ich wußte, irgend jemand anders muß dann drunter leiden, verstehen Sie.« Sie hatte verstanden, was sie mir erzählt hatte: In ihrem Bedürfnis nach der Liebe ihrer Mutter hat sie sich ein Unglück herbeigesehnt.

»Aber«, fuhr sie schnell fort, »solche Sachen hab' ich mir nun wirklich nicht gewünscht. Ich hab' ihn unheimlich gern gehabt... er war immer so verständnisvoll, so liebevoll. Und ich stand da, das ist ja so blöd, danebenzustehen — und ihm nicht helfen zu können. Und einige Tage danach kam diese Andeutung, daß ich schuld daran sei.«

»Das hat sie nicht so gemeint«, sagte ich. »Das hat sie in ihrer Verzweiflung gesagt.«

»Ich weiß. Im Kopf weiß ich das, und ich versuche, nicht mehr daran zu denken, aber trotzdem, jahrelang mußte ich daran denken — es hat mich krank gemacht, mir war richtig schlecht. Und mir war alles egal. Alles.«

Wenige Wochen nach dem Tod ihres Vaters riß Marianne zum ersten Mal aus.

»Es wurde unmöglich, mit ihr auszukommen«, erzählte ihre Mutter. »Ich habe natürlich gesehen, daß die Beziehung zwischen ihr und mir, mehr noch als ihre wahnsinnige Eifersucht auf Andreas, die Ursache für ihre Schwierigkeiten war. Und als es offensichtlich wurde, daß sie in der Schule versagte, daß sie zunehmend mit Freaks und Aussteigern zusammen war und Geld von mir stahl, wahrscheinlich, um die zu unterstützen« — sie sprach sehr hastig — »habe ich begriffen, daß sie Hilfe brauchte.«

(Marianne sagte, ihre Mutter sei die einzige, die sie jemals bestohlen habe. Wer davon profitierte, waren ihre Klassenkameraden. Sie sagte: »Ich habe ihnen Schokolade gekauft, Popcorn... ich hatte keine Freundinnen, wissen Sie, nur ›Schokoladefreundinnen‹. Ich sehe das heute so, daß ich die Liebe, die ich von ihr nicht bekommen konnte, von meinen Klassenkameradinnen kaufen wollte.«

Marianne wurde zunächst zu einer Großtante geschickt, die sie gern mochte, dann in ein staatliches Heim und schließlich zu einem Onkel. Es war jedesmal ein Fehlschlag, und man schickte sie zu ihrer Mutter zurück, wo alles nur noch schlimmer wurde.

»Sie können mir glauben«, sagte Marianne, »es war die Hölle. Alles, was ich zu hören bekam, war, daß ich mannstoll sei und als Hure enden würde, so wie ich die Männer ansehen würde... ich kam mir schon bald selber vor wie eine. Es stimmt, daß ich geraucht habe wie ein Schlot, getrunken habe, alle Pillen fraß, die ich kriegen konnte. Und mein Make-up! Ich hab' mir immer das ganze Gesicht Weiß angemalt. Es sah scheußlich aus! Und dann wurde es so extrem schlimm, daß sie mich geschlagen und an den Haaren gezogen hat, und da hab' ich sie auch mal an den Haaren gezogen — können sie sich das vorstellen? Und eines Tages, als sie das wieder tat und ich auch, da bin ich geplatzt, und da hab' ich ihr das erste Mal gesagt, daß ich sie hasse, daß sie mir zu beiden Ohren rauskommt, das erste und einzige Mal, und irgendwie, ich glaub', das hat sie unheimlich getroffen.«

Etwa um die gleiche Zeit wurde Marianne von einem Typ mehr oder weniger vergewaltigt, sie war zu betrunken gewesen, um sich zu erinnern, was eigentlich genau passiert war, und hatte mehrere Monate lang Angst, sie sei schwanger.

»Ich wußte nicht, zu wem ich wegen einer Abtreibung gehen konnte. An einem schönen Sonntagnachmittag bei meinem Onkel im Garten hab' ich schließlich einen Freund von ihm gefragt, den kannte ich schon, seit ich klein war, und fand ihn nett. Wissen Sie, was der gemacht hat? Der hat zu mir gesagt:

›Ich besorg' dir einen Arzt, aber vorher mußt du mit mir schlafen‹, und fing schon an, sich auszuziehen. ›Wenn es stimmt, daß du schwanger bist, dann kommt es sowieso nicht mehr drauf an.‹ Ich war vierzehn und er ein erwachsener Mann, hat 'nen tollen Wagen gehabt und ein tolles Haus. und da hab' ich gesagt: ›Da läuft nischt‹, und er war echt beleidigt. Aber das war im Grunde genommen das erste Mal, daß ich so richtig mitbekommen hab', daß im Grunde genommen alles Berechnung ist, daß du bloß dann was kriegst, wenn du dafür zahlst, und daß das einzige, was ich geben konnte, daß das nicht Geld wäre – nicht Geld wär.“

Zu dem Zeitpunkt wußte sie bereits alles über die Szene, und sie hatte keinerlei Lust, dazuzugehören. Aber alles andere schien besser, als sich das ewige Gejammer der Mutter anhören zu müssen, »was sie alles für mich getan hat, all das Geld, all die Mühe, all die Liebe usw. usw. usw.«

Mariannes Sprache war durchgehend die einer frühreifen jungen Frau aus der Mittelschicht. Auf irgendeine Weise (und das ist bei vielen dieser Kinder der Fall) hat sie ihre bürgerliche Erziehung bis zuletzt nicht verleugnen können.

Tatsächlich konnte man immer schon voraussagen, wann sie mit etwas Ausfälligem kommen würde. Da veränderte sich nicht nur ihr Tonfall, sondern auch ihre Bewegungen wurden anders. Sie zappelte nervös herum, und vor allem wurde ihre Stimme gekünstelt, zuckersüß, und sie verwendete fürchterliche Verkleinerungsformen.

»Nun gut, wenn sie es nicht anders wollte, würde ich dem Mütterchen schon zeigen, wo sie sich ihr blödes Geld hinstecken könnte«, erklärte sie, und dann, als würde jemand anders aus ihr sprechen, redete sie wieder in ihrem normalen Tonfall weiter, ihr Wortschatz halb kindlich, halb frühreif. »Sie sollte sehen, daß ich es auch ohne sie schaffe. Ich wollte finanziell und psychologisch frei sein – und das wurde ich dann auch bald.«

Obwohl Marianne schnell begriff, daß sie fähig war, Geld zu verdienen, hatte sie damals noch keinerlei Gefühl dafür, was eigentlich in ihr steckte. »Ich war davon überzeugt, daß mein ›Wert‹, wenn Sie so wollen, nur finanzieller Art war. Als Mensch war ich gar nichts wert. Und weil ich so wertlos war, mußte ich, wenn ich leben wollte – und ich wollte immer leben – meinen nicht vorhandenen Wert durch Geld kompensieren, als Rache!«

Sie lachte, das freudlose Lachen, das ich bei diesen Kindern so oft gehört habe.

»Ich hab' also nach kurzer Zeit noch acht Stunden an die zehn Stunden drangehauen, die jeder arbeitet. Im Durchschnitt hab' ich also so ungefähr achtzehn bis zwanzig Stunden am Tag angeschafft. Je mehr ich von diesen Typen bedient habe, desto weniger habe ich von ihnen gesehen.«

Ihr erster Zuhälter, Serge, war ein achtundzwanzigjähriger Jugoslawe, für den sie bei türkischen Gastarbeitern anschaffen mußte. Sexuell vollkommen unerfahren, fand Marianne ihn zunächst wunderbar.

»Das einzige Mal, als ich vorher mit jemandem geschlafen habe, war ich betrunken, aber diesmal schien es mir so echt, und ich fühlte mich geborgen und beschützt; ich hab' geglaubt, daß er dasselbe fühlt – Gott, war ich naiv! Von der Zeit an, als er mich mit den Türken machen ließ, kam er immer nur für zwei Minuten rein, wie um seinen Müll auszuleeren.«

Er brachte sie in einem Einzimmerapartment unter und schickte ihr Türken in Fünfergruppen: »Sie haben sich einfach vor der Tür angestellt – Massenabfertigung. Ich lag da und las Zeitung, während das lief. Serge wartete draußen mit den anderen und brachte mir ab und zu was zu essen. Irgendwann hatte ich die Nase voll und sagte sogar, ich wolle nach Hause. Da hat er meine Kleider genommen und sie auf den Gang rausgelegt. Von da an war ich eben da, ohne was an, und er hatte seine dreihundert Mark am Tag. Aber, ich weiß nicht mehr, nach wie vielen Tagen das war, kam ein sehr großer rein. Er... er... hat sich so wild bewegt, daß ich es nicht aushalten konnte. Ich schrie. Und da ist mir das alles zum ersten Mal so richtig klargeworden, weil Serge kam rein, hat sich aufs Bett gesetzt und mir befohlen *durchzuhalten*.« Ihre Stimme war ganz leise geworden. »Es war dieses Wort ›durchhalten‹, was es mir klargemacht hat. Dieser Kerl auf mir, Serge neben mir, händchenhaltend, und sagt zu mir: ›Durchhalten!‹« Sie schüttelte den Kopf. »Ich wünschte, ich würde jemand finden, der Serge umbringt.«

Trotzdem (der Weg des geringsten Widerstandes ist bei Strichkindern sehr häufig) blieb sie mit kurzen Unterbrechungen bei ihm, die meiste Zeit in der Szene; dann und wann arbeitete sie auf eigene Faust auf dem Strich oder auf dem Autostrich oder versuchte es mit anderen Zuhältern, meistens Türken. »Die waren auch nicht besser, meist sogar noch schlimmer als er.«

Einmal hatte sie so schlimm Tripper (»Ich hab' es vorher oft gehabt, aber nicht so schlimm. Ich hab' einfach weitergemacht, es andern verpaßt. Wen interessierte es? Das waren doch alles Schweine.«), daß sie sich an einen Onkel wandte, der Arzt war. Der schickte sie in ein Krankenhaus, und von dort aus kam sie in ein Erholungsheim, das von Nonnen geleitet wurde. »Ihre einzige Therapie war Putzen«, sagte sie, »aber ich war müde, also beschloß ich, brav zu sein, und blieb drei Monate, bis sie entschieden, daß ich reif war für ein Kinderheim auf dem Land. Da hätte ich gern gearbeitet«, sagte sie nachdenklich. »Es war in einem kleinen Dorf, nichts außer Wiesen und Kühen. Alle anderen Mädchen waren Waisen, und die Erzieher dort behandelten uns alle wie Babys. Es war sehr erholsam, aber ich hatte einfach nichts mit denen gemeinsam. Ich hab' mir Mühe gegeben, wirklich, aber wir haben eine zu verschiedene Sprache gesprochen.«

Sie riß aus, ohne irgendwelche Habseligkeiten, und trampte nach Hamburg, »ein idealer Ort für den Babystrich«, wie sie es nannte. »Nach drei Tagen hatte ich sechs Plastiktüten voll neuer Anziehsachen, eine Fahrkarte in den Süden und hundert Mark« Woraufhin sie zu Serge zurückkehrte.

Er brachte sie ins ›Kanakenheim‹, ein Wohnheim für türkische Gastarbeiter — das war ihr Tiefpunkt. »Man geht von Raum zu Raum. Sie zahlen höchstens zwanzig Mark. Die wollen auch keine Kondome haben. Sie trinken wie verrückt und rasieren sich nicht richtig, und dann die Art, einen abzuschlabbern, vom Kopf bis zu den Zehen, stundenlange Auseinandersetzungen, warum man sich nicht auf den Mund küssen läßt. Also das ging zu weit, das habe ich nie gemacht.«

Serges Vorstellung von Aufstieg war die, sie in einem Bordell für Türken unterzubringen. »Nach drei Wochen bin ich dahintergekommen, daß die alle einen ganz linken Trick drauf hatten, diese Karnickel. Die sind alle vorher zur Toilette und haben sich selber einen runtergeholt, damit sie dann mehr von den Mädchen haben. Also, da wurde ich so sauer, und von da an — nach zehn Minuten hab ich gesagt: ›Schluß! Zeit vorbei — raus! Such dir 'ne andere, wenn's dir nicht paßt!‹ Das ist der Vorteil, wenn man jung ist: die wollen junge Mädchen, je jünger du bist, desto mehr kannst du denen auf der Nase herumtanzen. Aber bei mir hat es sehr lange gedauert, bis ich das kapiert habe.«

Als sie es eingesehen hatte, fing sie an, Serge zu managen anstatt umgekehrt, und es dauerte nicht lange, bis sie ihm den Laufpaß gab.

Etwa zu diesem Zeitpunkt waren die Bemühungen ihrer Mutter erfolgreich gewesen: die Polizei machte sie ausfindig, und sie kam in ein geschlossenes Heim. »Natürlich kam ich da raus. So 'ne Art von Zwang ist hoffnungslos bei dieser Einstellung. Das richtet mehr Schaden an, als es Gutes tut.«

Ihre letzten Tage als Prostituierte verbrachte Marianne nicht mit Serge (der im Gefängnis saß), sondern als Callgirl in einem Club, in den sie via Massagesalon aufgestiegen war.

»Aber diese Massagesalons«, fragte ich, »woher wissen die Leute denn, daß man da keine Massage bekommt?«

Marianne lachte sich halb tot über diese Bemerkung. »Aber was noch komischer ist«, sagte sie lachend, »da kam mal einer, da hab' ich in einem Ding gearbeitet im ersten Stock von einem anständigen Mietshaus, die hatten draußen ›Massage und Maniküre‹ dranstehen. Die Mutter von dem Besitzer, die war so um die sechzig rum, unheimlich gepflegt und so, ein richtiges Puffmütterchen, wie aus dem Buch. Jedenfalls kam da wirklich mal so 'n Opa und wollte sich die Hände maniküren lassen. Die hat natürlich gedacht, das wär 'n Witz, und hat ihn reingebracht. Er hat sich im Zimmer umgesehen, wissen Sie, dieses große Bett und das Kleenex darüber, und der riesengroße Papierkorb voll mit Tempotaschentüchern, zugezogene Vorhänge und die Schummerbeleuchtung. Ich meine, es war mitten am Tag — er hat schon etwas belämmert dreingeschaut. Ich hab' versucht, ihn behutsam aufzuklären, weil der sagte: ›Sollen wir anfangen?‹ und hat mir seine Hände hingehalten — er war echt alt, sie haben gezittert. Ich hatte so hochhackige Schuhe an, Hot-Pants und so 'n komisches Blüschen und weiter nix... ich meine, man mußte schon mehr als naiv sein. Ich fand es irgendwie traurig-komisch, also hab' ich wirklich meine Nagelfeile aus der Handtasche geholt und dachte mir, was soll's, manikür' ich ihm eben seine Finger.

Aber dann kam sie rein, diese Puffmutter, und hat sich unheimlich gehabt, weil das Erklären und so hat eben gedauert.

Und er war nicht gerade schnell von Begriff, und niemand durfte länger bleiben als zwanzig Minuten... Schließlich ist er dann gegangen. Ich hab' versucht, ihn zum Lachen zu bringen, aber umsonst. Er hat nur so 'n bißchen pikiert geguckt.«

Wußte ihr Boß, der Besitzer des Clubs, daß sie fünfzehn war? »Ja, deshalb hatte er mich doch. Nachdem ich einige Zeit da war, hab' ich ihn mal gefragt: ›Was würdest du dazu sagen, wenn deine fünfzehnjährige Tochter das machen würde?‹ — ›Na ja, das wär ja...!‹ Also er ging gleich an die Decke. Ich wußte, daß er auf kleine Mädchen steht. Und da hab' ich ihn gefragt, was er machen würde, wenn jemand seine Tochter vergewaltigt. ›Den würde ich umbringen‹, hat er gesagt, und er hat das ernst gemeint. Komisch, nicht, diese doppelte Moral. Aber ich kann mich nicht beklagen. Der hat mir Wolfgang mitgegeben, er war wirklich sehr vorsichtig«, sie lachte schallend, »fast fürsorglich, möchte man sagen.«

Dieser Mann — ihr Chef, so nannte sie ihn — besorgte ihr und den andern Mädchen dadurch Kunden, daß er »in aller Welt Annoncen aufgab, sogar in Wien, der hatte unheimliche Ausgaben. Das war's ihm wert.«

Obwohl Marianne diese Heuchelei bei ›seriösen‹ Zeitungen, die in ihrer Anzeigenrubrik Sex-Annoncen gestatteten, so lange diese diskret formuliert waren, abstieß, gab sie zu, daß sie nützlich waren für Prostituierte. »Es ist nicht die sicherste Methode«, sagte sie, »aber wenn man Bescheid weiß, oder jemand auf einen aufpaßt, so wie Wolfgang auf mich, dann ist es die beste und lukrativste.«

War es besser mit Freiern der ›gehobeneren Schicht‹?

»Es ist ganz einfach angenehmer. Ich kam an den Punkt, wo ich nur noch in Erste-Klasse-Hotels oder Wohnungen in exklusiven Wohngegenden gegangen bin. Und die meisten von *denen,* wissen Sie, können sich benehmen. Ich meine, man ist da einfach auf *Besuch.* Man bekommt einen Drink angeboten, manchmal ein Abendessen; man unterhält sich. Wenn es ein Netter war, bin ich manchmal die ganze Nacht geblieben — ich hab' geschlafen. Es ist anders.«

Diese Art von Club-Arrangement, sagte sie, war höchst vorteilhaft. Der Clubbesitzer (d. h. Zuhälter) bekommt fünfzig Mark die Stunde oder mehr. »Das Raffinierte daran ist«, sagte sie, »daß man ihm fünfzig Mark pro Stunde zahlen muß, und zwar von dem Augenblick an, wenn man den Club verläßt, nicht etwa für die Zeit, in der man tatsächlich arbeitet. Sagen wir, du willst zum Friseur gehen — das hab' ich mal erlebt, als ich einen Kunden im Hilton besucht habe. Er hatte eine geschäftliche Verabredung, wollte aber, daß ich so lange warte, also hab ich gesagt: ›Okay, ich geh' rauf und laß mir 'ne Dauerwelle machen.‹ Er war einverstanden und hat mir das Geld für die Dauerwelle gegeben, hundert Mark kostet das im Hilton. Aber selbstverständlich hat er mir nicht die Zeit bezahlt, die ich beim Friseur gesessen bin. Aber ich mußte im Club dafür zahlen, zwei Stunden. Aber trotzdem ist es 'ne gute Abmachung, einfach weil diese Sorte Kunden großzügig ist. Ich hatte immer so vierhundert Mark am Tag und manchmal ein bißchen mehr.«

Sie war fasziniert von einem Telefongespräch, das ich mit dem Eigentümer einer der seriösesten Zeitungen im Mittleren Westen über das Thema Sex-Annoncen führte. Er hatte seine Verwunderung über meine Vermutung ausgedrückt, daß seine Zeitung Annoncen von Kinderprostituierten veröffentlichte. »Das ist ausgeschlossen«, sagte er. »Ich habe schließlich selber Kinder.« Ich las ihm ein paar Anzeigen aus der Tagesausgabe vor. »Aber woher sollen wir wissen, daß die für Kinder sind?« fragte er hilflos. »Sie werden uns per Telefon durchgegeben und mit Kreditkarten bezahlt; wie sollen wir das denn kontrollieren?«

»Wie wäre es, wenn man überhaupt keine Sex-Anzeigen drucken würde?« schlug ich vor; aber er erklärte mir, daß man, wenn man eine Sorte ablehnte, auch andere nicht drucken dürfte oder daß man keine Aufträge mehr bekomme; es wäre eine Kettenreaktion. Und außerdem schließe Pressefreiheit auch die Anzeigenfreiheit mit ein. »Innerhalb der Grenzen des guten Geschmacks«, fügte er hinzu, bevor er freundlich »Auf Wiederhören« sagte und einhängte.

Hatte sie jemals mit einem ihrer Freier Freundschaft geschlossen? Die Antwort überraschte mich. »Ja«, sagte sie. »Eigentlich öfters. Komischerweise war es ein Freier, ein älterer Mann, der zum ersten Mal richtig mit mir geschlafen hat, der mich zum Orgasmus gebracht hat. Er war ein unglaublich netter Mann. Das hat meine Gefühle, meine ganze Einstellung dazu verändert. Von da an konnte ich die Leute auch mal als Menschen ansehen.

Und das war auch umgekehrt so, verstehen Sie. Plötzlich waren da doch welche, die Rücksicht auf meine Gefühle nahmen, die auch *gegeben* haben. Ja... es ist erstaunlich, aber das war wirklich so. Ich hab' immer so ein starkes Bedürfnis danach gehabt, auch etwas zu bekommen, wenn ich etwas gebe — und wenn ein Kunde das merkte und darauf reagierte, dann hat es wirklich auf beiden Seiten funktioniert.«

Wie dachte Marianne jetzt über ihre Vergangenheit? »Ich schäme mich dafür«, sagte sie. »Ich möchte nicht, daß es irgend jemand erfährt, den ich vielleicht mal später kennenlerne. Ich will auch nicht, daß die Mädchen, mit denen ich jetzt in die Schule gehe, es wissen.«

Hat es ihr geschadet? »Ich glaube, das werde ich wohl erst viel später wissen. Ich will nicht — ich habe jetzt auch keinen Freund. Ich habe meinen Hund zum Schmusen. Aber ich habe viel gelernt: Disziplin. Man braucht 'ne Menge Disziplin; und sehr viel Kraft. Ich hab' eine Todesangst vor der Straße. Kein junges Mädchen, kein einziges sollte auf die Straße gehen.«

Und die Clubs? »Kein einziger dürfte existieren«, erklärte sie. »Es muß Alternativen geben für Kinder, wie ich eins war, die es zu Hause nicht aushalten. So was muß man doch einrichten können.« Sie sagte, daß, wenn man ihr irgend etwas halbwegs Annehmbares angeboten hätte, irgend etwas, wo man mit Menschen zusammenkommt, was es ihr ermöglicht hätte, Geld zu verdienen, weg von ihrer Mutter, daß sie das angenommen hätte. Ebenso wie sie ein wirklich gutes Internat akzeptiert hätte.

»Aber solange derlei existiert, und wenn man es realistisch sieht«, fuhr sie fort, »und da kann ich natürlich nur aus meiner eigenen Erfahrung sprechen, muß man den Dreck mitmachen, erstens damit man die bessere, die weniger schädliche Seite davon schätzen lernt und dann nur noch die will, und zweitens um den Auftrieb zu kriegen, daß man aus dem Dreck raus will.«

Was war mit den Sozialarbeitern? Inwieweit können sie helfen?

»Wenn sie sehen, daß man Hilfe braucht, müßten sie sich viel persönlicher um einen kümmern. Ich hatte Glück mit der, die mir schließlich geholfen hat; aber viel zu oft ist man für die Sozialarbeiter einfach eine Akte — davon haben sie Tausende. Ich bin nur ein Job für die, deshalb hat das für mich keinen Sinn. Das ist natürlich verständlich, es *ist* ja ihr Job. Wenn sie zuviel geben, und manche tun das, dann macht es die kaputt. Tun sie's nicht, ist es sinnlos. Da stimmt von Grund auf was nicht, weil das nur ein Beruf ist für Leute, die bereit sind, sich selber einzubringen. Sozialarbeiter sind im Grunde einsame Menschen, deshalb machen sie's ja. Also stimmt bei denen auch irgendwas nicht, sehen Sie... hier führt der Lahme den Blinden.«

Wie hoch war ihrer Meinung nach der Prozentsatz von jungen Prostituierten, die drogen- oder alkoholabhängig sind? »Ich glaube, daß die meisten jungen Mädchen in Maßen trinken. Ich weiß noch, daß ich, besonders als ich auf die Straße ging und in die Porno-Bars, immer ein oder zwei Gläschen getrunken habe, bevor ich anfing... anders hätte ich es nicht geschafft.«

Und Drogen? »Meiner Erfahrung nach nehmen nur sehr wenige Drogen, es macht dich zu kaputt; die Zuhälter wissen das. Es ist ja sowieso ein – im besten Fall – ermüdendes Geschäft, in kürzester Zeit siehst du älter aus, als du bist. Aber mit Drogen ist es verheerend. Ich glaube, daß nur ein ganz winziger Prozentsatz junger Prostituierter drogenabhängig ist. Ich glaube, die meisten machen es aus denselben Gründen, wie ich es getan habe: Konflikte zu Hause, ein verzweifeltes Bedürfnis nach Freundschaft, nach Beziehungen, ein Bedürfnis nach Freiheit gepaart mit der mangelnden Urteilsfähigkeit – die hat man in dem Alter nun einmal nicht; und weil man nicht die allergeringste Wahl hat – keine Alternative.«

Und jetzt? Wie dachte sie heute über sich selber? Sie lächelte. »Also heute bin ich hübscher – mit vierzehn sah ich schlimm aus. Ich fand mich so häßlich. Jetzt finde ich mich nicht mehr häßlich. Ich glaub', ich werd's schaffen«, erklärte sie. »Einmal, glaube ich, weil ich Glück habe und stark bin. Anderseits, weil letzten Endes meine Mutter zu mir gehalten hat; obwohl ich sie nicht gesehen habe, war sie doch die ganze Zeit da. Man braucht jemand... man braucht einfach unbedingt jemand, zu dem man gehört.«

(»Wir haben Weihnachten ganz in Familie gemacht«, schrieb sie mir Anfang 1983. »Das erste Mal wieder seit Jahren. Es war sehr schön.«)

13

Ruprecht

Ruprecht, ein Junge mit einem fraglos überragenden IQ, machte sich nicht die geringsten Illusionen über seine Zukunft. »Da werd ick, da werd ick nie rauskommen, aus der Szene«, sagte er. »Da kommt keener raus, aus der Szene; wenn de erst mal drin bist, kommste nich wieder raus, so sieht das aus.«

Wir saßen in einer Jugendstrich-Kneipe — nennen wir sie ›Hütte‹ — in einer Seitenstraße im Zentrum von Berlin. Zwei Räume, acht oder zehn Tische, die Kunden meist Jungen zwischen zwölf und sechzehn. Ein paar Mädchen — alle minderjährig — kommen und gehen, hübsche Mädchen, die von Tisch zu Tisch wandern; sie küssen die Jungen und werden von ihnen geküßt, Küßchen auf beide Wangen und ab und zu eine Umarmung. Sie sind befreundet. Die Jungen reden von ihnen als den ›Bräuten‹. An der Art, wie sie reden und sich bewegen, wird deutlich, daß nur wenige — wenn überhaupt einer — von den Jungen homosexuell sind. Aber die Männer, die reinkommen, langsam durch die Räume schlendern, von einem Gesicht zum andern schauen und sich auf ein für mich nicht wahrnehmbares Zeichen hin niederlassen, sind alle schwul und sind nur zu einem einzigen Zweck hier. »Kalbfleisch«, sagt Ruprecht trocken, bewußt grob, um mich zu beeindrucken oder zu schockieren.

Ich bin durch einen Mann namens Fried in die Hütte gekommen, den ich durch Freunde kennengelernt hatte; er ist Lehrer und hatte mir angeboten, mir zu helfen, einen Jungen zu treffen, mit dem ich reden könnte.

Es hat Tage gedauert oder vielmehr mehrere Nächte, in denen wir die Berliner Szene abgeklappert haben, bis ich merkte, daß Fried selber schwul war. Es war Fried, der es mir eigentlich ermöglicht hat, die Art und die Folgen homosexueller Beziehungen zwischen Jungen und ihren Lehrern zu sehen.

Ruprecht, der gewöhnlich Rupp oder Ruppi genannt wurde — je nach Person oder Gelegenheit — war spindeldürr. Seine Jeans waren so eng, daß sie eingeschnitten hätten, wenn an ihm etwas einzuschneiden gewesen wäre. Er trug einen eng anliegenden weißen Pullover, der seine Magerkeit noch unterstrich.

Er hatte dickes, gewelltes dunkles Haar, glanzlos und nicht gerade sauber, jedoch einen sorgfältig gepflegten kleinen Schnurrbart. Er sah sehr blaß aus und wirkte älter als seine fünfzehn Jahre. Er schien fiebrig, krank und fühlte auch dauernd seinen Puls, sah in den Spiegel und legte seinen Kopf auf die Arme. Die Erklärung ließ nicht lange auf sich warten; das war immer so bei Ruppi; er ist ein sehr gesprächiger junger Mann. »Ick bin jetzt ›up««, und er benutzte wie sie alle das englische Wort. Er hatte während der letzten vierundzwanzig Stunden drei Dosen LSD genommen, sagte er, was sicherlich stark übertrieben war.

Er fragte mich, ob ich jemals LSD ausprobiert hätte, »weil«, sagte er aggressiv, »wenn Se's nich probiert haben, dürfen Se gar nich drüber schreiben. Niemand kann versteh'n, wie dat wirkt, der's nich probiert hat.«

Glaubte er, sagte ich — ein abgedroschenes Argument, das ich Dutzende Male verwendet hatte —, daß, wenn man über Leute schreiben will, die Selbstmord begehen, man sich notwendigerweise selbst das Leben habe nehmen wollen?

»Ja, det glaub ick«, sagte er ohne lange zu überlegen. »Det kannste ooch nich verstehn, wenn de nich den Drang jefühlt hast.«

»Du redest Scheiß, weißt du das«, sagte Fried. »Dope-Scheiß. Ich hoff', daß du bald runterkommst und vernünftig wirst.« Er hatte mir vorher erzählt, daß der Junge, von dem er wollte, daß ich ihn treffe, ein ehemaliger Schüler von ihm war.

»Ich *komm* ›down««, sagte Rupp. »Kannste fühlen, wie kalt meene Hände sind? Sie fühlen sich feucht an, wa?« Ich sagte, daß ich das auch fände. »Aber se sind janz trocken«, setzte er seine Belehrung fort. Während der nächsten halben Stunde fuhr er fort, sich selbst zu beobachten, wobei er uns herablassend dazu ermutigte, uns miteinander oder mit Bekannten, die vorbeikamen, zu unterhalten. »Jetzt bin ick down«, sagte er plötzlich; und tatsächlich, sein Gesicht war weniger blaß und nicht mehr schweißbedeckt, und seine Stimme wurde tiefer, er sprach jetzt schneller.

»Wie oft nimmst du diesen Dreck jetzt?« fragte Fried. Wir hatten inzwischen Würstchen, Brot und Apfelsaft bestellt. »Nich oft«, antwortete Rupp. »'ne Braut hat mich jestern hängen lassen, und ick hatt' mit meene Mutter am Telefon jesprochen jehabt.«

Lieber Gott, sagte ich zu mir selbst, wieder dasselbe Lied. Man brauchte die Frage gar nicht zu stellen: Eltern tauchten nach kürzester Zeit in jedem Gespräch auf.

»Meen Vata is Bauarbeiter in Kreuzberg, als Betriebsleiter«, präzisierte er ungefragt. »Er wechselt immer die Jobs, ›um aufzusteigen‹, wie er sagt.« Rupps Mutter arbeitete schon von vor seiner Geburt als Buchhalterin bei der Post. »Meen Vata«, sagte er plötzlich mit Nachdruck, »ick seh ihm ins Jesicht un meen: ›Du bist een Nischt, für mich biste een Nischt.‹«

Es ist unmöglich zu beurteilen, ob ein Kind, das sofort mit der ewig gleichen Ursache für seine Bitterkeit herauskommt, dich nur testen will, oder ob es einem Bedürfnis, einer Intuition folgt. Alles, was man tun kann, ist, es zu akzeptieren.

Aber weshalb fühlte er so und seit wann?

»Seit ich zwölf war und jesehn hab', wie er meene Mutter jeprügelt hat.«

War das das erste Mal, daß sein Vater die Mutter schlug, das erste Mal, daß Ruppi das erlebte? »Nee, ick hatt' det schon früher jesehn. Aber dies Mal waret schlimm, und ick war jroß, un det hat er nich realisiert jehabt. Da war'n Messer uffm Küchentisch jelegen, det hab ick jenommen un ihm innen Bauch jerammt.«

Was passierte? »Nischt«, sagte er. Seine Mutter hatte der Polizei gegenüber behauptet, es sei ein Unfall gewesen; sein Vater verbrachte einige Zeit im Krankenhaus. Und von dem Tag an legte sein Vater nie mehr Hand an seine Mutter oder an Ruppi.

Also vorher, da hatte er Rupp geschlagen? »Ja, immer, seit ick kleen war.«

Schlimm? »Ziemlich, mit'm Gürtel.«

Für welche Vergehen war er geschlagen worden? »Oh, alles. Wenn ick wat dreckijemacht hatte; wenn ick zu spät zum Essen jekommen bin; oder später nach Haus, als se jesagt hatten.«

Und seine Mutter, hat sie ihn auch geschlagen? »Nee, nie.«

Er liebte seine Mutter über alles. Aber seine Schwester, die vier Jahre älter war als er, die mochte er nicht besonders. »Die hat immer allet bekommen, wat se jewollt hat, die is nich vertrimmt worden, die ging innen Kindergarten, ick nich.« Und die Schwester, fügte er sofort hinzu, hatte immer Freundinnen. »Ick nich. Ick war immer alleene. Ick bin heut noch'n Einzelgänger.«

»Von welchem Alter an warst du ein Einzelgänger?«

»Drei, vier.«

Aber wie konnte er mit drei oder vier ein Einzelgänger sein, fragte ich. Er mußte doch auch in den Kindergarten gegangen sein.

»Ick nich. Im Grund jenommen haben es meene Eltern jewollt. Mein Vata hat probiert, det in mich reinzuprügeln. Er hat mich nur eenmal hinjebracht, und wie er sich in der Tür umjedreht hat, schwupp, war ick weg.«

Weg, wohin? »Nach Hause. Ick hatt immer 'n Schlüssel von zu Haus um meen Hals.«

»Mit drei?« fragte ich ungläubig. »Sei nicht albern, es ist einfach nicht möglich, daß ein so kleiner Junge jeden Tag allein zu Hause ist. Hat denn deine Mutter nichts dagegen unternommen?«

Er zuckte mit den Schultern. »Wat hätt se machen sollen? Sie wollte ebend arbeeten. Sag'n wer mal so, ihr blieb keene andre Wahl. Sie hatten versucht jehabt, mich zu zwingen, aber ick wollt ebend nich.«

(Ruprecht bewies auch mir, daß er seinen Willen immer durchsetzte. Ich durfte mich nicht mit seinen Eltern treffen. »Ick kann's ihnen nich antun«, sagte er und überraschte mich damit, wie er es oft tat. »Ick hab' ihnen schon zu viel anjetan.«)

Warum, fragte ich, glaubte er heute, daß er damals nicht in den Kindergarten gehen wollte?

»Weil ick von vornherein immer meinen Willen durchsetzen wollte.«

Das war absurd, sagte ich noch einmal. Ein drei- oder vierjähriges Kind muß andere Gründe gehabt haben. Du siehst es bloß heute so. Fried war bisher sehr vernünftig gewesen, sehr schweigsam. Er verstand, daß ich dieses Gespräch auf meine Weise führen wollte, aber jetzt mischte er sich ein. »Sag ihr doch«, meinte er, »daß du mißtrauisch warst.«

»Was heißt mißtrauisch«, erwiderte Rupp. »Ick hab' Angst jehabt.«

Angst wovor? »Ick hatt' über 'n Kindergarten viel Schlimmes jehört...« Er unterbrach sich. Und dann: »Also nich Angst, wat heißt Angst, ick hab' noch nie in meenem Leben Angst jehabt.«

»Außer als Dreijähriger«, warf ich ein.

»Eijentlich nich Angst, sajn wer mal so, ick hat unheimlichen Respekt. Die andern Kinder. Ick wollte dat nich.«

Was er wollte, war seine Mutter. Ihre ganze Aufmerksamkeit, ihre ungeteilte Zuwendung; der Vater war ein verhaßter Eindringling. Aber sie hat das nie verstanden, hat nie den unbedingt notwendigen Schritt unternommen, für dieses liebesbedürftige Kind zu Hause zu bleiben, wenigstens solange, bis er reif genug war, um alleine zurechtzukommen. Und sein Vater (der, obwohl er offensichtlich ziemlich brutal war, seiner Familie doch ein ›gutes‹, stabiles Zuhause geboten hat) hat nie verstanden, daß das Wichtigste bei diesem Sohn nicht seine Intelligenz war, die der Vater merkwürdigerweise doch sehr früh erkannt hatte, sondern seine emotionalen Bedürfnisse. Dadurch, daß er ganz offen die Mutter mißhandelte, die er anbetete, hatte er diese Bedürfnisse immer wieder verletzt und dabei das Kind verloren, noch bevor es überhaupt dem Kindesalter entwachsen war.

Ruppis Sozialarbeiter hatte für mich die wichtigsten Daten zusammengetragen. Die Akten bestätigten, daß die sehr jungen Eltern (ihre Tochter wurde geboren, als die Mutter siebzehn, der Vater neunzehn war, und sie waren erst einundzwanzig und dreiundzwanzig, als Ruppi kam), da sie beide berufstätig waren, das sieben Monate alte Baby in eine Tageskrippe gaben und ihn dann bis zu seinem neunten Lebensjahr in einer Kinderkrippe, und dann, als er in die Schule kam, in einer Kindertagesstätte untergebracht hatten.

»Meine Eltern, ick möcht' sagen, ick hab' se kaputtjemacht«, sagte Ruprecht. »Und ick muß sajen, ick bin froh, dat se sich erstmal wieder 'n bißchen beruhigt ham, aber meene Mutter is mit de Nerven, also kann man sajen, also fast am Ende.«

Den Rest dieses ersten Abends, noch einmal sieben Stunden, fast die ganze Nacht durch, erzählte Rupp mir alles über seine Schulzeit. Er hatte die Grund- und die Hauptschule bis einschließlich der achten Klasse mit ›befriedigenden Noten‹

besucht. Von dem Zeitpunkt an, als er mit zwölfeinhalb sein Leben in der Szene und mit homosexueller Prostitution anfing, hatte er immer öfter die Schule geschwänzt, und obwohl er in die neunte Klasse versetzt worden war, hatte er mit dreizehn die Schule und seine Familie verlassen. Sein sexuelles Leben hatte jedoch schon lange vorher begonnen, nämlich als er mit elf Jahren zum ersten Mal mit einem Mädchen zusammen war. (Später konnte ich von einem befreundeten Sozialarbeiter überprüfen lassen, daß das alles stimmte.)

»Das ist sehr jung«, sagte ich. »Hast du irgendein Gefühl für sie gehabt?«

»Ja, ick hatt' se jern jehabt. Sie war zwölf. Aber es war nich lang. Danach hab' ick ne hübsche Chinesin jehabt, die war bei mir inner Klasse, det hat zweenhalb Wochen jedauert, sie hat Schluß jemacht.«

Oh? Warum? »Also die war fuffzehn…«

»Und?« Keine Antwort. Wo hat sich das alles abgespielt?

»Bei mir zu Haus, da war ja niemand da«, erwiderte er zynisch, »da könnt ick immer machen, wat ick wollte.«

War er mit diesem Mädchen glücklich gewesen? »Nee, die war mir'n bißchen zu wild.«

Wild? »Saj'n wer mal so, sie war mer 'n bißchen zu leidenschaftlich.« Pause. »Sie hat mir, sie hat von mir erwartet, wat ick ihr nich jeben konnte.« Pause. »Heute könnt ick's jeben, aber damals… damals isset 'n bißchen wat anders jewesen.«

Und mit zwölfeinhalb ist er das erste Mal weggelaufen? »Ja, da bin ick det erste Mal uff Trebe jegangen, also det erste Mal abjehaun. Ick hab' de Tür von außen zujemacht. Det erste Mal, für zwei Tage, da hat mich meen Daddy jekriecht. Er hat mich jeschnappt, weil ick so doof war, dahin zu jehen, wo ick jenau wußte, dat er's weeß; dann hab' ick 'n bißchen jrün und blau ausjesehn, hab' ooch Veilchen jehabt, und dann bin ick wieder inne Schule. Eijentlich«, fügte er unvermittelt hinzu, »wie ick die erste Zeit dann weg war von zu Hause, bin ick ziemlich regelmäßig zur Schule jegangen.«

»In deine alte Schule? Und deine Eltern haben dich trotzdem nicht gefunden?«

»O doch. Aber ick hab' zu meen Vata jesagt, er soll det nich probieren, ick hau dann morgen wieder ab.«

»Aber wo hast du da während der Zeit gewohnt?«

»Bei 'nem homosexuellen Herrn. Er war fünfundzwanzig, 'n sehr lieber Typ. Ick konnte weiter inne Schule jehn, er hat mich jeden Morgen inne Schule jebracht.«

War dieser homosexuelle ›Herr‹ sein erster Freier gewesen, mit zwölfeinhalb bis dreizehn?

»Nee, meen erster nich. Ick hab' vor dem schon een Paar jehabt, aber er war der erste, bei dem ick jewohnt habe. Ick bin fast een Jahr bei dem jeblieben. Det war'n jutes Erlebnis für mich, dat hat mir jut jefallen. Ick bin nebenbei noch uffn Strich jejangen, zur Schule jejangen, und hatt' ooch 'n jutes Zeugnis jehabt.«

Der Grund dafür, daß dieses merkwürdig beständige Verhältnis auseinanderging, war ein ganz anderer, als man erwartet hätte. Ruprecht war hinter einem Mädchen her. Sie war wiederum älter als er, aber er hatte geglaubt, daß sie ebenso verliebt sei wie er. Als er diese Geschichte in wenigen Worten erzählte, zitterte seine Stimme: Vor unseren Augen verwandelte sich dieser pseudo-erfahrene, pseudo-unmoralische junge Mann in einen unglücklichen kleinen Jungen. Wir warteten, bis er sich wieder gefangen hatte. Fried hatte ihm ein Glas Bier gebracht, an dem er ohne Begeisterung nippte.

»Wann hast du zum letzten Mal geweint?« wollte ich wissen. Es dauerte eine lange Zeit, sicher zehn Minuten, während wir schweigend dasaßen, bevor er antwortete.

»Det war da. Ick hab damals jeheult«, sagte er endlich, noch immer mit unsicherer Stimme.

»Warum? Was war geschehen? Du warst damals dreizehn, nicht wahr?«

»Sie hat mit mir 'n linkes Ding abjezogen.« Sie hatte zu ihm gesagt, daß er im Bett nichts tauge, und war mit einem anderen weggegangen. Zweifellos um sein Gesicht zu wahren, führte er das weiter aus und erläuterte: »Sie war nich 'n Mädchen, sie war 'ne Nutte, und sie wollte nich mehr meine Braut sein; und det hat jesessen, uff deutsch jesagt, und da hab' ick det letzte Mal jeheult, und seitdem kriegt man mich nich mehr so schnell zum Heulen, so schnell nich mehr.«

Nachdem Ruppi den fünfundzwanzigjährigen Mann verlassen hatte oder vielmehr von ihm den Laufpaß bekommen hatte, änderte sich sein Leben dramatisch. »Ick bin nur noch, hab' ick nur noch uff'm Zoo rumjehangen, na ja, und dann ging det totale Stricherleben los, jede Nacht 'n andrer Freier, wenn ick da schlafen durfte.«

Und was machte man dann am Morgen? »Morgens is man wieder uff de Straße und wartet uff'n nächsten.«

Erst jetzt mischte sich Fried zum zweiten Mal ein. »Ich halt' das nicht aus«, sagte er plötzlich erregt. »Ich kann mir das nicht anhören.«

»Warum?« fragte ich und verstand dann: »Weil mir 'n Typ, mit dem ich sechs Jahre zusammen war, so fast das Gleiche erzählt hat, und der Junge, mit dem ich jetzt zusammen bin, mir auch so was erzählt, und« – kurzes Zögern – »ick det selber ooch'n bißchen kenn. Mir macht det unheimliche Schwierigkeiten zuzuhören.«

»Also die Freier kommen, es jibt jenügend«, fuhr Ruppi scheinbar ungerührt fort. »Die kommen mit Autos, Motorrad oder zu Fuß, det kommt janz druff an. Dann handelt man mit ihnen, wat jemacht wird, denn fährt man ebend mit.«

Feilschten die alle? »Natürlich.«

»Ich hasse die«, sagte Fried leise, kaum vernehmbar, aber Ruppi ging gleich darauf ein. »Also, wer bezahlt schon freiwillig, wa?«

»Ich hasse sie«, wiederholte Fried.

»Obwohl du selber einer von ihnen bist?« sagte Ruppi rücksichtslos.

»Sicherlich nicht?« fragte ich Fried. »So wohl kaum?«

»Also vielleicht isser zur Zeit nich so eener«, sagte Ruppi, »aber er is zumindest mal eener von denen *jewesen*.«

»Ick hab mich dir gegenüber nicht so gemein verhalten«, erwiderte der Lehrer.

»Okay. Okay, aber irgendwo biste eener von denen…«

»Ja sicher, ich bin schwul.«

»Und irgendwo ham wa ooch 'n Preis ausjehandelt, wa?«

Die unterschwellige Spannung, die ich nicht zu deuten gewußt hatte, war explodiert. »Ja, aber ich weiß, ich weiß, daß ich von dir im Prinzip nur wollte, daß du bei mir bist, irgendwie wollte ich eigentlich nicht…«

»Ick hab' jelernt«, sagte der Junge bitter, »jetzt bin ick'n Profi.«

»Ich glaub' das nicht, du bist doch 'n Mensch, der... So weit unten bist du doch nicht«, sagte Fried.

»Ick bin 'n Profi. Wir können beide heut noch zum Bahnhof fahren, da zeig ick dir...«

»Aber Rupp, du bist ein Mensch, du hast doch Verstand, weißt du überhaupt, wovon du redest?«

»Meenste, datte härter vom Verstand her bist, hier im Moment, als icke?«

»Nee, aber ich bin älter als du.«

»Dat hat nischt damit zu tun, dat is det einzje, wat zwischen uns beeden der kleene Unterschied is.«

»Nein«, widersprach Fried verzweifelt, »das ist nich der einzige Unterschied, du wirst nie so alt wie ich. Das ist unheimlich selbstzerstörerisch, was du da machst.«

Einen Augenblick lang schwieg Ruprecht. »Du glaubst nich, wat für'n Haß ick im Moment uff Leute hab... uff alle Leute, die mir im Jrund jenommen gar nich soviel jetan ham. Ick meen, Haß kann ick gar nich sagen, det is so'n Jefühl, ick möchte die Leute alle umbringen.«

»Ja, sicher, aber damit meinst du nicht die Leute, sondern was ganz anderes.«

»Ick weeß nur eenes, ick hab meene Eltern bewiesen...« er machte eine Pause, »dat ick ooch ohne se kann.«

»Ruppi«, sagte Fried und sah abgespannt aus, »du willst doch nicht etwa sagen, oder, daß ich das war, also, daß du durch mich da rein gekommen bist, oder? Guck mal, wir waren doch mal zusammen, wann war das noch?« — »Det is'n Vierteljahr her.« — »Bißchen länger.« Sie redeten jetzt gleichzeitig, die Sätze überschnitten sich, als wüßte jeder vom anderen, was er sagen wollte. »Aber guck«, sagte Fried, »da hatten wir eigentlich... ich darf wohl sagen...« »Du darfst nich«, unterbrach Rupp. — »Wir hatten einen ganz herzlichen Kontakt«, fuhr Fried fort, ohne hinzuhören, »warm, menschlich, weißt du noch?« — »Zum Teufel damit«, sagte Ruppi. »Aber verdammt noch mal, als Profistricher«, redete Fried verärgert weiter, »darfst du nicht mehr anbieten oder geben, da mußt du die Leute ausnutzen, da mußt du die Leute fertigmachen.« — »Ach, tatsächlich?« sagte Ruppi verächtlich, »danke.«

Und plötzlich wurde er bitterböse. »Willste, dat ick der uffzähle, wat ick denn machen müßte?« Fried schüttelte den Kopf und hielt sich die Ohren zu. Rupp langte über den Tisch und riß ihm fast grob die Hände runter. »Hör zu, hör zu. Man *arbeetet,* uff deutsch jesagt. Und, uff deutsch jesagt, man arbeetet hier am Bahnhof für zwanzig bis fuffzig Mark, und bei 99 Prozent heißt det blasen, und det eene Prozent is bumsen – und die zahlen am wenigsten. Die verlangen am meisten und wollen am wenigsten bezahlen, die Schweine...« Er verstummte. Wir schwiegen alle drei.

»Ick selber«, sagte er dann ruhig und einlenkend, »ick hab det nich lang jemacht. Ick hab mir'n Reichen jesucht [er nannte den Namen eines bekannten Berliner Millionärs] und – ob ick nu wat mach' oder nich, ick krieg' immer meene zweihundert Mark, und ick muß sagen, dafür tu ick ooch wat [er meinte Analsex]. Aber die Reichen, die feilschen auch um jeden Pfennig, uff deutsch jesagt, die sagen denn, wenn de ›denn ebend fuffzig‹ sagst, denn sagen die: ›Nee, fünfundvierzig.‹ Na ja, det is ne Stunde Arbeet, ick muß sagen, 'nen Stundenlohn von fuffzig Mark, wer hat det schon? Na ja, ick meen, da jibt's hier in Berlin 'nen Laden, der... unter hundert is da nu gar nischt drin.«

»Oh?« sagte ich. »Was ist denn das?«

»Das is so 'ne Art Pension, wa, da kann man sich 'nen Jungen aussuchen, mit dem kannste dann uff's Zimmer hinten, wa?«

»Also bitte, Ruppi«, sagte ich, »›Pension‹ ist ja wohl nicht das richtige Wort.«

»Dann ebend Puff uff jut deutsch.«

»Also – ein Puff, ein Puff für Männer, und da geht nichts unter hundert, richtig? Und da kommt jeder Stricher so hinein?«

»Nee, dazu brauchste erst mal Beziehungen, und dazu sollste erstmal volljährig sein, weil die Polizei kennt den Laden, die Sitte kommt da regelmäßig.«

Mit anderen Worten, das kam für ihn nicht in Frage?

»Nee, aber ick würd ooch da nich hinjehn, weil da muß ick dann Anal-Sex, und det hab ick nich druff.«

Rupp machte schließlich nur ein Minimum, um lcbcn zu können. »Ick hab' immer zwei bis drei Leute abjefertigt, und da hab ick so jeden Tag meene hundert, hundertfuffzig Mark jehabt, die hab ick ooch jeden Tag verbraten, und det hat ooch jereicht für'n Zimmer. [Er nannte mir die Namen der Pensionen, die er benutzte.] Essen braucht ick mich nich kümmern, weil de meisten Freier woll'n mit dir essen, und da hab ick noch jenüjend jehabt für Gras oder 'n Trip.« Ansonsten führte er ein normales Leben. Hielt sich sauber (in öffentlichen Bädern am Bahnhof Zoo), wusch sich die Haare, wann immer er konnte, zum Beispiel, wenn er bei einem Mann die Nacht verbringen konnte, der ein Bad und einen Fön hatte. Fried bemerkte dazu: »Ich hab' an einer Schule festgestellt, daß Jungen zwar dreckigere Fingernägel haben als Mädchen, daß aber die Jungen sonst meistens sauberer sind.« — »Stimmt«, bestätigte Rupp. »Trotzdem, die Miri, mit der ick zusammen inne Schule jegangen bin und die demnächst wieder für mich anschaffen jeht, war immer sehr sauber, muß ick sajen.«

»Willst du etwa ernsthaft behaupten«, rief Fried aus, »daß du jetzt Zuhälter geworden bist?«

»Ick behaupte gar nischt. Ick sag nur, wie's is.«

»Aber warum, in Gottes Namen, kommst du nicht in die Schule zurück?« rief Fried. »Du weißt doch, daß du in kürzester Zeit aufholen würdest. Alle würden dir helfen.«

»Det glaub ick sofort. Besonders du.«

»Rupp«, sagte Fried leise, und der Junge berührte kurz, ganz kurz seine Hand.

»Tut mir leid«, sagte er. »Ick weeß, du meenst es. Aber ick kann nich, ick kann nich mehr.«

»Warum?«

»Ja, warum?« fragte ich.

»Det ham mich schon viele Leute jefragt, warum ick det mach, aber wirklich wissen woll'n se's nich.«

»Wir wollen es aber wissen«, sagte ich, und er tat so, als hätte er es nicht gehört und redete einfach weiter. »Ick sag ihnen, um Jeld zu verdienen.«

»Okay, sagte Fried, »du brauchst also Geld. Du weißt aber doch ganz genau, daß das Berliner Jugendamt dir, wenn du nicht mehr zu Hause leben willst, Geld gibt für Miete und Lebensunterhalt, solange du nicht auf den Strich gehst oder als Zuhälter arbeitest. Was sagst du dazu?«

»Ick sag dir eens dazu: Glaubste tatsächlich, ick komm damit hin, 9000 Mark im Jahr? Ick nehm an, det kann keener. Im

242

letzten Jahr hab ick jearbeetet und 45000 Mark verdient. Und wie ick schon jesagt hab, det is vorbei für mich. Ick hab' jetzt zwei Bräute, beide sehr hübsch, blond und vierzehn. Als Minimum werden die zweihundertfuffzig Mark am Tag verdienen — und det teil ick mir mit denen«, sagte er herausfordernd.

»Ha, ha«, sagte Fried.

»Und det teil ick mir mit denen«, wiederholte Rupp. »Und wenn ick nur dreihundert Tage im Jahr nehme, denn heißt det, dat jede 37500 haben wird und ick 75000 Mark...«

»Das ist alles Scheiße«, sagte Fried. »Das ist alles Scheiße, und du weißt, daß es Scheiße ist, und Gitta weiß es auch. Also, hörn wir doch auf mit dem Scheiß und gehn nach Haus.« Er stand auf. Ich zog ihn wieder auf seinen Stuhl zurück und schlug vor, vielleicht doch in einer etwas anderen Stimmung auseinanderzugehen und uns am folgenden Tag — oder vielmehr am späten Nachmittag, denn es war halb fünf Uhr morgens — in meinem Hotel wieder zu treffen, um eine andere Atmosphäre zu schaffen.

Ruprecht lehnte es ab, von uns mitgenommen zu werden. »Ick muß mich erst mal von euch erholen.« Er lächelte schief — kein echtes Lächeln.

»Es wäre dir wahrscheinlich lieber, wenn ich heute nachmittag nicht kommen würde, nicht wahr?« fragte Fried, der mir angeboten hatte, mich in mein Hotel zurückzubringen. »Ich muß dich um Entschuldigung bitten, wenn ich darauf bestehe zu kommen.«

»Hast du Angst vor dem, was er sagen könnte?«

Er schüttelte den Kopf; er sah blaß aus, und seine Hände am Steuer waren verkrampft. »Es gibt nichts, was er noch sagen könnte, was schlimmer ist als das, was er bereits gesagt hat. Das weißt du doch, oder?« Ich nickte.

»Er kann mich nicht noch mehr verletzen, er kann mich nicht noch mehr fertig machen, als ich es im Augenblick bin. Niemand kann das ... außer ...« und er nannte den Jungen, mit dem er zusammen lebte, auch ein Schüler, aber schon neunzehn Jahre alt. »Ich möchte dabei sein«, fuhr er kurz und sachlich fort, »weil das so verabredet war zwischen uns beiden. ›Wenn ich mit meiner Arbeit fertig bin‹, hast du gesagt, ›müßte jemand da sein, der ihm weiterhilft.‹ Und ich hab' gesagt, ich würde das tun, weil ich echt glaube, daß, wenn ihm überhaupt einer helfen kann — mehr als du, verzeih, wenn ich das sage —, dann bin ich das. Da ist immer noch was zwischen mir und diesem Jungen.«

Ich nickte. Das war sicherlich so, und zwar auf beiden Seiten. »Ich verspreche dir hier hoch und heilig, ich würde ihn nie, nie mehr in meinem Leben anrühren …« er unterbrach seine Worte und Gedanken, »…außer vielleicht — ich muß das sagen, wenn ich ganz ehrlich mit dir sein will —, um ihn eines Tages in den Arm zu nehmen, einfach um ihn festzuhalten, wenn er zusammenbricht und festgehalten werden muß« — er legte eine Sekunde lang seine Hand auf meine — »festhalten wie ein Vater«, sagte er. »Ein Vater.«

Wir saßen noch eine Weile so da. Ich gab seiner Bitte nach, denn ich glaubte ihm. Aber es gab da noch etwas anderes zu sagen. »Du kannst nicht länger an einer Schule bleiben, in der Jungen unterrichtet werden«, sagte ich. »Es ist unmöglich, es ist einfach falsch.«

»Ich weiß«, sagte er und fuhr mich nach Hause.

(Später erfuhr ich, daß ohne sein Wissen bereits von anderen, denen das Wohl der Kinder *und* sein eigenes am Herzen lag, Schritte eingeleitet worden waren, um ihn an eine andere Schule zu versetzen, wo er weder Schaden anrichten noch selber Schaden nehmen konnte. Er war ein ausgezeichneter Lehrer.)

Fried kam als erster an diesem Nachmittag, und das Hotelpersonal im Kempinski, wo ich wohnte, hätte kaum etwas an ihm oder Ruppi, der eine Viertelstunde später eintrat, beanstanden können.

Fried trug zwar seine ausgebeulten Hosen und seine Samtjakke, aber war offensichtlich beim Friseur gewesen und trug ein blütenweißes, frisch gebügeltes Hemd und eine sehr konservative einfarbige Wollkrawatte. Rupp war einen Schritt weiter gegangen — wir sahen jetzt, wo zumindest ein Teil seines Geldes geblieben war. Seine Haare und seine Schuhe waren blitzsauber; er trug teure, sehr gut geschnittene Jeans, ein weiß und beige gestreiftes Hemd und eine Seidenkrawatte, die ich gern für meinen Mann gehabt hätte. Sein Tweedsakko sah aus, als wäre es von einem englischen Schneider maßgefertigt.

Er gab sich betont lässig, beobachtete aber sehr genau meine Reaktion, als er eintrat.

»Himmel!« rief ich aus, »Du siehst fabelhaft aus!« Er strahlte und sagte in perfektem Hochdeutsch, vielen Dank, er nehme gerne Tee mit Zitrone und ein paar Sandwiches, da er nicht zu Mittag gegessen habe.

Die Atmosphäre *war* anders: im Hintergrund leise Vivaldi-Musik aus meinem Radio, wir rekelten uns in bequemen Sesseln (allerdings legte Ruppi sehr bald sein englisches Jackett ab und ließ sich mit überkreuzten Beinen auf dem Fußboden nieder). Zwei Kellner (das ist so üblich im Kempinski) erschienen mit einem Teewagen, auf dem neben einer Rose in einer langstieligen Vase eine Mahlzeit angerichtet war, die leicht für acht gereicht hätte (es reichte uns bis zehn Uhr abends). Die beiden jungen Männer genossen ganz offensichtlich diesen betörenden Luxus.

Nicht ganz von ungefähr folgte auf dieses üppige Gelage eine politische Diskussion, die, so schien es mir, Stunden dauerte, und bei der ich wiederholt einzuschlafen drohte.

»Du hast 'n unheimlichen Haß in dir«, unterbrach Fried Ruppi, der angefangen hatte, über Leute mit Geld zu schimpfen, die seiner Meinung nach auf Kosten der Steuerzahler in solchen Hotels abstiegen. »Da müßtest du mal ganz konkret sagen, gegen wen der eigentlich ist?«

»Gegen den Papa Staat«, ereiferte sich Ruppi, »gegen die Scheißbonzen da oben, die sich vollfressen. Uff fremde Leute ihre Kosten, die sich da oben vollfressen, die sich vorkommen wie die Kings und die unsereins behandeln wie den letzten Dreck — ick hasse — ick hasse se nich, aber ick hab gegen die Leute was.«

»Aber schau«, sagte ich, »du machst doch aus dir selber etwas, das du im Grunde genommen verachtest.«

»Deswegen muß ick selbst, deswegen muß ick trotzdem die Steuern, deswegen muß ick doch die fetten Schweine, ob es Stobbe is oder Brandt...«

»Wieso, zahlst du Steuern?« versuchte ich ihn zu unterbrechen.

»Nee, noch nich, aber wenn ick irjendwann mal arbeeten jeh, muß ick Steuern bezahlen, damit unterstütz ick im Jrund jenommen die fetten Schweine, die ja im Jrund jenommen jar nischt für ihr Jeld tun...«

»Da hast du recht, Ruppi«, sagte Fried, »wenn ein General Geburtstag hat, gibt's 'ne Parade, und so 'ne Parade kostet vielleicht achtzigtausend Mark, hab' ich im Spiegel gelesen.«

»Kiek mal«, redete Ruppi weiter, »wenn da so 'n Bonze, wenn der jetzt 12 000 im Monat — für die zwölf Riesen mach ick das auch und quatsch mich da dusselig und fahr noch mal nach Teneriffa, um da meinen fetten Arsch in der Sonne zu bräunen und mal 'n Jespräch zu führen — da würd' ick ooch Jura für studieren, allemal, für so 'n Beruf. So sieht det aus, und darum werd' ick ooch vorläufig janz bestimmt nich arbeeten, dazu kriegen die mich nich, diese vollgefressenen Schweine, wa, und da können se mir noch so viele Steuerkarten schicken, die kriegen se alle am Ende des Jahres zurück, wo nischt druffsteht…«

»Ich finde das ausgesprochen langweilig«, sagte ich schließlich, »euer Gerede über die Bonzen in der Regierung, die von euern Steuern fett werden, die du, Rupp, schließlich nie gezahlt hast. Und in deinem Fall, Fried, weiß ich zufällig, daß in Deutschland die Lehrer sehr gut bezahlt werden; du hast ein Auto und willst zweifellos anständige Straßen, öffentlichen Wohnungsbau, Arbeitslosen- und Krankenversicherung und, solange sie dich in Ruhe läßt, sogar eine Polizei.«

Fried nahm das hin, Ruppi nicht, aber es erfüllte den Zweck, uns zu unserem Thema zurückzubringen. »Du hast leicht reden«, sagte Ruppi scharf, »so wie du lebst.«

»Ganz richtig«, antwortete ich. »Und wie ich arbeite, um es mir leisten zu können.«

»Wat glaubste, dat ick mach«, konterte er. »Glaubste wirklich, det deine Arbeet härter is als meene?«

»Anders«, sagte ich.

»Willste sajen, det ick nischt erreicht hab'«, brüllte er. »Wieso denn nich? Wenn ick nich mehr anschaffen jeh« — er stotterte vor Wut — »dat ick persönlich nich mehr uff 'n Strich jeh, ick bin fast uff 'n Weg runter.«

»Aha«, sagte Fried, »du glaubst, daß du was erreicht hast, weil du's selber aufgegeben hast und dafür vierzehnjährige Mädchen dazu bringst, für dich anzuschaffen? Das ist doch dein Ehrgeiz, stimmt's? Und das nennst du dann: was erreicht haben?«

»Ick hab' se ja nich jezwungen, se wollen ja, se wollen ja uff 'n Strich…« sagte Rupp. »Die sin zu mir jekommen.«

»Das ist nur deine Rechtfertigung, daß sie wollen«, sagte Fried. »Die armen Dinger, sie wissen es nicht besser, aber du weißt es ganz genau.«

»Du hast es noch immer nich verstanden, oder?« Rupps Stimme wurde plötzlich bedrückt und traurig. Er stand auf, ging zum Fenster hinüber, sah auf die nasse, dunkle Straße hinaus und auf die Lampen auf dem Parkplatz gegenüber. »Du kannst keenen abhalten davon«, erklärte er dann und drehte sich um. Er sah aus und klang wie ein Fünfundzwanzigjähriger. »Ick mußte ooch lernen. Und die müssen's ooch lernen; der einzije Weg zu lernen is, daß de de Nase voll krichst davon, daß de dich richtich davor ekelst.« Er ging zu dem Stuhl an dem kleinen Schreibtisch hinüber, drehte ihn um und setzte sich hin, sehr aufrecht, sehr dünn in seinem schönen gestreiften Hemd.

»Ick weeß, ick weeß es, weil ick weeß, wie det bei mir war — wenn mir die Freier unsympathisch waren, dat ick mich davor irjendwie ekel, und wie man sich zwingt, dat se's nich merken, sonst sind se weg.

Denn det is ja im Jrunde jenommen die Hölle auf Erden, im Jrund jenommen. Denn jetzt, ob es Sommer is oder Winter, du stehst immer da rum, immer, du jehst ja nur noch uff 'n Strich. Du kannst dich ja um nischt andres kümmern, weil de tagsüber ja mal 'n paar Minuten schlafen mußt. Abends wieder uff 'n Strich, immer nur Strich, ewig datselbe Theater...« Er hielt inne, zog ein sauber gefaltetes Taschentuch aus der Tasche und wischte sich die Stirn. »Ick sag', wenn ick heute vier, fünf, sechs, sieben Jahre jünger wäre«, sagte er und betrachtete die grauen Schweißspuren auf seinem Taschentuch, »wenn ick heut nochmal 'ne Chance hätt, ick würd vieles anders machen, vieles...«

Ich stand auf, beugte mich zu ihm und legte meinen Arm um ihn. Als er das spürte, lehnte er seinen Kopf an meine Schulter. »Das kannst du doch«, sagte ich, »du kannst es anders machen, die Möglichkeit gibt es, man kann eine Möglichkeit schaffen.«

»Wat de nich weeßt«, sagte er zu mir, »oder du«, zu Fried, »ick hab' det probiert, vier Monate lang.«

»Was, was hast du probiert, Rupp?« fragte ich.

»Zu lernen.«

»Was hast du gelernt?«

»Ick war uff de Abendschule, ick hab jelernt, aber ... nach vier Monaten« — er setzte sich wieder auf — »bin ick wieder zurück in die Szene. Sie glauben, det is so einfach. Ick hab Ihnen ja jesagt, wenn de erst mal drin bist, kommste nich wieder raus.«

»Wie kam das?«

Er wischte wieder seine Stirn mit dem inzwischen zerknüllten Taschentuch. »Ick hatt' ne Braut [er war längst wieder in seinen gewohnten Slang zurückgefallen]. Die hat mich hängen lassen. Da hab' ick mer jesagt, jetzt können se mich alle mal am Arsch lecken.«

»Warte mal«, sagte ich, »warum hat sie dich verlassen?«

»Wie konnt' ick zur Abendschule jehn, wo die mein Alter nich wissen dürfen, und ick deshalb ooch keen Jeld krich vom Jugendamt?« fragte er müde. »Wat glauben se, wie ick det schaffen konnte? Also bin ick nebenbei noch uff 'n Strich jegangen. Ick meene, wenn die Braut nich damit einverstanden war, dann hat se Pech jehabt, wat sollte det? Jut, fertich.«

»O mein Gott«, sagte Fried leise, aber er blieb auf seinem Stuhl sitzen, und auch ich hatte mich wieder hingesetzt.

»Mein Vata«, begann Ruppi, »meene Eltern wissen ja nun mal, dat ick anschaffe, schon dat bringt meene Mutta fast um. Aber dat ick Leute uff 'n Strich schicke, ick glaub', dat wissen se nich und dürfen es nie wissen. Meen Vata haßt so 'ne Leute. Du sagst, dat ick nischt erreicht habe«, sagte er zu Fried gewandt mit einer ganz jungen Stimme, so wie sie vielleicht vor seinem Stimmbruch gewesen war. »Ick hab' meenen Vata dazu jebracht, dat er meene Mutta nich mehr schlägt. Dat hat er nich mehr druff, denn ick hab' ihm det mal jesagt, dat ick ihn umbringe, und ick bring den ooch um, sobald der meene Mutta nochmal anfaßt. Aber es stimmt«, fuhr er fort, obwohl wir kein Wort gesagt hatten, »bloß weil ick meene Eltern bewiesen hab', dat ick ooch ohne die kann. Det nützt mir nich viel, wa?«

»Nee«, sagte Fried leise, »aber, Ruppi, es war nicht nur deine Schuld, sie sind auch für einiges verantwortlich.«

»Nee«, antwortete Rupp nachdenklich. »Ick will nich, ick will nich allet uff meene Eltern schieben, ick muß det allet selbst verantworten, wat ick mach. Obwohl meene Eltern ooch an 'ner Menge schuld sin — ick kann meene Eltern nich dafür verurteilen. Det sin meene Entscheidungen, un wenn se mir jeschadet ham ... also ...«

Ich holte eine Flasche Sekt und Orangensaft aus dem Kühlschrank, und wir tranken und knabberten Erdnüsse. »Det wat mir, glaub ick, am meesten jeschadet hat«, sagte Ruppi und seine Stimme klang ruhig und erwachsen, »is det, die ham mich ausjenutzt. Ick hab' se ausjenutzt, ja, sie ham mich aber mehr ausjenutzt, det hab' ick aber ooch erst viel später jemerkt. Ick glaube, und ick halt jetzt meene Eltern da raus und meene Schwester ooch, aber die Mädchen, die beiden Mädchen. Die wollen für mich arbeeten; det kannste nich stoppen. Wenn ick nee sage, machen se's mit nem andern.« Er zuckte mit den Schultern. »Ick kenn diese Macker, ick weeß, uff wen die reinfallen. Wenn ick se nehme« — er zögerte — »wenn ick se nehm und ihnen helfe...«

»Ja«, half Fried nach.

»Ick frage mich ... ick red jetzt bloß so, ja, und frag' mich, ob ick denen nich helfen muß, ick meen, mich entschließe zu helfen, se nich auszunutzen, und ooch andre se nich ausnutzen lassen, det wär 'ne komische Art, aber det würde mir vielleicht helfen?«

Und das war Rupps Entscheidung, eine Entscheidung, die nicht geeignet schien, allzuviel Hoffnung zu wecken. Aber es war merkwürdig — als wir uns ›Auf Wiedersehen‹ sagten, hatte ich welche.

DRITTER TEIL

ENGLAND

»The Game«
(Das »Spiel«)

14

Nellies »Story«

Der Prozeß hatte zweieinhalb Tage gedauert. Die Geschworenen hatten eine Stunde lang beraten. Nellie, zwanzig Jahre alt, war des Mordes überführt und eine Minute später zu lebenslänglich verurteilt worden.

Es war zwei Minuten nach zwölf, als das kleine Mädchen mit dem langen, weichen Haar und einem nervösen Lächeln auf den Lippen von zwei Polizeibeamtinnen flankiert den Gerichtssaal verließ. *KICHERNDE MÖRDERIN BEKOMMT LEBENS-LÄNGLICH* war die Schlagzeile in Londons Abendpresse an diesem Tag.

Ich rief am selben Abend ihre Eltern in ihrem Haus in einer kleinen Stadt in Schottland an. Noch bevor das erste Klingelzeichen zu Ende war, wurde der Hörer abgenommen. »Ich habe hier gesessen und gewartet«, sagte Nellies Mutter, eine kleine, zarte Frau mit einer leisen, warmen Stimme. »Ich habe so sehr gehofft, daß Sie anrufen würden.«

Ich sagte es ihr so behutsam wie möglich. »Lebenslänglich?« meinte sie ungläubig. »O mein Gott!« Dann war es still, nur im Hintergrund konnte ich die glückliche, kindliche Stimme von Nellies Schwester, der schönen Janie, hören; sie war jetzt neunzehn Jahre alt und hatte den Verstand einer Fünfjährigen. »Ich versuche, mich zusammenzunehmen«, sagte Nellies Mutter schließlich, »aber ihr Vater, er hat den ganzen Tag geweint…«

»Alle Tränen der Welt werden mich hier nicht herausholen«, schrieb mir Nellie aus dem Gefängnis von Holloway, außerhalb Londons, zehn Tage später. »Diesmal hab' ich es wirklich gründlich geschafft, nicht? Womit haben meine Eltern das bloß verdient?« Und das war eine berechtigte Frage.

Als ich Nellie zum ersten Mal traf, war sie siebzehn und sah eher jünger aus. Sie war klein, stämmmig, mit winzigen Brüsten, schwarzem, glänzendem, kurzgeschnittenem Haar, leuchtenden blauen Augen, einem wunderschönen Teint und langen, seidigen schwarzen Wimpern. Sie war nicht geschminkt, aber sehr dramatisch ganz in Schwarz gekleidet. Schwarze Jeans, schwarzer Rollkragenpulli, schwarze Jacke und Stiefel. Ihr Messer – das sie, wie ich später herausfand, immer in ihrem Stiefel trug – hatte natürlich auch einen schwarzen Griff, obgleich das wahrscheinlich ein Zufall war.

Zu dem Zeitpunkt, als ich Nellie traf, war sie bereits in Schottland und London sechs Jahre in der Szene gewesen, wie sie mir sagte, seit ihrem elften Lebensjahr. Der Geschichte zufolge, die sie mir während der ersten gemeinsamen Tage in allen Einzelheiten erzählte, war sie mit acht Jahren zum ersten Mal von zu Hause weggelaufen. Es stellte sich im Laufe der Monate, die wir zusammen arbeiteten, heraus, daß sie das ehrlichste Mädchen, aber zugleich auch die fantastischste Geschichtenerzählerin war, die ich während der Jahre, die ich mit der Vorbereitung dieses Buches verbrachte, kennengelernt habe. Von allen Kindern, die ich traf, war sie wohl das unglücklichste und das, das seine Verzweiflung am besten verbergen konnte. Aber ihre Kenntnisse in und ihr Verständnis für Londons Teenager-Straßenleben waren phänomenal, und ihr Mitgefühl und ihre Großzügigkeit für andere Jugendliche mit den gleichen Problemen waren einmalig.

Ein Jahr, bevor wir uns kennenlernten, war Nellies Standort mitten in Kensington, einer von Londons begehrtesten Wohngegenden. Hier, gegenüber der U-Bahn-Station Gloucester Road, saßen oder lehnten die Mädchen auf der steinernen Umrandung, die ein sorgfältig gepflegtes Blumenbeet säumt (ebenso wie die Strichjungen in Hamburg, wie die Vögel auf der Telegrafenstange aufgereiht, an einer Wand genau gegenüber dem Hauptbahnhof lehnen). Zu der Zeit, als ich meine Untersuchung machte, hielten sie sich fast den ganzen Tag und den ersten Teil der Nacht dort auf – keine älter als fünfzehn, die meisten von ihnen jünger. Heute, zweieinhalb Jahre später sind sie weiter nach Norden, nach King's Cross. Es lag ein großes Maß an Ironie in dem Kontrast zwischen der Sorgfalt, die die reiche Gemeinde Kensington auf die leuchtend roten Geranien, die Petunien, die Stiefmütterchen und die weißen und rosa Fleißigen Lieschen an der U-Bahn-Station Gloucester Road verschwendete, und der

Gleichgültigkeit, deren Opfer diese Kinder waren — und es noch sind.

»Es gibt Massen von kleinen Mädchen hier«, sagte Nellie. »Ich hab' erst gestern abend mit einer geratscht. Katie, sie ist dreizehn und seit zwei Jahren in der Szene. Ich hab' sie gefragt, ob sie kommen und mit Ihnen reden würde. Ich hab' gesagt: ›Sie will ja bloß mit dir reden, Scheiße, sie will dich nicht auffressen.‹ Aber nichts zu machen. Sie hat so beschissen viel Angst.«

Wovor diese Dreizehnjährige — ich habe sie später dann doch getroffen — so sehr Angst hatte, war, daß man sie als minderjährige Streunerin festnehmen und dorthin zurückschicken würde, woher sie gekommen war. Ihre Mutter war schon vor Jahren gestorben, und man hatte sie in ein Kinderheim gesteckt, anstatt sie zu Pflegeeltern zu geben, weil ihr Vater, der nicht gleichzeitig arbeiten und sich um sie kümmern konnte, sie regelmäßig sehen wollte. Und das hat er auch getan, jedes Wochenende, bis sie schließlich weggelaufen ist. Zweifelsohne taten die Sozialarbeiter in ihrem gesetzlich verordneten Bestreben, Familienbande zu erhalten, alles, um diese Treffen zu ermöglichen. »Sie haben mich immer zur Wohnung meines Vaters gebracht«, erzählte das Kind verbittert. Was sie nicht gewußt haben — wobei man sich fragt, wieso sie die verräterischen Anzeichen nicht bemerkt haben —, war, daß der Vater sie vergewaltigt hatte, als sie neun Jahre alt war, und von da an jedes Wochenende und in den Ferien Geschlechtsverkehr mit ihr hatte.

»Ich traf Katie zum ersten Mal in der U-Bahn-Station von Piccadilly«, erzählte Nellie. »Sie war völlig verdreckt, Mann, die hatte drei Tage dort geschlafen! Ich fragte: ›Wie alt bist du?‹ und sie hat es mir gesagt, und ich hab gesagt: ›Scheiße, du bist ja noch ein Baby, und hab' sie mit zu mir in die Wohnung genommen [ihre Wohnung bestand aus einem 8-Quadratmeter-Zimmer in einem Abrißgebäude in Kensington; ein Bad mit einer verrosteten Badewanne befand sich auf dem unteren Flur]. Sie hat gebadet, und ich hab ihr was zum Anziehen gegeben und — es war erst mittags, Mann, und ich mußte zur Arbeit zurück — ich hab' ihr gesagt, sie solle etwas schlafen, und später würden wir dann reden.

›Ich werd das gleiche tun wie du‹, sagte sie, schon im Einschlafen, aber noch immer diese beschissen unverschämte Art. Und ich hab' gesagt: ›Ich bring dich um!‹ und da fing sie an zu weinen und sagte: ›Ich hab' dir doch gesagt, daß ich nicht nach Hause gehen kann.‹

Ich hab' sie ins Bett gesteckt und schön zugedeckt, nachdem sie noch etwas geweint hatte, und sie ist sofort eingeschlafen, und ich bin arbeiten gegangen. Und als ich zurückkam, war sie nicht mehr da. Also sie kam wieder um drei Uhr morgens mit sechs Blauen und wollte mir die Hälfte davon geben. Natürlich, sie war sauber, verstehen Sie, und hatte sauberes Zeug an. Sie sah echt gut aus. Und blöd war sie auch nicht: Sie ist direkt zum Piccadilly zurückgefahren und hat sich vier Freier geangelt, gleich in der ersten Nacht. Wenn ich gesagt hätte, sie soll abhauen, wäre es ihr noch dreckiger gegangen — sie konnte ja auf keinen Fall zu diesem Vater zurück. Also hat sie eine Zeitlang bei mir gewohnt.

Wir waren schon zu zweit da — ich und mein Freund Rick. Sie hat auf dem Boden geschlafen, aber es war wenigstens sauber, und sie wußte, wo sie hingehen konnte. Und ich hab' ein Bankkonto für sie eröffnet, und da hat sie jeden Tag die Hälfte eingezahlt von dem, was sie verdient hat. Natürlich sieht sie nicht mehr ganz so toll aus nach zwei Jahren — dreizehn, und sie sieht aus wie (was schätzen *Sie?*) neunzehn, zwanzig? Aber sie hat ihr eigenes Zimmer und Geld auf der Bank und, wie Sie selber gesehen haben, sie weiß, was sie will. Sie hat solche Angst, sie hat einfach keine Wahl. Als Sie sie gesehen haben, haben Sie da bemerkt, wie ihr der kalte Schweiß ausbricht und sie zu stottern anfängt, wenn Sie sie über ihren Vater ausfragen? Ich erwähn' den gar nicht mehr, aber anfangs hab' ich's auch getan, weil ich neugierig war. Aber es hat mich erschreckt, wie sie … verstehen Sie … immer beinahe so 'nen Anfall bekommen hat. Da hab' ich's nicht mehr gemacht.«

Aber Nellie ist sehr kritisch, wenn es darum geht, wen sie ermutigt. »Vor ein paar Wochen, da waren zwei Mädchen in der Kneipe, und die eine hat geheult und so, und da hab' ich gefragt: ›Was ist mit dir los, verdammt noch mal?‹ Und da hat sie gesagt: ›Der Typ im Hotel — er will uns auf den Strich schicken.‹ Da gibt es diese beiden Hotels in Earl's Court, und in einem arbeitet ein Schotte. Also der hat die Uhr vom Manager und etwas Geld aus dem Safe genommen und in das Gepäck von den Mädchen gesteckt, und dann hat er's ganz zufällig dort gefunden. Ja, und dann hat er zu ihnen gesagt, er würde nicht erzählen, wo er die Sachen gefunden hätte, wenn sie ihm Geld besorgen würden. Da haben die gesagt: ›Wie sollen wir dir Geld besorgen, Mann? Wir sind doch Kinder!‹ Da hat er gesagt, er würde es ihnen zeigen. Eine von ihnen war noch eine beschissene Jungfrau, Mann! Ich hab' ihnen befohlen, dazubleiben, sich nicht von der Stelle zu rühren, und bin mit 'nem Freier rausgegangen; ich hab ihnen das Geld gegeben und sie, verdammt, nach Hause geschickt. Die waren echt zu jung − die waren nicht der Typ Mädchen für so was, verstehen Sie; und sie sind gefahren.

Mann, es gibt Tausende von solchen Baby-Ausreißerinnen in London«, fuhr sie fort. »Du triffst immer ziemlich bald irgendeinen ›freundlichen‹ Kerl, der dir den richtigen Weg zeigt. Aber die meisten von ihnen brauchen diesen Hinweis gar nicht, weil, wenn ein Mädchen schon Verkehr hat, bevor sie nach London kommt...« Sie wurde nachdenklich. »Mädchen bewahren ihre Unschuld nicht mehr, wissen Sie«, erklärte sie ernsthaft, »deshalb gilt das für die meisten von ihnen, und dann, verstehen Sie, ist es nicht mehr *so* schwierig. Weil für die meisten von ihnen − mit zwölf, dreizehn oder vierzehn war das, was sie zu Hause hatten mit ihren Freunden, auch nicht so toll, wissen Sie. Ich mein', sie machen es eben, weil sie erwachsen sein wollen oder um vor ihren Freundinnen damit anzugeben. Wenn sie ein bißchen Verstand haben, tut es ihnen hinterher leid.

Und außerdem hauen sie doch ab, oder? Und das erste, was sie brauchen, ist Geld. Ihr erstes Ziel ist Piccadilly, das tun alle. Die hellen Lichter, wissen Sie. Und dann geben sie alles aus, was sie haben. Fast immer für Hamburger. Sie haben immer Hunger, und es ist ... es ist 'ne Art von Freiheit, irgendwohin zu gehen und was zum Essen zu bestellen. Und was übrig ist, geben sie in Spielsalons aus, für Cola, vielleicht mal 'n Kino. Die denken einfach nicht. Sie leben im Augenblick. Und plötzlich merken sie, daß sie kein Geld mehr haben. Ein Mädchen, und die kann noch so jung sein, wenn sie einen einigermaßen guten Körper hat, wird irgendeinen Kerl auflesen. O doch, die wissen, wie alt die Mädchen sind. Männer sind nicht blöd, wissen Sie, die können genau unterscheiden zwischen einem zwölf- oder dreizehnjährigen Kind und einer siebzehnjährigen Frau. Da is 'n Riesenunterschied im Verhalten, in der Art, ob du anfängst zu kichern oder dich unterhalten kannst. Das sieht man. Sicher, anständige Kerle versuchen, kleine Kinder zu überreden, nach Hause zu gehen, aber es gibt genügend Schweine, und es sind Schweine, immer Schweine, bei denen die Kleinen landen...«

Ich traf Debbie durch Vermittlung einer Sozialarbeiterin in einer Snack-Bar in der Earl's Court Street − einer belebten Straße mitten in Kensington, die mit ihren vielen Snack-Bars, Kneipen und kleinen Hotels schon seit langem ein Zentrum für Kinderprostitution ist. Sie ist das mittlere von drei Kindern. Sie kommt aus dem Norden Englands, wo ihr Vater eine kleine Fabrik für elektronische Bauteile hat. Sie war fünfzehn, als wir uns trafen, und zum achten Mal von zu Hause weggelaufen. Das war am Morgen nach ihrem dreizehnten Geburtstag, aber weil sie zwei Wochen vorher bei Woolworth einen Füller gestohlen hatte, hatten ihre Eltern ihren Geburtstag gestrichen. (Ihre Mutter war wiederholt wegen nervöser Beschwerden im Krankenhaus gewesen, ihr Vater war strenggläubiger Methodist.) Debbie kam am späten Abend am Bahnhof Euston an mit fünf Pfund, die sie ihrer Mutter gestohlen hatte, und etwas Kleingeld in der Tasche.

Es war das erste Mal, daß sie nach London ausgerissen war. Sieben Mal (das ist auch klassisch) war sie in Städten in der Nähe ihres Heimatortes gewesen.

Sie erkundigte sich bei der Hotel-Information in Euston nach einer billigen Unterkunft, und man schickte sie zu einem der kleinen Hotels in Earl's Court. Als ich diesen Teil ihrer Geschichte überprüfte, stellte sich das als zutreffend heraus. Fünf Hotels in Earl's Court befanden sich unter denen, die die Angestellten dieses Informationsbüros damals regelmäßig empfahlen. »Was sollen wir denn tun?« fragten sie, als sie von einer Sozialarbeiterin, die mir bei der Untersuchung half, zur Rede gestellt wurden. »Wir haben eine Liste von billigen Unterkünften und geben den Leuten die Auskünfte, die sie verlangen. Wir sind weder Polizeibeamte noch Sozialarbeiter.«

»Ich bin nur noch ins Bett gefallen«, sagte Debbie, »ich war ganz erschlagen.« Sie ist etwa 1,62 Meter groß, dünn, mit lockigen schwarzen Haaren, die so gar nicht zu ihrem Gesicht passen. Ihre natürliche Farbe ist blond, »fast weiß«, sagte sie. »Es ist scheußlich; mein Vater hat immer gesagt, ich würde aussehen wie ein Albino.« Sie hatte noch immer diesen sonderbaren, für den Norden Englands typischen Tonfall, bei dem jeder Satz in einer Art schwebender Frage endet.

Debbie hatte den nächsten Tag — die Sonne schien — damit verbracht, spazierenzugehen und sich mit Softeis vollzustopfen. »Piccadilly, Leicester Square, Regent Street, Bond Street, Oxford Street«, zählte sie auf, »und der Buckingham Palace. All die Plätze, von denen ich immer gehört hatte. Es war richtig aufregend.« Als sie schließlich an jenem Abend nach Earl's Court zurückkam, hatte sie noch zwölf Schilling übrig. Am nächsten Tag, einem Sonntag, ging sie wieder spazieren. »Ich bin in den Hyde Park gegangen; ich hab' den Speakers zugehört. Ich hab' mich auf die Wiese in die Sonne gelegt. Ja, ein paar Kerle haben versucht, mich anzumachen, aber ich hab' sie weggeschickt.«

Am späten Nachmittag ging sie zurück ins Hotel und ins Bett. »Ich hatte nur noch vierzig Pence und kannte niemanden.« Gleich am nächsten Morgen konnte sie feststellen, was London für dreizehnjährige Ausreißerinnen bedeutete. »Der Mann vom Hotel kam um acht Uhr in mein Zimmer. Er hat nicht mal geklopft, er hat einfach seinen Nachschlüssel genommen. Er hat gesagt, ich würde ihm über fünfzehn Pfund schulden. (Die fünf Pfund pro Nacht sind oft nur ein Trick. Sobald die Leute in diesen Hotels wissen, daß ein Mädchen zur Szene gehört, verlangen sie bis zu hundert Pfund in der Woche.) Ich hab' gesagt: ›Mein Gott, ich hab' nur noch vierzig Pence.‹ Ich war wirklich so blöd, ich dachte, ich müßte es ihm sagen — ich hab' geglaubt, daß es unehrlich wäre, es nicht zu tun. Ich hab' gesagt: ›Kann ich es nicht abarbeiten?‹ Ich hab' ihn gefragt, ob ich nicht Zimmer saubermachen könnte in seinem Hotel, bis ich einen Job gefunden hätte. Er hat gesagt«, sie lachte bitter, »wissen Sie, was dieses Schwein gesagt hat? ›Ich darf dich gar nicht anstellen, das ist gesetzlich verboten, du bist ja minderjährig.‹ Natürlich, das konnte er ja sehen. Ich sah eben so aus wie ein Kind — mein Gott, ich sah eben nur so aus. Jedenfalls sagte er, ich solle mich nicht so dumm anstellen, und daß es ganz leicht sei, Geld zu verdienen. ›Wir sind hier schließlich in *London,* Mensch‹, sagte er, und ich würde nicht schlecht aussehen; er schätzte, daß ich wohl ohne weiteres hundert Pfund am Tag machen könnte. Doch, ich hab' gewußt, was er meinte. Meine Mama hatte mir oft genug gesagt, daß ich als Hure enden würde.«

Obwohl sie ›einige Freunde‹, wie sie sich ausdrückte, gehabt hatte, waren das eher zufällige sexuelle Erlebnisse gewesen. »Ich hab' dem Mann gesagt, daß ich nicht einmal wüßte, wie ich das anfangen sollte. Also sagte er, daß er jemand raufschicken würde, aber daß ich ja nicht blöd sein sollte; bis mittags wolle er seine fünfzehn Pfund haben, sonst würde er die Polizei holen.« Sie lachte wieder freudlos. »Die *Polizei* – und ich hab' ihm das auch noch geglaubt. Jedenfalls, zehn Minuten später kam ein Mann in mein Zimmer. Er war Ausländer, ich weiß nicht, was – Türke, Araber – ich weiß es bis heute nicht.«

Wie war er zu ihr? Wie hat er sich benommen? Sie zuckte mit den Schultern. »Ich glaube, man hatte ihm wohl gesagt, er sei mein erster; er war in Ordnung, wissen Sie … er hat nicht … er hat mir nicht wehgetan oder so. Ich hatte solche Angst, ich hab' geschwitzt, mir ist das Wasser nur so runtergelaufen, aber er hat nichts gesagt; soweit ich mich erinnere, hat er überhaupt nicht gesprochen. Wir haben es gemacht, und er hat mir zehn Pfund gegeben.«

Zwei Jahre war Debbie schon in der Szene, als ich sie traf. »Wenn man es ein paar Jahre gemacht hat, kommt es einem nicht mehr so schlimm vor«, erklärte sie. Mit fünfzehn war ihr Minimum pro Freier fünfzehn Pfund – »an schlechten Abenden im Winter«, wie sie sich ausdrückte. Und sie lernte sämtliche Tricks: Kondome bei sich zu tragen für die Freier; sie anzumachen; vergnügt und zugleich vulgär zu klingen. »Das mögen die«, sagte sie und fügte mit erschreckender Einsicht hinzu: »Besonders die Feineren. Sie müssen glauben, daß es dadurch anders wird als bei ihren Ehefrauen, glaube ich.« Sie lachte schallend. »Es ist nicht anders. Es *gibt* einfach keinen Unterschied; sie wollen sich nur einen runterholen, ob mit mir oder mit ihrer Frau, das ist doch scheißegal. Und sowieso…« fügte sie hinzu (eine Bemerkung, die fast alle Mädchen machten, mit denen ich sprach:) »…Ehefrauen sind genau solche Prostituierten. Bloß tun sie's eben für Schmuck oder Pelze oder so was. Da bin ich ja noch ehrlicher. Ich mach's gegen bar.«

Aber wie dachte sie über all das? Könnte sie nicht möglicherweise nach Hause zurück? »Niemals«, sagte sie. Ihre Eltern wüßten, daß sie in London sei, und daß sie okay wäre, und mehr bräuchten sie nicht zu wissen. »Und sie wissen jetzt, daß ich auch ohne sie zurechtkomme.« (Dieser entsetzliche Satz, den ich immer wieder zu hören bekam.) »Ich hätte wahrscheinlich viel eher abhauen sollen.« Sie klang plötzlich sehr erwachsen und merkwürdig vernünftig. »Es wäre besser gewesen.« Aber konnte sie nicht aus diesem Leben aussteigen? Eine Arbeit finden, jetzt, da sie gesetzlich alt genug dafür war, um eine Ausbildung zu machen?

»Ich schätze, ich könnte schon«, sagte sie lustlos. »Ich nehme sowieso irgendwann einen Job an. Ich werde das nicht immer tun.« Und sie fügte mit gespielter Tapferkeit hinzu: »Ich will ja nicht als alte Schlampe enden.«

»Doch, genau das wird sie«, sagte Nellie, die Debbie ebenso kannte wie viele andere in Kensington. »Das werden alles alte Schlampen.«

»Welches Kind mit elf oder zwölf *kann* damit fertig werden?« fragte ich.

»Niemand eigentlich. Sie schaffen es, wenn, wie bei Katie, der Druck stark genug ist und sie einigermaßen Verstand haben. Aber wenn sie nicht rechtzeitig aufhören, ruiniert es sie.« Nellie war immer sehr realistisch und einsichtig, wenn es andere betraf − nur nicht bei sich selbst. »Dann hört man nicht mehr auf«, fuhr sie fort, »weil da immer ein Mann ist unter − ich weiß nicht − vielleicht hundert, der gerne mit einem richtigen Pipimädchen ins Bett geht. Und es wird immer Ausreißerinnen geben.«

Wegen Nellies außergewöhnlichem Verständnis und der Beziehung, die sich zwischen uns entwickelte, wurde sie (gemeinsam mit Elana McCreaner, der Sozialarbeiterin, durch die ich sie kennengelernt hatte) meine Führerin durch Londons Teenager-Unterwelt. Soweit andere betroffen waren, ob Kinder oder Jugendliche ihres Alters, erwies sich alles, was Nellie beschrieb, für mich unternahm oder mir versprach, als wahr und zuverlässig. Was sie selbst anging, war das anders. Hier war ihre Fähigkeit, die Wahrheit und die absurdesten Märchen mit größter Selbstverständlichkeit miteinander zu verflechten, ganz erstaunlich. Vier ungestüme Jahre später − nachdem sie getötet hatte und ihre Fähigkeit zu denken, durch Alkohol und Angst getrübt war — sollte sie dann auf verhängnisvolle Weise die Wirkung ihrer Fantasien, die ihr mittlerweile zur zweiten Natur geworden waren, falsch einschätzen. Zu dem Zeitpunkt erwiesen sich Berichte, die sie zwei Psychiatern, zugezogen von der Verteidigung und von der Staatsanwaltschaft, über ihr Leben und ihre Gefühle gegeben hatte, als so diametral verschieden, daß ihre Rechtsanwälte beschlossen, sie würden das Gericht nur verwirren und ihrer Verteidigung eher schaden als nützen.

Bei meiner Arbeit mit ihr brauchte ich Wochen, bis mir klar wurde, daß manche ihrer Geschichten reine Fantasiegespinste waren; und es hat buchstäblich Jahre gedauert, bevor ich (mit ihrer Hilfe) schließlich ihre Geschichte entwirrte.

Ihre Eltern, erzählte sie mir, waren mit ihr nicht streng gewesen in der Art, wie viele schottische Eltern es sind. Ihr Vater war katholisch, italienischer Abstammung, »ein sehr gut aussehender Mann und ein bißchen sentimental, wie Italiener eben sind«. Ihre Mutter war eine echte Schottin und gehörte der Kirche von Schottland an; sie hatten sie nur einmal geschlagen, »ich meine, richtig verprügelt. Das war, als ich acht war und mit einer Bande Jungen herumrannte. Ich war ein richtiger Junge, wissen Sie? Also, ich bin mit diesen Jungen herumgestreunt, und sie beschlossen, in eine Fabrik einzubrechen, eine Limofabrik…«

»Aber du warst doch erst acht?« fragte ich ungläubig. »Waren alle so jung?«

»Keiner war jünger als acht«, sagte sie. »Manche waren älter — fünfzehn, sechzehn. Ist ja egal, wir wurden jedenfalls erwischt. Aber weil ich noch nie in Schwierigkeiten gewesen war und wegen meiner Familie — uns ging es gut, und Geld ist es, was zählt, verstehen Sie — ist mir nichts passiert. Zwei von ihnen hat man fortgeschickt, und einige bekamen Bewährung, aber ich nicht. Die Polizei kam ins Haus und sagte: ›Man muß sie bestrafen.‹ Und mein Vater sagte: ›Können wir nebenan einen Augenblick in Ruhe miteinander reden?‹ Und weil mein Onkel ein Oberwachtmeister und so in Glasgow gewesen ist, sind sie dann einfach wieder gegangen.«

Einer von Nellies Brüdern war ebenfalls Mitglied dieser jugendlichen Einbrecherbande gewesen. »Meine Mutter nahm einen Riemen für meinen Bruder und für mich. Es dauerte drei

Wochen, bis die Striemen geheilt waren. Jedenfalls, ich bin abgehauen und hierher gekommen.«

»Wie kann eine Achtjährige abhauen?« fragte ich.

»Auto-Stop«, antwortete sie.

»Aber du mußt doch winzig gewesen sein?«

»Ja, ich war ungefähr so groß«, sagte sie und zeigte mit ihrer Hand wenig mehr als 1,35 Meter. »Die Fernfahrer fragten: ›Wohin willst du?‹ Und ich hab' gesagt: ›Ich fahr zu meiner Tante nach London‹, denn ich war immer schon ein fantasievolles Kind, wissen Sie. Und die haben gefragt: ›Hat dir deine Mama kein Geld für den Zug gegeben?‹ ›O doch‹, hab' ich geantwortet, ›aber das will ich aufheben, ich will es nicht ausgeben.‹ Ich nehme an, daß die gedacht haben, daß man so'n kleines Kind nicht einfach dastehenlassen kann, deshalb hatte ich echt gute Mitfahrgelegenheiten. Sie haben für mich welche organisiert in den Cafés, wo sie anhielten, haben mir was zu essen gekauft und waren echt nett. Ich hatte nur sechzig Pence in der Tasche. Jedenfalls hat mich der letzte in London bei Swiss Cottage abgesetzt — da wohnt eine Freundin von meiner Schwester; ich hab' gesagt, daß sie meine Tante ist.

Ich hab' ihr gesagt, daß ich weggelaufen bin, und sie hat gesagt: ›Hör mal, willst du nicht nach Hause fahren?‹ Und ich hab' gesagt: ›O nein, auf keinen Fall‹, und sie meinte: ›Also ruf sie auf alle Fälle mal an!‹ Da hab' ich angerufen und nur gesagt, daß ich gut in London angekommen bin, und hab' aufgelegt. Und kurze Zeit später hat meine Mutter dieses Mädchen angerufen — es war die einzige Möglichkeit, die ihr einfiel —, und ich war im Bett, aber das Mädchen — weil, die konnte nicht lügen — hat ihr gesagt, daß ich da wäre. Und am nächsten Tag sind sie gekommen und haben mich abgeholt und nach Hause zurückgebracht. Ich war scheißunglücklich.«

Obwohl ich nach einiger Zeit herausfand, daß Nellie — als Ergebnis der soliden schottischen Schulbildung — das reinste Englisch sprechen und schreiben konnte, war ihre Alltagssprache voller unanständiger Ausdrücke. Hatte sie in dem Alter auch schon solche Ausdrücke verwendet? »O nein, nie! Ich habe nie so geflucht... ich hatte großen Respekt vor meinen Eltern.«

In ihrer Familie, erzählte sie, waren sie alle immer ziemlich freundlich miteinander umgegangen. Sie hatte ihre Eltern nur dreimal in ihrem ganzen Leben streiten hören. »Oh, sie haben sich auch gestritten, sie stritten wie jedermanns Eltern. Aber gewöhnlich, wenn sie drauf und dran waren, sich zu streiten, ich glaube, daß das der Fehler meiner Eltern war«, warf sie merkwürdigerweise ein, »haben sie uns rausgeschickt. Wir hatten Geld, nicht? Ich war das einzige Kind in meiner Klasse, das drei Pfund Taschengeld bekam.«

»Mit *acht?*«

»Seit meinem fünften Lebensjahr.«

Haben ihre Eltern das allen Kindern gegeben? »Ja, uns allen, bis wir vierzehn waren. Mit vierzehn erwartete mein Vater von den Jungen, daß sie Zeitungen austragen.«

Wie sah ihr Haus aus?

»Oh, es war wie so 'n beschissener Palast, wissen Sie, einfach fantastisch. Es hat drei Stockwerke. Unten ist die Küche, das Eßzimmer, der Salon und ein kleiner Abstellraum, wissen Sie, 'ne Art Wintergarten für Pflanzen und all so was, und ein Wohnzimmer und ein Vorraum. Oben sind drei Schlafzimmer und ein Bad und ein Spielzimmer — wir benutzten es als Gemeinschaftsraum, wo wir einfach so rumtobten, verstehen Sie? Im nächsten Stock waren nur Schlafzimmer, und unterm Dach war eine Wohnung für eine meiner Schwestern. Es ist ein schönes Haus. Und man erwartete von uns nicht, daß wir irgend etwas selber machten.«

Aber anderseits erwarteten ihre Eltern doch von den Kindern, daß sie mit vierzehn anfingen, irgendeiner Art von Arbeit nachzugehen, nicht wahr? »Die Jungen, ja, nicht die Mädchen, von den Mädchen erwarteten sie bloß, daß sie Hauswirtschaft in der Schule lernten, so daß sie gut auf die Ehe vorbereitet wären, wissen Sie.«

Wie viele Kinder waren sie? »Acht Mädchen und fünf Jungen«, sagte sie. Ihre Eltern verboten ab und zu den Älteren etwas, aber nicht den Kleinen, am allerwenigsten ihr.

Wenn man bedenkt, wie viele Kinder sie waren, würde man annehmen, daß die Eltern Nellie gar nicht verwöhnen konnten. Warum gerade sie?

Diese Frage — den Grund dafür habe ich erst Wochen später verstanden — machte sie verwirrt. Wenn ich heute ihre Stimme auf dem Band anhöre, höre ich, wie sie sich veränderte, sowohl im Tonfall als auch im Tempo. »Natürlich war das, was meine

Mutter mit ›Liebe geben‹ bezeichnete, daß sie mir ein Pfund oder so gegeben hat«, sagte sie. »Ich kann mich nicht erinnern, daß sie mir gegeben hat, was man als ›mütterliche Aufmerksamkeit‹ bezeichnen würde.« Sie unterbrach sich, und dann wiederholte sie und klang dabei sogar noch jünger, viel zögernder und auch viel schottischer: »Daran kann ich mich überhaupt nicht erinnern.«

»Hast du dich, als du klein warst, in irgend jemandes Arme gekuschelt?« fragte ich.

»Ja«, sagte sie, und ihre Stimme hatte noch immer diesen kindlichen Ton, »meine Nana ... die Schwester meines Vaters, ich hab' bei ihr gewohnt, als ich sechs war«, und dann nahm ihre Stimme wieder diesen dunkleren Ton an und wurde schnell und fließend wie gewöhnlich. Erst viel später sollte ich diesen Wechsel in Akzent und Ton verstehen. »Das war eine meiner Entscheidungen«, sagte sie und ihre Worte überstürzten sich dabei beinahe. »Ich hab' ihnen gesagt, daß ich verdammt nicht mehr bei ihnen leben will. Ich gehe zu meiner Nana...« An dieser Stelle beugte sie meiner nächsten Frage dadurch vor, daß sie eine Pause vorschlug: »Entschuldigung, könnte ich was zu essen bekommen?«

Später, wieder mit diesem leicht schottischen gutturalen Ton und Lachen in ihrer Stimme, kehrte sie noch einmal zu der Beschreibung ihres Zuhauses zurück. »Mein Vater kocht so gern«, sagte sie. »Was Essen betrifft, ist er ein typischer Italiener; er liebt es, ißt die ganze Zeit und trinkt Wein. Meine Mutter hat mir immer Wein in meine Flasche getan, als ich ein Baby war, damit ich schlief. Köstlich. Zum Saubermachen kam eine Frau. Meine Mutter verbrachte sehr viel Zeit im Bett. Die Frau kam um neun Uhr morgens. Um die Zeit waren wir alle schon weg. Sie stand auf, um nachzusehen, daß das Haus in Ordnung war, und dann ist sie wieder ins Bett gegangen.«

»Aber woher weißt du denn das? Warst du denn nicht in der Schule?«

»Ich werd' nie vergessen, wie ich eines Tages aus der Schule kam«, fuhr sie fort, ohne auf meine Frage einzugehen. »Meine Mutter hurte herum...«

»Was soll das heißen, ›hurte herum‹? Andere Männer?«

»Ja. Eines Tages kam ich rauf und hab' sie mit einem Kerl da im Bett gefunden. Mein Vater duldete es wegen der Kinder, wegen seiner Religion. Also, ja, vielleicht bin ich ein bißchen voreingenommen meiner Mutter gegenüber, aber ich hab' es eben so gesehen, ich mochte meinen Vater lieber. Ich hab' meine Mutter immer gehaßt, so sehr, wie ein Kind jemand hassen kann.«

»Von welchem Alter an kannst du dich erinnern, so gefühlt zu haben?«

»Nachdem ich sie im Bett mit diesem Mann überrascht hatte – ich war damals ungefähr neun…«

Hatten sie und die anderen Kinder über Sex Bescheid gewußt? »Von Anfang an. Unsere Eltern haben es uns gesagt. Das war etwas, da war mein Vater echt stark. Wenn ich gefragt habe: ›Woher kommen die Babys?‹ hab' ich eine Erklärung bekommen. Eine Erklärung für Kinder, wissen Sie, so wie: ›Aus meinem Bauch.‹ Und wenn ich gefragt habe: ›Wie ist es da hineingekommen?‹ Dann haben sie gesagt: ›Mama und Papa lieben sich, und sie gehen zusammen ins Bett. Und dann kommt das Baby.‹ Verstehen Sie, was ich meine – eine Erklärung für Kinder, aber zu dem Zeitpunkt gerade richtig. In all meinen Schulen gab es auch Sexualkunde. Allerdings«, fuhr sie fort, »so richtig hab' ich es erst im Fahrradschuppen erfahren, von einem kleinen Jungen.«

Sie hatte ihre Menstruation zum erstenmal mit neun, sagte sie, und mit zehn eine regelmäßige Periode. Ebenfalls mit zehn beschlossen ihre Eltern, daß etwas mit ihr zu geschehen habe, deshalb schickten sie sie auf eine Schule für ›junge Mädchen‹ nach Glasgow. »Am ersten Tag hab ich drei von den Mädchen dort verprügelt, weil mir ihr Geruch oder ihr Akzent nicht gefallen hat.«

»Aber du hattest doch sicher den gleichen Akzent, oder?«

»Hätte ich haben können, aber wollte ich nicht. Ich wollte nicht so sprechen wie die – oder meine Mutter«, fügte sie hinzu. »Sie spricht sehr, sehr schön. Meine Schwestern auch«, und plötzlich fing sie an, in reinem Englisch zu sprechen. »Das hätten Sie nicht gedacht, daß ich das kann, oder? O doch, das kann ich. Ich will bloß nicht« – sie lachte wieder – »außer mit den Arabern«, sagte sie. »mit denen muß'te einfach englisch sprechen, sonst verstehen die dich nicht.« Die Ironie, die darin lag, Oxford-Englisch sprechen zu müssen, damit sie von arabischen Freiern verstanden würde, löste hemmungsloses Lachen bei ihr aus.

Ihre erste sexuelle Erfahrung, »*und* meine zweite und dritte«, spöttelte sie, war mit elf an einem Ferienwochenende. Nellie, eine Schulfreundin mit ihrem ›Freund‹ und ein neunzehnjähriger Junge, den Nellie schon ewig kannte, hatten eines Abends, als ihre Eltern weg waren, mit Cocktails experimentiert. »Morgens bin ich aufgewacht und war ganz wund, verstehen Sie, und ich erinnerte mich so vage. Deshalb bin ich rübergegangen zum Haus von dem Jungen und hab' gesagt: ›Was war gestern abend eigentlich los? Ich bin wund, und es fühlt sich nicht nach Herumfingern an. Was hast du gemacht?‹ Und er hat gesagt: ›Ich hab dich gebumst. Du sagst es aber niemand, nicht?‹ Ich hab gesagt: ›Macht es dir was aus, es noch mal zu tun, ich hab's das erste Mal verpaßt.‹«

Später an dem Tag hat sie es ihrem Vater erzählt. »Ich hab' gesagt: ›Du, ich war mit diesem Kerl zusammen.‹ Mein Vater und ich, wir waren immer sehr ehrlich zueinander; ich hab' meinen Vater mein ganzes Leben lang nie angelogen, bis ich hierhergekommen bin. Ich hab' ihm erzählt, daß ich mit diesem Kerl zusammengewesen bin, und er hat gefragt: ›Wer war das Schwein, ich bring ihn um!‹ Ich hab gesagt: ›Ich sag's dir nicht. Ich möchte dich nicht anlügen. Ich will's dir nur sagen, weil ich dich mag, Papa, und wenn du mich liebst, versuch bitte nicht, mich dazu zu bringen, es dir zu sagen, weil ich's nicht tu.‹ Er hat gesagt: ›Das werd ich aber, verdammt noch mal‹, und er hat's weiter versucht, aber ich hab' nichts verraten; da hat er mir befohlen, im Haus zu bleiben, keinen Schritt mehr vor die Tür zu tun, und deshalb bin ich abgehauen…«

Hatte ihr Vater nicht gefragt, ob ihr etwas weh tat, hat er sie nicht zum Arzt geschickt? »O doch«, sagte sie. »Er hat mich zum Arzt gebracht, und ich bin untersucht worden und all der Quatsch, und der Arzt hat gesagt: ›Alles in Ordnung, sie ist bloß geknackt worden, aber fehlen tut ihr nichts.‹ Wie dem auch sei, ich glaube, daß ich meine Jungfräulichkeit schon früher verloren hatte, beim Reiten, weil ich nämlich nicht geblutet habe.«

Das konnte sie doch gar nicht wissen, oder? Schließlich war sie doch betrunken gewesen. »Da war kein Blut auf meinen Sachen. Jedenfalls hab' ich meinen Vater danach gefragt, und er hat gesagt: ›Du hast sie beim Reiten verloren.‹ Ich bin früher viel geritten.«

Hatte sie irgendwelche Fotos von sich aus dieser Zeit? »Zu Hause, ja, aber nicht hier in London«, erwiderte sie. »Ich hatte lange Haare, als ich klein war, aber eines Tages bekam ich Läuse von einem dieser Kinder, mit denen ich immer herumstreunte, und hab' die ganze Familie angesteckt. Meine Mutter wurde irre böse und ist mit einer Schere auf mich losgegangen und hat sie abgeschnitten. Ich hab' drei Tage lang geheult; ich hab' meine Haare gemocht, aber später hab' ich sie nie mehr wachsen lassen.« Und plötzlich verband sie dieses Erlebnis mit dem, wofür ihr Vater sie angeblich bestraft hatte. »Meine Haare waren abgehackt, und ich war eingesperrt. Deshalb hab' ich mir gesagt: ›Scheiß drauf, ich hau ab.‹ Also bin ich abgehauen, sobald es ging.«

Diesmal — wieder mit Lastwagen per Auto-Stop nach London — erzählte sie, hatte sie fünfzehn Pfund Erspartes. »Und diesmal habe ich mich fein gemacht, mich geschminkt, und sah ziemlich viel älter aus, wissen Sie. Ein Fahrer hat gedacht, ich wär' achtzehn. Er wollte, daß ich für's Mitfahren ›bezahle‹, und ich hab' gesagt: ›Wissen Sie, wie alt ich bin? Ich bin noch keine zwölf.‹ Er hat gesagt: ›Du bist 'ne Lügnerin. Du bist verdammte achtzehn, Schluß.‹ Aber schließlich hab ich die Schminke runtergewischt, und da hat er mir geglaubt.«

Auch dieses Mal ging sie zu Fee, dem Mädchen in Swiss Cottage. »Ich hab' ihr alles erzählt, daß ich eingesperrt würde und ein Hundeleben hätte. Ich hab's ihr gegenüber schlimmer gemacht, als es war, verstehen Sie. Deshalb hat sie schließlich gesagt: ›Es hat gar keinen Sinn, daß ich deine Eltern anrufe, denn die kommen und holen dich, und du kommst dann doch bloß wieder an, verdammt.‹«

Nellie blieb zwei Tage bei Fee und dann, weil Fee keinen Platz hatte, zog sie zu einem früheren Freund von Fee, einem jungen Polen, der Ivo hieß.

»Hat diese Fee es denn für richtig gehalten, daß du zu einem jungen Mann ziehst?« fragte ich.

»Ja, weil ich doch nur ein Kind war. Er war ein echt lieber Kerl. Sie hat gewußt, daß er mich nicht anrühren würde.« Sie grinste schalkhaft. »Ich war es, die damit angefangen hat. Er hat mich auf der Couch schlafen lassen — es war eine kleine, sehr harte

Couch. Aber das war nicht der Grund. Ich mit meinem ›erwachsenen‹ Verstand, wissen Sie, ich wollte wissen, ob ein polnischer Typ anders wäre als ein schottischer. Deshalb, als er am zweiten Abend sein Bett machte, hab' ich gesagt: ›Du hast da 'n verdammt hübsches, schönes Bett, Mann, mit massenhaft Platz.‹ Und er sagt: ›*Was?*‹ Und ich: ›Massenhaft Platz.‹ Also, man hätte echt bescheuert sein müssen, um nicht zu verstehen, was ich meinte, und das war er nicht. Und er hat gesagt: ›Du bist doch noch ein kleines Kind, du hast ja nicht mal ein Nachthemd fürs Bett.‹ Und dann hat er noch mal gesagt: ›Du bist ja noch ein Kind.‹ Und ich hab' gesagt: ›Du, ich bin schon gefickt worden, Mann.‹ Er sagte: ›Du bist *was*?‹

Da hab' ich mich auf sein Bett gesetzt und hab' ihm was erzählt, und dann war ich 'n richtiges kleines Luder und hab ihn regelrecht gezwungen, wissen Sie — anders hätte der nicht. Er fand es auch nicht gut, nie. Er war«, sie suchte nach dem passenden Wort, »er war sehr lieb mit mir, wahrscheinlich, weil ich so jung war. Ich bin froh, daß ich diese Erfahrung gemacht habe, echt scheißfroh…«

Anscheinend hatten ihre Eltern die Polizei nicht benachrichtigt. »Und nach zwei Monaten hab ich Ivo und Fee gesagt, daß ich die Nase voll hätte und nach Hause wollte. Ich bin nicht intelligent, sehen Sie, aber ich bin auch nicht gerade dumm — ich kann Schach spielen, wissen Sie.« Eine ihrer merkwürdigen ›Schlußfolgerungen‹. »Ich mach' mir nichts vor. Ich kenne meine Grenzen und hab' gewußt, daß ich nach Hause gehen sollte. Und Ivo, der ist echt gut gewesen — ich meine, jetzt weiß ich, daß er gut war. Er hat mich nicht gezwungen, das hätte auch nur die gegensätzliche Wirkung gehabt. Aber als ich gesagt habe, daß ich nach Hause wollte, hat er gesagt: ›Okay, ich bring dich hin‹, und er ist mit mir im Zug gefahren und hat auch für den Zug gezahlt. Ich hab' ihn als Fees Freund vorgestellt, er hat bei uns übernachtet und ist dann am nächsten Tag nach London zurückgefahren.«

Nellie und ich hatten uns nun mehr als zwei Wochen lang zwei- bis dreimal pro Woche gesehen, und ich fing an zu begreifen, daß manche ihrer Darstellungen erfunden sein mußten. Ich wußte aber auch, daß, wollte ich an die ›wirkliche Nellie‹ herankommen, ich sie das Tempo bestimmen lassen, sie ihre Fantasien ausspielen lassen mußte, bis sie bereit war, damit aufzuhören, oder sich überreden lassen würde, damit aufzuhören. Sie aß häufig mit uns und war nach anfänglicher Schüchternheit auch verhältnismäßig entspannt meinem Mann gegenüber. Trotz Nellies Lebenserfahrung war sie in keiner Weise herablassend gegenüber der Rebellion meiner eigenen Tochter Mandy gegen den bürgerlichen Sittenkodex, sondern zeigte sich verständnisvoll und interessiert. Und heute noch erkundigt sie sich in jedem Brief, den sie aus dem Gefängnis schreibt, wie es uns geht, was wir so machen, und schickt Grüße an die Familie.

Wenn sie mit uns *en famille* war, waren ihre Manieren vorbildlich: Sie vergaß nie, daß man sie gelehrt hatte, darauf zu achten. Auf merkwürdige Weise war sie der Inbegriff eines wohlerzogenen, gutbürgerlichen schottischen Kindes. Sie hatte gerne hübsche Dinge um sich und hatte eine besondere Art, vollkommen gewöhnliche Haushaltsgegenstände nicht nur einfach zu berühren, sondern geradezu zu streicheln oder zu liebkosen: einen Brotkorb, ein hölzernes Käsebrett, Silberbesteck, irdene Kaffeetassen. Wenn sie bei uns war, achtete sie auch immer auf ihre Sprache. Ich hatte fast das Gefühl, daß sie mich bewußt auf ihre falsche Art zu sprechen aufmerksam machen wollte, indem sie sich manchmal ziemlich fest auf die Hand oder auf den Mund schlug, wenn sie ›Scheiße‹ gesagt hatte.

»Bitte laß das, Nellie«, sagte ich, als sie sich einmal so fest ins Gesicht geschlagen hatte, daß die Wange knallrot wurde. »Ich muß«, sagte sie. »Meine Sprache ist entsetzlich. Ich muß das lassen…« Und dann fügte sie hinzu, in einem Ton, von dem sie offenbar annahm, daß er herausfordernd sei: »Ich nutze Sie aus, wissen Sie das nicht?«

»Ich *möchte* ja, daß du mich ausnutzt«, antwortete ich. Was ich nicht sagte, worüber ich mir aber ständig Gedanken machte, war, ob nicht vielmehr *ich sie* ausnutzte – etwas, was ich bei Nellie mehr befürchtete als bei allen anderen, weil sie die Verlorenste, die Einsamste war, die, die am tiefsten in das Außenseiterleben der Straße verstrickt war. Als die Wochen so vergingen, wurde ihr ›Auf Wiedersehn‹ merklich gekünstelter, jedesmal wenn sie uns verließ, um in ihr eigenes Leben zurückzukehren, das so völlig anders war. Mehr als bei allen anderen Kindern, mit denen ich gearbeitet hatte, spürte ich in Nellie eine tiefe Sehnsucht nach einem ganz normalen Leben. Und das, obwohl es immer deutlicher erkennbar wurde, daß ihr ›normales‹ Leben in der idealisierten Form, in der sie es beschrieb, niemals existiert hatte.

Bei ihrer Rückkehr nach Schottland nach ihrer zweiten Flucht, erzählte sie, habe man sie in eine andere Schule geschickt, diesmal eine Tagesschule unweit von zu Hause. Mochte sie die lieber als das Internat?

»Die Fächer, die ich mochte, hatte ich gern«, sagte sie. »Die Fächer, die ich nicht mochte, hab' ich gehaßt und kein bißchen dafür getan. Ich war in den Mathelehrer verliebt, deshalb mußte ich super in Mathe sein. Und ich war in den Geschichtslehrer verliebt, deshalb war ich super in Geschichte. Und Kochen mochte ich sowieso gern, obwohl das eine Lehrerin war, und auf so was steh' ich nicht. Und ich hatte Englisch sehr gern, ganz egal, was für ein Lehrer.« Und ganz gerne hatte sie auch Chemie — aber nicht *sehr* gerne, wie sie betonte. »Aber es gab noch 'n Haufen andrer Fächer, die wir nehmen mußten. Musik, Kunst, Sport und Religion, und das alles hat mich zu Tode gelangweilt. Deshalb bin ich ziemlich oft einfach nicht zur Schule gegangen und erst spätnachts nach Hause gekommen; oder ich bin gar nicht nach Hause gegangen, sondern bei Freunden geblieben oder bei irgendeinem Typ, den ich zufällig an dem Abend gut fand. Aber«, fügte sie schnell hinzu, »von diesen Männergeschichten haben meine Eltern nie was erfahren.«

»Hast du mit diesen Männern geschlafen?«

»Allerdings, ja. Es gab ungefähr dreihundert Typen in unserer Stadt, und ich schätze, ich war mit zweihundert von denen zusammen.«

»Das kann doch nicht dein Ernst sein!« sagte ich.

»Vielleicht. Ich weiß nicht. Ich hab' mich mal abends hingesetzt und 'ne Liste gemacht, eine ganz und gar ehrliche Liste. Ich hatte ein Stück Papier« — sie hielt ihre Hände 30 Zentimeter auseinander —, »so lang und so breit, und ich habe einen Namen neben den andern geschrieben, und beide Seiten waren voll. Das war echt ehrlich.«

»Haben diese Männer dich bezahlt?«

»Nein, nein. Ich hab' nur Erfahrungen gesammelt«, spöttelte sie.

»Du warst knapp zwölf; wie alt waren die?«

»Ich bin mit keinem unter siebzehn gegangen, und manche waren viel älter — einer war zweiunddreißig. Als das so ein paar Monate gelaufen war, haben meine Eltern beschlossen, daß ich ihnen über den Kopf gewachsen sei, und haben mich vor die Jugendkammer gebracht. Und die haben gesagt, daß ich mich die nächsten neun Monate zusammenreißen sollte, oder sie würden mich in ein Heim stecken. Da hab ich gesagt: ›Das sind alles beschissene Lügen, ihr könnt mir nichts tun. Ich bin Nell, Mann, ich kann, verdammt noch mal, tun, was ich will. Das hab ich immer getan.‹ Aber dann hat mein Vater noch mal mit mir gesprochen, und ich hab' angefangen, wieder regelmäßig zur Schule zu gehen und mich anständig zu benehmen und ein braves Mädchen zu sein.«

Aber vorher — vor der Geschichte mit der Jugendkammer, vor ihrem Versprechen — war sie noch einmal nach London ausgerissen und etwa fünf Wochen geblieben; damals begann sie mit der Prostitution. »Ich bin am frühen Morgen abgehauen, als ich in die Schule gehen sollte, und abends war ich da. Ich glaube, ich hatte ein Pfund bei mir, das war alles.«

Diesmal war sie nicht zu Fee gegangen in Swiss Cottage oder zu Ivo, der so gut zu ihr gewesen war. Sie ging direkt zum Piccadilly. »Und da war dieser Kerl, der aussah wie so 'n Scheißprinz, mein Idealmann. Er fängt an, mit mir zu reden und sagt: ›Was machst du in London?‹ Und ich hab gesagt: ›Was geht dich das an?‹ Zuerst war ich vorsichtig, weil ich dachte, daß er ein Bulle ... ein Polizist sein könnte.

›Ich wohn' hier, ich hab' mein ganzes Leben hier gewohnt; ich bin hier geboren‹, hab' ich gesagt mit meinem scheißschottischen Akzent. Und er hat gesagt: ›Schon gut, haste was, wo du heute nacht hingehen kannst?‹ Es war klar, daß er mir nicht glaubte — er hat gewußt, daß ich abgehauen war. Deshalb hab ich gesagt: ›Nee‹; und er hat gesagt: ›Du kannst in meiner Wohnung schlafen‹; und ich hab' gesagt: ›Bei dir wohn ich nicht, du bist scheißschwarz.‹ In Schottland gibt es noch viele Rassenvorurteile. Jetzt find ich das auch nicht mehr gut, aber wenn man so erzogen wird — nun ja, Sie wissen schon.

Jedenfalls, er hieß Ron; er war zwanzig und Trommler in so 'ner Gruppe. Ich bin mit ihm nach Hause, das war in Bayswater. Ich hab' gesagt: ›Das ist das erste Mal, daß ich mit 'nem Schwarzen zusammen bin‹; und er hat gesagt: ›Alles muß man zum ersten Mal tun, Süße.‹ Und wir haben's einfach gemacht. Er hat nicht gewußt, wie alt ich war, aber als wir in dieser ersten Nacht fertig waren, hab' ich's ihm erzählt, und er hat gesagt: ›Dir ist doch klar, daß du im Gefängnis landen kannst und ich auch?‹

Jedenfalls bin ich drei Wochen bei ihm geblieben, und dann hat er mich zu einem seiner Auftritte mitgenommen, und während er spielte, hab ich 'nen anderen schwarzen Kerl kennengelernt ... sie nannten ihn Cat [Kater], und ich weiß bis heute nicht, warum sie ihn so nannten, er ist ein ekelhaftes, schmutziges Schwein, er hätt' 'ne Schlange sein sollen. Da hat es angefangen...«

An jenem Abend sagte sie Ron, daß sie auszöge, »wenn es ihm nichts ausmachen würde«, und sie zog zu Cat, der anscheinend in demselben Wohnblock lebte. »Und zwei Tage später, wir sitzen in seinem Wohnzimmer − er hatte eine sehr schöne Wohnung − da sagt er: ›Hättest du Lust, etwas Geld zu verdienen?‹ Das war die große Einleitung, die großartige Fanfare und ein Scheißtrommelwirbel. Da hab' ich gesagt: ›Wie denn, ich könnte keinen Job kriegen.‹ Ich würde zwar nicht gerne auf seine Kosten leben, hab' ich gesagt, aber das wäre alles, was ich tun könnte, Scheiße. ›Ich zahl dich mit meinem Körper‹, hab' ich gesagt. Da hat er gesagt: ›Also, ich weiß, wie du zu Geld kommen könntest, ich werd's dir zeigen.‹ Ich hab' gefragt: ›Was muß ich da tun?‹ Und er hat gesagt: ›Nichts, was du nicht sowieso schon kannst.‹ Der Gedanke an Prostitution ist mir überhaupt nicht gekommen. Wenn ich ging, mit 'nem Kerl mitging, dann nur, weil er mir gefiel. Also, wir sind zum Piccadilly gefahren, und er hat gesagt: ›Geh einfach rum, quatsch jemand an. Wenn dich wer anquatscht, sagst du: ‚Na, wie wär's mit uns beiden und wieviel?' Und wenn er dir weniger als fünfzehn Pfund anbietet, sag nein danke und geh weiter.‹

Ich hab' gesagt: ›Halt mal, meinst du etwa, mit ihm schlafen für Geld?‹ Ich hab' gesagt: ›Nee, verdammt noch mal, das mach' ich nicht, Mann, da fahr ich lieber nach Hause zu meinen Scheißeltern.‹ Da hat er geredet und geredet, und schließlich hat er mich überzeugt. Er war wirklich so 'n aalglatter Typ, und das Blöde war, daß ich ihn gern gehabt hab', diesen widerlichen Bastard. Ich wollte ihn nicht verlieren; ich fing nämlich an, ihn zu lieben.

Also, jedenfalls hab' ich dann mein Sprüchlein hergesagt, und ein Waliser war mein erster, für zwanzig Pfund. Er hat mich mit in seine Wohnung in der Half-Moon-Straße genommen. Da hat's gestunken, überall lag Durex herum, und er war fett und stank. Cat hatte mir gesagt, daß ich sie Durex benutzen lassen müßte, damit ich nicht schwanger würde.«

Hatte sie vorher jemals Verhütungsmittel benutzt? »Nee, nie.«

In der ersten Woche ging Cat mit ihr zum Piccadilly. »Aber danach hat er aufgehört, damit; ich bin einfach spätnachts nach Hause gekommen und hab' ihm das Geld gegeben — etwa sechzig Pfund die Nacht in der ersten Woche und dann mehr...«

Hat er ihr davon was gegeben? »Nee, aber er hat mir viele Kleider geschenkt, und er hat mir immer Kleinigkeiten mitgebracht, Stofftiere und so was — ich fand's toll. Ich war ja nur ein beschissenes kleines Kind.«

Sie erledigte auch den Haushalt, kaufte ein, kochte. »Nach drei Wochen war es aus«, sagte sie. »Ich war nervös, weil meine Periode nicht kam. Und an dem Abend war ich mit einem schottischen Mädchen, das ich in der U-Bahn-Station Piccadilly getroffen hatte, in 'ne Kneipe gegangen. Sie hieß Mary. Ich hab' gedacht, daß ich vielleicht mit ihr reden könnte — ich hab' einfach jemand gebraucht zum Reden, verstehen Sie, weil ich so beunruhigt war. Wie dem auch sei, wir sind nicht dazu gekommen, darüber zu reden, denn sie hatte schlimmere Probleme als ich und kein Geld, und sie hat mir alles erzählt; da hab' ich ihr etwas Geld gegeben, und als ich in die Wohnung zurückkam, war es spät, ich hatte nur noch sechzig Pfund übrig und war blau, weil ich es eigentlich gar nicht gewohnt war, Alkohol zu trinken.

Und als ich reinkam, hab' ich wie jeden Abend das Geld auf den Tisch gelegt, und er [Cat] hat gesagt: ›Was soll das? Ist das etwa alles, was du hast? Was fällt dir ein, verdammt noch mal? Ich sitze hier den ganzen Abend in dieser verdammten Wohnung rum und warte.‹ Und da hab' ich gefragt: ›Und was ist mit dem

Geld, das ich dir gestern abend gegeben habe?‹ — ›Das ist weg, verdammt noch mal‹, hat er geschrien, ›und ich brauch' was.‹

›Brauch' was‹ — das war gut. Er hatte einen Schrank so groß wie'n Zimmer voller Klamotten. Ich hab' gesagt: ›Ich geh ins Bett, ich bin müde und hab' Kopfweh.‹ Und er hat gesagt: ›Was du hast? Du hast zu viel gesoffen‹, und er hat mich Alkoholikerin genannt. Ich hab' mich umgedreht und gesagt: ›Du verdammter Hurenbock, komm du mir ja nicht mehr wegen irgend was, du kannst mich mal.‹ Er kam rüber, drehte mich um und schlug mir ins Gesicht; und ich hab' einfach die Tür zugeschlagen und bin zu Ron runtergerannt.

Ich hab' ihm die ganze Geschichte erzählt, und er hat gesagt: ›Ich werd mal ein Wörtchen mit ihm reden.‹ Er kam zurück, und seine Knöchel waren ganz rot, und an seinen Händen war Blut, und ich hab' gesagt: ›Du hast ihn umgebracht.‹ Er hat gesagt: ›Ich bring niemand um; ich hab' ihm nur gezeigt, was für ein verdammtes Schwein ein Zuhälter ist. Morgen geh ich hin und hol dein Zeug, und dann fährst du nach Schottland zurück, und wenn ich dich hinbringen muß.‹

Und später in der Nacht hab' ich gesagt: ›Ich muß dir noch was sagen! Ich hab' meine Periode nicht gekriegt. Er hat gesagt: ›Von wem ist es?‹ Und ich hab' nur gesagt, daß ich es nicht wüßte, es könnte seins oder das von dem schleimigen Bastard sein. Und er sagte — können Sie sich das vorstellen —, er sagte, er hoffe, daß es von ihm sei. Und ich hab' angefangen zu weinen und gesagt, daß ich versuchen würde, es loszuwerden, und daß das der Grund gewesen sei, warum ich mit Mary in die Kneipe gegangen war, um sie zu fragen, ob sie mir helfen würde, jemand für 'ne Abtreibung zu finden. Und er sagte, daß ich es nicht tun solle: ›Ich will das Kind.‹

Und am nächsten Tag ist er gegangen, meine Sachen holen, und ich bin nach Schottland zurückgefahren. Meine Mutter wollte wissen, woher ich all die neuen Sachen hatte — ich hatte nämlich 'nen ganzen Haufen — und ich hab' gesagt, daß ich diesen Kerl, Ron, getroffen hätte, aber ich hab' ihr nicht gesagt, daß er schwarz war und daß ich bei ihm gewohnt habe und daß er echt nett zu mir gewesen ist.

Und da hat mein Vater gefragt: ›Hast du mit ihm geschlafen?‹ Und ich hab' gesagt: ›Ja‹, und er hat gefragt: ›Schämst du dich denn nicht?‹ Und ich hab' gesagt: ›Hm, schon irgendwie‹, und das war, als sie gesagt haben, sie wollten das Jugendamt wegen mir fragen, und daß ich vor diesen Ausschuß mußte. Und danach bin ich wieder in die Schule gegangen und war wieder die brave Tochter.«

Drei Monate später bekam sie allmählich einen Bauch. »Meine Mutter hat es sofort gemerkt und gesagt: ›Du bist schwanger‹, und natürlich war ich's. Ich wurde enorm dick und ... also ... dann kam es: Ich hab' sie Kim genannt. Sie war ein echt großes Baby, und jetzt, wo sie vier ist, ist sie ein richtig großes Mädchen. Sie kommt nach meinem Vater und nach Ron — ein großes, kräftiges Mädchen. Nachdem sie geboren war, sagte mein Vater, daß er ein Wörtchen mit mir zu reden habe. Er hat gesagt: ›Du bist zu jung, um sie großzuziehen, was willst du mit ihr machen?‹ Und ich hab gesagt: ›Ich weiß nicht. Kann ich sie behalten?‹ Und mein Vater hat gesagt, sie würden für sie sorgen, und als sie zwei war, haben sie sie schließlich adoptiert.

Ich wünschte, ich hätte ein Foto von ihr«, sagte Nellie. »Ron, er war ein schöner Mann, und sie hat seinen Charme.«

»Ist sie schwarz?«

»Nein, sie ist braun, braun wie eine Haselnuß. Sie geht wie ein Königin, Mann. Sie weiß, ich bin ihre Mutter, und meine Eltern sind eigentlich ihr Großvater und ihre Großmutter. Sie sagt Nell zu mir. Ich hab zu ihr gesagt: ›Ich bin zwar deine Mama, aber du sagst Nell zu mir, ich bin ja nur dreizehn Jahre älter als du.‹«

»Wie oft siehst du sie?«

»Nicht sehr oft. Ich hab' sie besucht, als ich in Schottland war. Sie geht in 'ne Privatschule, weil alle Rassenvorurteile haben, außer den Leuten mit Geld: die akzeptieren alles...«

»Ist sie mit vier nicht sehr jung für ein Internat?«

»Da kann man nichts machen«, sagte Nellie. »Ich muß arbeiten, verstehen Sie, ich spare für sie. Ich bin zu 'nem Anwalt gegangen. Und der hat was eingerichtet, was Treuhandkonto heißt. Das bedeutet, daß es nicht mehr mein Geld ist, wenn es einmal dort eingezahlt ist. Da sind siebeneinhalbtausend Pfund drauf jetzt. Fürs Studium, oder was immer sie machen will. Sechs Monate lang habe ich immer die Hälfte von dem eingezahlt, was ich verdient hab'. Ich hab's bis zum Ende der Woche aufgehoben und dann eingezahlt. Aber dann bin ich abgeschlafft — jetzt zahl' ich nur ab und zu mal zwanzig Pfund ein. Sie wird in dem Internat bleiben, bis sie sechzehn ist. Meine Eltern zahlen das Schulgeld und ihre Bücher. Sie ist wirklich ebensosehr ihre Tochter wie meine.«

Glaubte Nellie, daß sie Kim davor schützen könnte, den Weg einzuschlagen, den sie ging?

»Das einzige, was ich tun kann, ist mitzuhelfen, für sie zu sorgen. Ich kann sie nicht öfter sehen als einmal alle paar Monate, was ich auch zu tun versuche.«

Ich fand den Gedanken an die Vierjährige, die ins Internat verbannt war, unerträglich. »Besuchen deine Eltern sie manchmal?« fragte ich.

»Ja, ja«, sagte sie, und es klang ungeduldig; und dann, als wäre es gar nichts, nur eine beiläufige Mitteilung, fügte sie hinzu: »Sie können sie nicht bei sich haben, sie haben ein geistig behindertes Kind, Janie, meine Schwester. Sie ist jetzt sechzehn. Sie ist ein wunderhübsches Kind noch dazu, physisch völlig normal, aber sie hat den Verstand einer Fünf- bis Sechsjährigen. Sie hatte Lungenentzündung nach ihrer Geburt.«

Nellie fuhr augenblicklich mit ihrer eigenen Geschichte fort und erzählte, daß sie, als sie schwanger war, und auch noch einige Zeit danach, ganz zufrieden zu Hause gelebt habe. »Außer daß ich mit Jungs gegangen bin«, sagte sie, »und nicht immer in der Schule war. Und deswegen, ein Jahr oder so später, haben sie mich wieder vor so ein Jugendkomitee gebracht, weil sie nicht mit mir fertig geworden sind, und sie haben mich in eine Erziehungsanstalt geschickt. Damals war ich vierzehneinhalb.«

Während sie dort war, bat sie freiwillig darum, mit geistig behinderten Kindern arbeiten zu dürfen.

»Weil mein ältester Bruder in einer Anstalt war. Er war von Geburt an so. Er ist inzwischen … nein, ich weiß nicht genau, wie alt er ist, vielleicht achtunddreißig oder so, aber er braucht noch Windeln. Als ich ihn das letzte Mal gesehen habe, war ich zwölf. Ich nehm' an, daß er ganz zufrieden ist, aber es macht mich unglücklich. Schließlich ist er mein Bruder, verstehen Sie?«

Hat sie diese Arbeit mit den Kindern gern gemacht? »Es war hart, und hat mir unheimlich weh getan. Da war ein kleiner Junge, und der hat gedacht, ich wär' seine Mami. Er war sechzehn, aber wie ein Baby, und er hat immer mit seinem Kopf an das Bettchen geschlagen, wo sie ihn drin hatten. Ich hab' mich mit der Schwester gestritten, weil sie ihn geschlagen hat, und ich das nicht richtig fand...«

Hatte sie schon einmal daran gedacht zu lernen, wie man mit solchen Kindern arbeitet?

»Ja, das würde ich wahnsinnig gern tun, aber jetzt ist es wohl zu spät, oder?« Sie wollten sie an der Schule nicht die mittlere Reife machen lassen. »Sie haben gesagt, daß das an so 'ner Schule nicht ginge. Ich hab' gesagt: ›Wenn ich fleißig bin, könnte ich die Prüfung nicht an einer normalen, staatlichen Schule machen?‹ Aber sie haben gesagt: ›Nein, die staatlichen Schulen würden uns Kriminelle gar nicht nehmen, nicht einmal für 'ne Prüfung. Also, mich haben sie damals da rein gesteckt, weil ich ab und zu blaugemacht hatte, aber deshalb hab' ich mich noch lange nicht für kriminell gehalten!«

Deshalb hatte sie, nachdem man ihr gesagt hatte, daß sie nicht für die mittlere Prüfung arbeiten könne, beschlossen, daß es sich überhaupt nicht mehr lohne zu arbeiten. »Ich hab' beschlossen, daß ich mich dann genauso gut amüsieren könnte.«

Aber sie töpferte und versuchte zu malen. »Das gehörte zu unserem Freizeitprogramm, und da durften wir dann zum Lehrer ins Haus gehen, und der war ein dufter Typ.«

Sie veranstalteten in der Schule an jedem zweiten Wochenende einen Disko-Abend und an den anderen Wochenenden durften jeweils fünf Mädchen in eine Disko außerhalb gehen. »Aber der Typ, der die aussuchte, hat mich immer gehen lassen — ich bin jede Woche gegangen. Er hieß George. Er war ungefähr vierzig und rauchte Pfeife, und sein Tabak war aus einem fernen Land importiert. Er war verdammt toll. Echt, ich hab ihn geliebt wie'n Vater, verstehen Sie.«

Die Schule war offenbar eine von jenen Versuchseinrichtungen, die — ähnlich wie später die deutschen — von den englischen Gemeindeverwaltungen vor und nach dem Zweiten Weltkrieg eingerichtet worden waren. Es wurde keinerlei Druck auf die vierundzwanzig jungen Mädchen ausgeübt, am Unterricht teilzunehmen. »Es war eigentlich mehr so 'ne Gemeinschaft als 'ne Erziehungsanstalt«, sagte Nellie. »Das einzige, was wir tun mußten, war Bettenmachen, unser Zimmer aufräumen, den Tisch decken und beim Abwaschen helfen. Und dann mußten

277

wir uns für irgendeine Arbeit im Haushalt freiwillig melden, und da hab' ich Wäscherei gemacht.«

Alle zwei Wochen oder so, behauptete sie, sei sie durchgebrannt und ein paar Tage weggeblieben — einige Male sogar zwei Wochen lang —, dann aber jedesmal freiwillig wieder zurückgekehrt. »Ich nehm' an, daß die gewußt haben, daß ich wiederkommen würde; sie haben dann mit mir geredet, aber ich bin nie bestraft worden.«

Und was tat sie, wenn sie durchbrannte? »Oh, mit Männern. Manchmal hab' ich auch 'n Typ mit hineingeschmuggelt; es war ein sehr altes Haus, und im Kohlenkeller war eine Falltür zu meinem Zimmer. Daher konnte man von außen in den Kohlenkeller und in mein Zimmer kommen, ganz einfach.«

Sie hatte vielleicht nicht viel akademischen Unterricht genossen, aber sie lernte eine Menge anderer Dinge: über Banden, Einbrüche in Häuser, Taschendiebereien und den Verkauf an Hehler. Und drei Wochen lang hatte sie eine lesbische Beziehung mit ihrer Zimmergenossin. »Ich hatte so was Beschissenes noch nie gemacht, aber es war was Neues, und ich hab' gedacht, daß ich die Erfahrung mitnehmen würde. Ziemlich viele von den ganz harten Weibern dort machten das.«

Hat sie es gern gemacht? Hat es ihr irgendeine Sicherheit vermittelt, Befriedigung? »Zuerst fand ich es ganz gut. Wenn man nur mit Mädchen zusammenlebt... es ist sehr emotional, wissen Sie, es macht so...«, sie suchte nach Worten, »...es ist eine ganz andere Atmosphäre als alles andere. Ich kann jetzt verstehen, daß sie — wahrscheinlich um das zu verhindern — uns Diskos erlaubten, Jungen eingeladen haben, wissen Sie, und uns erlaubt haben auszugehen. Aber trotzdem, die meiste Zeit haben wir doch — miteinander verbracht. Ich hatte 'nen Freund... nun ja, mehrere Freunde, aber ich hab' nur einen richtig gern gehabt, in Edinburgh; emotional hat mich diese lesbische Sache echt versaut. Ich glaube, was ich gelernt hab, ist, daß das nichts für mich ist...« Sie hielt wieder inne. »Ich würd' mich nie darauf einlassen, auf Dauer. Aber diese ersten Monate in der Schule — die ersten ein oder zwei Monate durfte man nicht raus — hat es mir was gebracht. Verstehen Sie, was für's Gefühl.«

Die Kinder durften alle paar Wochen oder Monate nach Hause, aber Nellie ist nie zu ihren Eltern gefahren. »Ich hatte keinerlei Verbindung mit ihnen. Meine Schwester und meine Großmutter waren in Edinburgh, und einer meiner Brüder war in Stirling, und ich bin immer zu denen gefahren.«

Es war das Ergebnis eines dieser Heimurlaube (mit denen die Schule versuchte, die Mädchen auf ihre Rückkehr in ein normales Leben vorzubereiten), daß Nellie sich in ernsthafte Schwierigkeiten brachte. Als sie bei ihrer Rückkehr entdeckte, daß eine Fünfzehnjährige, ein Neuankömmling in der Schule, sich die Zeit mit ihrem Freund vertrieben hatte, verprügelte sie das Mädchen. Entgegen dem eigenen, ungeschriebenen Gesetz der Mädchen verpetzte diese sie beim Direktor, und Nellie wurde bestraft. »Als ich herausgefunden hab', daß die mich verpetzt hat, hab' ich sie unter einem Vorwand in mein Zimmer gelockt, ihr jeden einzelnen Knochen zerschlagen und ihr mit meinem Stiefel das Gesicht zertreten. Sie haben den Rettungswagen und den Notarzt geholt. Der hat gesagt: ›Jede einzelne Rippe ist gebrochen. Wer hat das getan?‹ Ich hab' gesagt: ›Ich war's.‹ Ich wollte sie wirklich nicht so doll verletzen«, sagte Nellie. »Wenn sie auf einer Anklage bestanden hätte, wäre ich nach Borstal [ein Gefängnis] gekommen, aber sie hat's nicht getan, und wir wurden Freundinnen, bis ich rauskam, und wir haben nachher sogar noch einige Wochen zusammengewohnt…«

Die Gewalttätigkeit dieses Vorfalls hätte mich nicht so überrascht, wenn ich gewußt hätte, was ich später erfuhr, daß Nellie mit vierzehneinhalb nicht in die Erziehungsanstalt geschickt worden war, weil sie, wie sie mir erzählt hatte, etwas mit Männern hatte und nicht regelmäßig zur Schule ging, sondern weil sie jemanden mit dem Messer angegriffen hatte. Dieser Vorfall aus ihrer Vergangenheit sollte sechs Jahre später eine entscheidende und tragische Auswirkung auf ihr Schicksal haben und war bezeichnend für ihre weitere Zukunft. Heute im Gefängnis ist sie wieder einmal in ziemlichen Schwierigkeiten — wegen Gewalt gegen ihre Mithäftlinge.

15

»Wir haben uns immer vor dem Tag gefürchtet,
wenn sie nach London gehen würde«

Nellie wußte bereits, bevor wir angefangen hatten, uns zu unterhalten, daß ich schließlich auch mit ihren Eltern reden würde. Ich hatte das im Laufe der Monate wiederholt erwähnt, damit sie diesen sehr wesentlichen Aspekt des ganzen Unternehmens klar im Kopf behielte. Sie selber hat schließlich ihre Eltern angerufen, um den Besuch zu arrangieren, und sie war es auch, die mir genau beschrieb, wie ich zu ihrem Haus gelangen würde. Im Hinblick auf das, was passieren mußte, ist diese bereitwillige Kooperation sehr bezeichnend für Nellies Persönlichkeit und Probleme.

Buchstäblich alles, was sie über ihr Leben in London erzählt hatte, erwies sich letzten Endes als vollkommen wahr, obgleich die Reihenfolge der Ereignisse manchmal nicht ganz stimmte. Ihre Geschichten über ihre Eltern jedoch — so echt und detailliert in ihrer Schilderung — erwiesen sich als eine solche Ausgeburt der Fantasie, daß meine Reise nach Schottland zu einer erstaunlichen Entdeckungsreise wurde.

Der Heimatort, wo sie, wie sie behauptet hatte, mit fast dreihundert Männern geschlafen hatte, erwies sich als ein höchst anständiges Dorf, dessen männliche Bewohner sich nicht im Traum dabei hätten erwischen lassen, mit einem kleinen Mädchen zu koitieren, und wenn auch nur aus dem Grund, daß in einem solchen Dorf nichts geheim bleibt — was einer tut, geht alle etwas an.

Das Haus, welches sie als ›beschissenen Palast‹ beschrieben hatte, war eine nette Doppelhaushälfte einer Arbeiterbehausung in einer Straße mit ebensolchen Häusern.

»Das kann nicht stimmen!« sagte ich zu dem Taxifahrer, der mich vom Bahnhof hergefahren hatte. »Das muß die falsche Adresse sein.«

»Wen wollen Sie denn besuchen?« fragte er, und als er den Namen hörte, zeigte er auf ein Paar, das, offensichtlich in Erwartung meiner Ankunft, in der offenen Tür stand. »Dann stimmt's«, meinte er. »Da sind sie.«

Dougie, heute zweiundsechzig Jahre alt, der sexy italienische Vater aus Nellies Träumen, weit davon entfernt, der leichtherzige, freigebige Geschäftsmann zu sein, den sie beschrieben hatte, ist ein großer, dicker, schweigsamer Schotte. Er ist sein ganzes Arbeitsleben lang Lokomotivführer gewesen, und mit Sicherheit wird er wunderbar mit der ungeheuren Verantwortung für Hunderte von Menschenleben fertig, wann immer er seine Fernzüge in Gang bringt.

Und Nellies Mutter, die leichtsinnige Halb-Kurtisane ihrer Story, ist eine kleine, magere Frau mit einem wunderbaren, humorvollen Lachen, müden Augen und einer unendlichen Geduld mit der jungen Janie, die, nehme ich an, bis zu Nellies Verurteilung als Mörderin die vorrangige Tragödie und Sorge der Familie gewesen war. Ein wunderhübsches Mädchen (»Das beunruhigt uns zutiefst«, sagte ihre Mutter in aller Deutlichkeit. »Wie können wir sie beschützen, goldig wie sie ist?«) Janie war durch eine bösartige Lungenentzündung kurz nach ihrer Geburt hirngeschädigt und ist verstandesmäßig bei einem Alter von drei bis fünf stehengeblieben. Als sie geboren war und krank wurde, waren noch alle Kinder zu Hause. »Sie haben sie über ein Jahr lang im Krankenhaus behalten«, erzählte ihre Mutter. »Ich habe sie jeden zweiten Tag besucht; nur um hin- und zurückzufahren und zwei Stunden im Krankenhaus zu sein, brauchte man den ganzen Tag. Es war aufreibend…«

Es müsse entsetzlich schwer für sie gewesen sein, daß so etwas noch einmal mit der Jüngsten passierte, sagte ich, nachdem sie doch schon die Tragödie mit ihrem ältesten Kind hatten.

Sie sahen sich verwirrt an. »Unser ältestes Kind?« sagte Nellies Mutter schließlich. »Das ist Maggie. Ihr geht es gut. Sie ist wunderbar. Sie ist verheiratet und hat auch schon Kinder. Sie war vierzehn, als Janie geboren wurde.«

»Nein«, sagte ich. »Ich meine den Jungen.«

»Welchen Jungen? Wir haben drei, aber wir haben keinerlei Schwierigkeiten mit ihnen gehabt, oder, Papa?« sagte sie.

Es war ein heikler Augenblick. War es möglich, daß sie dieses schwer retardierte Kind, von dem Nellie erzählt hatte, daß es in einem ›Irrenhaus‹ sei und mit achtunddreißig ›noch Windeln trug‹, verheimlichten? Ich entschuldigte mich ganz vorsichtig, falls ich mich in etwas hineingemischt hätte, worüber sie vielleicht nicht zu sprechen wünschten.

»Sie meinen, wir haben einen Sohn, der behindert ist?« fragte Nellies Vater. »Meinen Sie das?« Ich nickte.

»Hat Nell Ihnen das erzählt?« fragte seine Frau.

»Ja.«

Sie schüttelte verwundert den Kopf. »Aber warum sollte sie so etwas sagen?« Plötzlich lachte sie — sie hatte eine außergewöhnliche Gabe zu lachen — und umarmte Janie, die sich neben sie gesetzt hatte, »wir haben unsere Janie, und die würden wir nicht in eine Anstalt geben, nicht wahr, mein Schatz?« Janie lächelte und streichelte die Wange ihrer Mutter.

Ich erzählte ihnen, daß Nellie auch gesagt hatte, daß sie zwei jüngere Brüder habe, jetzt fünfzehn und dreizehn. Beide schüttelten den Kopf. »Sie hat nur die drei Brüder — Euan, Colin und Andrew —, Janie und ihre drei älteren Schwestern. Und es gibt keinen behinderten Jungen. Oh,« sie lachte, »manchmal sagen wir Euan ist nicht ganz richtig im Kopf, aber wir meinen es nicht so.«

Inzwischen, während ich diese erschöpften Eltern mit Janie beobachtete, die sie offensichtlich vergötterten und der all ihre Liebe und Sorge galt, hatte ich eine recht gute Vorstellung von den Gründen für Nellies Erfindungen, Träume und Kindheitsverfehlungen erhalten.

Aber ich sagte, ich wüßte gar nicht, warum sie einen älteren Bruder in einer Anstalt erfinden sollte; sie hatte mir davon erzählt im Zusammenhang mit der Beschreibung ihrer freiwilligen Arbeit mit geistig behinderten Kindern, während sie in dem Erziehungsheim in der Nähe von Edinburgh war.

»Ja, das war sie«, bestätigte ihre Mutter mit trauriger Stimme. »Wir haben einfach nicht mehr gewußt, was wir mit ihr machen sollten, sie war so schwierig, und, doch, sie hat tatsächlich mit behinderten Kindern gearbeitet, als sie dort war.«

»Wie geht es Nell?« fragte ihr Vater. »Es ist schon so lange her, seit sie uns besucht hat.«

Nellie hatte ihren Eltern erzählt, daß ich ein Buch über Ausreißerkinder und ihre Probleme schriebe, und hatte mir das Versprechen abgenommen, ihren Eltern nicht zu sagen, was sie tat oder in der Vergangenheit getan habe. »Von mir aus kann es jeder wissen – außer meinen Eltern. Ich will nicht, daß sie es wissen.«

An jenem Tag in Schottland schlug ich vor, daß, bevor wir über die Gegenwart redeten, es ihnen vielleicht nichts ausmachen würde, einige Fragen zu den Dingen zu beantworten, die mir Nellie über ihre Kindheit und ihre Ausreißereien erzählt hatte.

»O ja, sie ist weggelaufen«, sagte ihre Mutter. »Wann war es doch, als sie uns zum ersten Mal fortlief, Papa? War sie da elf?

»Ja, elf, ich glaube, das stimmt.«

Ich sagte, ich dächte, es sei früher gewesen – mit acht, nein?

»Acht?« wiederholte ihre Mutter. »Ist sie mit acht weggelaufen? Ja, Papa? Ich kann mich nicht erinnern, aber ich glaube nicht, sie war ja noch so klein. Als sie sieben oder acht war, hat Maggie – sie war damals einundzwanzig – Nellie auf eine Reise nach Venedig mitgenommen. Und wir nahmen sie und Janie zu einem Urlaub nach London mit. Natürlich, bald danach, als wir so beschäftigt waren mit Janie und die anderen Kinder nicht lange danach aus dem Haus gingen, um zu arbeiten, haben wir die Hälfte der Zeit nicht gewußt, *wo* sie war oder mit wem. Deshalb haben wir schließlich das Jugendamt eingeschaltet, nicht wahr, Papa?«

»Ja, das stimmt.«

»Die Stehlerei, wissen Sie, ich konnte einfach nicht verstehen, warum sie gestohlen hat und so was.«

»Ja«, sagte ich, »besonders weil Sie ihr ja so viel Taschengeld gaben.«

»Taschengeld?«

»Ja«, sagte ich. »Sie hat mir erzählt, daß alle Kinder drei Pfund in der Woche bekamen, von ihrem fünften Lebensjahr an.«

»Drei Pfund mit fünf? Unsere Kinder...?« rief sie aus und lachte dann. »Lieber Himmel!« Ihr Mann lachte auch leise vor sich hin. »Wenn wir sieben Kindern drei Pfund gegeben hätten«, sagte er nachdenklich, »wären das einundzwanzig Pfund in der

Woche gewesen.« Die Mutter ergänzte: »Vor zwölf Jahren, als Nellie fünf war, wäre das praktisch Dougies Grundgehalt gewesen.« Sie lachte wieder. »Jeder fünfzig Pence, soviel haben die Kinder bekommen.« Jetzt natürlich, sagte sie, verdiente Dougie viel mehr, weil er als Oberlokführer verantwortlich sei für die Fernzüge der Britischen Eisenbahn. Und außerdem waren die Gehälter seit 1970 um das Fünffache gestiegen, und sein ehemaliges Gehalt, 21,55 Grundgehalt, war heute, 1982, 104,15 Pfund wert.

Ja, sagte sie, alle Kinder waren noch zu Hause, als Janie geboren wurde. Die Älteste, Maggie, war wirklich tüchtig gewesen, als sie jeden zweiten Tag zwischen dem Krankenhaus und der Familie hin- und herpendeln mußte. »Ich war so besorgt – Nell war ja noch ein Baby – es sind nur elf Monate zwischen den beiden, wissen Sie. Aber Maggie, obwohl sie in die Schule ging, hat glänzend für sie gesorgt, und die anderen auch.«

»Und natürlich hat auch meine Schwester Nell aufgenommen«, fügte Dougie hinzu.

Wie lange war Nellie wirklich bei ihrer Tante, ihrer Nana, wie sie sie nannte, gewesen. Sie hatte doch eine Zeitlang bei ihr gewohnt?

»Nicht *gewohnt*«, antwortete Nellies Mutter schnell. »Sie hat sie den Tag über genommen, aber ich habe immer darauf geachtet, daß sie zum Schlafen zurückgebracht wurde. Nana hat sie schrecklich verwöhnt«, sagte sie, »sie angezogen wie eine Prinzessin, sie tun lassen, was sie wollte.«

»Als Baby?« fragte ich.

»Später auch noch... wir waren so beschäftigt mit Janie«, wiederholte sie. »Und dann hat sie angefangen zu stehlen und zu raufen. Wir haben uns so geschämt, waren so unglücklich...«

Hatten sie nicht erkannt, daß Nellie verwirrt, sehr unglücklich war?

»Ich wußte es. Es kam der Augenblick, wo ich erkannte, daß sie mich ablehnte«, sagte ihre Mutter langsam. »Sie war so scheußlich zu mir; ich habe nie gewußt warum, ich habe es nie verstanden. Wir haben sie uns mehr gewünscht als alle anderen. Sie kam fünf Jahre nach dem letzten Kind, wir erwarteten sie mit so viel...« Sie hielt inne und sah den schweigenden Mann gegenüber an. »Dougie, er war ganz aus dem Häuschen, als sie kam.

Weißt du noch, Papa?« Er nickte, und einige Augenblicke später putzte er seine Nase und wischte heimlich seine Augen.

»Also, sie war nicht die ganze Zeit unglücklich«, sagte ich zu ihm und hoffte, die Atmosphäre etwas zu entspannen. »Sie sagt mir, daß Sie so gerne kochen — Ihre italienische Herkunft, glaubt sie.«

»Ich, Italiener?« rief er mit seinem starken schottischen Akzent und verlor für einen Augenblick seinen Gleichmut.

»Er und *kochen*?« sagte seine Frau und bekam einen Lachanfall, in den Janie sofort einstimmte. »Also, da könnte er eher Flügel anziehen und fliegen, als in die Küche gehen.«

Ich unternahm einen weiteren Versuch. »Nun, jedenfalls was die Art der Aufklärung anging, schien sie sehr zufrieden mit der Art und Weise, wie sie beide das handhabten.«

Wieder völliges Unverständnis. »Aufklärung?«

»Sex — wo die Babys herkommen und so. Sie sagte, das war eins der Dinge, die ihr Vater sehr gut konnte, und daß auch Sie immer eine vollkommen akzeptable, klare Antwort bereit hatten, sobald sie fragte.«

»Ich habe niemals...« Dougie fing an und brach dann ab, jetzt vollkommen verwirrt.

»Ich habe immer in die Bücher geguckt«, erklärte seine Frau, »um nachzusehen, wie sie sagten, daß man es Kindern mitteilen sollte, und dann habe ich gebetet, daß sie nie fragen würden. Und sie haben es nicht getan. Und ich habe Gott dafür gedankt. Wir haben niemals irgend etwas darüber gesagt, zu keinem von ihnen.«

Hatte Nellie, als sie elf war, ihrem Vater nicht erzählt, daß sie sexuelle Beziehungen mit einem Jungen gehabt hatte?

»Mir?« sagte er und klang allmählich erschöpft. »Nein, sie hat mir nichts erzählt. Sie hätte nicht so zu mir sprechen dürfen.«

»Ihm?« sagte seine Frau. »Er wäre auf der Stelle in Ohnmacht gefallen, wenn sie das Wort ›Sex‹ ihm gegenüber erwähnt hätte.« Sie saß einen Augenblick nachdenklich da. »Aber sie *war* elf, als sie fortgelaufen ist... da bin ich ganz sicher.«

»Sie blieb zwei Monate fort, nicht?«

»Oh, das glaube ich nicht. Sie war nie zwei Monate fort, unsere Kleine, oder Papa?« — »Ich weiß nicht«, sagte dieser müde. »Ich weiß es einfach nicht.«

Ungefähr da kam der mittlere Sohn, Colin, ein schmaler, gutaussehender junger Mann von vierundzwanzig Jahren, dem man offensichtlich von meinem bevorstehenden Besuch erzählt hatte. Als ich den kleinen Raum erwähnte, den Nell beschrieben hatte, eine Art Wintergarten, in dem ihre Mutter Pflanzen zog, lachte er schallend. »Das wird das Fensterbrett gewesen sein«, sagte er. Und als seine Mutter Nellies Erfindung eines Zimmers, wo sie »alle zusammen rumgetobt hatten«, erwähnte, sagte er: »Sie hat nie mit uns oder irgend jemandem gespielt. Sie hatte vor allen Angst...«

Vor allen — wem? wollte ich wissen. »Vor jedem. Nell hat immer Angst gehabt, vor jedem«, sagte er scharfsichtig.

»Das hast du uns nie gesagt«, bemerkte sein Vater.

Colin zuckte mit den Schultern. »Wozu? Was hätte es genützt?«

»Einmal war sie wirklich unglücklich, das weiß ich«, sagte ihre Mutter. »Das war, als Nanas Tochter ihre Kinder bekam. Danach hat Nana Nell fallenlassen.«

»Sie fallenlassen?« betete ich nach. »Ja, nachdem sie sie jahrelang verwöhnt hatte; in dem Augenblick, als sie ihre eigenen Baby-Enkel hatte, hat sie Nell fallenlassen.«

Es blieb nur noch ein Punkt aus Nellies Bericht zu überprüfen — allerdings der bedeutendste. »Und Kim?« fragte ich.

»Kim? Wer ist Kim?« fragte Nellies Mutter.

»Nellies Baby.«

»Nellies *Baby*? Mein Gott, hat Nellie ein Baby?«

»Als sie dreizehn war...«

»Hatte Nellie ein Baby?« fragte ihre Mutter in den leeren Raum hinein. »Sie hatte kein Baby«, fuhr sie fort; »wir hätten es doch gewußt, wenn sie ein Baby gehabt hätte.«

»Sie sagt, nachdem sie es hatte, hätten Sie sie gefragt, was sie damit tun wolle«, ich wandte mich an Nellies Vater, »und daß Sie, nachdem sie Ihnen gesagt hatte, sie wolle es behalten, gesagt hätten, Sie würden dafür sorgen, und daß Sie es später adoptiert hätten. Sie sagt, daß sie in dieser Sache beide sehr, sehr lieb gewesen seien...« Wenn es solch ein Baby *gab*, und sie sich zu sehr schämten, es zuzugeben, wollte ich, daß sie wüßten, wie dankbar Nellie ihnen war für das, was sie getan hatten.

»Lieber Gott — das ist alles Einbildung!« Nellies Mutter sah zu ihrem Mann hinüber. »Er wäre gestorben, wenn das passiert wäre — wenn sie es ihm erzählt hätte. Und ich... ich weiß einfach nicht, was ich getan hätte...«

»Sie hätten es geschafft«, sagte ich, und eine Zeitlang saßen wir schweigend da.

»Wie geht es Nell, können Sie uns das sagen?« fragte ihr Vater.

Ich sagte ihnen, daß sie zurechtkäme, daß Freunde und ich hofften, sie dazu zu bringen, wieder in die Schule zu gehen, eine Ausbildung zu machen. Ihr Bruder fing an zu lachen.

»Worüber lachst du denn?« fragte seine Mutter.

»Ich lache über euch«, sagte er. »Es ist nicht zum Aushalten! Ihr beide wißt, was Nellie tut. Ihr habt es die ganze Zeit gewußt.«

»Ja, sie ist ein Modell...« fing ihre Mutter an.

»Modell, daß ich nicht lache! Sie geht auf 'n Strich! Ihr wißt es. Ich weiß es. Und *Sie* wissen es *natürlich* auch«, sagte er zu mir, keineswegs unfreundlich.

»In der Szene?« sagte ihre Mutter überraschend gefaßt, der Ton ihrer Stimme nur unmerklich verändert. »Das glaube ich nicht, und du, Papa?«

»Doch«, sagte er — meiner Meinung nach mit großer Würde. »Ich denke schon.« Er sah mich an. »Wir haben uns immer vor dem Tag gefürchtet, wenn sie nach London gehen würde...«

16

»Ich hab' ja gewußt,
daß es nicht stimmt«

»Colin, der Musterknabe«, fauchte Nellie aufgebracht einige Tage später. »Sie geht auf den Strich! Wie kann er es wagen!«

Warum war sie so wütend? Ihr Bruder hatte doch recht, oder? »Er hat kein Recht, irgend so'n Scheiß über mich zu sagen.«

Aber es hatte ihr doch vorher nie was ausgemacht, wenn Leute darüber geredet hatten, daß sie auf den Strich ging. »Aber es macht mir was aus, wenn *er* sein Maul aufreißt, der hat doch keine Ahnung, wovon er redet…«

»Aber Nellie«, sagte ich, »*was* weiß Colin denn nicht?«

Sie antwortete nicht, sie hörte gar nicht richtig zu. »Wenn ich Weihnachten nach Haus fahr'«, sagte sie richtig böse, »werd ich's ihm zeigen. Ich werd ihm über seine Frau, dieses Scheißflittchen, Bescheid sagen. Wenn er sich in meine Angelegenheiten mischt, misch ich mich auch in seine.«

»Aber alles, was er zu deinen Eltern gesagt hat, war doch eigentlich: ›Seid ehrlich, ihr wißt doch, was sie tut.‹«

»Ja, gut, und ich werd' ihm das sagen: ›Also sei doch mal ehrlich, deine Frau ist ein Scheißflittchen.‹ Und ihr Kind kann ich auch nicht ausstehen. Als ich das letzte Mal zu Hause war, hat er das Kind nicht einmal mitgebracht.«

Also das war es. Sie war verletzt, weil Colin sie sein Kind nicht hatte sehen lassen.

»Ich werd mit diesem Scheißkerl schon noch abrechnen«, sagte sie.

»Er hat mich am liebsten gehabt«, sagte Nellie, inzwischen drei Jahre älter, als wir uns im Gefängnis miteinander unterhielten, einige Tage bevor ich dies schrieb. »Ich glaube, deshalb tut es mir mehr weh, wenn er so was sagt, und ich denk' mir, daß er mehr getroffen ist von dem, was ich aus meinem Leben gemacht habe, als irgend jemand anders.«

Ich hatte ihre Mutter gefragt, ob eines ihrer Geschwister Nellie ins Gefängnis schriebe. »Sie haben keine Ahnung davon«, sagte sie. »Wir dürfen sie nicht damit belasten, daß wir ihnen sagen, daß ihre Schwester eine Mörderin ist. Und können Sie sich vorstellen, was Colin sagen würde?«

Ich fragte Nellie, warum sie das Baby Kim erfunden hatte.

»Ich weiß es nicht.« Sie lachte verlegen. »Das war verrückt, scheißverrückt, weil… also, ich hab' ja gewußt, daß es nicht stimmt. Ich hab' genau gewußt, sobald Sie meine Eltern treffen würden, wüßten Sie, daß es nicht stimmt. Ich hätte Sie ja nicht zu meinen Eltern gehen lassen brauchen. Ich weiß, daß das 'ne Bedingung war für diese Gespräche, aber ich hätt' ja aussteigen können. Aber ich wollte, daß sie es herausfinden sollten.« Sie klang erstaunt und verwirrt über sich selber.

Das war ein gutes, hoffnungsvolles Zeichen, sagte ich.

»Es war beschissen blöd«, antwortete sie, »beschissen blöd…«

Die zweite Version ihrer Geschichte, die sie mir zehn Monate später erzählte, entsprach weitgehend der Realität. »Als ich dreizehn war, wohnte mein Vetter bei uns. Er war Soldat in Irland und verbrachte seinen Urlaub bei uns. Ich hab' in meinem Bett gesessen und ein Buch gelesen — ich hatte ein Zimmer mit Janie zusammen, weil sie Anfälle bekommt, und da muß immer einer bei ihr sein —, und er ist reingekommen und hat gesagt: ›Kann ich zu dir ins Bett kommen?‹ Und ich hab' gesagt: ›Nee, wir haben das gleiche beschissene Blut, du bist mein Vetter‹ — er ist der Sohn von der Schwester meiner Mutter, und wenn ich schwanger würde, wäre das Kind mongoloid. Ich weiß nicht, ob das stimmt, aber das hat man mir gesagt.

Jedenfalls, er kam aufs Bett, angezogen, und wir haben angefangen, uns zu küssen, und er hat gesagt: ›Ich liebe dich‹, und es ist eben einfach so passiert, und in der Nacht haben wir es noch mal gemacht und dann ungefähr eine Woche lang.«

Waren sie noch befreundet, fragte ich. »Ja«, antwortete sie. »Ich möchte so viele Freunde behalten, wie ich kann.«

Hatte sie nun, da sie älter war, irgendwelche bitteren Gefühle gegen diesen erwachsenen Vetter, der mit ihr geschlafen hatte, als sie noch klein war?

»Ich hab' gegen niemanden bittere Gefühle«, antwortete sie. »Es war meine eigene Scheißschuld. Alles, was ich hätte tun müssen, war, ihn rauszuschmeißen. Ich hab's nicht getan. Jeder Mann fragt, wissen Sie; wenn die blöde Henne nicht soviel Grips hat, nein zu sagen, kann sie sich auch später nicht beklagen. In der Klinik [Klinik für Geschlechtskrankheiten] hab' ich immer gehört, wie die Nutten gegen die Kerle wettern, die sie dazu gemacht haben. *Wer* macht sie dazu? Sie machen sich selber dazu. Ich kenn diesen Kerl Bébé — er ist Zuhälter in Mayfair, ein Farbiger. Er läßt vierzehn Mädchen für sich arbeiten, keine älter als sechzehn.«

»Woher bekommt dieser Zuhälter, Bébé, die Mädchen?«

»Die holt er sich von der Straße.«

»Ausreißerinnen?«

»Die meisten. Aber er kriegt auch manche, wenn sie noch Amateure sind.«

»Amateure?«

»Ja, wußten Sie das nicht? Es gibt Tausende von Babystrich-Amateuren, Jungen und Mädchen. Und, saudumm wie die sind, gehen sie Freitagabend auf die Straße und glauben, daß es ihnen nichts schadet.«

Kurze Zeit nach diesem Gespräch traf ich zwei dieser ›Amateure‹, zwei Mädchen, die aussahen wie jeder Teenager in West-London an einem Samstagnachmittag: Stiefel und folkloristische Umhängetaschen, Jeans und T-Shirts mit wenig darunter. Ihre Busen wippten beim Gehen aufreizend auf und ab, und ihre winzigen Höschen zeichneten sich unter den Jeans deutlich ab. Die eine, mit einer wirklich sinnlichen Figur für ihr tatsächliches Alter, hatte langes, üppiges dunkles Haar und war bis unter die Kopfhaut geschminkt — glänzende Grundierung, glänzender Lippenstift, glänzendes Rouge und glitzerndes Blau auf ihren Augenlidern. Die andere, ein merkwürdiger Kontrast, war dünn wie ein Besenstil, blond, sehr blaß, ihr Haar straff nach hinten zu einem Pferdeschwanz gebunden und nicht die geringste Schminke (»ich hasse dieses Zeug«, hat sie mir später mit einem Schauder des Entsetzens erzählt).

Ihre Namen — nur Vornamen natürlich und diese offensichtlich falsch — waren Patsy und Joey, erzählten sie mir kichernd, als ich sie schließlich mit Hilfe meines Presseausweises und einem Exemplar meines Buches ›The Case of Mary Bell‹ [›Der Fall Mary Bell‹] mit dem Photo eines Kindes auf dem Umschlag davon überzeugt hatte, daß ich Schriftstellerin und nicht von der Polizei sei. »Ich hab' Angst vor Bullen«, sagte Patsy, und Joey nickte eifrig.

Wie alt waren sie, fragte ich. Sie fingen mit achtzehn an und gingen allmählich auf vierzehn herunter. In Wirklichkeit waren beide gerade dreizehn.

Wie lange ›arbeiteten‹ sie schon in der U-Bahn-Station?

»Oh, wir machen das nicht regelmäßig«, erklärte Patsy schnell. »Wir tun das nur am Samstagnachmittag — na ja, manchmal auch freitags, so zwei Stunden«, verbesserte Joey, die offenbar ein ehrliches Kind war. »Ja«, gab Patsy zu. »Freitags manchmal, so ein bißchen nur… wissen Sie, genug für Freitagabend.«

»Genug für Freitagabend« bedeutete natürlich, genug Geld für die Disko und das ›Gras‹, das sie alle rauchen. »Es regelmäßig tun«, das bedeutet, Prostitution zu betreiben.

Nachdem wir eine Stunde miteinander geplaudert hatten, wurden wir Freunde, und beide Mädchen gaben zu, daß ihre Eltern Facharbeiter waren. »Also meine nicht ganz«, sagte Patsy (ihr Vater, so stellte sich heraus, arbeitete für die Kommunalverwaltung). Joeys Vater war Buchhalter.

Aber, um alles in der Welt, wollte ich wissen, warum konnten sie nicht um ausreichend Taschengeld bitten?

»Haben Sie 'ne Ahnung«, erwiderten sie und sahen mich an, als käme ich vom Mond, »wieviel ›genug‹ sein müßte?« Und sie schmierten es schnell auf eine Papierserviette. Ein Abend in der Disko würde für jede von ihnen vier Pfund minus bedeuten — »und das ist ohne Essen«, sagte Joey; ein Taxi (»und wir können schließlich um diese Zeit nicht mehr *zu Fuß gehen*«) zwei Pfund für jede; »Gras — also… vielleicht nochmal ein Fünfer.« Und natürlich Kleidung. »Ich brauche wenigstens ein paar anständige Klamotten«, sagte Patsy »und schauen Sie sich doch die Preise an!« fügte sie hinzu und klang wie eine gutbürgerliche Hausfrau.

Würden sie einen Samstagsjob in Erwägung ziehen, in einer Boutique oder an einem Marktstand?

»Dazu sind wir zu jung«, sagte Joey. (Das stimmt übrigens nicht. Ich wußte zufällig durch die Versuche meiner Tochter mit Samstagsjobs, daß viele Boutiquen und Marktstände in West-London nur zu glücklich sind, wenn sie junge Leute für wenig Geld anstellen können.) »Sagen *Sie* uns doch bitte«, fuhr Joey fort, »wie man damit auskommen soll.«

Wieviel Taschengeld bekamen sie denn? »Ich krieg ein Pfund in der Woche«, sagte Patsy. »Mein Vater kann mir einfach nicht mehr geben; ich mach' ihm keine Vorwürfe deshalb, überhaupt nicht. Aber was kann ich mit einem Pfund schon machen? Das reicht nicht mal fürs Kino, einen Hamburger, etwas zu trinken oder Fahrgeld – von etwas zum Anziehen ganz zu schweigen.«

Ich merkte, daß ich davor zurückscheute, mit diesen Kindern die eigentlichen Einzelheiten ihrer Prostitution zu diskutieren, Kindern, die, weil sie die Begriffe ›ich will‹ mit ›ich brauche‹ verwechselten, dabei waren, ihre Kindheit zu ruinieren. Jedes Wort, das ich sie über ihre Aktivitäten zu sagen veranlaßte, würde es vielleicht noch schlimmer machen.

Hatten sie irgendeine Vorstellung davon, fragte ich zaghaft, und hörte mich in scheußlichen Klischees sprechen, was ihnen passieren könnte.?

»O Gott«, sagte Patsy. Ihr oberflächlicher Charme war im Nu verschwunden, und ihre harten, kleinen Augen starrten mich an unter all ihrem Make-up. »Paß nur auf, jetzt wird sie gleich sagen – warte mal…« verkündete sie laut Joey und dem gesamten faszinierten Café-Publikum »…Tripper. Stimmt's?« fragte sie triumphierend.

Es war sinnlos weiterzureden. In ihrem Fall (im Gegensatz zu den Ausreißerkindern) war die einzige Lösung, ihre Aktivitäten dem Jugendamt mitzuteilen, das hoffentlich die Eltern dazu bringen könnte, es ihnen auszureden oder besser auf sie aufzupassen. Mit fünfzehn, sagte ich, wären sie gesetzlich befugt zu arbeiten – würden sie das tun? Patsy zuckte mit den Schultern. »Vielleicht.«

»Nee, sicher nicht«, meinte Nelly. »Können Sie sich die beiden in einem Laden vorstellen, sagen wir, für acht Pfund den ganzen

Samstag, wenn sie mit zwei Kerlen am Freitagabend dreißig, vierzig Pfund machen können? Die werden den Teufel tun. Anschaffen bringt viel Geld, Mann«, sagte sie. »Das ist das Problem. Und Pipihennen wie die, die spielen nur, die wissen überhaupt nicht, was wirklich in ihnen los ist.

Es ist 'ne emotionale Belastung. Nicht das, was man dem Kunden gegenüber fühlt, sondern das, was man sich selbst gegenüber fühlt. Ach, Mann, jeder fühlt das, der dabei ist, verstehen Sie, wirklich dabei, mein' ich.« Sie lachte schallend. »Das ist ein komisches Wort dafür, nicht? Ach, das Geld ist es nicht wert«, fuhr sie fort. »Ich bin wie 'ne Plastiktüte aus 'nem Laden — einmal gebraucht, das war's dann. Ich glaube, Sie sollten mal mit Alan reden«, sagte sie. »Ein schottisches Strichbübchen, das ich kenne. Der kann Ihnen viel erzählen.«

17

»Da gibt es so ein schottisches Strichbübchen...«

Alan war dreizehn, als er ausriß und nach London ging, und er wußte damals sehr wenig über die Welt, in die einzutreten er drauf und dran war. »Zwei nette lesbische Mädchen, die mich zusammengekauert im Bromptoner Friedhof aufgelesen haben, haben mich gefragt, ob ich schwul bin«, erzählte er. »Da war ich gar nicht so sicher.« Eine Woche später in Mayfair war er sicher. Ein Mann in einem ›super Auto‹ bat ihn einzusteigen. »Er nahm mich in eine Garage mit. Er fragte mich, was ich gern mache. Ich sagte, fast alles. Ich hatte ja keine Ahnung, was Schwule eigentlich machen *sollten*. Er sagte: ›Möchtest du gerne gefickt werden?‹ Ich sagte nein. Da sagte er, er würde mir zehn geben. Als er zehn sagte, hab' ich überlegt, was er meint: Es könnten zehn Pence oder zehn Pfund sein. Aber er gab mir eine Zehnpfundnote und befahl mir, ihm einen abzuwichsen. Er sprach sehr vornehm. Er war etwa fünfunddreißig, vierzig. Also, es hat irgendwie Spaß gemacht, nur für so was bezahlt zu werden. Eine halbe Stunde später hatte ich schon jemand anders und habe von ihm fünfzehn Pfund verlangt — das war in Mayfair, gleich neben dem Hilton.« An dem Abend hatte er vierzig Pfund und nahm ein billiges Zimmer in Earl's Court.

Nellie hatte Alan in einem Jugendclub getroffen, wo sie hinzugehen pflegte. Als sie mir vorschlug, mit ihm zu reden, sagte sie: »Der ist 'n echtes Bündel Elend, so durcheinander, wie die eben werden. Gleich bei Ihnen um die Ecke.«

Alan war inzwischen fünfzehn und seit zweieinhalb Jahren in London. Er ist jetzt nicht mehr so ein ›Bübchen‹. »Ich bin gewachsen«, sagte er. »Ich war 1,50 Meter, als ich nach London gekommen bin, jetzt bin ich 1,68 Meter.« Und er ist auch nicht mehr ganz so schottisch.

Alan hatte ein blasses, schmales Gesicht und pechschwarzes Haar. »Ich habe es letzte Woche gefärbt«, sagte er. »Meine natürliche Haarfarbe ist todlangweilig, wie bei einer Maus, verstehen Sie?« Er hatte dichte, samtene Augenbrauen, die über der Nase zusammenliefen und erstaunlich attraktiv wirkten; sie verliehen seinem Gesicht Charakter und Stärke.

Er war immerfort hungrig, freute sich wie ein Kind, wenn er die Küche inspizieren durfte, und begutachtete aufmerksam den Inhalt des Kühlschranks. »Käse«, begeisterte er sich. »Oh, Sie haben Brie. Oh, Pâté… ohhh, tolles Brot!« Zum Essen setzte er sich immer ganz behutsam hin. Ich hatte auch bemerkt, daß er immer so seltsam seitwärts ging, als würde ihm etwas weh tun. »Ich habe Hämorrhoiden«, sagte er ganz unbefangen in jenem homosexuellen Tonfall, den sie sich so leicht anzueignen scheinen. »Ich habe das seit neun Jahren.«

Sein irischer Vater hatte jahrelang als Beamter in Südafrika gearbeitet. Seine Mutter stammte aus Schottland. Seine Schwester, ein Jahr älter als er, schloß ihre Ausbildung auf einem englischen Internat ab. Als Alan mit sieben Jahren auf Ferien in Schottland war, wurde er von einem achtzehnjährigen Vetter vergewaltigt. »Ich glaube, das war der Grund«, sagte er. »Ich hätte ganz normal werden können, ich habe Mädchen gern. Verstehen Sie, sie turnen mich an. Aber was mir damals passiert ist, hat mich schwul gemacht, glaube ich. Es war das erste Mal seit sieben oder acht Jahren, daß meine Eltern wieder zu Hause waren — das erste Mal auch, daß alle Verwandten uns Kinder zu sehen bekamen. Wir wohnten in Perth bei meiner Großtante. Es war ein großes Haus, fünf Schlafzimmer oben, ein Wohnzimmer und noch ein Schlafzimmer unten. Jedes Bett war besetzt, weil alle Verwandten gekommen waren, damit die ganze Familie nochmal zusammenwäre, bevor wir eine Woche später nach Südafrika zurückfuhren.«

Sie hatten für den kleinen Jungen ein Bett im Zimmer seines Vetters aufgestellt. »Die ersten Tage war alles in Ordnung, aber genau zwei Tage vor unserer Abfahrt hat er angefangen, so herumzugrapschen und so was.«

Was hatte der Vetter wirklich mit ihm gemacht? »Ungefähr um drei Uhr nachts, ja, da hat er den Arm um mich gelegt. Er hat gesagt: ›Ich tu jetzt etwas mit dir, das du schön finden wirst.‹ Er hat mir immer verboten, irgend jemand davon zu erzählen. Ich habe es auch nie getan, nicht einmal meiner Tante oder meinen Eltern.«

Aber hatte der achtzehnjährige Vetter ihn tatsächlich vergewaltigt? »Ja, doch.«

Das muß weh getan haben. Hat er geweint? Hat er ihn nicht gebeten, damit aufzuhören?

»Ich habe versucht, aus dem Bett zu steigen, aber er hat mich runtergedrückt; er war ziemlich groß, und er hatte ganz schöne Muskeln. Ich habe ihm gesagt, daß er aufhören soll, weil er mir weh tut. Er sagte: ›Gleich.‹ Ich habe gesagt: ›Hör auf, hör auf, mir wird schlecht.‹ Da hat er aufgehört. Aber am Morgen, bevor wir aufgestanden sind, hat er es noch mal versucht. Glücklicherweise hat meine Mama an die Tür geklopft und ist reingekommen. Ich hab sie gefragt, ob ich nicht in ihrem Zimmer schlafen kann. Sie wollte wissen, warum, und ich habe nur gesagt, daß ich bei ihr sein wollte. Aber sie hat gesagt, daß ich nicht so dumm sein sollte, und so mußte ich in dem Zimmer bleiben.«

Und hat er es noch mal gemacht?

»Nein, er hat nur den Arm um mich gelegt und mich sehr fest an sich gedrückt.«

Alans Eltern hatten nie mit ihm geschmust, als er klein war; mit seiner Schwester ja, aber nicht mit ihm. Er hat nie einen richtigen Geburtstag gehabt; sie ja, aber er nicht. »Ich weiß auch nicht warum«, sagte er. »So kurz vor meinem Geburtstag, da passierte gar nichts. Wenn ich meine Mama gefragt habe wegen einer Geburtstagsparty, hat sie immer gesagt: ›Warte, bis du Geburtstag hast!‹ und dann passierte auch nichts. Sie haben gesagt: ›Alles Gute zum Geburtstag‹, das war alles. Meine Schwester bekam immer einen Kuchen, Geschenke — wirklich schöne Sachen. Ich — manchmal habe ich vielleicht ein Pfund oder zwei bekommen. Sie haben gesagt: ›Lauf zum Laden, kauf dir selber ein paar Süßigkeiten.‹ Ich habe meine Mama gefragt warum; warum meine Schwester und ich nicht. Und sie hat gesagt: ›*Sie* hat Freunde.‹«

Und er? Hatte er denn als kleiner Junge keine Freunde? Er zögerte. »Also ich hatte Freunde, als ich in Südafrika in die Schule ging.«

Was für eine Schule war das? »Eine Tagesschule. Es war…« wieder Zögern. »…es war eine schwarze Schule. Ich habe keine Vorurteile«, fügte Alan schnell hinzu.

Aber war es denn nicht sehr ungewöhnlich damals, daß weiße Kinder mit schwarzen in die Schule gingen in Südafrika? »Nicht so besonders. Wir waren etwa acht weiße und fünfzig oder sechzig schwarze Kinder. Es war eine gute Schule. Ich war gerne da. Ich war sehr gerne da.«

Das Erlebnis mit seinem Vetter als Siebenjähriger blieb bis lange Zeit danach das einzige dieser Art. »Etwa zwei Jahre nach dieser Reise nach Schottland, wieder zurück in Südafrika, gab es einen sehr netten Jungen; ich habe oft bei ihm übernachtet, mit ihm im selben Bett geschlafen.«

»Ein weißer Junge?«

»O ja, schwarze kleine Jungen haben so was nicht gemacht — wenigstens glaube ich das nicht; sicher nicht mit mir.«

Dieser kleine Junge war zehn, Alan war neun. »Wir haben so herumgemurkst. Alle haben gedacht, daß irgend was mit uns nicht stimmt, weil wir immer zusammen rumhingen. Wir waren fast jede Nacht zusammen, fast zwei Jahre lang. Er hatte blonde Haare, echt schön.«

Wollte er damit sagen, daß sie zusammen Sex machten? »Ja.«

Aber wie konnte er das mit neun und zehn? Er zuckte mit den Schultern. »Sex machen« hatte für ihn eine andere Bedeutung. Sie haben sich gegenseitig befriedigt — das war es, nicht wahr? »Ja. Er ist jetzt irgendwo in England, in London glaube ich. Das letzte, was ich gehört habe, war, daß er als Kadett zur Polizei gegangen, aber beinahe sofort rausgeflogen ist…«

Weil er schwul ist? »Ich schätze schon.«

Glaubte Alan, daß Leute schwul geboren oder schwul gemacht werden? »Ich glaube, daß man wahrscheinlich schwul geboren werden kann; ich glaube, ich…wahrscheinlich…ich weiß nicht.«

Hatte er viel darüber nachgedacht? »Ja… ja, besonders wenn ich feststelle, daß Mädchen mich anmachen: Ich versteh' nicht, warum Mädchen mich anmachen, wo ich doch schwul bin. Da möchte ich dann mehr wissen, mehr verstehen… Aber im großen und ganzen möchte ich lieber so bleiben, wie ich bin, außer…« Er spielte mit dem Salat auf seinem Teller herum. »Ich

würde gerne Kinder haben«, sagte er. »Ich liebe Kinder.« Und
dann fügte er sonderbarerweise hinzu: »Wenn ich Kinder hätte,
würden wir nicht im selben Bett schlafen.«

Warum? Schlief er mit seinen Eltern im selben Bett? Mit
seiner Mutter, seinem Vater? Er schüttelte den Kopf und wiederholte nur: »Ich würde sie nicht im selben Bett schlafen lassen.«

Würde er gerne mit einem Mädchen schlafen? »Hast du
Angst, daß du es nicht kannst?«

»Ja«, sagte er. »Es macht mich nervös, wenn ich daran denke.«

Aber Sex mit Männern beunruhigte ihn nicht — hatte ihn nie
beunruhigt? »Doch, ich hatte Angst. Am Anfang hatte ich
schreckliche Angst, dabei wußte ich nicht mal, wovor ich eigentlich Angst hatte, ich wußte überhaupt nichts; ich wußte nicht,
was man machte, was die wollten, was da eigentlich los war.«

Abgesehen von seiner Erfahrung mit sieben, die *hatte* ihn doch
gelehrt, was da eigentlich los war?« — »Oh, das hatte ich völlig
verdrängt. Ich habe versucht, nie mehr daran zu denken, jahrelang.«

Als er zwölf Jahre alt war, erzählten ihm seine Eltern, daß sie
ihn für zwei oder drei Monate zu seiner Tante nach Schottland in
Ferien schicken wollten. Aber als er dort ankam, stellte er fest,
daß er in ein Internat gesteckt werden sollte. »Ich sagte, daß ich
das nicht machen würde. Ich tobte und wütete und sagte, sie
könnten machen, was sie wollten, aber ich würde nicht gehen.
Also hat meine Tante mich schließlich in einem Gymnasium
angemeldet, einer Tagesschule, und ich hab' bei ihr gewohnt.«

Seine Tante hatte ein Restaurant. »Sie hat sehr viel gearbeitet,
ich habe nicht viel von ihr gesehen, aber selbst das war noch zu
viel.«

Hat er Freunde gehabt? »Wie hätte ich Freunde haben
können?« sagte er müde. »Meine Tante hat gesagt, Schule wäre
eine Sache und ihr Haus eine andere, und beides hätte nichts miteinander zu tun. Solange ich nie — und sie meinte: *nie* — jemand
mit ins Haus brachte, wäre es ihr gleich, was ich in der Schule
machte.« Wenn er Taschengeld haben wolle, sagte seine Tante,
müsse er es sich verdienen. »Deshalb besorgte ich mir einen Job
als Tellerwäscher in einem Hotel, und am Wochenende ließ sie
mich in der Küche ihres Restaurants arbeiten und zahlte mir
dafür zehn oder fünfzehn Pfund.«

Ungefähr nach einem halben Jahr hatte er hundertdreißig Pfund gespart. »Und eines Tages im Oktober habe ich alles aus der Tüte genommen, in der ich es in meiner Kommode aufgehoben hatte, schwänzte Schule und fuhr nach Edinburgh. Ich hatte einen fantastischen Tag: Ich ging zur Burg und zu Jenners, einem großen Laden, ich habe dort in einem Restaurant zu Mittag gegessen. Ich habe alle möglichen Anziehsachen gekauft; und ich war in der Sauna.« Am Abend war mehr als die Hälfte des Geldes weg.

Drei Tage später, wenige Tage vor seinem dreizehnten Geburtstag, riß er aus und fuhr nach London. Von Anfang an hatte Alan einen exquisiten Geschmack. »Ich hatte einen Rucksack und meinen Anzug darin und alle Sachen, die ich gekauft hatte: zwei Paar schöne Jeans, ungefähr sechs Paar Socken und Unterhosen, fünf kurzärmelige Hemden — schöne, wissen Sie. Als ich all das und das Ticket gekauft hatte, Abendessen vor der Abfahrt und Frühstück morgens, hatte ich gerade noch vier Pfund übrig.« Realistisch wie er war, hatte er auch fünf Dosen mitgenommen, weiße Bohnen und Suppe — und einen Dosen- und Flaschenöffner.

Wie bei allen Ausreißern war der erste Tag auch für ihn ein großes Abenteuer. »Ich habe mich frei gefühlt; einfach herrlich. Ich dachte, die Straßen wären mit Gold gepflastert, daß es keine Schwierigkeiten gäbe, daß es leicht sein würde, etwas zum Wohnen zu finden…«

Er verbrachte noch zwei Tage auf der Straße und lebte von den Dosen, die er mitgebracht hatte; dazwischen gelegentlich eine Tasse Tee. Und die Nächte verbrachte er auf dem Friedhof. »Friedhöfe sind schön, echt schön«, sagte er. »Ich hab' sie gern.«

Dort fanden ihn auch die beiden jungen Frauen. »Damals schienen sie mir ziemlich alt, aber sie waren erst Anfang zwanzig. Sie wollten wissen, was ich da machte und ob ich okay sei, wissen Sie. Und plötzlich hörte ich mich selber sagen: ›Nicht ganz okay‹, und da haben sie einfach gesagt: ›Los, du kannst bei uns übernachten.‹ Sie wohnten ein paar Straßen weiter in einer Wohnung ganz nah am Embankment; eine schöne Wohnung. Sie haben mir etwas heiße Suppe gegeben, ein Bad eingelassen und das Sofa in ihrem Wohnzimmer bezogen. Mein Gott, es war himmlisch. Ich schätze, sie haben mir das Leben gerettet.«

Als er am nächsten Morgen aufwachte, war er allein in der Wohnung. »Da lag ein Zettel auf dem Küchentisch, auf dem stand, ich sollte mir was zu essen nehmen und mir's bequem machen, und daß wir uns nach der Arbeit sehen würden.«

Hatte er den Mädchen am Abend etwas über sich erzählt? »Sie haben mich gefragt, ob ich schwul sei. Ich sagte, daß ich es nicht wüßte. Sie haben nach meinen Eltern gefragt; ich habe gesagt, daß ich nicht zu meiner Tante zurückgehen könnte, und daß meine Eltern das nicht verstehen würden.«

Hat er den Mädchen gesagt, wie alt er war?

»Nicht ganz genau. Aber ich glaube, sie haben es gewußt, geraten. Sie haben gesagt, daß ich bleiben könnte und nachdenken, aber daß ich sie nicht erwähnen dürfte, falls die Polizei mich erwischte.«

Im Laufe der nächsten zwei Jahre hatte Alan unzählige ›Begegnungen‹ und mehrere ›Affären‹. Das — und die häufigen Gewalttätigkeiten, fand ich, waren der Hauptunterschied zwischen dem, was Jungen und dem, was Mädchen zustoßen kann. Die Mehrheit der Freier von Mädchen wollen nichts anderes als eine schnelle, anonyme Befriedigung, aber viele Homosexuelle suchen feste Beziehungen, auch wenn sie ständig auf ›Männerjagd‹ sind. Eine erschreckende Anzahl aus dem großen Heer der Jungen, die überall in den Vereinigten Staaten und Europa Prostitution betreiben, enden verletzt oder tot. Aber dennoch hat beinahe jeder Ausreißerjunge, mit dem ich gesprochen habe, sei es in England, Deutschland oder Amerika, zu einem oder dem anderen Zeitpunkt mehr als nur gelegentlichen Sex erlebt.

Wenige Wochen nach Alans Ankunft in London fand er heraus, daß einer der besten Aufreißer-Plätze vor einem einschlägigen Nachtclub in Earl's Court war. »Dieser Mann hat mich eingeladen, mit ihm in die Disko hinunterzugehen«, sagte er. »Ich hatte große Angst, da waren all diese schwulen Typen und tanzten — es war völlig irre. Aber da war dieser Diskjockey. Er hat zu dem Mann, mit dem ich da war, gesagt, er solle mich in Ruhe lassen. Er ließ mich an einem Tisch in der Nähe der Bar sitzen und schickte mir alkoholfreie Getränke. Und später hat er mich dann mitgenommen in seine Wohnung im West End, eine wunderschöne Wohnung. Er war ungefähr zwanzig und sehr nett. Wir haben Steak, Eier, Chips, Pilze und Tomaten gegessen, um halb fünf Uhr morgens. Es war richtig gemütlich. Er fragte, ob ich bei ihm schlafen wollte oder lieber in einem separaten Bett. Ich sagte, ich wolle bei ihm schlafen. Ich hab' bei ihm geschlafen, und nichts passierte — er lag mit dem Rücken zu mir. Ich war zwei Nächte bei ihm, aber er hat mich nicht angerührt. Er hatte auch was mit Platten zu tun, außer daß er Diskjockey war. Morgens drückte er meine Hand ganz fest und sagte: ›Bis heute abend!‹ und ging zur Arbeit. Er gab mir einen Schlüssel für die Wohnung und sagte, daß ich so lange bleiben könnte, wie ich wollte, und dorthin zurückkommen könnte, wann immer ich Lust hätte…«

Was glaubte er, warum dieser junge Mann ihn nie berührt hatte? »Ich glaube, daß er schüchtern war. Er hat auch sehr wenig gesprochen. Ich habe versucht, mich mit ihm zu unterhalten, aber es war nicht einmal notwendig, es war richtig schön.«

War es vielleicht deshalb, weil der junge Mann einfach dachte, daß er zu jung sei? »Weiß ich nicht.« Er lachte verlegen. »Nach zwei Nächten — drei Tagen — bin ich fortgegangen, weil ich gedacht habe, daß ich nicht einfach nur so auf seine Kosten leben kann, verstehen Sie.« Alans moralische Skrupel waren wirklich sehr bemerkenswert.

Danach betrieb er systematisch Prostitution. »Es war klar, daß es die einzige Möglichkeit für mich war, mich über Wasser zu halten. Niemand wollte mich anstellen, ich sah wirklich so jung aus, wie ich war, und ich konnte nichts tun, damit ich älter aussah. Ich dachte, ich würde damit durchkommen, wenn ich den Leuten erzählte, daß ich fünfzehn sei. Später entdeckte ich, daß mir niemand wirklich geglaubt hat.«

Er hatte ein Zimmer in einem der kleinen Hotels, von denen Earl's Court übersät ist, drei Pfund fünfzig am Tag. »Niemand fragte mich nach meinem Alter, niemand wollte was von mir. Zwei-, dreimal in der Woche fuhr er nach Mayfair, manchmal für zehn Minuten Sex in einer dunklen Ecke oder im Auto, manchmal verbrachte er eine ganze Nacht mit jemandem. »Die luden mich zum Essen ein — zu einem guten Essen, wissen Sie, in einem piekfeinen Restaurant — und dann nahmen sie mich mit in ihre Wohnung. Die waren immer schön. Es war immer schön dort, auch wenn es nur für eine Nacht war, besser als mein lumpiges Hotel. Das war der Unterschied«, sagte er, »zwischen Straßenprostitution oder Leuten, die man in Diskos aufriß. Auf der Straße bedeutete es vielleicht vier Freier pro Nacht, zwölf in der Woche. Diskos bedeuten gewöhnlich nur einen pro Nacht, das war schöner.«

Nach drei Monaten hatte Alan eine ›Affaire‹, die sechs Monate dauerte. »Er war ein stinkreicher Kerl, ungefähr fünfunddreißig. Zuerst wohnte ich bei ihm in Nottingham Hill Gate, dann bekamen wir eine größere Wohnung. Er lebte von seinen Eltern; er war auf Drogen. Seine Schwester arbeitet bei der Regierung. Er war sehr nett zu mir − wie ein Zuckerpapi. Er gab mir Geld, alles, was ich wollte, eine Stereoanlage, Klamotten. Das einzige war, daß er immer an den Wochenenden wegfuhr und mir nicht sagen wollte, wohin er fuhr, und das hat mich immer wahnsinnig beunruhigt. Und wenn ich mich beschwert habe, hat er gedroht, daß er sich umbringen würde. Schließlich hatte ich die Nase echt voll, und wahrscheinlich nur, um ihm eins auszuwischen − ging ich am Wochenende aus und verdiente mein eigenes Geld.

Nachdem ich mich auskannte, ging ich an die Bar eines todschicken Hotels, da habe ich hundert Pfund die Nacht gemacht, zwischen zwei- und dreihundert am Wochenende. Aber die Hälfte der Zeit fühlte ich mich, als ob ich Selbstmord begehen würde. Man kann die Nase so voll davon kriegen: Ich hatte die Nase voll davon, nach Mayfair zu gehen. Ich sagte mir immer wieder selber: ›Warum mache ich das eigentlich? Ich verdiente hundert Pfund pro Nacht; am nächsten Tag ging ich mit einem Freund zum Essen und gab fünfzig, sechzig Pfund aus... Geld zu haben lohnt sich nur, damit man zeigen kann, daß man es hat.«

War es das, was ihn selbstsicher gemacht hat, fragte ich. »Ja. Jetzt ist es mir egal. Jetzt ist mir alles egal...«

Glaubte Alan, daß es unrecht sei, sich zu prostituieren? »Früher habe ich geglaubt, daß es in Ordnung ist. Ich habe mich nicht geschämt. Du bist ein Strichjunge, du bist ein Strichjunge. Ich habe nicht gedacht, daß daran irgendwas Schlimmes ist.«

Was, glaubte er, würden seine Eltern davon halten? »O Gott, das weiß ich nicht. Meine Schwester weiß es, ich habe es ihr vor einem Jahr erzählt. Sie hat nur gesagt: ›Sei vorsichtig, laß dich nicht erwischen. Paß auf dich auf.‹«

Seine Schwester hatte nicht angedeutet, daß sie dachte, daß es nicht das richtige für ihn sei?

»Nein.«

Aber abgesehen davon, was Alan über sich selber dachte, glaubte er, daß es richtig sei, wenn erwachsene Männer kleine Jungen sexuell ausnutzten?

»Nein, das glaube ich nicht. Aber solange du ein Kind bist, denkst du nicht nach, verstehen Sie. Jetzt denke ich nach, weil ich älter bin. Ich denke mir, mein Gott, diese Männer und all diese Pornographie. Man denkt, mein Gott, was für schreckliche Männer und was für dämliche Kinder wir doch sind. Solange man es okay findet, ist es toll, verstehen Sie, es ist Geld, aber wenn man anfängt, richtig nachzudenken, macht es einen ganz... verstehen Sie...«

Alans glücklichste Zeit war mit dem fünfundzwanzigjährigen James, Sohn eines Peers. Er hatte drei Monate mit ihm zusammengelebt, nicht allzu lange, bevor ich ihn kennenlernte. »Das war ganz anders als alles andere. Er hat mich immer mit nach Hause zu seinen Eltern genommen; seine Mama hat mich echt gerne gemocht. Wissen Sie, sie hat mir bei Harrod's ein Konto eingerichtet, ist das nicht erstaunlich? Und sie hat mich mitgenommen zu Wheeler's in Knightsbridge [ein sehr exklusives Fischrestaurant] und gesagt, daß, wenn immer ich Lust hätte dort zu essen, ich es auf ihre Kosten tun könnte.«

Also wußte James' Mutter, daß er schwul war? »O ja, natürlich. Sie hatte Schwule sehr gern. Sein Vater nicht. Er fand mich gewöhnlich. Und ich *war* gewöhnlich im Vergleich zu ihnen. Aber seine Mama war echt wunderbar.«

Hatte Alan jemals Harrod's Konto benutzt? »Nur wenn ich mit James einkaufen gegangen bin. Ich habe es nie alleine benutzt. Wir haben uns getrennt, als sein Vater sagte, daß er heiraten müßte, um den Titel weiterzugeben, und er sich verlobte. Er war der einzige Sohn und mußte ein Kind haben. Ich habe ihn geliebt. Wir hatten eine herrliche Zeit zusammen, einfach nur so. Er war sehr schüchtern. Wir haben nur dagesessen und gelesen. Wir sind ins Konzert gegangen und ins Ballett; wir haben zu Hause gegessen, ich habe gekocht. Ich koche so gerne. Ich möchte zu gerne richtig kochen lernen. Wir haben lange Spaziergänge auf dem Land gemacht. Und er hat mich mit ins Museum genommen — er wußte eine Menge über Malerei. Er war so nett. Als alles zu Ende war, habe ich gedacht, Gott, warum muß er auch bloß so ein verdammter Lord sein?«

Ich fragte ihn, ob er James noch mal gesehen hatte. »Nein. Er hat gesagt, er würde mich zu seiner Hochzeit einladen, aber er hat es nicht getan. Manchmal gehe ich zu Harrod's, nur um zu schauen oder zu frühstücken. Wenn ich seine Mutter treffe, kommt sie immer und redet mit mir. Aber James erwähnen wir nie. Ich liebe ihn noch immer, und sie weiß es. Sie hat einmal gesagt, ich sei wie ein Sohn für sie — ein jüngerer Sohn.«

Wieviel Zeit verbrachte er durchschnittlich mit einem Mann bei ›Begegnungen‹? — »Wenn es im Auto ist, ungefähr zehn Minuten. Wenn es in ihrem Hotel oder in der Wohnung ist, sagen wir fünfzehn bis zwanzig Minuten.«

Traf er irgendwelche Vorsichtsmaßnahmen vorher oder hinterher?

»Also, man geht zu 'ner Kontrolle in eine Klinik, und man versucht... wissen Sie... man versucht, sauber zu sein. Wenn es in Autos ist, geht man hinterher in eine Kneipe und macht sich in der Toilette sauber und sieht zu, daß alles in Ordnung ist.«

Lag ihm etwas an irgendeinem dieser Männer? »Mir liegt an 'ner Menge Leute«, sagte Alan und lachte bitter. »Ich glaube, das ist mein Fehler — mir liegt an zu vielen Leuten. Wenn ich die Nacht mit einem verbringe, liegt mir 'ne Menge daran. Es liegt mir nichts an mir selber«, sagte er und lachte wieder. »Ich glaube, das ist das Problem. Bei mir ist alles verkehrtrum«, fügte er hinzu. »Alle netten Leute mögen Mädchen...«

Was glaubte Alan, warum Jungen sich prostituierten? Warum rennen sie weg? »Weil die Eltern sie nicht genug beachten und weil sie schlecht in der Schule sind«, sagte er wie aus der Pistole geschossen.

Aber er war doch gar nicht bei seinen Eltern gewesen, als er ausriß? »Ja, genau«, sagte er. »Und meine Tante meckerte und meckerte, und sagte mir die ganze Zeit, was ich zu tun hätte und was nicht, sie sagte nie was Fröhliches oder Liebes zu mir.«

»Hättest du nicht deinen Eltern schreiben und sie bitten können, dich nach Hause zu holen?«

»Wie hätte ich mich über sie beschweren können?« sagte er. »Sie ist die Schwester meiner Mutter. Und außerdem, wissen Sie«

– er war sehr oft nahe am Weinen – »es war ihnen egal. Ich wollte, ich wäre älter«, sagte er einige Minuten später und korrigierte sich dann. »Nein«, fügte er sehr ruhig hinzu, ohne den geringsten Anflug von Pathos, »ich wollte, ich wäre tot.«

18

Die Wahrheit über Nellie

In all den Monaten – Jahren inzwischen –, in denen ich mich mit Nellie unterhalten habe, sprach sie nur einmal über den Tod, und wenn, dann mit der relativen Gleichgültigkeit, die einem katholischen Kind von dem Augenblick an, wo es denken kann, beigebracht wird.

»Wenn ich sterbe«, sagte sie, »dann sterbe ich eben, wenn es sein soll.«

Fühlte sie so, weil sie an Gott glaubte? »Ich bin mir nicht sicher, ob ich an Gott glaub' oder nicht. Wenn ich Schwierigkeiten habe, sage ich wie alle anderen: ›Bitte, lieber Gott, hilf mir‹; jeder ruft zu Gott, wenn er was will. Ich finde nicht, daß das Glaube ist, oder? Aber es muß irgendwas über uns geben – nein, jenseits von uns. Leute, die ständig sagen, daß sie Atheisten sind, kotzen mich an. Was tun die denn für irgendwas? Für mich ist jemand, der ständig quatscht, daß er Atheist ist, fast immer ein Egoist. Aber ich bin kein echter Katholik. Ich geh zur Beichte – eben an Weihnachten, Ostern, manchmal auch dazwischen.«

Warum dann überhaupt zur Beichte gehen? »Ich tu's aus Pflichtgefühl, glaub' ich. Ich glaub', es ist die letzte Verbindung zu meinen Eltern, zu meinem Vater und die möchte ich nicht abbrechen; die möcht ich nicht verlieren. Aber immer wenn ich beichte, weiß ich in meinem Kopf, das kann nicht richtig sein. Ich hab' das auch zum Priester gesagt: ›Wie kann ich tun, was ich tu, und dann einfach von Ihnen freigesprochen werden, wenn ich beichte?‹ Der oben in meinem Heimatort, das ist ein toller Mann, ein fantastischer Priester. Er hat gesagt: ›Solange du zur Beichte kommst und sagst, daß du beichten mußt, ist das völlig ausreichend. Gott weiß sowieso, was du tust, deshalb brauchst du gar keine Einzelheiten zu erzählen – ›die peinlichen Einzelheiten‹ sagte er. ›Komm nur einfach weiter in die Kirche.‹«

Wie ich zu Anfang dieses Berichts über Nellies Leben geschrieben habe, war sie siebzehn, als ich sie traf, und daher frei zu tun, was sie mit ihrem Leben zu tun wünschte. So mußten die Ereignisse und Gefühle, die sie beschrieb, behutsam mit dem Thema dieses Buches im Zusammenhang gesehen werden. Interessanterweise fand ich immer wieder, daß, wenn ich Nellies Erfahrungen mit Prostitution mit denen aus den Gesprächen mit minderjährigen Jungen und Mädchen verglich, sich alle Einzelheiten, die sie mir erzählt hatte, mit denen der jüngeren Kinder deckte. Mit Nellie zu sprechen hatte den Vorteil, daß sie gerade soviel älter und erheblich intelligenter war, daß sie sowohl aussprechen als auch beurteilen konnte, was sie gerade erst als Kind durchgemacht hatte.

Von ihr habe ich auch erfahren, daß die Summen, die die Mädchen in England auf der Straße verdienen, dort noch stärker differieren, als das in Amerika oder West-Deutschland der Fall ist, und daß das nicht nur von Jahreszeit, Wetter oder Örtlichkeit abhängt, sondern vor allem von der Nationalität des Freiers.

»Ich nehme zwanzig Pfund, ja?« sagte Nellie. »Im Sommer verlange ich mehr. Es hängt vom Freier ab, wie er aussieht, wie er sich anhört. Aber an der Gloucester Road, ob das ich bin mit siebzehn oder die Babymädchen mit dreizehn, sind's dreißig Pfund ›rein und raus‹ im Sommer, ja? Außer du erwischst einen, der mit seinem Geld rumwirft, verstehen Sie?« Sie lachte. »Man erkennt die immer, die mehr zahlen. Ist Routine, ja? ›Hallo, wie geht's? Soll ich dir's besorgen? Wieviel?‹ Die, die kleinlich sind, die fragen dann zurück: ›Wieviel?‹ Die, die großzügig sind, sagen: ›Oh, fünfzig Pfund‹, und dann sagst du: ›Nee, nicht genug, Schatz.‹« Sie lachte. »Man lacht mit ihnen, wissen Sie? Man macht ein Spiel draus. Es *ist* irgendwie auch ein Spiel. Jedenfalls, wenn sie großzügig sind, krieg' ich gewöhnlich von denen siebzig Pfund. Und wenn sie nein oder so was sagen, dann sagst du: ›Gut, tschüß dann, versuch's mit jemand anders, Schatz‹, und normalerweise (Spiel, sehen Sie?) sagen die dann: ›Das ist 'ne Menge Geld‹, und ich sag: ›Und ich bin 'ne Menge Frau.‹ Es ist Scheiße, wissen Sie. Es ist einfach Routine... was die Amis eben ›Spiel‹ nennen. Man sagt es zu jedem Mann.«

Aber wie kann ein Kind — so wie sie selber eins war, als sie anfing —, wie kann ein Kind wissen, wie man das alles macht?

»Man beobachtet, paßt auf, hört zu. Aber Freier auf der Straße anmachen, das ist ziemlich riskant. Ich würde nie einem Mädchen, außer sie ist echt stark, geistig und körperlich, raten, jemals Straßennutte zu werden. Bars und Hotels sind auch nicht angenehmer, aber sicherer...«

Ich sagte, daß ich inzwischen wüßte, wie das geht, wenn ein Kind von einem Hotelmanager oder einem Angestellten dazu gezwungen würde; aber wie funktionierte es, wenn es in organisierter Form stattfand?

»Also, sie kriegen alle ihr Fett ab. Wenn das Hotel einverstanden ist, mußt du erst mal zehn Pfund berappen, mindestens, bevor du überhaupt in der beschissenen Bar sitzen darfst. Hotels im Earl's Court sind praktisch, die lassen jeden rein. In einem mußte man zwanzig Pfund Beitrag zahlen — aber das ist jetzt geschlossen worden. Aber das ist egal, die eröffnen sofort wieder neu. Das heißt dann ›Neue Geschäftsleitung‹ — und alles, was sie tun ist, daß sie es an ihren Schwager oder so weiterreichen. Nur ein anderer Fiesling, der genau das gleiche macht wie der vorige, und die Polizei hat gar nicht genug Leute, um die alle zu beobachten.«

Aber warum nannte Nellie sie Fieslinge, wenn sie ihr doch ihren Lebensunterhalt verschafften?

»Ich brauch' doch die nicht zu respektieren, oder, bloß weil ich sie benutze? Können Sie sich erwachsene Männer vorstellen, ob englisch, schottisch, indisch, die Geld von Kindern nehmen, die sie zwingen — oder, wenn Sie wollen, denen sie ermöglichen — anzuschaffen? Oh, von mir aus, wenn man groß ist. Aber Kinder! Und alle lassen Kinder rein — sie nehmen nur noch mehr Geld von ihnen, weil es für sie ein Risiko bedeutet. Und da wollen Sie, daß ich die nicht Fieslinge nenne?« fragte sie in herausforderndem Ton.

»Ich finde auch, daß es Fieslinge sind«, sagte ich und lachte.

»Auch egal«, fuhr sie fort, »für das Geld darf man an der Bar sitzen und hat ein Zimmer für eine Nacht. Aber das Zimmer, das geht nur bis sechs Uhr morgens; wenn man es länger will, muß man noch mal zwanzig Pfund blechen. Dann hatte man es bis sechs Uhr abends an dem Tag. Außerdem hatte man das Recht auf einen freien Drink. Die Freier verhandeln nicht, das macht man selber. Man sitzt eben an der Bar. Der Barmann macht das gewöhnlich für einen; man gibt ihm fünf Pfund Trinkgeld und sagt: ›Ich such' Arbeit.‹ Oft hab' ich acht Freier in einer Nacht geschafft, aber ich hab' fast immer die Sechs-Uhr-Grenze überschritten, also bin ich dann mit einer lächerlichen Summe wie sechzig Pfund dagestanden. Viele von den Hotels in Earl's Court sind die letzte Rettung. Wenn das Wetter saumäßig ist, ist das besser als nichts. Es *wimmelt* von Freiern da drin… man könnte fünfzig Männer die Nacht haben, aber keiner von denen wird mehr zahlen als zehn Pfund.« (»Das ist gelogen, lassen Sie das nicht auf Ihrem Band«, betonte sie.)

»Natürlich, wenn ich die ganze Nacht mit einem Mann zusammen bin, verdien' ich hundert, aber ich tu's nur selten. Ich tu's nicht gern. Wenn sie das wollen, sind sie nämlich meistens pervers und was Abartiges mach' ich nicht — nur normalen Sex. Und ich würde nie einem Babyflittchen raten, auch nur daran zu denken, was Abartiges zu tun. Die wüßte gar nicht, auf was sie sich da einläßt. Manchmal aber passieren da doch komische Sachen: Ich hab einen jungen Studenten aus dem Iran getroffen, der war unglücklich, weil sein Vater ihn gezwungen hatte zu studieren, und er hatte keine Lust. Iranische Eltern sind echt streng — es sind Perser, wissen Sie, keine Araber. Er war sehr einsam und hat gesagt: ›Ich brauch' nur jemanden, mit dem ich reden kann, ich will nicht vögeln.‹ Ich hab' gesagt, daß ich das auch bezahlt haben will. Aber dann hab' ich ihm die Adresse von einem Club gegeben, den ich kannte, und wo ich wußte, daß ein paar Iraner Mitglied waren, aber er ist nicht gekommen.

Im allgemeinen«, redete Nellie weiter, »gehe ich lieber mit Ausländern — Farbigen, wissen Sie, weil mit weißen Männern gibt es zwei Möglichkeiten: Entweder sie sind scheißabartig, oder es sind Bullen. Eines Tages war ich knapp dran, schlechtes Wetter, und da hab' ich so 'nen weißen Mann getroffen, und er hat gesagt: ›Eigentlich will ich nicht vögeln.‹ Da hab ich gesagt: ›Was willste dann, weil, ich bin nicht so eine mit fesseln und so.‹ — ›Nein, nein‹, hat er gesagt, ›nichts, was dir weh tut, ich versprech's dir.‹

Also, ich bin mit ihm zu seinem Hotel gegangen… ich hatte ein Messer im Stiefel, wissen Sie (Sie erinnern sich doch noch, daß ich Ihnen von dem Messer erzählt habe, das ich immer bei mir trage? Und wenn er irgendeinen schmutzigen Trick mit mir versuchen würde, würde ich ihn abstechen, bevor er bis drei zählen könnte, ohne mit der Wimper zu zucken, und ich hab' ihm das auch gesagt.) Jedenfalls, als wir dort ankamen, zieht er so 'n winzigen schwarzen Koffer raus mit vier Rohrstöcken drin, ich glaub, man nennt das ›neunschwänzige Katze‹. Das Ding hatte vier Zacken. Er hat gesagt: ›Wenn du mich nur fünfzehn Minuten damit schlägst, geb' ich dir was du willst.‹

Ich hab' gesagt, daß ich einhundertundfünfzig Pfund für zehn Minuten haben wollte, weil wenn ich's noch länger machen müßte, würde ich wohlmöglich wütend werden und ihn umbringen. Er hatte auch ein Paar lederne Handschellen. Ich hab' das arme Schwein blutig verlassen. Ich hab' nie geglaubt, daß ein Mann so was will, aber er wollte es. Ich hab' erst das Geld genommen, und weil er die Handschellen anhatte, hätte ich seine Brieftasche nehmen können — da war noch mehr drin. Aber er hat mir leid getan, deshalb hab ich ihn losgemacht und bin gegangen. Armes Schwein.«

Wie hatte sie sich dabei gefühlt? »Ich hatte nicht die leiseste Ahnung, daß ich so was überhaupt tun könnte. Ich glaub', es hat mich einfach aus der Fassung gebracht, so daß ich hart zugeschlagen hab', weil er mich angekotzt hat und ich mich auch. Aber das war das einzige Mal, daß ich so was gemacht hab'.

Obwohl — einmal hab' ich… Also, da war dieser Typ, den kannte ich nicht als Freier, sondern von meinen Reisen, und der hat gesagt: ›Was würdest du für Geld alles tun, Nellie?‹ Da hab' ich ihm gesagt, was ich *nicht* tun würde. Und er hat gesagt: ›Würdest du einen Mann wie ein Baby behandeln?‹ Also, wie schon gesagt, ich hatte so was schon mal gehört, es ist 'ne englische Spezialität. Gott, diese Engländer! Jedenfalls, er hat gesagt, er würde mich für einen harmlosen Gefallen bezahlen. Er hat mich mit in seine Wohnung genommen, und er hatte einen extra angefertigten Kinderstuhl und Babysachen für seine Größe. Ich mußte lachen und hab' gefragt: ›Was soll ich denn machen?‹ Er hat gesagt: ›Du wirst schon sehen.‹

Dann hat er sich ausgezogen, und er hatte 'ne Windel an. Ich dachte immer noch, das soll wohl 'n Witz sein. Aber er hat gesagt: ›Behandle mich einfach wie ein Baby.‹ Ich hab' gesagt: ›Ich weiß nicht, was ich machen soll.‹ — ›Sag mir einfach, ich soll in den Stuhl klettern, und hilf mir dabei‹, sagte er. Das hab' ich getan, wissen Sie, und er fing an und machte ›Mama‹ und ›gaga-gaga‹, und ich bin vor Lachen fast geplatzt. Ich meine, er ist von 'ner Internatsschule, zweiundzwanzig war er damals, glaub' ich. Er war in Eton und unheimlich gut an der Universität. Er war echt klug und unheimlich vornehm. Er hatte ein Kindermädchen bis, oh, als er schon sehr alt war — seine Eltern waren immer im Ausland.

Auf alle Fälle sagt er: ›Nimm's ernst, sonst bringt es nichts.‹ Da hab' ich mein professionelles Gesicht aufgesetzt und ihn wie ein Baby behandelt, hab' ihn gebadet, gefüttert, seine Windel gewechselt und mit ihm auf dem Boden gespielt. Ich hab' ihm einen Babyball hingerollt und all so was. Scheiße«, sagte sie und fiel plötzlich aus ihrer Mama-Rolle. »Jedenfalls, nach 'ner Weile hatt' ich die Nase voll, deshalb hab' ich gesagt: ›Zeit, ins Bett zu gehen.‹ ›Huhu‹ machte er. Ich hab' gesagt: ›Scheiße, mach mich nicht wütend‹, und er machte wieder ›huhu‹. — ›Gut‹, hab ich gesagt, ›Du hast es nicht anders gewollt‹, und hab' ihm ein paar Klapse auf den Po verpaßt, und er hat mich wie das bravste Lämmchen angeschaut und gesagt: ›Ich will jetzt ins Bett gehen.‹ Ich hab' gesagt: ›Du hast ja so beschissen recht, meine Hand tut mir allmählich weh.‹ Er hat gesagt: ›Du mußt mich zudecken.‹

Sein Bett war wie ein Kinderbettchen, ein Doppelbett mit herunterklappbaren Seitenteilen. Das war wohl deshalb, damit seine Freundin — er hatte eine sehr schöne Verlobte, wahrscheinlich ist er jetzt verheiratet —, damit sie die Seitenteile nicht sehen konnte. Er wollte, daß ich die Seiten um ihn heraufklappte. Ich hab' ihm einen Babykuß auf den Fuß gegeben und gesagt: ›Gute Nacht, Nacht, mein Liebling, morgen früh kommt Mama wieder.‹

Ich hab' kein Geld von ihm genommen. Nicht, daß er mir leid getan hat, aber ich war seine Freundin. Ich hab' ihn jetzt seit sechs Wochen nicht mehr gesehen, aber ich hab' ihn getroffen, ungefähr drei Wochen, nachdem das geschehen war.«

War er verlegen? »Nee, er kam ins Café, wo wir immer hingingen, in der Park Lane. Er stellte sich hinter mich und machte ›gagagaga‹, und wir mußten beide lachen. Er ist der Typ Mann. Er wird sehr unglücklich sein mit seiner hochnäsigen Ziege, die er heiratet, schön, aber hart — es ist schade. Sie wird nie irgendwas verstehen; er wird sein Leben lang zu Prostituierten gehen.«

Und fand sie, daß man von Kinderprostituierten verlangen kann, diese Art ›Dienstleistung‹ zu bieten? »Ja. Oh, mir ist das ja nicht beruflich passiert, rein zufällig, aber ich hab es oft von Pipistrichmädchen gehört. Es macht ihnen überhaupt nichts aus; sie genießen es. Da ist nichts Schlimmes dabei, verstehen Sie. Es ist nur traurig, daß ein Mann das nötig hat. Es ist komisch«, sagte sie, »es sind nur die Engländer, die so was wollen. Araber nie.«

In England machen Ausländer, besonders Araber, einen großen Prozentsatz der Kundschaft von Kinderprostituierten aus. »Es ist unglaublich, wieviel man von einem Araber bekommt«, sagte Alan. »Sie haben diese unwahrscheinlichen Mengen Geld, sie blättern die Scheine hin, als ob es ein Haufen Papier wäre. Die Augen quellen einem aus dem Kopf. Ich weiß von Mädchen, die die ganze Nacht gegangen und mit vierzehn- oder fünfzehnhundert Pfund wiedergekommen sind.«

»Das stimmt«, bestätigte Debbie, die damals fünfzehn war. »Mit einem Araber würde man bestimmt nicht unter hundert gehen. Aber einmal, nur einmal«, fügte sie träumerisch hinzu, »war da einer, der hat mir zwölfhundert Pfund gegeben. Ich war erst vierzehn, wissen Sie, und ich seh' nur, wie er diesen Haufen Scheine von einem noch größeren Haufen auf dem Frisiertisch nimmt, ohne zu zählen, und es mir einfach in die Hand drückt, und Sie werden es nicht glauben, aber ich sag': ›Aber das ist zuviel!‹ Also, der war richtig nett. Er hat nur abgewinkt und in seinem komischen Englisch gesagt: ›Genießen… du genießen.‹ Also hab' ich's getan.«

Was hat sie mit dieser enormen Summe gemacht?

»Zwei Mädchen und ich haben einen drauf gemacht, einen ganzen Tag lang. Wir sind in die King's Road gegangen und sind einfach von einer Boutique in die andere, und jeder von uns kam das Zeug schon fast aus den Ohren raus, und wir hatten ein super Mittag- und ein fantastisches Abendessen in einem schicken Restaurant, wir waren unheimlich elegant aufgemacht, und all diese italienischen Kellner haben uns schöne Augen gemacht, aber diesmal waren wir *Damen* – Damen wie die anderen, und niemand hat etwas anderes gedacht.«

Ich habe vergebens versucht, einen Araber zu finden – in England lebend oder auf Besuch –, der zu Kinderprostituierten ging und bereit war, mit mir zu reden. Meine Versuche schlugen hauptsächlich wegen der Sprachbarriere fehl. Die Männer, die ich finden konnte, sprachen nur das elementarste Englisch und keine andere Fremdsprache. Ich war der Meinung, daß ich für das, was ich mit ihnen diskutieren wollte, keinen Dolmetscher hineinziehen konnte, weder einen arabischen noch einen englischen. Der einzige, dem ich die Art meines Projektes über Kinderprostitution einigermaßen erklären konnte, wimmelte mich mit einem Lachen und einem arabischen Wortschwall ab. »Sie müssen verstehen«, erklärte mir ein englischer Akademiker, der sich auf den Nahen Osten spezialisiert hatte, »daß die Mehrzahl arabischer Männer so eine Sache völlig anders betrachtet als wir. Nicht nur ist ihr Verhältnis Frauen gegenüber das von Herr und Dienerin; darüber hinaus bedeutet ein weibliches Kind etwas völlig anderes als ein männliches. Einmal abgesehen von Scheichs und Prinzen, lebt der durchschnittliche Besucher aus Arabien im Ausland, besonders in England, wo das Klassen- und Kastensystem noch eine große Rolle spielt, ein völlig isoliertes Leben, für alle seine gesellschaftlichen Bedürfnisse auf seine eigene Gemeinschaft begrenzt. Natürlich gibt es einige verwestlichte Araber. Sie sind hochintelligent und können sehr kultiviert sein — die meisten von ihnen haben eine englische Universität oder die Sorbonne besucht. Übrigens Araber — oder, was das betrifft, Menschen irgendeiner Hautfarbe anders als weiß — haben es in Frankreich leichter, sie fühlen sich dort wohler. Die Franzosen sind und waren immer weit offener, weit höflicher, nicht nur in ihrer Haltung, sondern auch in ihren *Gefühlen* Ausländern gegenüber, als wir es sind.

In England«, fuhr er fort, »kommt es praktisch nicht vor, daß ein nicht-verwestlichter Araber sexuellen oder auch nur gesellschaftlichen Kontakt mit einer ›anständigen‹ englischen Frau hat. Zugegeben, das ist ärgerlich für manche Männer. Aber« — er lachte — »es ist auch interessant für sie, eine Herausforderung. Verbotene Früchte und all das. Aber was weiße Frauen angeht, so sind sie praktisch auf Prostituierte angewiesen, von denen übrigens viele sie ablehnen — trotz des Geldes, das sie zu zahlen bereit sind. Unter diesen Umständen werden Sie verstehen, nicht wahr, daß es geradezu grotesk ist, von ihnen zu erwarten, daß sie wissen, oder sich dafür interessieren, wie alt ein weißes Mädchen ist, das sie anspricht.

Wenn ich so darüber nachdenke«, schloß er, »dann habe ich auch nie von einem arabischen Besucher in Paris gehört, der sich Kinder weiblichen Geschlechts aussuchte. Jungen ja, überall, wenn das zufällig ihr Geschmack ist, aber keine kleinen Mädchen. Und noch etwas, ich wette, daß sie nie etwas in der Art gehört haben, daß ein Araber zu einem weißen Mädchen grausam gewesen wäre. Sie sind neugierig, ja, aber, und da würde ich jede Wette eingehen, niemals grausam.«

19

Meena: »Es war alles ein bißchen unanständig«

Die zwölfjährige Meena, ein pakistanisches Kind mit glänzendem schwarzen Haar, sanften braunen Augen und einem plumpen, kleinen Körper, alles Fohlenspeck, hatte schreckliche Erfahrungen mit Ausländern, vornehmlich Arabern gemacht. Aber es stimmt, daß keiner von ihnen sie bewußt verletzt hat. Tatsächlich war sie bei einigen Gelegenheiten nicht einmal selber mißbraucht, sondern ›nur‹ gezwungen worden, die Rolle des Zuschauers zu spielen. Als sie aus einem Kinderheim ausriß — ein nach modernsten Prinzipien organisiertes Heim in einer der schönsten Gegenden Englands —, geschah es auf Betreiben eines älteren Mädchens.

»Eigentlich hab’ gar nicht ich abhauen wollen«, erzählte Meena. »Es war Rita. Sie ist schon sechzehn.« Obwohl Meena von frühster Kindheit an englisch gesprochen hatte, verwandte sie oft wörtliche Übersetzungen von Urdu-Wörtern: »Sie kommt zu mir, daß sie nicht blinzeln kann«, sagte sie.

»Blinzeln«, wiederholte Meena und zwinkerte vielsagend. Es hätte komisch sein können, so wie es von ihr auch gemeint war, aber in dem Zusammenhang wirkte es obszön. »Sie kann keine Männer ranblinzeln, wissen Sie«, erklärte sie. »Männer kriegen, für Geld…«

Wir aßen zu Mittag in der fast leeren Gaststube eines ›schikken‹ Landgasthauses, eins, das wie ich glaubte, Meena Spaß machen würde. »Ohh«, sagte sie und blickte mit gespieltem Erschrecken zu zwei Männern hin, die mit ihrem Essen beschäftigt waren. »Bin ich aber froh, daß diese Männer nicht hergeschaut haben, als ich das gemacht habe! Jedenfalls, sie sagt mir am Morgen, als die Erzieherin uns weckt, daß sie gleich rausgehen wird und auf mich warten, und ich sag: ›Nein, warum?‹ Und kommt sie: ›Also, ich will Geld von Männern, und ich geh.‹ Und sag' ich: ›Warum willst du Geld? Du kannst doch nicht einfach so Geld von Männern kriegen.‹ Und kommt sie: ›Man macht's mit ihnen…‹ Ich hab nicht richtig gewußt, aber ich rate, was sie meint, wissen Sie, und ich mag das nicht…«

Tatsächlich war Meena noch nicht aufgeklärt — das tat Rita, als sie in London waren. »Also«, sagte sie, »ich wußte, was ich im Fernsehen gesehen hatte, wissen Sie, aber… sehen Sie, ich finde das nicht schön. Unsere Religion hat nicht gern viel Sex; sie denken nicht an Sex. Also, sie hat es mir gesagt, und was man macht; als wir zum Piccadilly gefahren sind, wissen Sie, hat sie gesagt: ›Du mußt dich ausziehen‹, und hab' ich gesagt: ›Das tu ich nicht gern, es ist nicht meine Religion, es zu tun.‹ Und sie kommt: ›Aber das mußt du einfach, wie willst du sonst Geld bekommen?‹ Und ich: ›Ich will doch gar kein Geld, *du* willst doch Geld.‹ Dann kommt sie: ›Wenn du's nicht machst, hau ich dir eine in die Fresse.‹«

Die beiden Mädchen verbrachten eine Woche in London, bewußt auf der Suche nach arabischen Kunden. Rita, die blinzelte sie an, immer *die* — »die zahlen am meisten,« sagte Meena.

Mein Gespräch mit Meena konnte nur deshalb stattfinden, weil der medizinisch hochqualifizierte Mann, der das Kinderheim leitete, in das Meena ein Jahr zuvor eingewiesen worden war, das Gefühl hatte, daß er und seine Mitarbeiter (spezialisiert auf die Arbeit mit gestörten Kindern), was diesen kürzlichen, unglückseligen Ausflug nach London betraf, mit ihr so weit gekommen waren, wie sie konnten. Er hielt es für möglich, daß sie sich unter Umständen mir gegenüber weiter öffnen und ihnen auf diese Weise ermöglichen würde, ihr effektiver zu helfen.

Meenas Probleme, die dazu geführt hatten, daß sie zur gewohnheitsmäßigen Ladendiebin geworden war — der Grund dafür, daß sie in ein Heim gekommen war —, lagen in der Abneigung ihrer Eltern gegen das englische Leben. Die Eltern mit ihren tiefen Bindungen an ihre Heimatkultur und ihrer Sehnsucht danach, und die Kinder mit *ihren* Bindungen an England, wo sie geboren sind, befinden sich in einem ständigen, quälenden Konflikt. Dieser Konflikt ist in vielen Einwandererfamilien in England festzustellen. Er wird verschärft durch den traditionell engen Familienzusammenhalt, der dem indischen und pakistanischen Kind vom Augenblick seiner Geburt an auferlegt oder aufgezwungen wird. Da das heranwachsende Kind in zunehmendem Maße äußeren Einflüssen ausgesetzt ist, verstärken sich Unterschiede in Sprache, Interessen und Gewohnheiten, und die emotionalen Anforderungen an das Kind können unerträglich werden.

Meena war dafür ein bemerkenswertes Beispiel: das jüngste von vier Kindern, liebte sie ihre Eltern zutiefst und sehnte sich verzweifelt nach deren Liebe. Ebenso dringend brauchte sie die Anerkennung durch ihre älteren Geschwister, die viel fortgeschrittener darin waren, die unvermeidliche Generationskluft zu akzeptieren, und die, um ihr eigenes Selbstbild zu schützen oder zu bestätigen, bewußt das weitgehend anti-gesellschaftliche Verhalten ihrer Altersgenossen angenommen hatten. So hatte Meena, zwei Jahre bevor wir uns trafen, in einem verzweifelten Versuch ›dazuzugehören‹, ihre sechzehnjährige Schwester auf Diebeszügen begleitet. Aber aus einem ganz besonderen und überraschenden Grund behielt für sie die Liebe zu den Eltern den Vorrang und beherrschte schließlich all ihre Gedanken. Meena glaubte nämlich, daß ihre Eltern eines ihrer Kinder als Baby getötet hatten…

Die Geschichte kam nur langsam an die Oberfläche.

»Wie viele seid ihr zu Hause?« fragte ich.

»Also, das ist ein Geheimnis, und ich möchte es überhaupt niemand sagen. Ich hatte drei Schwestern, aber die eine − die Schwester, die zuerst geboren wurde − ist als Baby gestorben.«

»Woran ist sie denn gestorben?« fragte ich.

Meena wand sich auf ihrem Stuhl. »Ich weiß nicht alles darüber… meine große Schwester hat mir erzählt, daß sie gestorben ist, und meine Mama und mein Papa haben entdeckt, daß ich es weiß, und gesagt, daß ich es meinem Bruder oder meiner anderen Schwester nicht sagen darf, überhaupt nie.«

»Aber warum denn nicht?«

»Weil wir nicht wollen, daß jemand anders es weiß.«

»Aber warum, Meena? Babys sterben manchmal. Da ist nichts Böses daran, deswegen braucht man sich nicht zu schämen; es ist nur traurig.«

»Also, wir sagen − sie haben den Leuten gesagt −, daß es eine Krankheit oder so war, daß sie krank war, aber vielleicht sagen die Leute, daß es gelogen ist oder so. Mein Papa möchte nicht einmal, daß die Leute was drüber wissen, verstehen Sie, wenn sie nur hören, daß wir darüber reden, fangen sie an zu weinen.«

»Werden sie böse?«

»Sie weinen.«

»Willst du mir nicht sagen, was dich dabei so beunruhigt? Du hast Angst, nicht wahr?«

»Also…« Sie fing an zu weinen.

»Möchtest du lieber nicht darüber reden? Vielleicht wäre es das Beste, du würdest mit dem Doktor darüber sprechen [dem verantwortlichen Psychiater im Kinderheim]. Würdest du das gerne, und wir lassen es jetzt?«

»Nein, weil ich mach' mir solche Sorgen. Ich möchte zurück nach Hause, weil meine Eltern — sie brauchen mich, weil ich ja *weiß*.«

»Du *weißt*?«

»Ja, und sie… Mami und Daddy… sie haben Angst, ja,… meine Mama, sie hatte schon zweimal einen Herzanfall.«

»Hast du vor dem heutigen Tag irgend jemandem von dem Baby erzählt?«

»Nein, o nein; meine Mama und mein Daddy«, sagte sie noch einmal, sogar noch eindringlicher, »nachdem es mir meine Schwester erzählt hatte, haben sie gesagt, jeden Tag, jeden Abend: ›Sag es nie irgend jemand‹, darum hab ich's nie getan…«

»Und jetzt? Warum erzählst du es mir jetzt?«

Sie weinte wieder. »Ich weiß nicht; ich wein' so viel, weil ich mir so Sorgen mache.«

Meena hat nie das Wort ›getötet‹ oder ›umgebracht‹ ausgesprochen, aber es gab überhaupt keinen Zweifel, daß es das war, was sie dachte; ebensowenig war daran zu zweifeln, daß dieses Wissen — sehr wahrscheinlich ein falscher Verdacht, der zwei Jahre zuvor in ihr aufgestiegen war — eine unerträgliche Belastung für sie war. Vier Wochen, nachdem sie das erfahren hatte, wurde sie zum ersten Mal wegen Diebstahls festgenommen, und weniger als ein Jahr später, nach zahlreichen Vergehen, kam sie in ein Heim. Am Ende unserer Gespräche sagte ich ihr, daß ich dem Doktor alles erzählen würde, was sie gesagt hatte. Ich müßte das tun, sagte ich, weil er für sie verantwortlich und ihr Freund sei. Sie war einverstanden.

Warum, glaubte sie, war sie mit Rita nach London ausgerissen?

»Vielleicht, weil ich Angst vor ihr hatte?« Sie formulierte das als Frage.

War das der wirkliche — der einzige Grund? »Niemand mag mich«, sagte sie. »Nur meine Eltern: die haben mich gern. Sie haben mich gern«, wiederholte sie heftig. »Sie lieben mich sehr... Pakistanische Kinder laufen nie weg, sie bleiben immer bei ihren Eltern. Ich bin vorher nie weggelaufen... das war das erste Mal... In dieser Schule mag mich keiner. Ich glaub', daß der Doktor mich gern hat, aber in der Versammlung [einige Wochen vorher]...Rita, also sie hat dem Doktor gesagt, daß die anderen Kinder, sie mögen mich nicht... ich war ein bißchen erschrocken, daß mir das in der Versammlung gesagt wurde... niemand mag mich hier in England, weil ich bin dick, ja? In Pakistan, in Karatschi, als wir da hinfahren, vor zwei Jahren... ein Junge, er war dreizehn... sagt er: ›Ich finde es schön, wie du aussiehst‹, und als wir fortgehen, fragt er meine Mama, ob er mir einen Kuß geben darf, und sie hat gesagt: ›Ja, einen *kleinen*‹, und er hat mir einen dicken gegeben.« Sie lachte. »Aber dann in meiner Schule zu Hause [in England] haben mich die Kinder ›Flohsack‹ genannt...«

»Warum, mein Kleines, hattest du vielleicht Flöhe? Das kann jedem passieren.«

»O nein... Pakistanische Kinder sind sehr sauber — nie Flöhe oder Sachen im Haar, nie, nie Schmutz im Haus wie in englischen Häusern. Bringen nie Schmutz rein von draußen, haben nie Schuhe an in Wohnzimmer, Küche oder Schlafzimmer... ich weiß nicht, warum sie mich Flohsack genannt haben«, sagte sie niedergeschlagen. »Die einzige, die mich mag«, sagte sie ebenso traurig, »war Rita. Und die ist jetzt weg, sie haben sie weggeschickt.«

Die sechzehnjährige Rita war nach der London-Eskapade nach Hause geschickt worden, weil die Mitarbeiter des Kinderheims es für unmöglich hielten, ihren Einfluß auf die jüngeren Kinder unter Kontrolle zu bringen. »In Meenas Fall«, sagte Dr. L., »spielte sie die Rolle des Zuhälters. Wie Sie gesehen haben, ist es sehr tragisch, weil sie ein zutiefst abhängiges Kind ist, das sexuell vollkommen unschuldig war. Wir können nicht einmal im entferntesten den Schaden abschätzen, den das bei ihr angerichtet hat.«

Ich konnte Meena nie dazu bewegen, die genaue Anzahl der Männer anzugeben, die während der sechs Tage, die sie in London auf den Strich gegangen waren — zum größten Teil in Hotels um den Victoria Bahnhof und um Piccadilly — Verkehr mit ihr gehabt hatten, wobei Rita grotesk niedrige Summen für die erwiesenen Dienste annahm und auch noch die Hälfte von dem bekam, was Meena ›verdiente‹.

Der erste Mann, der sie mit in sein Hotelzimmer in der Nähe der Victoria Station nahm, behielt sie die ganze Nacht bei sich und gab morgens jeder von ihnen drei Pfund.

»Wie ist das genau gewesen?« wollte ich wissen.

»Sie, Rita, sie hat sich betrunken und dann war ihr schlecht, und dann hat sie sich ausgezogen. Ich bin einfach aufgestanden und rausgegangen.«

Wohin? »Raus…«

»Die ganze Nacht? Wo hast du geschlafen?«

»Da draußen«, versuchte sie es.

»Auf dem Flur?«

»Mm«, sagte sie.

»Mmm?« wiederholte ich. »Ist das nicht vielleicht ein bißchen geschwindelt?«

Sie lachte. »Eigentlich — ich hatte Angst, es Ihnen zu sagen — wir haben beide… ich habe auf dem Fußboden geschlafen… ich mochte eigentlich nicht gerne zusehen, wenn sie, wissen Sie, deshalb hab ich auf dem Boden geschlafen… und dann, sie war so betrunken, sie ist eingeschlafen, und er ist auch eingeschlafen.«

Und am Morgen, was war da? »Also, die beiden haben es noch mal gemacht… ich hab' zugesehen… ich fand es gar nicht schön — ich hab' es nie gemocht.« Offensichtlich hatte man sie als Voyeur bezahlt.

»Aber zu Hause«, wandte ich ein, »haben du und dein Bruder mit deinen Eltern in einem Zimmer geschlafen — dein Bruder in einem kleinen Bett, und du auf einer Matratze auf dem Boden. Also hast du doch gewußt, daß Leute miteinander schlafen, nicht?«

»Nein, nein, sie machen das nie, sie niemals — sie mögen keinen Sex — ich meine, sie machen es nicht einfach nur so, verstehen Sie, was ich meine?«

»Meinst du, daß Moslems wie deine Eltern nur miteinander schlafen, um Kinder zu kriegen?«

»Sie brauchen es nur dafür — sonst nicht, sonst nicht«, wiederholte sie eindringlich. »Und ich mochte es nicht, es ist nicht meine Religion…«

»Ich verstehe. Nun, ist ja nicht so wichtig. Was habt ihr gemacht, nachdem Rita mit diesem ersten Mann zusammen war?«

»Wir sind zum Piccadilly gefahren, um einen anderen Mann zu finden, das haben wir gemacht. Ich hab' von manchen Männern die Namen vergessen, das ist blöd…«

»Wir brauchen ihre Namen nicht«, sagte ich. »Wie viele Männer, glaubst du, daß ihr beide im ganzen hattet?«

»Oh, ich weiß nicht«, sagte sie nach langem Schweigen.

»Schließlich mußtest du es selber auch tun, nicht wahr?«

»Ja, ich fand es nicht schön… es war ein farbiger Mann, sie waren alle farbig. Der erste sah etwas alt aus, etwa fünfunddreißig. Rita, sie hat gesagt: ›Alle arabischen Männer sind reich, wir nehmen arabische Männer.‹«

Dieser erste Mann, mit dem sie wirklich zusammen war, war das in einem großen Hotel oder in einem kleinen Hotel? Schweigen.

»In einem großen oder einem kleinen Gebäude?«

»Ein kleines bißchen groß.«

Und war sie allein mit diesem Mann oder war Rita bei ihr?

»Sie war noch bei mir.«

Hatte Rita einen anderen Mann, oder waren sie einfach alle drei zusammen?

»Wir drei waren zusammen…« Wie es immer wieder vorgekommen war, hatten beide Mädchen mit dem Mann geschlafen, abwechselnd.

»Hat der erste Mann dir weh getan?«

»Es hat furchtbar weg getan.« Hatte sie ihm gesagt, daß sie es noch nie vorher gemacht hatte?

»Nein, aber ich glaub', er wußte es.« Rita erzählte allen Männern, daß Meena achtzehn sei. »Und sagt sie: ›Ich zerschlag' dir die Fresse, wenn du was andres sagst.‹« Der Mann gab jedem der Mädchen zehn Pfund und lud sie auch zum Abendessen ein, Curry und Reis.

Der zweite Mann, mit dem sie Verkehr hatte, hat es da noch genauso weh getan? »Ja, es hat mir sehr weh getan. Ich war, wissen Sie, ich war zu klein für sie...«

Fand sie irgend etwas dabei schön? Schweigen. Hatte sie manchmal ein angenehmes Gefühl dabei? Schweigen. Sie hatte doch Rita mehrere Male zugesehen, nicht wahr? Beispielsweise, als sie es tun mußte, weil Rita gesagt hatte, daß sie sie sonst schlagen würde; hatte sie versucht, sich so zu bewegen, wie Rita es machte? »Ich hoffe«, flüsterte sie.

Hatte Rita ihr gesagt, beschrieben, was man tun muß? »Ja.«

Hatte sie Rita alle möglichen Dinge tun sehen? »Ja.«

Und hatte Rita ihr befohlen, daß sie auch alles tun müsse, was die Männer wollten? »Sie hat es mir befohlen, aber ich hab' gesagt, daß ich nicht will.« Ihre Eltern, sagte Meena, würden böse mit ihr werden, wenn sie wüßten, was sie getan hat. »Fürchterlich böse.« Da waren, so glaubte sie, fünfzehn Männer, aber sicher war sie nicht. »Können mehr sein, können weniger sein. Zwei von ihnen haben uns kein Geld gegeben. Rita war deswegen schrecklich wütend.« Vier der Männer, sagte sie, waren ›echt jung‹, einer war alt, die anderen ›mittel‹.

Einer − nur einer der Männer − »wollte es nicht tun«, sie wußte nicht, warum. »Aber er hat gesagt: ›Wir werden es nicht machen‹ ...er hatte die Hosen runter, und er hat mich viel geküßt.«

Sie nur geküßt? »Ja, ganz viel...«

Und hatte sie das vielleicht ganz schön gefunden? Sie lächelte scheu. »Ja. Und er hat mir − uns − vierzig Pfund gegeben, ihr zwanzig und mir zwanzig.« Sie *hatte* diesen Mann gern gehabt, das Küssen. »Aber ich tu es nicht gerne ausgezogen.« Und sie hatte es auch nicht gerne, wenn sie unflätige Ausdrücke benutzten, wie manche von ihnen und Rita die ganze Zeit.

War Meena auf sich selber böse, weil sie das getan hatte? »Das muß ich doch, oder?«

Nein, sie mußte nicht. Es war ihre eigene Entscheidung. Glaubte sie, daß sie etwas Unrechtes getan hatte? Oder machte es ihr vielleicht doch nicht soviel aus?

»Ich glaube schon, daß ich etwas Unrechtes getan habe. Ich habe mit dem Doktor darüber geredet, und er hat gesagt, daß es nicht gut für mich ist, und ich finde, das stimmt.«

Aber es war eine aufregende Woche, nicht wahr? »Es war unheimlich.«

»Natürlich war es teilweise unheimlich, aber gab es nicht auch einige Dinge dabei, die Spaß gemacht haben, die lustig waren?« fragte ich.

»Lustig?« wiederholte sie, empört über meine Wortwahl. »Es war ein bißchen unanständig.«

»Unanständig?«

»Alles war ein bißchen unanständig…«

Im Grunde halte ich es für falsch, so junge Kinder dieser Art von Fragen auszusetzen, deshalb habe ich, als ich mit Meena sprach, in gewisser Weise meinem eigenen Gefühl Gewalt angetan. Ich hätte überhaupt nicht mit ihr gesprochen ohne das Einverständnis des für sie verantwortlichen Experten, der mit ihr in den Wochen, die auf ihre Erlebnisse in London folgten, gearbeitet hatte und glaubte, daß solch ein Gespräch mit einem unterrichteten Außenstehenden vielleicht helfen könnte, die Barrieren zu durchbrechen, die Meena aufgerichtet hatte. Und anscheinend hat es tatsächlich geholfen. Ich habe es den Mitarbeitern ermöglicht, da anzusetzen, wo ich aufgehört hatte, und Meena so in den Stand gesetzt hatte, und sich dadurch von der Schuld zu befreien, die sie so tief empfand.

Aber der Hauptgrund dafür, daß ich dieses Kind, das sich so schlecht verständlich machen kann, so ausführlich zitiere, ist der, daß mir im Laufe meiner Untersuchung so oft gesagt worden ist, daß Kinder, denen so etwas zustößt, diese Erlebnisse provozieren; daß in unserem fortschrittlichen Zeitalter die Kinder durchaus weltklug genug sind, mit solchen Erfahrungen umzugehen und daß sie − so, wie sie heute sind − dadurch keinerlei ernste Schäden erleiden. Dies ist grundsätzlich das gleiche Argument wie das, wenn behauptet wird, daß eine Frau nicht vergewaltigt werden kann.

Dadurch, daß ich wortwörtlich zitiere, wie dieses völlig unschuldige Kind auf direkte, aber sorgfältig formulierte Fragen reagierte, habe ich versucht, ihre innere Abscheu und gleichzeitig die Folgen dieser unvermeidlichen Unterwerfung auf ihr Seelenleben zu zeigen. Das zu beweisen, gibt es keine andere Möglichkeit als die, sie selber sprechen zu lassen.

Und das gilt in gleichem Maße für alle Kinder. Nur wenn man sie sprechen läßt, ihren Fantasien zuhört, ihren Träumen, ihren Alpträumen und ihren armseligen, kleinen Hoffnungen, ist ein schwacher Schimmer von Verständnis möglich.

20

Nellie zahlt

Gegen Ende unserer ersten Gespräche, die sich über mehrere Monate hingezogen hatten, hatte Nellie aufgehört, Lügengeschichten zu erzählen. Ich hatte ihre Eltern besucht; und daraufhin hatte sie ihre eigene Verwunderung zum Ausdruck gebracht darüber, daß sie gewollt hatte, daß ich es herausfinde. Ich hatte außerdem ihre wiederholten Versuche und das Mißlingen dieser Versuche beobachtet, normale oder halb-normale Beziehungen aufzubauen. Zusammen mit Elana McCreaner, ihrer und meiner Freundin, die sich um Nellie ebensolche Gedanken machte wie ich, hatte ich versucht, sie weg von Prostitution zu einer Ausbildung oder einem Studium für einen Beruf oder zu einer Arbeit zu motivieren, die ihr vielleicht Spaß machen würde.

Wir hatten gesehen, wie sie sich langsam von dem entzückenden Mädchen mit dem hübschen Gesicht, das viel jünger aussah als siebzehn oder achtzehn, in eine freudlose, müde aussehende Frau verwandelte, eine eindeutige Trinkerin, die alles sein konnte zwischen sechsundzwanzig und fünfunddreißig.

»Wenn wir dir sagen würden: ›Wir versuchen, dir das zu ermöglichen, was du wirklich tun möchtest‹«, fragte ich sie eines Tages, vielleicht neun Monate, nachdem wir uns kennengelernt hatten, »was würdest du tun wollen?«

Sie dachte längere Zeit nach. »Babys«, sagte sie schließlich. »Ich würde sehr gerne was mit Säuglingen machen.«

Ich erklärte ihr sofort, daß sich das angesichts ihrer Vergangenheit, die wir niemandem, mit dem wir reden würden, verschweigen dürften, als unmöglich herausstellen könnte. Was wäre ihre zweitliebste Wahl?

»Tiere«, sagte sie. »Wenn ich mit Tieren arbeiten könnte.«

Es kostete einige Mühe, aber wir erhielten Vorstellungstermine für beide Wünsche. Einer der aufgeklärtesten Direktoren für Sozialarbeit in England, aus einer Stadt im Norden, erhielt das vorbehaltliche Einverständnis (abhängig von einem persönlichen

Gespräch) von einer ebenso großzügigen Frau, der Leiterin eines Säuglingsheims in der Gegend. Und durch Freunde, Wohltäter des Battersea Hundeasyls, bekam sie die Möglichkeit (wiederum vorbehaltlich eines persönlichen Gesprächs), in diesem bekannten Zwinger für ausgesetzte Hunde zu arbeiten.

Sie erschien zu keinem der Einstellungsgespräche, und sie kam auch nicht, als es uns gelang, sie noch ein zweites Mal anzumelden.

»Warum bist du nicht gekommen«, fragte ich sie später, obwohl ich die Antwort nur zu gut kannte.

»Also, ich hab' immer wieder darüber nachgedacht, aber ich glaube, ich bin nicht geeignet für solche Jobs... ich glaube nicht, daß ich dafür verantwortungsbewußt genug bin.« Statt dessen hatte sie sich selber einen Job als Bardame besorgt. »Das ist wahrscheinlich die Arbeit, die am besten zu mir paßt. Nicht viel Geld — nur fünfundvierzig Pfund in der Woche —, aber jeder nimmt was aus der Bar, das ist das Trinkgeld bei dem Job.«

Sie nahm Geld? »Ja, ich nehme mir etwa fünf Pfund die Nacht. Ich weiß schon, von Ihrem Standpunkt aus ist es falsch, aber von meinem aus nicht. Wenn ich es nicht nehmen würde, würde jemand anderer es tun. Sehen Sie«, fuhr sie fort, als ich sie daran erinnerte, wie schön sie die Vorstellung gefunden hatte, mit Kindern zu arbeiten oder zu studieren. »Ich kann dasitzen und zuhören und alles richtig finden, was Sie sagen, und innerlich sag' ich mir, ich wünschte, sie würde ihr beschissenes Maul halten. Ich hab' das immer getan, Leuten zugehört, ihnen zugestimmt und dann — scheiß drauf! Jetzt ist Schluß damit; ich mach's nicht mehr, weil es zu schlimm wird. Ich bescheiß' mich nur selber. Und was soll's? Wenn du anfängst, dich selber zu bescheißen statt andere, das ist echt das letzte. Ich glaub', ich weiß, was ich tun kann und was nicht. Das bedeutet nicht, daß ich lüge, daß ich gelogen hab', als ich Ihnen gesagt hab', was ich *gern* tun würde. Das hat gestimmt. Aber ich kann es nicht. Das ist alles. Ich bin nicht gut genug. Stellen Sie sich doch mal vor, irgendwas passiert mit dem Baby, das ich versorgen soll? Oder auch nur einem kleinen Hund. Wie kann das richtig sein«, sagte sie und wiederholte damit Mariannes Einstellung, »für jemanden, der zwölfmal Tripper gehabt hat, hinzugehen und *Babys* zu versorgen?

Wissen Sie, was mich echt reingehauen hat? Vor kurzem kam ein Freier wieder, den ich vor Jahren kannte. Ich hatte diesen Freier richtig gern, er war nett, ein netter Kerl. Wir lagen im Bett und haben gequatscht, und er hat gesagt: ›Früher hast du ausgesehen wie sechzehn, jetzt siehst du aus wie sechzig‹, und ich hab' ihm eine geklebt, Mann, weil er das gesagt hat, was ich dachte. Es hat ihm gar nichts ausgemacht, er hat sich nur umgedreht, die Lampe voll auf mich gedreht und noch mal gesagt: ›Früher hast du so jung ausgesehen.‹

Ich hab' seit zwei Wochen nicht mehr angeschafft«, fuhr Nellie fort, »und ich hoffe, ganz davon loszukommen. Ich will keine alte Schlampe werden. Ich, verdammt, ich bete, daß ich davon loskomme. Jede Nutte sagt, noch eine Saison. Ich auch, ich sag': noch zwei Wochen, einen Monat. Nutten sparen kein Geld. Jede Nutte, die Ihnen erzählt, daß sie spart, lügt. Als ich Sie zum ersten Mal getroffen hab' − wann war das, vor weniger als einem Jahr? − habe ich siebenhundert Pfund in der Woche gemacht, leicht, in guten Wochen. Alles weg, jeder Penny.«

»Aber, was um alles in der Welt, kann man mit soviel Geld machen, noch dazu, wenn man so lebt wie du?«

»Ich versauf' es«, sagte sie kurz und bündig. »Davor hab ich am meisten Angst. Daß so was passiert wie neulich mit diesem Mick, mit dem ich zusammen war. Ich war in so 'ner Stimmung, in die ich jetzt manchmal gerate, und ich hab mich mit allen gestritten, und Mick, er hat mich ins Schlafzimmer gezerrt, mir befohlen, mich hinzulegen und mich geschlagen. Ich hab' zu ihm gesagt: ›Rühr mich ja nicht an, oder ich erstech' dich.‹ Ich will gar niemand verletzen, es steigt mir einfach zu Kopf, und dann passiert's einfach, verstehen Sie? Mick, er ist rausgegangen und kam mit seinem Gürtel zurück, und ich schwör's, ich hab' versucht, ihn zu erstechen. Ich vertrag's nicht, wenn mich jemand schlägt. Ich vertrag's einfach nicht. Ich war noch nie im Leben so erleichtert wie da, als er mich auf den Fußboden runterzwang, und ich feststellte, daß ich es nicht getan hatte − ihn nicht verletzt hatte. Natürlich war ich betrunken…«

Der Mann, den Nellie drei Jahre später umbrachte, war dreiundzwanzig Jahre alt. Sie hatte zwei Monate mit Greg − einem Freund, keinem Zuhälter − in einem Abrißgebäude hinter

King's Cross gewohnt, heute eine von Londons verrufensten Gegenden, und hatte gerade beschlossen, ihn zu verlassen. Am Morgen vor jenem Tag hatte sie ihre Mutter in Schottland angerufen und gefragt, ob sie nach Hause kommen dürfe. Ihre Mutter sagte ja, es wäre egal, daß sie kein Geld hätte. »Komm nur nach Hause«, sagte sie.

Nellie ging und versuchte, eine Fahrkarte für den Fernbus zu bekommen, aber es war erst zwei Tage später ein Platz frei.

Am folgenden Morgen fingen sie, Greg und mehrere andere, schon gegen ungefähr zehn Uhr an zu trinken. Gegen Mittag war die Stimmung gereizt. Als Steven dazukam — der Junge, der sterben sollte, und der nur ein zufälliger Bekannter von ihnen war —, fing er Streit mit Greg an und wurde rausgeschmissen. Sie tranken mehr oder weniger den ganzen Tag lang. (Als die Polizei am Abend Nellies Blut untersuchte, hatte sie 192 mg/100 ml — 80 mg ist die gesetzliche Grenze für Autofahrer —, und in Stevens Blut, nach seinem Tod getestet, waren 227 mg/100 ml.)

Um zehn Uhr abends war Greg im Schlafzimmer umgefallen; einer ihrer Freunde, Bob, war da und schlief. Nellie war in der Küche und kochte, als Steven an der Wohnungstür erschien und sagte, er wolle mit Greg sprechen. »Ich will nicht, daß er geweckt wird«, sagte sie. »Hau ab.«

Steven nannte sie eine alte Hure, mit der es sich nicht lohne zu streiten und schlug sie. »Faß du mich noch einmal an, und ich erstech' dich!« schrie sie. Er packte sie an den Schultern, um sie umzudrehen.

Nellie stach fünfmal zu. Der Junge verblutete.

Verursacht ein Mensch durch seine oder ihre Hand den Tod eines anderen, sagte der Richter in seiner Zusammenfassung zu den Geschworenen, ist er oder sie schuld an diesem Tod. Liegt der Vorsatz vor, tatsächlich zu töten oder schweren Schaden zu verursachen, ist es Mord. Ist eine solche Absicht nicht nachweisbar oder die Handlung die Folge unerträglicher Provokation, handelt es sich nicht um Mord, sondern um Totschlag. Und wenn die junge Frau solch eine Handlung zur Selbstverteidigung begangen hat, dann muß sie freigesprochen werden.

Das war seine allgemeine Erklärung an die Geschworenen. Aber seine abschließenden Worte waren präziser und, so muß man annehmen, von entscheidender Bedeutung für die zwölf

Männer und Frauen, die über Nellies Schicksal zu entscheiden hatten. Später erwogen ihre Rechtsanwälte, auf Grund dieser Zusammenfassung Berufung einzulegen, aber sie kamen zu dem Schluß, daß es sinnlos sei.

Ist es logischerweise möglich — in diesem Fall —, fragte der Richter, daß eine ausreichende Provokation vorlag, um eine ›vernünftige‹ Frau in solcher Weise handeln zu lassen? Wenn die Geschworenen das fänden, dann müßten sie zu dem Urteil kommen: Totschlag. Ist es logischerweise möglich, daß die Angeklagte derart provoziert wurde, daß sie die Selbstkontrolle verlor? Wenn nicht — wenn die Geschichte, die sie vor Gericht erzählt hatte, ›offenkundiger Unsinn‹ war, und sie sicher seien, daß sie nicht derart provoziert worden war, daß sie die Kontrolle über sich verlor —, dann müßten sie zu dem Urteil Mord kommen.

Sie brauchten weniger als eine Stunde, um dieses Urteil zu fällen, und es war einstimmig.

Sie hatten nichts von Nellies Vorgeschichte oder ihren Kindheitserfahrungen gehört. Zwei Psychiater hatten sie zwar untersucht, aber die Ergebnisse waren nicht öffentlich vorgetragen worden. Die Rechtsanwälte der Verteidigung befürchteten, daß, wenn sie ihre Kindheit vorbrächten, die Staatsanwaltschaft, die dieselben Nachweise verwendete, ihre Liste von Gewalttaten aufführen würde. Was die psychiatrischen Aussagen betrifft, so waren die Geschichten, die sie den beiden Psychiatern aufgetischt hatte, wie ein Rechtsanwalt es ausdrückte, so verschieden wie Sonne und Mond und hätten sie nur zur Lügnerin abgestempelt. Zu diesen Geschichten gehörte noch einmal die von ihrem Kind Kim.

Warum, fragte ich Nellie, als alles vorüber war, hatte sie dieses alte Märchen noch einmal aufgewärmt?

»Es waren die einzigen mildernden Umstände, die ich hatte«, antwortete sie, eine Unlogik, die wohl jeder einzelne von zwölf Geschworenen als Beweis für einen verwirrten Geisteszustand und nicht für eine kriminelle Veranlagung angesehen hätte.

Während der Woche ihres Prozesses und der ersten Woche ihrer lebenslänglichen Freiheitsstrafe las Nellie Dostojewskis ›Schuld und Sühne‹. Als ich sie drei Wochen später zum ersten Mal besuchte, gab sie mir eine lebendige klare Analyse dieses schwierigen Buches. »Es hat mir echt was gegeben«, sagte sie. »Es war, als ob er mit *mir* redete.«

Nellie befindet sich natürlich in einer anderen Situation als die übrigen Kinder, mit denen ich gearbeitet habe. Denn sie war die einzige, die schließlich ein Verbrechen beging, und zwar mit tödlichem Ausgang. Und trotzdem, keine wirklich aufgeklärte Gesellschaft würde ein Mädchen dieses Alters und mit dieser Vergangenheit *lebenslänglich* ins Gefängnis schicken.

Nellies eigentliche Absicht, ihr tatsächlicher Entschluß war es, ihr Leben zu verändern. Diese entsetzliche, aber vielleicht schicksalhafte Gelegenheit zu nutzen, etwas aus sich zu machen; Englisch, Geschichte und Psychologie zu lernen — Fächer, die sie immer interessiert hatten — mit dem Ziel der mittleren Reife und möglicherweise Abitur und Universitätsausbildung, zu der sie im Prinzip in hervorragender Weise geeignet ist.

Die ersten sechs Monate blieb sie bei diesem Plan, der mit einigen Opfern verbunden war (die Erlaubnis, Unterricht zu besuchen, hängt ab von der Bereitschaft, niedrige Dienste zu verrichten). Während dieser Zeit bat sie uns, sie zu besuchen, willigte ein, Psychiater und Sozialarbeiter zu sehen und unterhielt einen relativ beständigen Briefwechsel mit mir (sieben Briefe in den ersten fünf Monaten).

Seitdem sind keine Briefe mehr gekommen, und es ist jetzt eineinhalb Jahre her, seit sie verurteilt wurde. Dagegen schickte sie vor etwa vier Monaten extra eine Nachricht, worin sie uns mitteilte, daß sie, abgesehen von ihren ›Spezis‹, keinerlei Besuch mehr haben wolle.

Das war der Rückfall, den wir befürchtet hatten, der wahrscheinlich nur dadurch hätte vermieden werden können, daß man sie aus dem riesigen Frauengefängnis in eine andere, offenere Einrichtung speziell für jüngere Gefangene verlegt hätte. Während der ersten Monate im Gefängnis hörte sie auf zu trinken, ihr physischer Zustand besserte sich auffallend, und sie war ausgesprochen offen dem Einfluß wohlmeinender Erwachsener gegenüber. Die Wende kam, als die erhoffte und erwartete Verlegung nicht erfolgte, und sie realisierte, daß diese Art Gefängnis mit diesen Häftlingen für viele Jahre ihr Leben ausmachen würde. Schon jetzt — ausgelöst durch das nicht gehaltene Versprechen der Verlegung — fühlte sie sich verraten und reagierte genauso, wie wir es befürchtet hatten. Sie gab die kurz- und die langfristigen Pläne auf, die sie mit uns, den Außenstehenden gemacht hatte, und beschloß, wahrscheinlich ganz bewußt, das Beste aus dem Leben, das sie in voraussehbarer Zukunft haben würde, zu machen.

Ein Arzt berichtet, daß es ihr physisch gut gehe, aber daß sie ›dicker würde‹. (»Ich werde hier drin sehr aufpassen«, hatte sie zu mir gesagt, als ich sie das letzte Mal sah. »Die Frauen, die dick werden, sind die, die aufgegeben haben.«)

Eine Sozialarbeiterin sagt, daß sie in der Schneiderei arbeite, aber ›keinerlei Unterricht besuche‹. (»Ich *muß* unbedingt mit dem Unterricht weitermachen«, hatte sie bei diesem letzten Besuch erklärt. »Ich weiß, es ist meine einzige Chance.«)

Eine Freundin, die Besuche im Gefängnis macht und manche von Nells Freunden sieht, sagt: »Oh, Nell, die schmeißt den Laden.«

Nellie ist und war immer der Typ, der schließlich ›den Laden schmeißt‹. (»Ich muß aufhören, das Leben anderer für sie zu leben«, äußerte sie einmal mir gegenüber. »Es kostet mich all meine Energien und macht mich immer nur wütend, weil sie alle so dumm sind.«) Nach nur einem Jahr Gefängnis ist sie wieder da, wo sie angefangen hat. Ihre Wünsche und Träume haben sich in nichts aufgelöst, und sie ist Teil des Systems geworden.

Einige Tage nach Erscheinen der englischen Taschenbuchausgabe hörte ich endlich zum ersten Mal seit Jahren wieder von Nellie. Ihr langer Brief aus Durham, dem Frauengefängnis, wo sie sich seit 1983 befindet, klang beim ersten Durchlesen sehr gespreizt; schließlich verstand ich, warum: Sie war der A. A. (Anonyme Alkoholiker) beigetreten und hat nun, wie viele von jenen, die das Zwölf-Punkte-Programm befolgen (und sicherlich ist das ein guter und wesentlicher Schritt für sie), das Vokabular dieses Programms voll und ganz übernommen. Gelegentlich spürt man noch die kleine schottische Nellie durch, aber im großen und ganzen deklamiert sie ihre Gefühle und die Ereignisse ihres Lebens, anstatt lebendig und humorvoll zu erzählen, wie man es von ihr gewohnt war.

Liebe Gitta,

ja, ich bin's, Nellie, aber Du hast wohl geglaubt, daß Du nie wieder was von mir hören würdest, oder? Es gibt zwei Gründe, warum ich Dir heute schreibe. Den zweiten trage ich schon seit längerer Zeit mit mir herum, aber der eigentliche Anlaß zu diesem Brief war, daß ich Dich heute mittag im Radio über Dein Buch und mich sprechen hörte. Also ehrlich, das hat mich fast umgehauen! Ich habe eigentlich nicht viel dazu zu sagen, außer daß ich es als Zeichen meiner ›Höheren Macht‹ angesehen habe, daß heute der Zeitpunkt gekommen ist, Dir zu schreiben und Abbitte zu leisten. Ich glaube, ich erkläre Dir das lieber ein bißchen, sonst denkst Du vielleicht noch, daß ich inzwischen fanatisch religiös geworden bin. Du wußtest wahrscheinlich nicht, daß ich mich, als ich in Holloway in Untersuchungshaft saß, einer Gruppe von A. A. angeschlossen habe. Zuerst habe ich das nur gemacht, weil man sonst Samstag nachmittags nicht rausdurfte und es eine Gelegenheit war, rauszukommen und Leute aus anderen Abteilungen zu treffen. Aber es muß doch irgendwas bei mir hängengeblieben sein, denn als ich im Mai 83 hierher nach Durham kam, haben mir diese Treffen sehr gefehlt. Und da habe ich die Leiterin meiner Abteilung gebeten, mir zu erlauben, so was auch hier einzuführen. Eine von den Alkoholikerinnen aus Holloway war auch hier, in einer anderen Abteilung, und es gab noch eine zweite in meiner Abteilung. Also, um es kurz zu machen, schließlich konnten wir unsere Treffs abhalten. Inzwischen gab es dann noch eine Alkoholikerin und eine Drogenabhängige. Jetzt treffen wir uns seit zehn Monaten einmal in der Woche. Aber bei mir werden es im Mai schon drei Jahre, daß ich das Programm mitmache. Ich glaube nicht, daß ich übertreibe oder angebe, wenn ich sage, daß ich große Fortschritte gemacht habe. Es stimmt wirklich! Es ist ein ganz einfaches Programm, das sehr viel Gewissensprüfung verlangt. Inzwischen habe ich auch gelernt, es richtig zu machen. Ich nehme es sehr ernst, wenn das auch ganz schön weh tut. Denn ich muß wach werden, und dazu muß ich mich ändern, muß meine Art zu leben ändern, meine Art zu denken, all die anderen schlechten Gewohnheiten, die ich hatte (und in manchen Dingen noch immer habe, aber ich arbeite daran!) — zum Beispiel meine Fantasiegeschichten und Lügereien. Wie ich alle getäuscht und ausgenutzt habe; wie ich alle, die sich bemüht haben, mir zu helfen, enttäuscht habe. Und ich muß irgendwie mit der Wirklichkeit klarkommen, ob es mir gefällt oder nicht. Alles, was ich gesagt, getan oder gefühlt habe, gehört der Vergangenheit an; ich kann weder in der Vergangenheit noch in der Zukunft leben. Ich lebe nur, damit ich heute existieren kann, hier, in der Wirklichkeit. Natürlich ist die Vergangenheit nützlich als Richtlinie, damit ich sehen kann, was ich falsch gemacht habe, und um zu verhindern, daß ich dieselben Fehler nocheinmal mache. Dies Programm hat drei verschiedene Ebenen, mit deren Hilfe man sein Leben in den Griff bekommen soll, eine davon ist spirituell. Ich war ein total kranker Mensch, Gitta, geistig und physisch, aber es wird Tag für Tag besser — und es kann auch nur weiter besser werden. Ich weiß, daß mein Leben völlig unkontrollierbar war, jedenfalls für mich. Aber das ist jetzt nicht mehr so. Weißt Du irgend etwas über A. A.? Der Grund, warum ich das frage, ist auch wegen etwas anderem, das ich schon seit einiger Zeit mit mir herumtrage; es ist der neunte Schritt, wo es heißt: »Leiste direkte Abbitte bei Menschen, die du auf irgendeine Weise verletzt hast, wo immer es möglich ist, außer wenn man ihnen oder anderen damit weh täte.« Also, ich glaube, daß ich Dich verletzt habe. Ich weiß nicht genau wie, aber irgendwie habe ich die ganze Zeit ein ungutes Gefühl Dir gegenüber gehabt. Und damit bin ich wieder da, wo ich angefangen habe, wie ich Dich im Radio gehört habe und das Gefühl hatte, daß das ein Zeichen meiner ›Höheren Macht‹ war. Also: Ich möchte Dich ganz aufrichtig um Verzeihung bitten für alles, was ich Dir vielleicht angetan hab. Ob Du es annimmst, liegt bei Dir, ich hoffe, ja. Ich hoffe, daß Du merkst, daß ich mich verändert habe.

Ich muß jetzt Schluß damit machen, all das noch übrige Papier zu verschwenden; ich will Dir lieber noch einige Dinge schreiben, die sich in meinem Leben ereignet haben, seitdem ich mit A. A. angefangen habe. Wir haben zugegeben, daß wir unser Leben nicht mehr kontrollieren konnten! Ich bin 1983 hierher nach

Durham gekommen, einer völlig anderen Art von Haftanstalt als Holloway. Ich hatte wieder Verbindung zu meinen Eltern, wie Du ja weißt; sie sind für ein Wochenende hergekommen und haben mich besucht. Im Juni 1984 bin ich einen Monat lang nach Cornton Vale in Schottland geschickt worden, damit sie mich besuchen konnten, da es für sie, die einzigen, die wußten, wo ich war, doch ziemlich weit und schwierig war wegzukommen, um mich zu besuchen. Im Dezember 84 haben sie es dann unserer Janice gesagt [ihrer ältesten Schwester]; im März hat sie mich mit ihrem Mann und den Kindern besucht. Ich kann alle paar Monate mit meiner Mutter telephonieren, anstelle von Besuchen, und wir schreiben uns regelmäßig. Ich studiere jetzt im zweiten Jahr mit Fernstudium an einer Universität. Letztes Jahr habe ich Sozialwissenschaften gemacht und die Prüfung bestanden, was für mich ⅙ des B. A. [Bachelor of Arts] bedeutet oder ⅛, wenn ich es mit ›Honours‹ [mit Auszeichnung] machen will. Dieses Jahr mache ich Kunsterziehung; beides sind Grundkurse. Wenn ich diesen Kurs abgeschlossen habe, kann ich mich in Sozialwissenschaften spezialisieren. Mein Bewährungshelfer, Mr. Hill, hat mir gesagt, daß er mir, wenn ich den B. A. habe, einen Job mit straffälligen Kindern garantieren kann. Ich mache mir da aber keine Sorgen, meine ›Höhere Macht‹ weiß schon, was für mein Leben gut und richtig ist, soll *sie* sich darüber Sorgen machen. Ich kann natürlich, wenn ich ganz ehrlich bin, noch nicht behaupten, daß alles in meinem Leben perfekt ist, aber verglichen damit, in welchem Zustand ich vor vier Jahren physisch und geistig war, bin ich jetzt wieder echt fit. Das ist alles, was Dich vielleicht interessieren wird. Für mich bedeutet es ein Stück Wiederherstellung. Wenn Du mir wieder schreiben würdest, wäre ich sehr froh, wenn nicht, ist es auch okay. Aber könntest Du mir vielleicht eine Ausgabe Deines Buches schicken und mir etwas hineinschreiben? Darüber würde ich mich sehr freuen.

Deine Nellie

Nachwort

Was Sie hier gelesen haben, war nicht als wissenschaftliche Studie gedacht. Es gibt keine soziologischen oder statistischen Tabellen, weil solche Informationen gar nicht existieren. Die Kinder, über die ich schreibe, sind – außer für jene, die nach ihnen suchen – unsichtbar.

Nach drei Jahren Arbeit mit ihnen, ihren Eltern und Verwandten, ihren Sozialarbeitern und Lehrern, ihren Zuhältern und Freunden bleibt in mir ein Gefühl von Empörung, von Verzweiflung, von Frustration zurück. Nicht die Kinder sind es, die mich schockieren. Sie sind ausnahmslos warmherzig und sensibel, offen und neugierig und – bedenkt man ihre schrecklichen Erfahrungen – von einer ergreifenden Unschuld. Wenn ich verzweifelt bin, dann über ihre Eltern und Verwandten, von denen viele, obwohl sie im Grunde gute Menschen sind, sich ihrer eigenen Schwächen gar nicht bewußt und unfähig sind, mit ihnen umzugehen. Und wenn ich frustriert bin, dann über unsere Unfähigkeit, uns offen einem Problem zu stellen, für das wir zumindest mitverantwortlich sind.

Wo haben wir versagt in unserem Gefühl für Prioritäten und Verantwortung, wenn Kinder in einer Wohlstandsgesellschaft – Kinder wie Patsy, Joey und Alex – keinerlei Unrecht darin sehen, ihren Körper zu verkaufen, um ihr Taschengeld aufzubessern, und einen nur zu offenen Markt für ihre Ware finden? Wie kommt es, daß angesichts eines noch nie so umfassenden sozialen Netzes in den westlichen Ländern Tausende von Jungen und Mädchen, die es nicht ertragen können, in ihren Familien zu leben, sich ihrer eigenen Hoffnungslosigkeit und denen, die sie quälen, ausgeliefert sehen, ohne den geringsten Rückhalt bei hilfsbereiten Erwachsenen oder öffentlichen Stellen zu finden. Und schließlich – wie ist es möglich, daß in unserem fortschrittlichen Zeitalter Richter – die Hüter unseres Rechts und die Wächter unserer Gesetze – in zahllosen Fällen minimale Strafen – wenn überhaupt welche – über Männer verhängen, die Kinder sexuell mißbrauchen?

Die wirtschaftlichen Mißstände der Dritten Welt und die Besessenheit des Westens von materiellem Besitz stehen natürlich mit dem Thema des Buches in Zusammenhang. Aber es ist hier nicht der Ort, diese äußerst komplizierten Fragen und die Veränderungen in der Gesellschaft, die damit Hand in Hand gingen, zu erörtern. Dagegen sollten die Kinder und Erwachsenen, die in diesem Buch zu Wort kommen, es möglich machen, uns mit den anderen Fragen und deren Ursachen auseinanderzusetzen.

Die meisten Ursachen liegen in individuellen Charaktereigenschaften und Schwächen, von denen wohl manche unabhängig sind von gesellschaftlichem Druck. Aber niemand lebt in luftleerem Raum, und junge Menschen — vor allem aber diejenigen, die besonders verletzlich sind — sind die, die den Einflüssen von außen am stärksten ausgesetzt sind.

Kein anderes Jahrhundert hat wie das unsere Gewaltverbrechen dadurch so begünstigt, daß es dies ständig als Unterhaltung ausnutzt. Kein anderes Jahrhundert hat so viele Menschen einem solchen Beschuß von künstlicher Stimulation ausgesetzt, so daß unsere Kinder wie niemals zuvor zu Verhaltensweisen und Vergnügungen Erwachsener geradezu gedrängt oder gezwungen werden und sie für fast jedes schwierigere Problem vorgefertigte Entscheidungen eingetrichtert bekommen. Das gilt besonders für das Problem Sex. Es vergeht nicht ein Tag, an dem ihnen nicht in Zeitungen, Zeitschriften, Werbung, Pop-Musik und vor allem im Fernsehen Bilder und Interpretationen über Sex angeboten werden, die kaum etwas mit der Wirklichkeit zu tun haben. Sie sollen das alles aufnehmen und verarbeiten können, ohne Schaden zu nehmen. Ist das möglich? Erwiesenermaßen ist es das für eine ziemlich große Anzahl nicht; und das sollte uns zu denken geben.

Obwohl wir uns daran gewöhnt haben zu glauben, daß die Ablehnung von traditionellen Werten, wie Familie, Religion und eine Erziehung zu Disziplin, fast ein unvermeidlicher Teil jugendlicher Auflehnung geworden ist, scheinen die Kinder, denen wir hier begegnet sind, ein dringendes Bedürfnis nach Familienleben, nach einer strukturierten Umgebung und nach der Art von Unterstützung zu demonstrieren, die man aus dem Glauben oder — bis zu einem gewissen Grade — auch aus intellektueller Disziplin bezieht.

Jedes Ausreißerkind, das vollberuflich Prostitution betreibt, hat eine Geschichte andauernden und tiefliegenden Familienkonflikts hinter sich, und diese Konflikte sind ausnahmslos das Ergebnis von Handlungen, Worten und vor allem Gefühlen Erwachsener, auf die die Kinder mit Auflehnung, Angst und Verwirrung reagiert haben. Natürlich haben viele Kinder, haben auch viele Eltern eine angeborene Kraft, solche Differenzen durchzustehen; manche aber haben sie nicht. Das eine Kind kann seine Eifersucht beherrschen, das andere wird von ihr überwältigt. Während viele Kinder mit ihrer erwachenden Sexualität umgehen und viele Eltern ihnen dabei helfen können, gibt es natürlich Kinder, die gerade dabei Schwierigkeiten haben, und Eltern, die (möglicherweise selber geschädigt, als sie jung waren, von ebenso gehemmten Eltern) unfähig sind zu helfen. Unsicher bezüglich ihrer eigenen Sexualität, schaden sie nun ihrerseits ihren Kindern; und diese, durch den Druck unserer Zeit eher noch verletzbarer, zerbrechen an dieser Spannung.

Einige Kinder werden durch reine Brutalität von zu Hause vertrieben, wobei vieles auf subtile, pathologische Weise sexuell ausgelöst wird. Schlimmer aber als das − und sicherlich ein Grund für eine bei weitem konzentriertere Aktion in der Öffentlichkeit − ist das Ausmaß an offenkundiger sexueller Beläsrigung von Kindern durch Väter und männliche Verwandte. Es erscheint erstaunlich, daß in einer Zeit, in der alles öffentlich diskutiert wird, Inzest − wohl die häufigste sexuelle Erfahrung bei Kindern und sicherlich die verheerendste − noch immer tabu ist.

Noch unerträglicher als physische Grausamkeit ist für Kinder permanenter psychischer Druck seitens der Eltern von der Art, wie er entsteht, wenn ganz alltägliche Schwächen bei Erwachsenen − Besitzansprüche, Ehrgeiz, Kälte und Gehemmtheit − die Norm überschreiten und das Familienleben beherrschen. Kinder haben ein instinktives Vertrauen in die Stärke und Güte ihrer Eltern und versuchen mit zunehmendem Alter − oft mit geringer Aussicht auf Erfolg −, das zu erhalten. In den Fällen der Kinder, über die wir hier sprechen, ist dieses Vertrauen, und damit ihr zentraler Lebenshalt, jahrelang untergraben und schließlich zerstört worden. Eltern können weder verstehen noch akzeptieren, daß Kinder in zunehmendem Maße die Unzulänglichkeiten der Eltern wahrnehmen. Und die Versuche des Kindes, dagegen anzukämpfen, Widerstand zu leisten oder – und das ist das allertraurigste – zu helfen, werden mißinterpretiert und übelgenommen. Der Konflikt weitet sich aus, bis der Schmerz und die Verwirrung des Kindes unerträglich werden, und sie davonlaufen.

Die Gründe für elterliches Fehlverhalten sind vielfältig, die Folgen für die Kinder sind dagegen immer die gleichen. Zerrüttet von der Einsamkeit ihres Entschlusses wegzulaufen – und wegzubleiben –, fühlen sie sich wertlos als Kinder in einer Welt der Erwachsenen, die ihnen nicht helfen können, und wertlos als Töchter und Söhne von Eltern, deren Leben, und davon sind sie überzeugt, sie mehr behindern als bereichern. Da ihnen ihr Wert als Kinder – und damit das Recht, beschützt zu werden – genommen ist, fühlen sie sich auch als Menschen wertlos. Prostitution, dieser Akt tiefster Selbsterniedrigung (und niemand sollte glauben, daß Kinder das nicht sehr schnell so empfinden) dient dazu, ihre Selbstverachtung zu stärken und gleichzeitig als eine Art Rache die Wut und Angst auszudrücken, die sie gegen die aufgestaut haben, die die Ursache dafür waren – ihre Eltern.

So schließt sich also der Kreis fast wieder. Wir sind gezwungen zuzugeben, daß es wohl unmöglich ist, einer Auflösung der Beziehung Familie – Kind vorzubeugen. Es wird immer einzelne Eltern geben, die versagen, und Kinder, die dies Versagen nicht ertragen können. Es wird immer Kinder geben, die weglaufen und nicht nach Hause zurückgehen können. Was *nicht* immer nötig zu sein braucht, ist, daß sie, um zu überleben, Prostitution betreiben müssen.

Um diesem fatalen Schritt vorzubeugen, müssen wir akzeptieren, daß manche Kinder nicht bei ihren Eltern leben können; und daß gleichermaßen manche Eltern nicht mit ihren Kindern leben – sie nicht ertragen können. Diese unbequeme Wahrheit zu erkennen, bedeutet den ersten, wesentlichen Schritt zu dem Versuch, die Art von öffentlichem Bewußtsein zu schaffen – entsprechende Institutionen und Einrichtungen –, die einspringen können, bevor die Katastrophe eintritt, und nicht erst danach.

Aber selbst wenn es solche Maßnahmen gäbe, müßte es immer noch eine Art ›Erster Hilfe‹ geben (es kann nicht mehr sein als das) für solche Kinder, die Prostitution durchgemacht haben. Das könnte in der Form von sogenannten ›Safe Houses‹ [›Sichere Häuser‹] geschehen, wie sie in einigen Städten Amerikas und sehr erfolgreich in Holland erprobt werden, wo den Kindern eine Art physischer und emotionaler Ruhepause ermöglicht wird, sicher vor dem Zugriff ihrer Familien und Zuhälter, während sie und diejenigen, die ihnen helfen wollen, über ihre Zukunft nachdenken. Man könnte sich auch eine Form institutioneller Fürsorge vorstellen (so wie sie Rachel, Anne und Julie mit Erfolg angeboten wurde), wo sie, wenn nötig, während ihrer Denkpause auch medizinisch betreut würden. Oder man könnte an ›Jugendwohnungen‹ denken, wie sie das fortschrittliche Berliner Jugendamt Marianne zur Verfügung gestellt hat, wo ein Kind allein oder auch mit einem — von dieser Institution akzeptierten — Freund wohnen kann, vorausgesetzt, es schließt die Schulausbildung ab. Eine weitere Möglichkeit wären Pflegeeltern nach dem System der ausgezeichneten amerikanischen Pflegegroßeltern für behinderte Kinder: Sorgfältig ausgewählte, ältere Ehepaare, durch psychologische Beratung unterstützt, könnten diesen Kindern die elterliche Fürsorge geben, die sie so dringend suchen und brauchen.

Keine dieser Maßnahmen wäre einfach oder narrensicher. Aber in irgendeiner Form sind sie erforderlich. Und ebenso erforderlich ist es, sich der Tatsache zu stellen, daß keine Kinder auf den Strich gingen, wenn es keine Erwachsenen gäbe, die von ihnen Gebrauch machen, Männer, die oft in ihrer eigenen Jugend emotional so verkümmerten, so kaputtgemacht wurden, daß ihre Sensibilität für andere Menschen und ihr Sinn für Moral auf immer pervertiert sind.

Es gibt drei verschiedene Arten sexueller Verbrechen, die täglich in der ganzen Welt an zahlreichen Kindern verübt werden. Die erste ist der Inzest, welcher, obwohl nicht Thema des Buches, hier miteingeschlossen werden soll, weil der Kern des Verbrechens derselbe ist, wie der Mißbrauch von Kindern durch Männer. (Der aktiv Handelnde ist fast immer ein Mann, obwohl Frauen oft durch ihr schweigendes Einverständnis passive

Partner sind.) Der Mann neigt dazu, von einem weiblichen Kind zum anderen zu gehen, und die ganze Familie wird in eine Verschwörung schuldigen Schweigens verstrickt. Die inzestuöse Beziehung zwischen Vater und Kind ist besonders vielschichtig, weil fast immer ein gewisses Maß an Zärtlichkeit vorhanden ist und das Kind daher zu einer pervertierten Form von Liebe verleitet wird.

In welchem Maße diejenigen, die eigentlich in der Lage sein sollten, zu verstehen und gegen solche verhängnisvollen Fälle einzuschreiten, diese bisweilen falsch einschätzen und falsch angehen, zeigt das Beispiel eines Priesters und – aktueller – das eines Richters. Vor ein paar Jahren erklärte ein Priester vor einem internationalen Kongreß über Kindesmißhandlung in London (er wurde später vom Bischof seines Amtes enthoben), daß seiner Meinung nach die Natur des Inzests mißverstanden würde. In seiner Gemeinde, so sagte er, in der Inzest häufig vorkäme, gehörten diese Familien zu denen, die am ›engsten miteinander verbunden und am liebevollsten‹ wären. Und erst vor ein paar Tagen, noch während ich dies schreibe, ordnete ein Richter in Kalifornien mehrere Tage Einzelhaft für ein neunjähriges Mädchen an, um sie zu zwingen, gegen ihren Stiefvater auszusagen, der über sie hergefallen war. Als sie, wie vorauszusehen war, sich weigerte zu sprechen, verfügte er, sie erneut der Vormundschaft ihres Stiefvaters zu unterstellen.

Homosexualität zwischen erwachsenen Männern und Jugendlichen – auch das extrem häufig, und zwar in zunehmendem Maße – scheint in England besonders ein Problem der Mittel- und Oberschicht zu sein. (Interessanterweise sind keinerlei Fälle zwischen Lesbierinnen und jungen Mädchen bekannt.) Homosexualität scheint eher als schlechtes Benehmen, denn als kriminell betrachtet zu werden und ist oft Anlaß zu einer besonders unangenehmen Klassensolidarität. In zwei Fällen brachte die Londoner Polizei in den vergangenen Jahren Beweismaterial gegen mehrere Herren mit gutem beruflichem und gesellschaftlichem Status vor den Vorsitzenden der Anklagebehörde (der jeden Fall, den die Polizei vorbringen will, zulassen muß), nur um zu hören, daß der Vorsitzende trotz des Beweismaterials, das der Polizeiinspektor mir gegenüber als ›überwältigend‹ beschrieb, den Fall nicht für verhandlungswert ansah. »Was soll's«, sagte der Beamte bitter. Zwei seiner besten Leute hatten aufgrund dieses Vorfalls den Dienst quittiert, und er sagte, daß es lange dauern würde, bis irgendeine englische Polizeitruppe sich noch einmal diese Mühe machen würde.

Auch in Amerika ist eine strafrechtliche Verfolgung von Männern für sexuelle Handlungen an Minderjährigen sehr selten, ja, fast nicht existent; und in Deutschland kann die Möglichkeit eigentlich kaum auftreten: Es ist das einzige Land, das ich kenne, wo ältere Leute noch immer peinlich berührt dreinschauen, wenn Homosexualität auch nur erwähnt wird.

Aber bevor wir eine soziale Klasse mehr als eine andere oder ein Land mehr als ein anderes beschuldigen, sollten wir daran erinnern, daß ein Abgeordneter in Amerika, der überführt worden *war* – und über den die Presse ausführlich berichtet hatte, daß er sexuelle Beziehungen zu Jungen hatte – zwei Jahre später von der überwiegenden Mehrheit wiedergewählt wurde. Ich besuchte einige seiner Wähler. Wie konnten sie nur einen solchen Mann wiederwählen, der doch sie und ihre Familien repräsentieren sollte, fragte ich. Man antwortete mir jedesmal, daß das, was er in seinem Privatleben tue, nichts mit seinen Fähigkeiten zu tun habe; er sei, erklärten sie übereinstimmend, ein besonders guter Abgeordneter.

Und schließlich gibt es Männer jeder Nationalität, Klasse, Altersgruppe, Hautfarbe und Religion, die jeden Tag überall in der Welt junge Mädchen sexuell mißbrauchen, Mädchen, die oft nicht älter sind als elf Jahre. Wenn solche Männer überhaupt festgenommen werden – und das geschieht kaum jemals – ist die Strafe, die sie erwartet, ausnahmslos minimal. »Das kann jedem passieren«, sagte ein Richter über einen Mann, der in betrunkenem Zustand ein zehnjähriges Mädchen mißbraucht hatte.

Zuzulassen, daß Männer ungestraft Kinder mißbrauchen, und diese Kinder einfach zu ignorieren, als wären sie unsichtbar, das scheint mir unentschuldbar. »Glauben Sie im Ernst, daß das jemand interessiert?« fragte mich Cassie: eine nur zu berechtigte, bittere Frage, die ich immer wieder von diesen jungen Opfern zu hören bekam. Denn es sind Opfer: Kein Kind, das sich prostituiert, *will* Prostituierte oder Prostituierter sein. Sie sehnen sich danach, geliebt zu werden. Sie sehnen sich danach, Kinder zu sein.

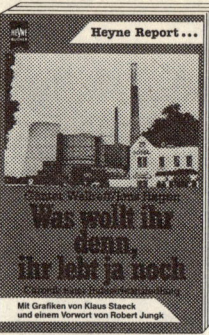

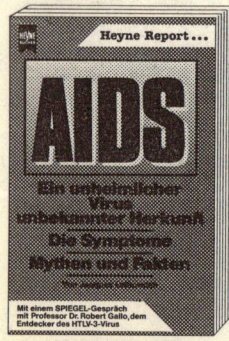

Heyne Report...

Der bewegende, authentische Bericht eines Kindes, das immer nur herumgestoßen wird.

In den schäbigen Vororten von New York aufgewachsen und vaterlos hin- und hergestoßen,
versucht der kleine Jennings verzweifelt, Liebe,
Freundschaft und Geborgenheit zu finden.
Außer Doggie, einem Kuscheltier, hat er
niemand, dem er vertrauen kann. Bis er Sal
kennenlernt...

*Ein bei aller Härte
anrührendes Buch,
das wieder Hoffnung
gibt.*

Jennings Michael Burch:
**Tiere sperren sie nur
nachts ein**
Die Geschichte eines Kindes,
das überleben lernte
Deutsche Erstveröffentlichung
10/4 - DM 7,80

Wilhelm Heyne Verlag München

-Scene-

Ein Spiegelbild der Szene, in der wir leben.
Avantgardistisch, progressiv, alternativ.

Graffiti
18/1 - DM 6,80

Josef Singldinger
Lieder gegen den Krieg
18/2 - DM 7,80

Udo Lindenberg
Rock'n Roll und Rebellion
Ein panisches Panorama
18/3 - DM 7,80

Robert Sabbag
Schneeblind
Report über den Kokainhandel
18/4 - DM 7,80

Henky Hentschel
Auf dem Zahnfleisch durch Eden
Wohin einer kommt, wenn er geht
18/5 - DM 5,80

Underground USA
Texte der alternativen Scene in Amerika
18/6 - DM 12,80

Edel sei der Mensch, Zwieback und gut
Scene-Sprüche
18/7 - DM 6,80

Timothy White
Bob Marley, Reggae, Rastafari
Ein kurzes, schnelles Leben
18/8 - DM 9,80

Von Anmache bis Zoff
Ein Wörterbuch der Szene-Sprache
18/9 - DM 6,80

Gita Mehta
Karma Cola
Gurus, Freaks, Business. Die Vermarktung der indischen Mystik
18/10 - DM 6,80

Gery Herman
Rock'n Roll Babylon
18/11 - DM 12,80

Helmuth Vyskocil
Rough Boys
Drei Jahre Ewigkeit im Drogen-Knast von Bangkok
18/12 - DM 9,80

Graffiti 2
Neues an deutschen Wänden
18/13 - DM 6,80

Jack Kerouac
Big Sur / Roman
18/14 - DM 7,80

Schüler-Sprüche
„Ich denke, also spinn ich"
18/15 - DM 6,80

Umweltschutz-Abenteuer
Aktionen von Greenpeace und Robin Wood
18/16 - DM 7,80

Amazone steht auf Macho
Kleinanzeigen in der alternativen Presse
18/17 - DM 7,80

Piera degli Esposti/ Dacia Maraini
Geschichte der Piera
Eine Frau findet zu sich selbst
18/20 - DM 6,80

Jan Kerouac
Baby Driver / Roman
19/24 - DM 7,80

Günter Zint
„Begrabt mein Herz an der Auffahrt zur Autobahn"
Geschichten, Graffiti, Tips, Tramper-Blues
18/25 - DM 7,80

Paukenschläge von Wolfgang Neuss
Der gesunde Menschenverstand ist reines Gift
18/26 - DM 7,80

Graffiti 3
Phantasie an deutschen Wänden
18/27 - DM 6,80

Jerry Hopkins/ Daniel Sugarman
Keiner kommt hier lebend raus
Die Jim Morrison Biographie
18/28 - DM 9,80

Wilhelm Heyne Verlag München